AFRIKANER SCHREIBEN ZURÜCK

AFRIKANER SCHREIBEN ZURÜCK

Texte und Bilder afrikanischer Ethnographen

Herausgegeben von
HEIKE BEHREND und THOMAS GEIDER

RÜDIGER KÖPPE VERLAG

Die Deutsche Bibliothek – CIP-Einheitsaufnahme

Afrikaner schreiben zurück : Texte und Bilder afrikanischer Ethnographen / hrsg. von Heike Behrend und Thomas Geider. – Köln : Köppe, 1998
ISBN 3-89645-053-0

© 1998

Rüdiger Köppe Verlag Köln
Postfach 45 06 43
D - 50881 Köln

Umschlagillustration und Frontispiz:
Katalog Frédéric Bruly Bouabré
Haus der Kulturen der Welt / Edition Braus 1993/94, S. 75 und 111
© Frédéric Bruly Bouabré
C.A.A.C. – The Pigozzi Collection, Geneva
Photograph Claude Postel

Satz: Petra Stammen

Fotografie: Die Reproduktionen der Abbildungen im Beitrag von Beatrix Heintze wurden, soweit nicht anders angegeben, von Herrn Peter Steigerwald, Frobenius-Institut, angefertigt.

Herstellung: Basis-Druck GmbH, Duisburg

Diese Arbeit ist im Sonderforschungsbereich 389 „Kultur- und Landschaftswandel im ariden Afrika, Entwicklungsprozesse unter ökologischen Grenzbedingungen", Köln, entstanden und wurde auf seine Veranlassung unter Verwendung der ihm von der Deutschen Forschungsgemeinschaft zur Verfügung gestellten Mittel gedruckt.

Gedruckt auf säurefreiem und alterungsbeständigem Papier.
♾ Printed on acid-free paper which falls within the guidelines of the ANSI to ensure permanence and durability.

DÉVISE :

« TROUVER SUR LA SCÈNE DE LA VIE HUMAINE UNE "ÉCRITURE" SPÉCIFIQUEMENT "AFRICAINE" ».

* TEL EST MON DÉSIR.

Barubu

Danksagung

Dieser Sammelband entstand im Zusammenhang einer Tagung zum Thema "Indigene afrikanische Ethnographien", die wir im Juni 1996 in Köln am Institut für Afrikanistik veranstalteten. Die verschiedenen Beiträge und kritischen Kommentare der Teilnehmer (vgl. Lentz in diesem Band) führten u. a. zu einer Änderung des Titels. Allen Beteiligten, insbesondere Johannes Fabian und Fritz Kramer, die in ihren Redebeiträgen wesentlich zur Diskussion beitrugen, möchten wir unseren Dank aussprechen; ebenso Nadja Gawrisewicz und Petra Stammen, ohne deren tatkräftige Hilfe weder die Tagung noch der Sammelband zustande gekommen wären.

Auch Ivo Strecker, Stephen Tylor und Kevin Dwyer möchten wir danken; ihre Diskussionsbeiträge auf dem *workshop* "Rethinking Ethnography" in Mainz im Sommer 1997 haben auf einige der hier vorgestellten Themen und Gedanken Einfluß genommen.

Außerdem danken wir Georg Deutsch, Axel Harneit-Sievers und Achim von Oppen, die im Oktober 1997 in Berlin eine Tagung über "Lokale Historiographien" veranstalteten. Sie gaben uns Gelegenheit, einige der hier vorgetragenen Gedanken zur Diskussion zu stellen, zu überprüfen, zu korrigieren und zu erweitern.

Unser Dank gilt auch Herrn Prof. Dr. Wilhelm J.G. Möhlig, dem Sprecher des Sonderforschungsbereichs 389 an der Universität zu Köln, der die finanzielle Unterstützung für die Publikation des Sammelbandes vermittelte.

Köln, im Februar 1998

Heike Behrend
Thomas Geider

Inhaltsverzeichnis

Lokale Ethnographien und die Politisierung von Ethnizität

Ethnographie und Literatur

'Verkehrte' Ethnographien

Anhang

Bildanhang

Zu den Autorinnen und Autoren

"Afrikaner schreiben zurück"
Texte und Bilder afrikanischer Ethnographen

Heike Behrend

Einführung:

Es scheint, als ob die Ethnologie sich im Augenblick in einer Situation befindet, die als liminal bezeichnet werden könnte. Die gängigen Paradigmen verloren an Glaubwürdigkeit, ein neues Paradigma ist aber noch nicht in Sicht. Es gibt keine verbindlichen Methoden mehr. Stattdessen wird viel experimentiert. Nebeneinander existieren eine Vielzahl von rivalisierenden Diskursen. Diese "Disziplinlosigkeit" führte aber auch zu einer Öffnung neuer Wissens- und Forschungsfelder. Auf der Suche nach alternativen Repräsentationsformen werden nun die Texte und Bilder derjenigen "entdeckt", die vorher scheinbar nur als Objekte westlicher Ethnographien dienten. Der vorliegende Sammelband versteht sich denn auch als ein erster Versuch, aus unterschiedlichen Perspektiven ein relativ neues Wissens- und Forschungsfeld vorzustellen.

Noch während der Kolonialzeit im Jahr 1950 veröffentlichte Michel Leiris einen Text, in dem er forderte, daß die von westlichen Ethnologen untersuchten Menschen in Afrika, die "Objekte" ethnographischer Texte, doch auch "zurückschreiben" sollten. Die Ausbildung einheimischer Ethnographen gewähre, so meinte er, eine Möglichkeit, dem Ungleichgewicht und der Einseitigkeit westlicher Ethnographie entgegenzuwirken. Er brachte die Hoffnung zum Ausdruck, daß sich die Sichtweise der afrikanischen Ethnographen wesentlich von der unsrigen unterscheiden werde und daß deren Texte die hegemoniale westliche Perspektive fragmentieren, erweitern und kritisieren möge (Leiris 1977: 68f).
Leiris übersah, daß von Anfang an westliche Diskurse Texte und Bilder auch von Seiten der Ethnographierten provoziert hatten. Sogenannte "Informanten" lernten rasch lesen und schreiben; sie verfaßten Texte, in denen sie ihre Version der eigenen Kultur oder Geschichte darstellten. Tatsächlich war die Produktion von Texten nie das exklusive Privileg westlicher Ethnographen (Clifford 1986). Aufgrund der hegemonialen Macht des Westens erhielten die Texte afrikanischer Ethnographen jedoch nur selten den gleichen Status

wie die Texte, die westliche Ethnologen produzierten. Ihr Rang war also offensichtlich an eine oft nicht eingestandene Hierarchie gebunden, die dem Informanten, dem indigenen Ethnographen oder Historiker, dem *anthropologist at home* und dem westlichen (akademischen) Ethnologen eine je unterschiedliche Position einräumte.

Obwohl der westliche Diskurs häufig eindeutig dominierte, "wucherte" glücklicherweise dennoch die lokale Produktion ethnographischen Wissens und überschritt die engen Grenzen der Expertentexte (Cohen 1991: 207). In Afrika entstanden erstaunliche Schriften, die mit vielerlei Genres experimentierten, orale und literale Formen verbanden, kollektive sowie individuelle Autorschaft erfanden, dialogische Konstruktionen entwarfen und unterschiedliche ethnographische Autoritäten ins Spiel brachten oder überhaupt negierten. In einer Zeit, in der innerhalb der Ethnologie die Kritik an den Genrekonventionen des "ethnographischen Realismus" zu einer Krise der Repräsentation und zu einem "wilden" Experimentieren führte, kommt einigen der hier vorgestellten Texte Vorbildcharakter zu, wie zum Beispiel den Texten von Aniceti Kitereza und Ham Mukasa.

Während mittlerweile indische, palästinensische und afrikanische Ethnologen, die den westlichen Wissenschaftsbetrieb erfolgreich durchliefen, die Forderung Michel Leiris' erfüllen konnten, hervorragende Ethnographien über ihre eigenen sowie andere Gesellschaften und Kulturen schrieben und prominente akademische Positionen an (vor allem amerikanischen) Universitäten erlangen konnten, blieben jedoch die Texte afrikanischer, nicht-akademischer Ethnographen weitgehend unberücksichtigt (s. die Ausnahmen z.B. Cohen 1991, Fabian 1990b, Harbsmeier 1994, Kramer 1987).

Dem versucht der vorliegende Sammelband entgegenzuwirken. Er plädiert für eine Einschließung auch nicht-akademischer Ethnographien und damit für eine Reflektion der je besonderen Positionen und Perspektiven aller Personen (der akademischen sowie der nicht-akademischen), die ethnographisches Wissen produzieren.

In diesem Sammelband geht es also weniger darum, den Subjekten ethnographischer Feldforschung eine Stimme zu geben und diese Stimme auf angemessene Weise im Text zu repräsentieren, als vielmehr ihre Texte zu "ermächtigen" und sie als gleichberechtigte in den allgemeinen wissenschaftlichen Diskurs aufzunehmen. Denn, wie bereits kritisch von einer westlichen Ethnologin bemerkt wurde, "the natives deserve better than giving voice to our theories" (Harstrup 1993: 178).

Zur Geschichte des ethnographischen Genres in Afrika

Die Untersuchung der Produktionsbedingungen afrikanischer Ethnographien zeigt, wie einige der hier versammelten Beiträge vor Augen führen, daß sie wesentlich von westlichen Hegemonien bestimmt waren, daß fast immer Europäer, Missionare, Reisende oder Ethnographen die Texte anforderten oder an ihrer Produktion in mehr oder weniger direkter Form teilhatten.

In vielen Regionen Afrikas schrieben denn auch Missionszöglinge, die zum christlichen Glauben konvertiert waren, die ersten lokalen Ethnographien und Historiographien. Manchmal waren es auch Streitigkeiten um politische Ämter und Land, die im Kontext der Etablierung kolonialer Herrschaft indigene ethnographische Texte provozierten (Ranger 1997: 6f).

Westliche und afrikanische Ethnographien können also nicht unabhängig voneinander behandelt werden. In einem Feld von Machtbeziehungen beeinflußten sie sich wechselseitig und bildeten einen Diskurs, dessen Geschichte mit seinen Kontinuitäten, Diskontinuitäten und unterschiedlichen Versionen aufzuzeigen ist (Bruner 1986: 148f). Alle Beiträge in diesem Sammelband zeugen in der einen oder anderen Weise von dieser Wechselwirkung, von einem Spiel der Oppositionen sowohl zwischen westlichen und afrikanischen Autoren als auch zwischen verschiedenen afrikanischen Autoren, aber ebenso von gegenseitiger Übernahme, von Umschreiben und Abschreiben.

So stellt Adam Jones in seinem Beitrag zu diesem Sammelband zwei frühe afrikanische Ethnographen vor, deren Schriften Zeugnis von dieser Interkulturalität und Intertextualität ablegen: zum einen Kwasi Boakye aus dem heutigen Ghana, Sohn des damaligen Asante-Königs, der als Kind 1837 in die Niederlande gebracht wurde, um dort eine bürgerlich Erziehung zu erhalten. Seine verschiedenen ethnographischen Texte schrieb er, so Adam Jones, weil seine eigene Gesellschaft und Kultur ihm fremd geworden waren. Diese Entfremdung bildete offensichtlich die Voraussetzung für sein Interesse an einer Darstellung der eigenen und fremder Kulturen. Zum anderen stellt Adam Jones Carl Christian Reindorf vor, der einen dänischen Großvater hatte, aber sein Leben als Katechet der Basler Mission im heutigen Süd-Ghana verbrachte. Im Gegensatz zu Boakye, der für ein europäisches Publikum schrieb, verfaßte Reindorf sein Werk für seine afrikanischen Zeitgenossen. Etwa 50 Jahre nach Boakye und auf dem Hintergrund radikaler Transformation und Zerstörung sah er sich veranlaßt, festzuhalten, "daß die Dinge vorher anders waren".

Die Schrift wurde von afrikanischen Autoren rasch als Instrument der Macht und der Selbstbehauptung erkannt. In einigen Regionen Afrikas, wie zum Beispiel Buganda, stellte das Schreiben von Ethnographien und Historiographien eine Fortführung des Krieges nur mit anderen Mitteln dar (Twaddle 1974: 86f). Wie ihre westlichen Kollegen nutzten Afrikaner die Produktion von Texten, um Ereignisse, Subjekte, Objekte und Wahrheiten zu erzeugen. Obwohl Frauen manchmal als "Informantinnen" dienten und so an der Erzeugung ethnographischen Wissens teilhatten (z.B. Henrichsen 1997), blieben sie als Autorinnen von der Produktion von Texten weitgehend ausgeschlossen[1]. Die Produktion von Ethnographien blieb weitgehend ein Unternehmen, das von westlichen und afrikanischen Männern betrieben wurde.

In vielen Regionen Afrikas wie Buganda, der afrikanischen Ostküste, Südafrika oder im heutigen Ghana und Nigeria entstanden ganze Korpora von Texten, die ethnographisches und historisches Wissen versammelten. Diese Texte nahmen manchmal explizit, oft aber gar nicht aufeinander Bezug. In der swahilisprachigen ethnographischen Literatur, die Thomas Geider in seinem Beitrag vorstellt, scheinen Regeln der Höflichkeit die offene Kritik eines anderen Autors zu verbieten. Während z.B. in Buganda die schon sehr früh publizierte Ethnographie des Muganda Sir Apollo Kagwa über die Könige Bugandas (1901) zu einem dominanten Text avancierte, auf den sich alle nachfolgenden Autoren explizit bis heute entweder kritisch oder zustimmend beziehen, stehen die einzelnen Texte der swahilisprachigen Autoren jeder für sich. Diese scheinbare Autonomie wirft Fragen nach der Konstituierung des Autors als Subjekt und dem Verhältnis von Autorschaft und Intertextualität auf.

Während Thomas Geider, wie bereits erwähnt, einen Überblick über die vielfältigen ethnographischen Texte gibt, die von lokalen kiswahilisprachigen Ethnographen seit 1890 verfaßt wurden, beschäftigt sich Peter Probst mit den Imaginationen, die jede ethnographische Repräsentation auszeichnen (z.B. Kramer 1977; Anderson 1991; Ranger 1993). Am Beispiel von drei unterschiedlichen ethnographischen Texten aus Malawi, die gegen Ende der Kolonialzeit publiziert wurden, zeigt er, wie der *nyau*, ein Maskenbund der Chewa, als primäres Symbol lokaler Identität und Imagination Anerkennung fand. Während Archibald Makumbi den Maskenbund aus einer christlichen Perspektive interpretierte und abwertete, stellte Samuel Ntara *nyau*

---

[1]　Ausnahme ist z.B. (Smith 1963).

als lokales Projekt vor; und Hasting Kamuzu Banda schließlich vereinnahmte den Maskenbund als nationale Veranstaltung.

Auch Stefan Eisenhofer gibt in seinem Beitrag über die Schriften Jacob Egharevbas, eines Lokalhistorikers aus Nigeria, einen Einblick in die Imaginationen und Instrumentalisierungen von lokalen Ethnographien bzw. Historiographien. Er zeigt, wie Egharevba je nach politischem Kontext in einzelnen seiner Publikationen Inhalte verschob und transformierte. Die Aufwertung der eigenen Kultur und Geschichte gegenüber Europäern sowie benachbarten Ethnien stand dabei eindeutig im Vordergrund seines Interesses und prägte seinen Diskurs. Wie in Malawi bildeten auch in Nigeria sowohl das Christentum als auch der Nationalismus eine Art Meta-Narration.

Das Vorhandensein "dichter" lokaler Texttraditionen erlaubt jedoch nicht nur einen Einblick in die Geschichte ethnographischer Textproduktion in einer bestimmten Region, sondern auch in die Geschichte der Genres selbst, seiner Formen und deren Entwicklung. Sie verweist auf eine Geschichte der Durchsetzung, Professionalisierung und Internalisierung bestimmter westlicher Konventionen, die die Herstellung von Texten bestimmen. Vor allem die Bibel "als Buch der Bücher" sowie Repräsentationsformen aus dem wissenschaftlichen Bereich wurden dabei als Vorbilder angeeignet und transformiert.

Das Vorhandensein "dichter" Texttraditionen in bestimmten Regionen Afrikas wirft aber auch die Frage auf, warum sie in anderen Regionen fehlen, wie z.B. im nördlichen Matabeleland in Zimbabwe (Ranger 1997). Verschiedene Faktoren wie die Abwesenheit von Missionsstationen, eine bestimmte Sprachenpolitik, die Heterogenität der Bevölkerung, ein minoritärer Status, eine Geschichte von Krieg und Gewalt u.a.m. mögen den Grund dafür bilden.

Bilder und performative Ethnographie

Es scheint, als ob in vielen afrikanischen Kulturen in vorkolonialer Zeit nur ein begrenztes Interesse am Fremden bestand. Vielleicht könnte man von einem hartnäckigen Willen zum Nichtwissen oder zum nur partiellem Wissen sprechen (Foucault 1983: 72). Außerdem gab es in zahlreichen Regionen Institutionen, die nicht nur das Erinnern, sondern auch das soziale Vergessen förderten. Insbesondere katastrophische Ereignissen wurden nach Möglichkeit nicht erinnert, um eine Wiederholung auszuschließen. So schafften z.B. die Ältesten bei den Tugen im Nordwesten Kenias gegen Ende des letzten Jahrhunderts eine Altersklasse ihres zyklischen Altersklassensystems ab, um die Wiederholung einer katastrophalen kriegerischen Niederlage im darauffolgenden Zyklus zu vermeiden (Behrend 1987: 61f). Die Akkumulation und Institutionalisierung von Wissen lag also nicht immer im Interesse der Ältesten (vgl. Lonsdale 1997); im Gegenteil, manchmal verband sich mit dem Vergessen von Katastrophen die Hoffnung auf eine bessere Welt.

Wir wissen leider viel zu wenig darüber, wie ethnographisches Wissen in vorkolonialer Zeit produziert und kontrolliert wurde. Es wurde kaum um seiner selbst Willen dargestellt (vgl. Heintze in diesem Band), sondern häufig in kultische Praktiken integriert, die es gleichzeitig anzueignen und zu bannen suchten. Außerdem diente das Fremde zum Beispiel in Geistbesessenheitskulten zur inneren Differenzierung, zum Ausdruck des eigenen Anderssein (Kramer 1987: 233).

Doch scheint es, als ob einige der Kontrollmechanismen durch die Einführung der westlichen Schriftkultur, durch "die Gewalt des Buchstabens", außer Kraft gesetzt wurden (Derrida 1974; vgl. Probst in diesem Band). Häufig angestiftet von westlichen Missionaren, Ethnographen oder kolonialen Administratoren setzten sich Afrikaner über Verbote der Ältesten hinweg und gaben schreibend geheimes Wissen preis. Initiationsgeheimnisse, zum Beispiel, über die niemals in der Öffentlichkeit geredet werden durfte, stellten sie in Texten ausführlich dar (vgl. Probst in diesem Band). Dekontextualisierung und Depersonalisierung, die mit dem Schreiben einhergehen und den Unterschied zwischen Sprechen und Schreiben ausmachen, wurden hier (manchmal schamlos) ausgenutzt (Goody 1987: 204). Der westliche "Wille zum Wissen" (Foucault 1983: 71f), engstens verknüpft mit Verschriftlichung, trug also wesentlich dazu bei, bestimmte Wissensbereiche, die vorher Privileg meist einer kleinen Gruppe von Geronten waren, zu veröffentlichen und afrikanischer Kontrolle zu entziehen. Etwas überspitzt könnte man sagen, daß jede Ethnographie bestimmte Regeln der Kultur, die sie beschreibt, verletzt. Vor diesem Hintergrund ist es nicht verwunderlich, daß sowohl westliche als auch afrikanische Ethnographen immer wieder auch vom Widerstand gegen die Praxis des Schreibens berichten (s. z.B. Jones, in diesem Sammelband).

Da die Schrift eine Form der Repräsentation ist, die sich mit Macht und Herrschaft verbindet, stellt sich die Frage, ob es non-verbalen afrikanischen Repräsentationen des Fremden eher gelingen konnte, sich westlichen Hegemonien zu entziehen.

Gegen die westliche Textzentriertheit versucht der vorliegende Sammelband denn auch, lokale Ethnographien mit einzubeziehen, die eher performativen Charakter haben (vgl. Fabian 1990a) oder auf Bilder - Zeichnungen und Photographien - zurückzugreifen, um ethnographisches und historisches Wissen zu formulieren.

So stellt Jan-Bart Gewald in seinem Beitrag zu diesem Sammelband das jährlich wiederkehrende Ritual der Herero in Namibia dar, in dem sie ihren Krieg mit den Deutschen, ihre Niederlage, ja ihren Ethnozid, erinnern. In ihren performativen Handlungen, die mittlerweile zu einer Touristenattraktion avancierten, tragen sie die Uniformen und Rangabzeichen des deutschen Militärs, sie marschieren und geben Befehle in deutscher Sprache. Der Autor interpretiert die Darstellungen als performative Auto-Ethnographie, die weniger versucht, die deutschen Kolonialisten darzustellen, als vielmehr ein Idealbild der eigenen Gesellschaft zu formulieren.

Beatrix Heintze gibt in ihrem Beitrag über non-verbale ethnographische Darstellungen aus Angola einen Einblick in die Vielfalt bildnerischer Traditionen. Ethnographisches Wissen wurde in Skulpturen, in Gebrauchsgegenständen wie Topfdeckel und Kalebassen, in Wandmalereien, flüchtigen Sandzeichnungen und Zeichnungen, die im Auftrag von Missionaren angefertigt wurden, zum Ausdruck gebracht. Doch ist der Zweck der Darstellung (mit Ausnahme der Missionszeichnungen) selbst nicht ethnographisch. Wie bereits oben erwähnt, blieb das Interesse am Fremden begrenzt; es wurde von einem "Willen zum Wissen" nicht angetrieben.

In seinem Beitrag zur Geschichte und Praxis ghanaischer Photographen stellt auch Tobias Wendl eine künstlerische Tradition dar, die nicht eigentlich ethnographisch zu nennen ist, da ihr die ethnographische Methode und Intention letztlich fremd sind. Doch läßt sich die Arbeit der Photographen als Spielart einer lokalen, auto-ethnographischen Praxis begreifen, sind sie doch Bildchronisten, Zeugen und zugleich Interpreten der Menschen, denen sie zu Selbstbildern verhelfen. In Ghana bei den Fante gehört das Wort für "Wahrheit" in eine semantische Klasse von Dingen, die nicht mit dem bloßen Auge, aber auch nicht mit den anderen Sinnen, wahrgenommen werden können. Es kommt, wie Wendl schreibt, zur paradoxen Situation, daß photographische Bilder zwar die Wahrheit "sprechen" können, diese Wahrheit sich aber gleichzeitig jenseits der wahrnehmbaren Erscheinungen befindet. Photographie, ein westliches Medium, das wenige Monate nach seiner Erfindung Afrika erreichte und das westliche Entdecker, Forscher, Administratoren etc. wesentlich zur Produktion von "realistischen" Wahrheiten, von "Bilddokumenten", über Afrika einsetzten, wurde in lokale Seh- und Bildgewohnheiten integriert und transformiert. Doch anstatt sichtbare Wahrheiten abzubilden, verband sich dieses Medium in Ghana eher mit dem Unsichtbaren, mit der Produktion von Verborgenem und Geheimnissen, die hinter dem Sichtbaren liegen.

Lokale Ethnographien und die Politisierung von Ethnizität

Seit den 60er Jahren sind Ethnologen und Historiker, die über Afrika arbeiten, damit beschäftigt, den "Stamm", die "Ethnie" und "Ethnizität" als Konstruktionen zu verstehen. Sie erkannten, daß die koloniale Administration sowie sie selbst durch die von ihnen produzierten Ethnographien und Historiographien nicht unwesentlich zur Schaffung von Stämmen und Ethnien beigetragen hatten. Trotz dieser Entwicklung im wissenschaftlichen Bereich haben paradoxerweise ethnische Kategorien und Ideologien unter Afrikanern in einigen Ländern verstärkt Fuß fassen können. Sie dienten nicht nur als "populäre" Theorie politischer Verursachung, sondern legitimierten außerdem noch Ungleichheit und Gewalt gegenüber anderen Ethnien (Binsbergen 1997: 2). Heute, da Ethnologen und Historiker die "tribal illusion" (Southall 1970) heftig kritisieren, hat Ethnizität in Afrika eine erstaunliche, ja erschreckende Realität und Macht gewonnen.

Zur Produktion ethnischer Identitäten und ihrer Durchsetzung auf lokaler Ebene trugen wesentlich auch die Schriften bei, die afrikanische Ethnographen und Historiker verfaßten. Wie ihre westlichen Kollegen erfanden und fixierten sie in ihren Texten Traditionen; oft imaginierten sie eine Einheit, deren Ursprung sie in die Geschichte, manchmal in eine mythische Vergangenheit, zurückverlegten. Und sie erfanden und imaginierten Ethnizität, indem sie einen bestimmten kulturellen Raum mit einem Bündel von Merkmalen ausstatteten, die ihre eigene Kultur auszeichneten und gleichzeitig von anderen Kulturen abgrenzten (vgl. Fardon 1990). Im Kontext von Tourismus und ethnischen Festivals wurden und werden diese "Imaginationen" aktiviert und tragen zur Folklorisierung und Kommerzialisierung von Ethnizität bei.

In ihrem Beitrag zu diesem Sammelband behandelt Carola Lentz eine Debatte unter Dagara-Intellektuellen in Ghana, die sich um die Frage zentriert, ob die Dagara und Dagaba in vorkolonialer Zeit staatenlos oder zentral organisiert waren. Sie zeigt, wie sehr die unterschiedlichen Positionen innerhalb der Debatte sich mit heutigen politischen Interessen verbinden. Denn ethnographisches und historisches Wissen wird als Inspirationsquelle für kollektive Erfindungen und Imaginationen in gegenwärtigen Auseinandersetzungen um die Macht mobilisiert und aktualisiert.

Auch in dem Beitrag von Michael Bollig über lokale und koloniale Ethnographien im Nordwesten Namibias wird aktuelle Politik - die Auseinandersetzungen um den Bau eines Staudammes - in einen Zusammenhang mit ethnographischen Darstellungen gebracht. Außerdem zeigt er, wie indigene Ethnographen des Kaokolandes ihre Versionen in Opposition zur kolonialen Apartheid-Ethnographie entwarfen: während letztere die Isolation einzelner Ethnien betonten, rückten die indigenen Ethnographen die überregionalen Handelssysteme und interethnischen Klanbeziehungen ins Zentrum und knüpften an die "große Herero Tradition" an, um sich sowohl anderen Ethnien als auch der kolonialen Administration gegenüber zu behaupten.

Ethnographie und Literatur

In einem Aufsatz, ursprünglich einer Radiosendung, beschrieb Laura Bohannon (1966), wie sie an einem verregneten Tag im nördlichen Nigeria in einem Haus von den anwesenden Tiv aufgefordert wurde, eine Geschichte zu erzählen. Da sie als Lektüre Shakespeares Hamlet "ins Feld" mitgenommen hatte, begann sie, die tragische Geschichte des dänischen Königssohns zu erzählen. In dem sich anschließenden Gespräch mit den Zuhörern und Zuhörerinnen erkannte sie, daß die anwesenden Tiv die Hamlet-Geschichte nicht nur zu einem *witchcraft-drama* umdeuteten, sondern daß sie außerdem das fiktive Shakespearesche Drama für die realistische Beschreibung, für die Ethnographie einer westlichen Gesellschaft, nahmen. Die Ethnologin Laura Bohannon und die anwesenden Tiv warfen also aus je einer anderen Perspektive das Problem ethnographischer Fiktion oder Imagination auf.

Seit ethnographische "Fakten" als "gemacht", als "hergestellt", erkannt wurden (Kramer 1977; Geertz 1983: 23), und damit jedem ethnographischen Text ein Moment von Fiktion zugesprochen werden muß, und seit Ethnographien literarischer Kritik unterzogen und nach ihren Konstruktionsprinzipen, Genrekonventionen und Strategien der Überzeugung etc. untersucht werden (Marcus und Cushman 1982; Geertz 1988), haben sich die Grenzen zwischen verschiedenen fiktiven und nicht-fiktiven literarischen Genres verwischt. Während Autoren wie zum Beispiel Ryder Haggard mit "Sie" oder Saul Bellow mit dem "Regenkönig" sich eindeutig ethnographischer Literatur bedienten[2], greifen nun auch Ethnologen auf Romane und fiktive Erzählungen afrikanischer Autoren zurück und lesen sie als Ethnographien[3].

In dem vorliegenden Sammelband stellen die Beiträge von Inge Brinkman und Wilhelm Möhlig afrikanische Autoren vor, die in einer Novelle, einem Theaterstück und einem Roman je eine "Ethnographie von innen" entworfen haben. Am Beispiel des namibischen Autors Joseph Diescho interpretiert Inge Brinkman zwei Texte, ein Theaterstück, das der Autor in Kwangali und eine Novelle, die er in Englisch verfaßte. Ihre Interpretation verbindet die Wahl der jeweiligen Sprache mit politischen Strategien. Während die in Englisch verfaßte Novelle sich mit der Kolonialzeit auseinandersetzt und den kolonialen Diskurs in einer eher simplen Verkehrung zu kritisieren trachtet, behandelt das in Kwangali gehaltene Theaterstück innere soziale Konflikte in einer differenzierteren Art und Weise, weitgehend unabhängig von der vorhandenen kolonialen Literatur.

Wilhelm Möhlig stellt in seinem Beitrag den zweibändigen Roman von Aniceti Kitereza vor, den er selbst aus dem Kiswahili ins Deutsche übersetzte. Die Entstehungsgeschichte des Romans zeigt, wie hier unter dem Einfluß von westlichen Missionaren und Ethnologen ein vielschichtiges Werk entstand, das die eigene Kultur für andere zu objektivieren und für spätere Generationen zu bewahren trachtete. Eher sachlich gehaltene ethnographische Beschreibungen und subjektiv erzählende Passagen, die sich am Lebenszyklus der Protagonisten orientieren, stehen im Text nebeneinander. Damit entspricht er den Konventionen europäischer Reiseberichte, die seit dem frühen 16. Jahrhundert Erzählungen in der ersten Person mit unpersönlichen Beschreibungen kombinierten (Pratt 1986: 33). Doch verwendet Kitereza durchgängig auch Sprichworte, deren vielfältige Bedeutung eigentlich nur kulturellen "Insidern" verständlich ist und die sich somit einer Übersetzung verweigern. Der Text ist also eine hybride Konstruktion aus unterschiedlichen Elementen, die einerseits Traditionen zu fixieren und zu bewahren sucht, die gleichzeitig aber auch auf eine afrikanische Moderne und deren Bewältigung ausgerichtet ist.

---

[2] Rider Haggard griff auf die Ethnographie von Krige über die Regenkönigin der Lovedu zurück; und Saul Bellow benutzte ethnographische Literatur zum sogenannten sakralen Königtum vor allem im interlakustrinen Bereich Ostafrikas.

[3] Bereits Malinowski verwies auf sein literarisches Vorbild Joseph Conrad.

'Verkehrte' Ethnographien

Gegen Ende des 17. und dann vor allem im 18. Jahrhundert wurde in Europa ein Genre etabliert, das bis heute seine Faszination nicht verloren hat (Harbsmeier 1994: 332). Exotische Reisende aus fernen Ländern besuchten Europa und beschrieben ihre Eindrücke wie zum Beispiel in den berühmten *Lettres persanes*. Im fremden Blick konnte der eigenen Gesellschaft der Spiegel vorgehalten und das Selbstverständliche sowie Alltägliche verfremdet und in Frage gestellt werden. Hinter der Maske des exotischen Europareisenden, des persischen oder chinesischen Spions, verbarg sich jedoch meist ein Europäer, der in kulturkritischer Absicht die fremden gegen die eigenen Verhältnisse ausspielte (vgl. Kramer 1986; Harbsmeier 1994).

Erst zu Beginn des 19.Jahrhunderts wurden nicht mehr nur fiktive Stimmen aus fernen Ländern vernommen, sondern mit der kolonialen Expansion gelangten wahrhaftig zahlreiche Besucher aus Afrika, Indien, Südamerika etc. nach Europa und schrieben ihre Berichte (Harbsmeier ebd.). Tatsächlich sind die echten von den fiktiven Reiseberichten vor allem dadurch zu unterscheiden, daß sich ihre Themen nicht unmittelbar auf Interessen der bürgerlichen Öffentlichkeit beziehen und sie sich von der modernen Kulturkritik gerade nicht vereinnahmen lassen (Kramer 1986: 2).

In meinem Beitrag zu diesem Sammelband stelle ich die Reisebeschreibung des Afrikaners Ham Mukasa vor, der 1902 anläßlich der Krönungsfeierlichkeiten Edward des VII aus Uganda nach England reiste. In Ham Mukasas Ethnographie der Engländer ist viel von "Wundern" und "Verwunderung" die Rede. England wurde ihm als grandioses Schauspiel präsentiert (vgl. Harbsmeier 1994), das ihn in Erstaunen versetzen sollte. Während europäische Reisende sich Afrika im 19. Jahrhundert (und später) mit souveränem Blick aneigneten (Pratt 1992: 204), wurde Mukasa von den "Wundern der Europäer" überwältigt und so eher zum Objekt als Subjekt seiner Eindrücke. Dementsprechend könnte man seinen Text für eine beispielhafte Ethnographie der *passiones* nehmen, die nicht eigentlich ethnographische Autorität behauptet (vgl. Kramer 1987).

Offensichtlich stehen wir erst am Anfang eines neuen Wissens - und Forschungsfeldes, das den gleichberechtigten Wettstreit indigener afrikanischer und westlicher Ethnographien eröffnet und fördert. Ein Beispiel, das als Vorbild dienen könnte, liefert David William Cohen mit einem Aufsatz (1991), in dem er den Text eines indigenen afrikanischen Ethnographen mit dem einer westlichen Ethnologin

vergleicht. Keiner der beiden Texte wird zu einem sub-Text degra-
diert, sondern beide werden auch graphisch gleichberechtigt in Form
von nebeneinanderlaufenden Schriftkolumnen präsentiert. Cohen
zeigt, wie der ugandische Autor Wamimbi sich des Textes der britischen Ethnologin Jean La Fontaine über die Bagisu bedient, wie er
La Fontaines ahistorische Ethnographie historisiert und einen neuen
Text erzeugt, der eine doppelte Autorität behauptet: die der westlichen Expertin, auf die er sich stützt und von der er abschreibt, und
die des indigenen Ethnographen. Wamimbis Schrift popularisiert den
Expertentext. Außerdem läßt er sich als eine Kritik lesen, die die
Genrekonventionen (insbesondere die Konstruktion von Zeit), durch
die der Text der Ethnologin ethnographische Autorität gewinnt,
enthüllt.

Literatur

Anderson, B. (1994): *Imagined Communities*, London/New York.

Behrend, H. (1987): *Die Zeit geht krumme Wege. Raum, Zeit und Ritual bei den Tugen im Nordwesten Kenias*, Frankfurt.

Binsbergen, W. v. (1997): *Ethnicity and Identity in Central Africa.* Vortrag gehalten in Leiden auf der Konferenz "Ethnic Identities" im Mai.

Bohannon, L. (1966): Shakespeare in the Bush. In: *Natural History Magazine*, August/September.

Bruner, E. M. (1966): Ethnography as Narrative. In: *The Anthropology of Experience*, V.W.Turner und E.M.Bruner (Hrsg.), Chicago.

Cohen, D.W. (1991): La Fontaine and Wamimbi. In: *Chronotypes*, John Bender und David E. Wellbery (Hrsg.), Stanford.

Derrida, J. (1974): *Grammatologie*, Frankfurt.

Fabian, J. (1990a): *Power and Performance*, Madison.

Fabian, J. (1990b): *History from Below. The 'Vocabulary of Elisabethville' by Andre Yav*, Amsterdam/Philadelphia.

Fardon, R. (1990): *Localizing Strategies*, Edinburgh/Washington.

Foucault, M. (1983) *Der Wille zum Wissen. Sexualität und Wahrheit*, Frankfurt.

Geertz, C. (1983): *Dichte Beschreibung*, Frankfurt.

Geertz, C. (1988): *Works and Lives. The Anthropologist as Author*, Stanford.

Goody, J. (1989): *The Interface between the Written and the Oral*, Cambridge.

Harbsmeier, M. (1994): Schauspiel Europa. Die außereuropäische Entdeckung Europas im 19. Jahrhundert am Beispiel afrikanischer Texte. In: *Historische Anthropologie 3*.

Harstrup, K. (1993): The Native Voice – and the Anthropological Vision. In: *Social Anthropology* 1, 2.

Henrichsen, D. (in Vorbereitung): *Herrschaft und Identität im vorkolonialen Zentralnamibia*, Dissertation, Universität Hamburg.

Kagwa, A. (1901): *Basekabaka be Buganda*, Kampala.

Kramer, F. (1977): *Verkehrte Welten. Zur imaginären Ethnographie des 19. Jahrhunderts*, Frankfurt.

Kramer, F. (1986): *Fremderfahrung in der Inversion. Zu den Europaberichten von James Dorugu und Ham Mukasa*, unveröffentlichtes Manuskript.

Kramer, F. (1987): *Der rote Fez*, Frankfurt.

Leiris, M. (1977): Ethnographie und Kolonialismus. In: *Die eigene und die fremde Kultur*, Hans-Jürgen Heinrichs (Hrsg.), Frankfurt.

Lonsdale, J. (1997): *Kikuyu Historiography, Old and "New"*, Vortrag gehalten auf der Tagung "New Local Historiographies" in Berlin im Oktober.

Marcus, G. E. und Cushman, D. (1982): Ethnographies as Texts. In: *Annual Review of Anthropology* 11.

Pratt, M. L. (1992): *Imperial Eyes*, London/New York.

Ranger, T. (1993): The Invention of Tradition Revisited: The Case of Colonial Africa. In: *Legitimacy and the State in Twentieth Century Africa*, T. Ranger und M. Vaughan (Hrsg.), Oxford.

Ranger, T. (1997): *African Local Historiographies: A Negative Case*, Vortrag gehalten auf der Tagung "New Local Historiographies" in Berlin im Oktober.

Smith, Mary (1963): *Baba of Karo. A Woman of the Moslem Hausa*, London.

Southhall, A. (1970): The Illusion of Tribe. In: *Journal of African and Asian Studies* 5.

Twaddle, M. (1974): On Ganda Historiography. In: *History in Africa* 1.

Zur Geschichte des ethnographischen Genres in Afrika

Zwei indigene Ethnographen der Goldküste im 19. Jahrhundert

Adam Jones

Während des Ersten Weltkrieges entschuldigte sich der Katechet Mulumba Benyamin, der für den schwedischen Missionar Laman ethnographische Informationen über die Bakongo sammelte, wegen der schlechten Qualität seines Berichts:

> "It is quite difficult to understand everything, because the elders are very suspicious when we start to talk about traditional matters. They think that when we write down their names in a notebook, we will eat them by witchcraft. So I was not able to do more than write down the names of the clans, without interpreting them." (zit. nach MacGaffey 1993: 48).

Als ich diese resignierte Bemerkung las, wurde ich an einen Aufsatz von Mamadou Diawara über die Feldforschung in seiner Heimat Mali erinnert. Als Prinz in einer stratifizierten Gesellschaft, als Mann und als Mitglied einer bestimmten Verwandtschaftsgruppe hatte Diawara während der Materialsammlung für seine Pariser Doktorarbeit Schwierigkeiten, Zugang zu den Kenntnissen jener seiner Landsleute zu gewinnen, die einer anderen sozialen Schicht, dem anderen Geschlecht oder einer anderen Verwandtschaftsgruppe angehörten. Bei seinen Verwandten stieß er fast immer auf Unmut, als er für Forschungszwecke bestimmte Dörfer, Gastgeber und Mittelspersonen auswählte:

> "La méfiance que je suscite dans tous les milieux révèle la perturbation provoquée par le chercheur que je suis. Je suis donc socialement marqué: je suis partout un étranger, même si les traitements en tant que tels varient selon les conditions sociales. Pourtant, je continue à aller à l'encontre des choses, mon métier se confond avec une transgression permanente. En même temps, je sollicite la collaboration de ceux que je dérange. Là se situe la contradiction fondamentale que je m'efforce quotidiennement de dépasser." (Diawara 1985: 14).

Diawaras Fazit klingt angesichts der immer wieder geäußerten Meinung, europäische Ethnographen könnten "den Anderen" nur oberflächlich verstehen, überraschend: *"...toute recherche menée par un autochtone est insuffisante tant qu'elle n'est pas associée à celles d'une équipe d'origine différente de la sienne"* (ibid.: 16). Mulumba Benyamin und Mamadou Diawara machen es nötig, drei Fragen in bezug auf die ethnographische Analyse afrikanischer Gesellschaften durch ihre eigenen Mitglieder aufzuwerfen: (1) Haben Afrikaner überhaupt Vorteile, wenn sie die eigene Kultur untersuchen? (2) Ist die Ethnographie zwangsläufig eine westliche Disziplin, die bestenfalls von einigen sehr akkulturierten Afrikanern praktiziert werden kann? (3) Dürfen wir zumindest von einer indigenen Ethnographie erwarten, daß sie authentisch sei, d.h. in einem unmittelbaren Verhältnis zur beschriebenen Wirklichkeit stehe?

Wenn Ethnographie die Beschreibung fremder Völker bedeutet, kann es genau genommen keine indigene Ethnographie geben. In den bis zum 20. Jahrhundert überwiegend oralen Kulturen Afrikas südlich der Sahara kommt jedoch ein weiteres Problem hinzu: Die Ethnographie im konventionellen Sinne - wie auch die Historiographie - verlangt eine Art von Denken, die normalerweise nur in Gesellschaften vorkommt, die seit längerer Zeit direkt oder indirekt von der Schriftlichkeit geprägt sind. Es ist kein Zufall, daß viele der frühesten afrikanischen Werke über die "Sitten und Gebräuche" einzelner Kulturen in jenen Gesellschaften entstanden sind, die seit mindestens einigen Jahrzehnten besonders engen Kontakt zu Europa und zur Schriftkultur gehabt hatten, wie etwa in Uganda, der Kapprovinz Südafrikas, Südwest-Nigeria oder - damit komme ich zum Thema dieses Beitrags - in Süd-Ghana.

Während in den meisten postkolonialen afrikanischen Staaten die Ethnographie immer noch mit Mißtrauen betrachtet wird, stammen viele der wichtigsten Beiträge zur Ethnographie Süd-Ghanas seit 1950 von Ghanaern: z.B. vom späteren Premierminister Kofi Busia, der bei Malinowski studierte und in Oxford eine soziologische Doktorarbeit über Asante schrieb, von Peter Sarpong, dem katholischen Bischof von Kumasi, oder von Wissenschaftlern wie Kwame Arhin (Nana Arhin Brempong) und Kwame Anthony Appiah, dessen Beschreibung der Ereignisse nach dem Tod seines Vaters zu den Meisterstücken moderner Ethnographie zählt.

Inwieweit ist die Fähigkeit solcher Intellektuellen, ihre eigene Kultur zu reflektieren, ein postkoloniales Phänomen? Die bekanntesten Werke des 19. und frühen 20. Jahrhunderts über die damalige Goldküste wurden alle von Europäern geschrieben, obwohl sie sich in vielen Fällen auf Gespräche mit den Intellektuellen einer vorwiegend mündlichen Kultur stützten - z.B. Fritz Ramseyer mit Prinz Owusu Ansa oder R. S. Rattray mit "Chief Totoe".[1] Man kann jedoch eine Tradition indigener Ethnographie zumindest bis Mitte des 19. Jahr-

---

[1] Zu Ramseyer und Rattray siehe Jones (1991: 186 resp. McCaskie 1983a: 190f.) Vgl. auch Perrot (1982: 289) zu der Hauptinformantin Clozels bei den Anyi.

hunderts zurückverfolgen.[1] Im Jahre 1837 wurde Kwasi Boakye, der etwa zehnjährige Sohn des Asante-Königs (*asantehene*), in die Niederlande gebracht, wo er in Delft eine bürgerliche Erziehung erhielt. Ein Jahrzehnt später entstanden drei Schriften über Asante, die direkt oder indirekt mit Kwasi Boakye zusammenhingen und mehr oder weniger die gleiche Thematik behandelten: (1) ein 19-seitiges niederländisches Manuskript von 1846, das als Basis für einen Vortrag vor dem studentischen Debattierklub "De Vijf Kolommen" in Delft diente[2], (2) eine auf Kwasi Boakyes Aufzeichnungen basierende deutsche Darstellung unter dem Titel "Erinnerungen aus Aschanti", die 1848 von seinem Betreuer an der Königlich-Sächsischen Bergakademie in Freiberg, Prof. Cotta, als wissenschaftlicher Vortrag vor dem Weimarer Hof gehalten und dann veröffentlicht wurde[3], und (3) im folgenden Jahr sechs lange Artikel über "die Ashantis" [sic] im Tageblatt "Das Ausland"[4]. Diese waren anonym, aber der Herausgeber[5] erweckte im zweiten Artikel den Eindruck, daß sie ebenfalls auf Kwasi Boakye zurückgingen: "Ihm verdanken wir die Notizen über sein Vaterland, die wir hier mit seiner Erlaubnis den Lesern bieten."

Bei der ersten Lektüre des niederländischen Manuskripts von 1846 hatte ich den Eindruck, daß Kwasi Boakye das meiste aus Schriftquellen entnommen haben müßte - aus den *Notes on Africa* von G. A. Robertson (1819) oder den in niederländisch vorhandenen Reiseberichten von Bowdich, de Marrée und Tengbergen. Er bietet uns genau das an, was man von einem europäischen Reisenden erwarten würde: eine Auflistung der verschiedenen Gewächse (mit ihrer Verwendung), der Tiere, Vögel, Flüsse und Berge (einschließlich der oft erwähnten aber nichtvorhandenen "Berge von Kong"[6]); eine Schilderung der "Eingeborenen" und ihres in Reiseberichten festgestellten "Charakters"; fünf Seiten über Religion, Aberglaube und Fetischpriester; einiges über die Regierungsform; eine Beschreibung der Hauptstadt Kumasi; und schließlich "Verschiedenes", z.B. Gastfreundschaft, Kleidung, Recht und Begräbnis.

---

[1]   Vielleicht noch weiter: Schon Mitte des 18. Jahrhunderts schrieb der afrikanisch-dänische Schullehrer Christian Protten Africanus, der im Dienst der Herrnhuter Mission in seine Heimat Accra zurückkehrte, ein 350-seitiges Diarium, das eine Fülle ethnographischer Informationen enthält. Dieses Manuskript wird z.Zt. von Peter Sebald bearbeitet.

[2]   Gemeente-Archief Delft, dep. inv. 420. Ich danke René Baesjou, der mich auf diese Quelle aufmerksam gemacht hat.

[3]   "Erinnerungen aus Aschanti", Fortschritte der Geographie und Naturgeschichte 63 (März 1848), 66-76.

[4]   "Nachrichten über das Land und Volk der Ashantis", Das Ausland 83, 84, 87, 89, 100, 102, 117, 118, 128, 130, 151 (März-Juni 1849).

[5]   Evtl. der verantwortliche Redakteur, Dr. Ed.Widenmann.

[6]   Vgl. Bassett & Porter (1991).

Ein derartiges Plagiat läßt sich jedoch schwer beweisen. Vielmehr scheint er sich lediglich den Stil dieser Reiseberichte angeeignet zu haben. Eine eigene Erfahrung erwähnt er explizit nur einmal (die Überquerung des Pra-Flusses am Anfang seiner Reise nach Europa), seine Verwandten (mit Ausnahme des Königs) überhaupt nicht. Auch wenn einige Passagen sich möglicherweise auf plastische Erlebnisse beziehen - das jährliche Fest zum Geburtstag einer Gottheit oder die Zerstörung einer geschenkten Taschenuhr durch den Kronprinzen, der sich vorstellte, es gäbe ein lebendes Wesen darin - bleibt der Ton kühl und relativ unpersönlich. Und wenn man hier und da einen gewissen Stolz bei der Beschreibung der Größe und des Reichtums dieses Königreichs spürt, sind die Asante für Kwasi Boakye immerhin "ein rohes und wenig zivilisiertes Volk".

Der deutsche Vortrag von 1848 ist wesentlich kürzer als der niederländische. Manche Angaben werden in neuer Form präsentiert, aber vieles ist neu, z.B. die lebhafte Wiedergabe eines Märchens über den Sieg der Schildkröte über die anderen Tiere. Ansonsten fällt die noch stärkere Distanzierung auf: Die Musik der Asante sei "nicht eben sehr harmonisch", und in den Tempeln herrsche eine "erstaunliche Unordnung" sowie ein "unerträglicher Gestank". Diese Bemerkungen stehen wahrscheinlich in Zusammenhang mit der allmählichen Aufgabe seiner ursprünglichen Absicht, nach Asante zurückzukehren.[1]

Typisch für seine ambivalente Haltung ist die Tatsache, daß er trotz seiner bedauernden Äußerungen zur Asante-Musik ein schönes musikalisches Beispiel lieferte - eine "Volkshymne der Ashantis", die während der jährlichen Prozession zu einem heiligen See gesungen wurde. Sie erscheint als Anhang zum Vortrag von 1848 in einer Klavierverarbeitung durch keinen geringeren als Franz Liszt, damals Hofkapellmeister in Weimar. Die Rhythmen wechseln zwar (6/8, 2/4, 6/8, 9/8, 6/8), aber es sind europäische Rhythmen, und die Harmonien natürlich auch. Liszt war natürlich kein Kodály, und es ist außerdem möglich, daß Kwasi Boakye, der in Delft Klavier, Trompete und Klarinette gelernt hatte,[2] ihm die "Volkshymne" in einer an ein europäisches Vorbild angepaßten Form übermittelt hat. Gewisse Ähnlichkeiten zur heutigen Musik der Asante sind dennoch erkennbar.[3]

Trotz der Beteuerung des Herausgebers der Artikel von 1849, daß er sich in erster Linie auf die Notizen Kwasi Boakyes gestützt und weitere Quellen nur dann herangezogen habe, "wenn es durch einen neuen Augenzeugen wünschenswert zu seyn schien", stehen eher

---

[1] Siehe unten, Anm.1, S. 34.
[2] Yarak (1987: 133).
[3] Vgl. Jones, (im Druck b).

die Informationen aus gedruckten englischen Quellen im Vordergrund. Wenn die Angaben Kwasi Boakyes in direktem Widerspruch zu diesen standen, fand der Herausgeber meist eine Kompromißlösung."[1] Ein Vergleich der beiden Fassungen des Schildkrötenmärchens ist aufschlußreich. Obwohl in den Artikeln von 1849 der poetische Text einer Lobrede auf die Schildkröte ("die kleine schmutzige, auf der Erde hinkriechende, hornbedeckte, aus Furcht versteckte...") wortwörtlich beibehalten wird, ist ansonsten der gesamte Text in einem etwas üppigen Stil neu geschrieben und die Moral der Geschichte hervorgehoben worden. Ob Professor Cotta in seinem Vortrag die ausführliche Originalfassung von Kwasi Boakye gekürzt oder umgekehrt der Herausgeber der Artikel im "Ausland" eine kurze Originalfassung ausgeschmückt hat, vermag ich nicht zu sagen. Auch die dritte Alternative - daß Kwasi Boakye dasselbe Märchen zweimal in ganz unterschiedlicher Form niedergeschrieben hat - darf nicht ganz ausgeschlossen werden.

Nur in seiner Kritik an Europa können wir ziemlich sicher sein, daß Kwasi Boakye selbst in den "Ausland"-Artikeln zu Wort kommt. Es wird von zwei gezähmten Leoparden berichtet, die als Geschenke des Asantehene an den König von Holland geschickt wurden. Da sie aber auf dem Schiff in Käfige gestellt und grausam behandelt wurden, waren sie bei der Ankunft in den Niederlanden nicht mehr zahm (Nr. 87). Diese implizite Kritik am Verhalten mancher Europäer wird in weiteren Äußerungen bekräftigt:

„Im Ganzen, so glaubt Aquasi [=K.B.], sind die Neger und namentlich auch die Armen und Sklaven unter ihnen besser und kräftiger genährt als die Armen bei uns". (Nr.89).

„Ueberhaupt meint Aquasi, daß die Sklaven in Guinea im Ganzen viel glücklicher und sorgenfreier lebten, als unsere kleinen Leute und Arbeiter; freilich ist zuweilen so zu sagen der Teufel unter ihnen los, wo an großen Festen ihre Könige und Großen gleichsam für eine Zeitlang wie wahnsinnig werden [...]. Aber solche Fälle, wo man schnell ums Leben kommen kann, ausgenommen, fristen sie ihr Daseyn ohne viel Mühe, nicht ohne Genuß, und es gibt Leute genug unter ihnen, die ihr Leben auf 80 Jahre und darüber bringen und die am Ende sagen können, sie haben ein sehr muteres Jahrhundert verlebt". (Nr.118).

---

[1] Im Vortrag von 1848 wird z.B. die Bevölkerung Kumasis mit 120 000 angegeben (Kwasi Boakye hatte in seinem niederländischen Manuskript (1846) von 40 000 Soldaten und einer Gesamtbevölkerung von 130 000 geschrieben), aber im Ausland (1849, Nr. 102) steht, "einige haben sie auf 30 000, andere auf 120 000 angegeben." Gleichfalls wird der Name Gottes in den Vorträgen als "Jankonpong" bzw. "Jankompong" angegeben, während im Ausland (Nr. 128) der von manchen Europäern angegebene Name "Jan-Kompune" bevorzugt wird.

Solche Äußerungen kommen in den beiden vorangegangenen Vorträgen nicht vor. Fände man sie in einem europäischen Reisebericht, so würde man sie eher mit der Zivilisationskritik der Aufklärung oder der Romantik als mit wirklichen Meinungen von Afrikanern verbinden.[1] Aber hier handelt es sich offensichtlich um die eigene Meinung Kwasi Boakyes, der zwar vieles in Asante ablehnte, aber zugleich "positive" Aspekte (in einem europäischen Sinn) hervorheben wollte. Bedenkt man, daß er seine Heimat nur durch die Augen eines Kindes gesehen hatte und inzwischen in die bürgerliche Gesellschaft Europas assimiliert worden war (vgl. Yarak 1987: 138), so muß davon ausgegangen werden, daß die Notizen, die er als Zwanzigjähriger schrieb, manche Ungenauigkeit und vielleicht auch nostalgische Idealisierung enthielten. Wir sollten aber die Beobachtungsfähigkeit eines zehnjährigen Asante nicht unterschätzen: Als der britische Reisende Bowdich Asante 1817 besuchte, stellte er fest, daß die Kinder "die Natur viel aufmerksamer als europäische Kinder desselben Alters" beobachteten (Bowdich 1819: 161f).

Die einzige ethnographische Schrift Kwasi Boakyes, die unter seinem Namen ("Aquassie Boachi, Prinz von Ashanti") veröffentlicht wurde, bezieht sich nicht auf Afrika, sondern auf Java, wo er ab 1850 im Dienst der niederländischen Kolonialregierung als Bergbauingenieur arbeitete und später starb. Der Aufsatz erschien 1855 auf deutsch in der *Zeitschrift der Deutschen Morgenländischen Gesellschaft* und ein Jahr später auf niederländisch.[2] In *seinem* Begleitschreiben an den Herausgeber der ZDMG betonte er, wohl als Entschuldigung, daß er den Aufsatz "mitten im Urwalde, ohne alle literarische Hülfsmittel abgefasst" habe.

Auch in diesem Aufsatz sucht man vergeblich nach Indizien dafür, daß der Autor ein Afrikaner war. Die Thematik ist konventionell: kurze Abschnitte über Wohnungen, Häuptlinge, Reichtum, moralische Eigenschaften und Religion sowie ein ausführlicher Bericht über "Gebräuche" (Eheschließung, Beerdigung, Feste, "Volksbelustigungen"). In diesem letzten Teil fällt vor allem die Akribie auf, mit der Kwasi Boakye finanzielle Details und fremde Begriffe wiedergibt.

---

[1] Die im zweiten Zitat ausgedrückte Idealisierung erinnert ein wenig an eine 150 Jahre zuvor gemachte Behauptung des brandenburgischen Reisenden Otto Friedrich von der Groeben, er habe mit Afrikanern gesprochen, die in den vornehmsten Häusern Europas gelebt hätten und dennoch "das wüste, ja armseelige Africanische Leben" vorzogen, wo sie "bey ihren Verwandten seyn, die Scham mit einem von Biesem geflochtenen Lappen bedecken, mit einem Trunck Wasser und Hand voll Milie, wie die vergnüglichsten und reichesten Leute der Welt leben können" (Groeben in Jones 1985: 40, 234).

[2] Boachi (1855, 1856).

Vermutlich hat er eine Art Tagebuch geführt, denn er gibt die genauen Daten von sechs Festen im Jahre 1854 an.

Vergleicht man die "Erinnerungen aus Aschanti" (1848) mit den "Notizen über die Chinesen auf der Insel Java" (1855), so fallen einige Parallelen auf. Im Abschnitt über die Religion der Asante erfahren wir (1848: 72), daß sie "an gute und böse Geister" und an die "Unsterblichkeit der Seele" glauben; von den Chinesen schreibt Kwasi Boakye (1855: 810), daß sie "an einen guten und einen bösen Geist" sowie an "die Seelenwanderung in die Körper noch Lebender" glauben. In beiden Fällen wendet er sich anschließend den Priestern zu: Asante-Priester "unterscheiden sich dadurch, daß sie ihr wolliges Kopfhaar wachsen lassen und den Bart abrasiren" (1848: 72), während die Chinesen eine Klasse von Priestern haben, "dessen Haupt ganz kahl geschoren" wird (1855: 811). Die detaillierte Beschreibung einer jährlichen Prozession des Asantehene (1848: 69-70) findet ihr Echo in der Schilderung eines Umzugs bei der Beerdigung eines reichen Chinesen (1855: 817). Und während die Asante bei einer Beerdigung "sonderbarer Weise" rote Kleider tragen (1848: 74), sind bei den Chinesen blaue Kleider "Zeichen ganz grosser und tiefer Trauer" (1855: 818). Solche Parallelen darf man nicht übertreiben, aber sie deuten an, daß Kwasi Boakye bei der Beschreibung von Java seine Heimat noch im Hinterkopf hatte.

Kwasi Boakye gehört also zu den frühesten Afrikanern, die ethnographische Informationen außerhalb ihrer eigenen Gesellschaft verbreitet haben. Warum schrieb er so etwas überhaupt? Ein möglicher Hinweis befindet sich in der Darstellung seines bisherigen Lebenslaufs, die er 1855 an den Generalgouverneur von Niederländisch-Ostindien richtete: Dort schrieb er, daß er durch die Erziehung in den Niederlanden "von seinem Vaterland, seinen Eltern, Verwandten, Landsleuten und ihren Sitten und Gebräuchen verfremdet worden" sei.[1] Der Verfremdungsprozeß scheint ihm etwa zur Zeit der drei Schriften über Asante bewußt geworden zu sein.[2] Auch der Aufsatz über Java kann in diesem Licht gedeutet werden: Vielleicht wollte Kwasi Boakye, der dort unter rassischer Diskriminierung gelitten hatte und nach Europa zurückkehren wollte, sich durch die Beschreibung einer fremden Kultur noch weiter von seinen Wurzeln distanzieren und damit die eigene Identität als Weltbürger proklamieren.

---

[1] Yarak (1987: 141), meine Übersetzung.

[2] Anfang 1849 bezeichnete er sich noch als patriotisches "Werkzeug in der Hand der Vorsehung, um Licht und Zivilisation an Tausende meiner Landsleute zu bringen", aber schon Ende desselben Jahres füllte ihn die Aussicht einer Rückkehr an die Goldküste "mit Verabscheuung und Horror" (Yarak 1987: 138). Im Gegensatz zu Yarak vermute ich jedoch, daß die ersten Zweifel etwas früher einsetzten.

Notwendige Voraussetzungen für diese ethnographische Tätigkeit waren der Besitz der Schrift - etwas, was in Asante nicht möglich gewesen wäre[1] - und der intensive Umgang mit Europäern. Aber wie wir gesehen haben, hinterließ er keine selbständige Veröffentlichung über seine Heimat. Im ersten Fall blieb sein Vortrag unveröffentlicht; im zweiten erlaubte er einem deutschen Professor, seine Notizen zu verarbeiten; im dritten wird er zwar als wichtigste Quelle genannt, aber er ist durch Material aus englischen Werken überschattet; und im vierten schrieb er nicht über Afrika, sondern Asien. Seine Schriften gerieten bald in Vergessenheit und sind in der umfangreichen modernen Literatur über Asante nirgendwo erwähnt.

Daß dies nicht an der Qualität solcher Berichte, sondern an den Eigenarten des europäischen Wissenschaftsbetriebs lag, läßt sich aus meinem zweiten Beispiel erkennen: Fast ein halbes Jahrhundert später gelang es Carl Christian Reindorf, seine *History of the Gold Coast and Asante* in Basel drucken zu lassen. Aber während sein britischer Zeitgenosse A. B. Ellis sieben Bücher über die Goldküste mit großem Erfolg auf den Markt brachte,[2] mußte Reindorf jahrelang vergeblich nach einem Verlag suchen, bis er sich endlich gezwungen sah, das eigene Kapital darin zu investieren. Trotz seines Namens (väterlicherseits hatte er einen dänischen Großvater) war Reindorf ein Afrikaner, der sein ganzes Leben als Katechet der Basler Mission, als Lehrer und Pastor, aber auch als Bauer und Händler im heutigen Süd-Ghana verbrachte. Das Etikett "Mulatte" wurde zwar von ihm und seinen Zeitgenossen verwendet, vermittelt jedoch ein zu einfaches Bild seiner Identität. Er schrieb seine "History" zum Teil für die Personen afroeuropäischer Abstammung, aber in erster Linie als "native" für die "natives" bzw. die "educated community".

Wenn wir ihn insofern als "indigen" bezeichnen dürfen, stellt sich die Frage, ob er auch ein Ethnograph war. Sicherlich sah sich Reindorf primär als Historiker. Darin unterschied er sich von seinem Zeitgenossen Samuel Johnson, dessen *History of the Yorubas* (1897 vollendet, aber erst 1921 veröffentlicht) sowohl einen historischen als auch einen ausführlichen ethnographischen Teil ("customs", "names" usw.) hat, und von Jacob Egharevba, der neben seiner berühmten *Short History of Benin* (1. Aufl. 1936) Werke über "*Benin Law and Custom*", "*Benin Games and Sports*" usw. schrieb.[3]

Aber sobald wir Reindorfs Werk näher betrachten, entdecken wir mitten in der "Geschichte" Elemente einer Ethnographie. Er listet die

---

[1] Unter anderem weil die königlichen Räte dadurch einen Verlust ihres Einflußes befürchteten (McCaskie 1972: 32-6).
[2] Vgl. Jenkins (1987).
[3] Vgl. Eisenhofer (1996).

zwölf Asafo (militärische Einheiten) der Gã mit ihrem jeweiligen "Trommelmotto" auf (S. 120f) und schreibt eine Seite im Präsens über die Organisation der Asante-Armee (S. 202).[1] Anhand historischer Ereignisse erklärt er bestimmte "Sitten" - Opfer von Zwillingen oder die Konsultierung eines bestimmten Häuptlings vor der Installierung eines Königs (S. 99, 111). Zudem erwähnt er Handlungen, die gegen bestimmte Sitten verstießen, wie etwa das Tragen von Menschen in Körben in Angula (S. 158).

Über symbolische Aspekte der materiellen Kultur der Akan und Gã liefert er nebenbei wichtige Informationen: Er erläutert nicht weniger als 24 "symbolical means of communication", wie etwa Kaurischnecken, die an dem mittleren Bein eines Hockers angebunden werden, um die Anzahl der Sklaven des Besitzers mitzuteilen (S. 124-8). Er erklärt außerdem die Form der Ornamente aus Gold, mit denen die Asante ihre Schwerter und Staatsschirme schmückten (S. 87, 139), die Symbolik der Macht oder des Sieges in einem Gerichtsverfahren (S. 174, 187, 204, 255) sowie die Bedeutung von Schädeln und Kiefern als Trophäen (S. 141, 203).

Vieles, was auf den ersten Blick nur eine narrative Geschichtsschreibung ist, entpuppt sich als Ethnographie. Als ich bei Reindorf (S. 206) von jemandem las, der durch das Lager seiner Armee "with his thumb stretched up in sign of mockery" tanzte, fiel mir ein, daß ich selbst diese Art von Körpersprache mehrmals in Westafrika beobachtet hatte, ohne sie jemals bewußt notiert zu haben; in der umfangreichen ethnographischen Literatur wird sie meines Wissens nirgendwo sonst erwähnt.

Die Paradigmen viktorianischer Ethnographie widerspiegeln sich in Reindorfs Werk, z.B. in einer langen Passage über die Gã- und Guan-"Rassen" bzw. "Elemente" (S. 104ff), in der diffusionistischen Suche nach Belegen einer Herkunft aus dem Nahen Osten (S. 3f, 6, 24) oder in der evolutionistischen Darstellung eines hypothetischen Überganges vom "prophet-stage" über das "priest-stage" zum "king-stage" (S. 117). Auch die Anführung der "eigentümlichen Tracht" des Hauptpriesters von Akra als Beweis für eine fremde Herkunft paßt gut in zeitgenössische Modelle.

Andererseits unterscheidet sich seine Behandlung einiger Einzelheiten von jenen seiner europäischen Zeitgenossen. Das gilt für Themen wie Selbstmord (z.B. S. 164-5, 262), die Hinrichtung jener, die Lieder gegen den König sangen (S. 258), das Urinieren auf dem Kopf eines "Verräters" (S. 56) oder den Umgang mit Schädeln früherer Herrscher (S. 256). Für die meisten Europäer handelte es sich

---

[1] Reindorf (1895: 120f, 202). Alle Seitenangaben beziehen sich auf diese erste Auflage, die sich wesentlich von der zweiten unterscheidet.

dabei lediglich um irrationale Sitten eines barbarischen Kontinents, während Reindorf zumindest implizit die dahinterliegende Rationalität erkannte.[1] Manches muß man wieder in eine afrikanische Sprache übersetzen, um die volle Bedeutung zu begreifen: Wenn er z.B. (S. 183, 198) von einer "woman of masculine spirit" spricht, so ist das nur als Übersetzung des Twi-Begriffes *obaa banyin* (wörtlich "Frau Mann", d.h. eine Frau mit starkem "Geist", *sunsum*) verständlich.

Vor allem bietet uns Reindorf immer wieder mehr ethnographische Informationen, als für ein Geschichtswerk eigentlich nötig wären. Nehmen wir ein Beispiel aus seiner Beschreibung eines Bürgerkrieges in der frühen Geschichte des Umlandes von Accra (S. 37):

"A daughter of the chief was to undergo the parental public wedding ceremony, a custom which a marriageable girl was formerly bound to perform before the usual wedding took place. The girl was to perform some fetish ceremonies, during which time her hair was platted and besmeared with either powdered camwood or other ingredients according to the tribe she belonged to. Being simply dressed, she was carried on shoulders of her sex and accompanied by her uncle, friends and relatives, paraded the town with singing, dancing and feasting. After this she was adorned with plenty of gold, precious beads and fine garments. Then she was to alight at the gate of the king; some rum was offered to the princes as a libation, after which she was put on the shoulders and resumed the parade. But the proud nephews of the chief ordered their cousin to be carried by men instead of women, and on reaching the king's gate, the bearer did not let her down. - This led to a quarrel [...]."

Es ist unwahrscheinlich, daß Reindorf hier - wie in großen Teilen seines Buches - lediglich wiederholt, was er aus den mündlichen Überlieferungen seiner Landsleute erfahren hatte. Auch wenn diese gewußt hätten, welche Sitten "früher" praktiziert wurden, hätten sie solche Details kaum in einer historischen Erzählung verwendet. Man könnte fast meinen, Reindorf habe aus einem europäischen Reisebericht einen Absatz über "Heiratssitten der Gã" übersetzt und in die Vergangenheit umgestellt. Insbesondere die Phrase "according to the tribe" im zweiten Satz bezieht sich nicht auf eine konkrete historische Persönlichkeit, sondern auf verschiedene Möglichkeiten. Da ich aber keine solche Quelle gefunden habe, nehme ich an, daß für Reindorf die ethnographischen Details einfach dazu dienten, dieser Geschichte mehr "Farbe" zu geben.

---

[1] Auch in seiner Darstellung des jährlichen "grand yam custom" (odwira) und der damit verbundenen Menschenopfer geht Reindorf (S. 112) über das hinaus, was zu seiner Zeit von einem Historiker erwartet wurde. Es dauerte hundert Jahre, bis ein Historiker es wieder wagte, dieses komplexe Fest ausführlich zu behandeln: McCaskie (1995).

Während der zweieinhalb Jahrzehnte, in denen er sein Material sammelte, brach die Weltanschauung der Völker der Goldküste zusammen,[1] und sein Buch stellt gewissermaßen eine Antwort auf diesen Zusammenbruch dar. Das Sammeln ethnographischer und historischer "Tatsachen" durch Reindorf und viele seiner Zeitgenossen war keineswegs etwas Retrospektives oder Konservatives, sondern, wie es Peel (1984: 124) in bezug auf die Yoruba formuliert hat, Teil eines Bestrebens, "den Verlauf der Zeit zu markieren, indem man es schriftlich festhielt, daß die Dinge vorher anders waren". Die Ethnographie war für die Modernisierung genauso unverzichtbar wie die Geschichtsschreibung.

Kehren wir zu den drei Fragen zurück, die ich am Anfang gestellt habe.

1. Haben Afrikaner Vorteile bei der Beschreibung der eigenen Gesellschaft? Kwasi Boakye und Reindorf verdanken wir wertvolle Einsichten, und sie haben manches wahrgenommen, was keinem Europäer aufgefallen ist. Aber ihre ethnographischen Angaben unterscheiden sich nur geringfügig von jenen ihrer europäischen Zeitgenossen. Wenn es Unterschiede gibt, liegen sie weniger in der Art von empirischen Informationen als in ihrer moralischen Wertung, und auch das nur in Ausnahmefällen.

2. Ist die Ethnographie zwangsläufig eine westliche Disziplin? Diese Frage habe ich keineswegs beantwortet, aber die hier präsentierten - allerdings nicht gerade typischen - Fälle sprechen kaum gegen diese Annahme. Kwasi Boakye hatte offenbar als Kind alle Aspekte der Asante-Kultur beobachtet, die für eine ethnographische Schilderung nötig waren, aber trotz des hohen Bildungsniveaus und Interesses an fremden Kulturen im damaligen Asante[2] sind keine Ethnographien im 19. Jahrhundert dort entstanden. Das lag wohl z.T. daran, daß, obwohl Asante große Flexibilität in bezug auf neue Ideen zeigte, nur jene Innovationen erlaubt wurden, die offenkundig utilitär waren und den Status Quo nicht gefährdeten[3] - etwas, was für die Ethnographie erst im 20. Jahrhundert galt. Es ist also kein Zufall, daß die ersten "indigenen" Schilderungen dieser Kultur von jemandem geschrieben wurden, der seit einem Jahrzehnt in Europa gelebt hatte.

---

[1] Vgl. McCaskie (1983b).
[2] Vgl. McCaskie (1972: 44-5).
[3] Loc.cit.

Im Gegensatz zu Kwasi Boakye schrieb Reindorf primär für seine Landsleute. (Daher die Konzentrierung auf narrative Geschichte.) Aber seine Haltung zur Geschichte und zu mündlichen Überlieferungen stand in der Tradition der deutschen evangelischen Missionslinguisten Schlegel, Koelle und Christaller.[1] In beiden Fällen spielen europäische Modelle und Ideen also eine wesentliche Rolle.

3. Dürfen wir von einer indigenen Ethnographie Authentizität erwarten? Im Prinzip ja. Aber oft sind die afrikanischen "Stimmen", wie im Falle des Asante-Volksliedes, von europäischen Harmonien begleitet - oder sogar übertönt.[2]

---

[1] Vgl. Jones, (im Druck a).

[2] Ein weiteres afrikanisches Beispiel bietet ein Brief von Moshoeshoe, dem Gründer des Sotho-Staates, aus dem Jahre 1858: "It is not the custom of the Basutos to speak much of their real feelings. They are wrong, perhaps, but they can show by their actions..." (zitiert in Robinson & Smith 1979: 74). Es ist fraglich, ob Moshoeshoe von "den Basutos" geredet hätte, geschweige denn von ihrer "möglicherweise falschen" Haltung.

Literatur

Appiah, Kwame Anthony (1992): *In My Father's House. Africa in the Philosophy of Culture*, Oxford.

Bassett, Thomas J. / Philip W. Porter (1991): 'From the Best Authorities: The Mountains of Kong in the Cartography of West Africa'. In: *Journal of African History* 32: 367-413.

Boachi, A. (1855): 'Notizen über die Chinesen auf der Insel Java'. In: *Zeitschrift der Deutschen Morgenländischen Gesellschaft* 9: 808-823.

Boachi, A. (1856): 'Mededeelingen over de Chinezen op het Eiland Java'. In: *Bijdragen tot de Taal-, Land- en Volkenkunde van Nederlandsch Indië* 4: 278-95.

Bowdich, T. Edward (1819): *Mission from Cape Coast Castle to Ashantee*, London.

Diawara, Mamadou (1985): 'Les recherches en histoire orale menées par un autochtone, ou L'inconvénient d'être du cru'. In: *Cahiers d'Etudes Africaines* 97: 5-19.

Eisenhofer, Stefan (1996): 'Jacob Egharevba und die Rekonstruktion der Geschichte des Königtums von Benin (Nigeria)'. In: *Paideuma* 42: 151-68.

Jenkins, Ray (1987): 'Confrontations with A. B. Ellis, a Participant in the Scramble for Gold Coast Africana, 1874-1894'. In: *Paideuma* 33: 313-35.

Johnson, Samuel (1921): *The History of the Yorubas. From the Earliest Times to the Beginning of the British Protectorate*, O. Johnson (Hrsg.), Lagos.

Jones, Adam (1985): *Brandenburg Sources for West African History 1680-1700*, Wiesbaden.

Jones, Adam (1991): 'Four Years in Asante: One Source or Several?'. In: *History in Africa* 18: 173-203.

Jones, Adam (im Druck a): 'Reindorf the Historian'. In: Paul Jenkins (Hrsg.), *African Pastors and African History in the Nineteenth Century: C. C. Reindorf and Samuel Johnson*, Basel.

Jones, Adam (im Druck b): 'Franz Liszt und die Musik Afrikas'. In: *AfS*-Magazin.

McCaskie, T.C. (1972): 'Innovational Eclecticism: the Asante Empire and Europe in the Nineteenth Century'. In: *Comparative Studies in Society and History* 14,1: 30-45.

McCaskie, T.C. (1983a): 'R. S. Rattray and the Construction of Asante History'. In: *History in Africa* 10: 187-206.

McCaskie,T.C. (1983b): 'Accumulation, Wealth and Belief in Asante History. 1: To the Close of the Nineteenth Century'. In: *Africa* 53: 23-43.

McCaskie,T.C. (1995): *State and Society in Precolonial Asante*, Cambridge.

MacGaffey, Wyatt (1993): 'The Eyes of Misunderstanding: Kongo Minkisi'. In: *Astonishment and Power. Kongo Minkisi and the Art of Renée Stout*, Washington D.C.: National Museum of African Art, 21-103.

Peel, J.D.Y. (1984): 'Making History: The Past in the Ijesha Present'. In: *Man* (N.S.) 19: 111-32.

Perrot, Claude-Hélène (1982): *Les Anyi-Ndenye et le pouvoir aux 18e et 19e siècles*, Paris.

Reindorf, C.C. (1895): *History of the Gold Coast and Asante, Based on Traditions, and Historical Facts [...] from about 1500 to 1860*, Basel.

Robinson, David / Douglas Smith (1979): *Sources of the African Past. Case Studies of Five Nineteenth-Century African Societies*, London.

Yarak, Larry (1987): 'Kwasi Boakye and Kwame Poku: Dutch-educated Asante 'Princes'', In: Enid Schildkrout (Hrsg.), *The Golden Stool: Studies of the Asante Center and Periphery*, (Anthropological Papers of the American Museum of Natural History 65,1): 131-45.

Swahilisprachige Ethnographien (ca. 1890 – heute): Produktionsbedingungen und Autoreninteressen

Thomas Geider

Der in den 1980er Jahren in der amerikanischen Ethnologie formulierte Ansatz des *Writing Culture* etablierte die Perspektive, ethnographische Texte als ein literarisches Genre aufzufassen und zu analysieren.[1] Jenseits ihrer inhaltlichen Funktionen als kulturelle Quellen, die den Texten primär einmal zugedacht worden war, stehen hierbei ihre Qualitäten als interkulturelle und intertextuelle Diskurse im Mittelpunkt des Interesses, deren Produktion von hierarchisch ausgerichteten Machtbeziehungen und verbindlichen, aber auch veränderbaren Schreib- und Genrekonventionen abhängig ist. Selbstreflektorisch hinterfragt wird der ethnographische Autor sowohl in seinem sozialen, institutionellen und wissenschaftlichem Milieu als auch in seinen rhetorischen Strategien und den ethischen Dispositionen, die Stimmen der 'Anderen' in seiner Schreibpraxis zu organisieren, für die 'Anderen' zu sprechen und die kulturellen Gegebenheiten der 'Anderen' zu repräsentieren. Eine konstituierende Rolle spielen die historischen Bedingungen des Kolonialismus und Postkolonialismus. Ein wesentliches Ziel des *Writing Culture*-Ansatzes ist, in der Literatur deutlich werdende Praktiken und Haltungen von interkultureller Repräsentation zu kritisieren und neu zu bewerten, dazu aber auch für die gegenwärtige und zukünftige Forschungs- und Schreibtätigkeit Praktiken, Haltungen und Beziehungen neu zu durchdenken und emanzipativ zu entwickeln. Ein besonderes Augenmerk gilt Darstellungsformen, die über die herkömmlichen Konventionen ethnographischer Praxis hinausgehen und neue, z. B. dialogisch und partizipatorisch ausgerichtete Möglichkeiten der Erkenntnis und Vermittlung kultureller Sachverhalte eröffnen.

Weiterentwicklungen dieses Ansatzes erscheinen aus der Perspektive der mit afrikasprachlichen Texten befaßten Literaturwissenschaft insbesondere in zwei Bereichen wichtig: zum einen in der stärkeren Berücksichtigung des einheimischen Ethnographen, der

---

[1] Verwiesen sei hier auf die Standardwerke 'Ethnographies as Texts' (Marcus & Cushman 1982), 'On Ethnographic Authority' (Clifford 1983) und *Writing Culture* (Clifford & Marcus 1986, mit Clifford 1986), ferner auf die neuere Darstellung von Fuchs & Berg (1993).

kulturelle Inhalte als eigenständiger Autor repräsentiert, und zweitens in der Berücksichtigung der Sprachen der 'Anderen', in denen ethnographische Beschreibungen und Analysen über die internationalen Wissenschaftssprachen hinaus mittlerweile ebenfalls verfaßt sind.

Historisch und epistemologisch erkennt James Clifford (1986: 9) den "indigenous ethnographer" als eine 'neue Figur'. Herkömmlicherweise höchstens als 'Informant' bezeichnet, wird er nun in der weiterentwickelten Perspektive als Träger eines eigenen Diskurses erkannt, der ihn je nach Komplexität sogar zum 'Ko-Autoren' einer Ethnographie macht (Clifford 1986: 17). Daß einheimische Ethnographen zunehmend selber federführende Autoren werden bzw. bereits zu früheren Zeitpunkten waren, wird in Cliffords Programmatik allerdings eher nur gestreift als zufriedenstellend ausgeführt; gleiches gilt für anschließende Reflexionen auf diesem Gebiet (z.B. Fuchs & Berg 1993: 68). Auch beziehen sich, wenn man Cliffords Quellenverweisen nachgeht, die kurz gehaltenen Reflexionen ausschließlich auf den *indigenen Anthropologen aus dem universitären Kontext*, dessen kulturinterne und theoretisch-methodisch geschulte Wahrnehmungs- und Verstehensdisposition neue Blickwinkel in der Kulturbeschreibung ermöglichen (Clifford 1986: 9; außerdem Hayano 1979). Darüber hinaus aber stellt sich die Frage, ob nicht auch solche Autoren als 'indigene Ethnographen' betrachtet werden können, die zwar nicht in akademisch geschulter, aber dennoch mit einer spezifisch eigenen Systematik als lokale Intellektuelle Kulturforschung betreiben, damit Wissen schaffen und ihre Einsichten schriftlich oder in anderer Form vermitteln und so mit eigenen Intentionen und Interessen einen Diskurs über Kultur führen.

Der zweite Kritikpunkt am *Writing Culture*-Ansatz betrifft die Sprachenfrage. Mit einer gewissen Beschränktheit ist bei Clifford und den anderen *Writing Culture*-Autoren ausschließlich von Ethnographien in den universal verbreiteten Wissenschaftssprachen die Rede, nicht jedoch von Ethnographien in den angestammten Sprachen von eher regionaler Verbreitung in Afrika (oder Asien usw.). Hier können indigene Ethnographien in Einzelfällen bereits seit geraumer Zeit vorliegen. Lediglich Talal Asad zeigt sich von dieser Frage berührt, wenn er im Zusammenhang der ethnologischen Übersetzung von 'ungleichen Sprachen' spricht, wonach die 'schwächeren' Sprachen aus der 'Dritten Welt' bei der Übersetzung in die westlichen Wissenschaftssprachen nicht in ihrer eigenen Strukturhaftigkeit erhalten bleiben, sondern in den Diskursstrukturen der 'stärkeren' Sprachen aufgehen und damit untergeordnet werden (Asad 1986:

156-158). 'Stärke' ist hier jedoch eine Frage des Blickwinkels: In einem eher lokalen Verwendungskontext kann die von Asad als 'schwächer' eingestufte Sprache der indigenen Ethnographen die 'stärkere' sein, da sie hier in der Kommunikation effektiver und tiefreichender ist. Die internationale Wissenschaft müßte sich hier auf diese Sprachen zubewegen, sie in ihrer Eigenständigkeit akzeptieren und verstehen lernen, worauf es dann zulässig erscheint, sie zu analysieren. Die entsprechenden Untersuchungen hätten hier gerade auch im Sinne des *Writing Culture*-Ansatzes die Aufgabe, die jeweiligen Texte im Kontext der jeweiligen Sprachverwendung und des spezifischen Literatursystems zu untersuchen. Analog zum hiermit erkannten blinden Fleck der *Writing Culture*-Forschung, spricht Karin Barber (1995: 3) für die Literaturwissenschaft von einem "postkolonialen Schweigen", mit dem afrikasprachliche Literaturen unterbewertet und aus der anglophon orientierten Literaturkritik ausgeklammert werden. Sie und die Ethnologie haben hier also gleichermaßen die Aufgabe, ein Arbeitsfeld zu erschließen und zu bestellen, nämlich das der indigenen afrikasprachlichen Ethnographie. Hierzu möchte der vorliegende Artikel mit einer spezifischen Perspektive beitragen.[1]

Die swahilisprachige Literatur ist besonders reich an ethnographischen Texten. Gehören die Genres der Oralliteratur, der Poesie, der 'Chroniken' (was ihre historiographischen Funktionen angeht), der Biographie sowie der zeitgenössischen Belletristik zu den mittlerweile gut bekannten Bereichen dieser Literatur (vgl. Gérard 1981, Ohly 1985, Bertoncini 1989), so ist für das Genre der Ethnographie eine sehr weitgehende Unkenntnis unter Literatur- und Kulturwissenschaftlern festzustellen. Diese zeigt sich sowohl auf der rein bibliographischen als auch auf der systematisch-analytischen Ebene. Gerade diesem Mangel möchte der vorliegende Artikel auch für die Swahilistik begegnen. Vorgestellt werden sollen hier einige der wichtigsten Texte bzw. Textgruppen, für die eine historische Folge seit Ende des 19. Jahrhunderts bis heute maßgeblich ist. Hierbei soll es zunächst nicht um die Funktionen der Texte als Quellen über die jeweils beschriebenen Kulturen gehen (die anhand einzelner Texte gesondert zu untersuchen wären) als vielmehr um ihre Funktionen als Mittel des ethnographischen Diskurses. Von besonderem Interesse sind hierbei die Produktionskontexte der indigenen Ethnographen. Fragen hierzu sind:

---

[1] Eine diesem Artikel vorangegange Einführung liegt mit Geider (1994) vor. Sie wird nachfolgend an wesentlichen Punkten vertieft und kann in anderen Teilen komplementär gelesen werden.

- Welches sind die Motivationen und Interessen, die ostafrikanische Autoren dazu veranlaßt haben, über ihre oder andere Kulturen systematisch Informationen zu sammeln und sie niederzuschreiben?
- Welche politischen, ökonomischen, literarischen und personellen Rahmenbedingungen gelten für die jeweilige Forschungs-, Schreib- und Publikationspraxis der Autoren? In welchem Netzwerk von Informanten und anderen Beteiligten organisierten sie ihre Projekte? Welche Interessenskonstellationen waren für sie in den jeweiligen historischen Phasen der ethnographischen Praxis maßgeblich? Welche Textmodelle standen den Autoren gerade in der Frühzeit des ethnographischen Schreibens zur Verfügung, das als einigermaßen rezente Innovation erkennbar ist?

'Swahilisprachig' bedeutet hierbei, daß die Autoren nicht notwendigerweise eine kulturelle Identität als Swahili, d.h. Einheimische von Lamu, Mombasa, Zanzibar und anderen Küstenorten mit Swahili als Erstsprache innehaben, sondern auch Autoren anderweitiger ethnischer und sprachlicher Zugehörigkeit in Ostafrika sein können, die das Swahili als Zweitsprache mit größerer regionaler Verbreitung für ihre ethnographische Kommunikation benutzten.

Die ethnographischen Texte, die in der vorliegenden Abhandlung ins Auge gefaßt werden, sind alle publiziert und konnten von mir mit Hilfe von afrikanistischen Bibliotheken in Deutschland und London bzw. mit Hilfe von Kollegen und durch Buchkäufe zusammengetragen werden. Bei ihnen handelt es sich um eine Auswahl aus einem Volumen von ca. 300 Texten, die in Form kleinerer Bücher ("booklets") oder unterschiedlich langer Zeitschriftenartikel vorliegen. Überwiegend verfaßt sind sie auf Kiunguja (Standard-Swahili); einige Titel wurden mittlerweile auch in eine europäische Wissenschaftssprache übersetzt. Recherchen in Bibliotheken und Archiven in Ostafrika konnten von mir bislang noch nicht durchgeführt werden. Dennoch bin ich davon überzeugt, daß der vorliegende Artikel bereits wesentliche Merkmale der indigenen swahilisprachigen Ethnographie vorstellt.

Ein weiteres Problem ist der Mangel an genrebezogener Sekundärliteratur. Hierzu gehören zunächst kritische und analytische Abhandlungen, die sich spezifisch auf die jeweiligen Texte und ihre Autoren beziehen. Ihnen wurde vonseiten der Kritiker und Wissenschaftler in Ostafrika und darüber hinaus jedoch kaum nennenswerte Beachtung geschenkt, geschweige denn daß eine Diskussion über sie in Gang gesetzt wurde. Mangel besteht des weiteren an Untersuchungen zum allgemeineren Produktionskontext. Zu vermissen sind Studien zum Erziehungswesen und zur Ethnographie des Schreibens, zur Verlags- und Mediengeschichte, Mentalitätsgeschichte und Kulturpolitik, die natürlich nicht gänzlich fehlen, den Gegenstand der indigenen Ethnographie im jeweiligen kolonialen oder nationalen Kontext allerdings kaum spezifisch erwähnen.

Erste für den Produktionskomplex wichtige Informationen existieren allerdings auf der textinternen Ebene, nämlich in den Paratexten der indigenen Ethnographien. Hierunter versteht Gérard Genette (1989) alle Textteile und Materialzeichen um einen Werktext herum, wie sie in den Büchern insbesondere auf dem Buchumschlag, der Titelseite und im Titelbogen verzeichnet sind. Hierzu gehören Angaben zu Name und Status des Autors, diverse Erscheinungsvermerke, die Reihenzugehörigkeit und in besonderer Weise die Vor-Geleit- und Dankworte, die Genette je nach Autorenschaft als auktorial, verlegerisch und allograph (d.h. von Dritten geschrieben) klassifiziert. Selbst nicht-textliche Merkmale wie die Typographie, Papier- und Druckqualitäten sowie Illustrationen gehören hierzu. Die ethnographischen Zeitschriftenartikel sind hier naturgemäß weniger komplex, tragen in ihren Titeln, Untertiteln und Autorenzeilen aber ebenfalls aufschlußreiche Paratextelemente. Mit all ihren Informationen und dazu der allgemeineren Sekundärliteratur ist also bis zu einem gewissen Grade eine Einsicht in den Produktionskomplex und eine diskursive Bewertung der indigenen swahili-sprachigen Ethnographien möglich, worauf sich die vorliegende Abhandlung in diesem Forschungsstadium beschränken möchte. Offenkundig ist, daß weitere Forschungen in Ostafrika durchgeführt werden müssen.

Die ethnographischen Texte werden im Swahili-Sprachgebrauch mit dem Begriff *habari* 'Nachricht, Neuigkeit, Mitteilung, Bericht, Information, Auskunft, Tatsache' klassifiziert, den Jack Rollins (1983: 84f.) als literarischen Genrebegriff herausgearbeitet hat. Mit ihm werden Texte markiert, die im Kontrast zu fiktionalen imaginativen Texten nach ostafrikanischem Verständnis als nicht-fiktionale, faktische und irgendwie 'wahre' (*kweli*) Texte konzipiert werden (Rollins 1983: 85). In der Swahililiteratur fallen unter *habari* im europäisch klassifikatorischen Sinne die Genres 'Ethnographie', 'Reisebericht', 'Biographie', 'Autobiographie', 'historische Überlieferung' und 'Chronik', die bei Bedarf im Swahili-Sprachgebrauch durch die Begriffe für die jeweiligen Objekte der Darstellungen präzisiert werden müssen. Zumeist werden sie bereits in den Titeln der jeweiligen Texte genannt. Das Genre 'Ethnographie' wird so mit *habari* und den Objektbegriffen *nchi* 'Land', *kabila* 'Ethnie', *desturi* 'Sitte, Brauch' (mit den Synonymen *mila* und *madhehebu*) und *utamaduni* 'Kultur', dazu den Begriffen *ada* und *sheria* 'Gesetze' markiert. Das Genre 'Historiographie' verknüpft sich mit den Objektbegriffen *historia*, *zamani* und *tarehe* für 'Vergangenheit, Geschichte' sowie *asili* für 'Ursprung', die 'Biographie' und 'Autobiographie' mit *maisha* 'Leben', das hier ein individuelles Leben meint, aber auch ein kollektives Leben meinen kann, womit wiederum die 'Ethnographie' markiert werden kann (etwa im Sinne von 'Leben einer Gemeinschaft'). Die Verbindung *habari* und ein Ortsname (Pate, Lamu usw.) wurde in der Forschung in der Regel als 'Chronik' übersetzt. Manche *habari*-Texte umfassen nicht nur ein einzelnes dieser Genres, sondern stattdessen eine Kombination von Genres. Will man die swahilisprachige 'Ethnographie' untersuchen, muß man sich zunächst also an Texten orientieren, die allgemeiner als *habari* klassifiziert werden.

In vielen der von mir untersuchten *habari*-Texten drückt der Begriff *Kuhifadhi* (mit dem Synonym *Kudhibiti*) 'bewahren, beschützen' die zentrale Zielfunktion der Texte aus. Damit verwandt sind verschiedene Begriffe des Rettens, Speicherns und Aufbewahrens für künftige Generationen. Diese Funktion deckt sich mit unserer Idee von 'dokumentieren', das in der Mehrheit der ca. 300 mir bekannten *habari*-Texte eine explizite und allgegenwärtige Autorenintention darstellt. Jedoch ist hiermit wohl kaum die ausschließliche Vorstellung eines irgendwie zweckfreien Dokumentierens um seiner selbst willen gemeint, vielmehr sind in zahlreichen Fällen auch explizite Funktionen von '(be-)lehren', 'beweisen', 'bezeugen' intendiert, etwa als Schulbuch oder politisches Dokument.

Im folgenden soll in vier Gruppierungen eine Auswahl von swahilisprachigen Ethnographien vorgeführt werden, die als jeweils typisch für den zugrundeliegenden historischen, politischen und literarischen Kontext angesehen werden können.

Ethnographien der deutschen Kolonialzeit (publiziert 1894 – 1903)

Die Produktion von swahilisprachigen Ethnographien im engeren wissenschaftlichen Sinne setzt mit dem deutschen Kolonialengagement Ende des 19. Jahrhunderts ein. Hierbei ging die Initiative von der Arbeit am Seminar für Orientalische Sprachen in Berlin aus, das

1887 von Carl G. Büttner gegründet worden war. Seine Aufgabe bestand darin, Beamten, Diplomaten und Militärs für den Kolonialdienst zweckmässige Kenntnisse der örtlichen Sprachen und Kulturen zu vermitteln. Neben Grammatiken und Texten wurden hierfür auch ostafrikanische Lektoren eingesetzt. Die ersten Lehrbücher waren die *Suaheli-Schriftstücke in arabischer Schrift* (Büttner 1892) und die *Anthologie aus der Suaheli-Litteratur* (Büttner 1894), die auf der Grundlage von swahilisprachigen, in arabischer Schrift verfaßten Manuskripten Gedichte, Volkserzählungen, Briefe sowie autobiographische und ethnographische Texte in romanischer Schrift und deutscher Übersetzung präsentierten. Die meisten dieser Texte lagen zuvor schon als fertige Dokumente vor, die in der Form bereits ihren Platz in der Swahililiteratur hatten und dementsprechend von Büttner einfach aufgegriffen werden konnten. Andere Texte hingegen – und hierzu gehören namentlich die Ethnographien, Autobiographien und Reiseberichte – mußten erst geschaffen werden. In der vorliegenden Form bis dahin nicht Bestandteil der Swahililiteratur, müssen diese Texte als literarische Innovationen verstanden werden. Sie wurden von den Lektoren Sleman bin Said und Amur bin Nasur in Berlin verfaßt (Büttner 1892, 1894). Ihnen folgten zwei Textanthologien des Büttner-Schülers Carl Velten: zum einen die Sammlung *Safari za Wasuaheli* (Velten 1901a; *Schilderungen der Suaheli von Expeditionen ...*, Velten 1901b), die Reiseberichte und Ethnographien präsentieren (z.T. sind diese miteinander kombiniert), und zum zweiten die Sammlung *Desturi za Wasuaheli* (Velten 1903a; *Sitten und Gebräuche der Suaheli*, Velten 1903b), die eine in sich geschlossene ethnographische Monographie darstellt. Die Texte darin wurden zum Teil als Niederschriften oder nach Diktaten von namentlich genannten Autoren in Ostafrika verfaßt, und durch weitere Abschnitte aus der Feder des Berliner Lektors Mtoro bin Mwenyi Bakari ergänzt, dem schließlich auch die Gesamtredaktion der Texte oblag.

Im Vorwort der *Anthologie* offenbart Büttner (1894: viii-xvi) deutlich das damals herrschende Interesse an Sprachkenntnissen und Texteditionen im Swahili. Demnach sollten sie:

–   eine direkte und nicht per Dolmetscher vermittelte Kommunikation mit den Einwohnern der Kolonie ermöglichen,
–   "einen tiefen Einblick in das Herz [an anderer Stelle: das Geistesleben] unserer Schwarzen" (p. xvi) gewähren, die "nicht Wesen fremden Stammes sind, sondern derselben Menschenfamilie angehören, wie auch wir" (p. xii),

- die Aufnahme grammatischer und lexikalischer Daten begünstigen, die über linguistische Fragebögen nicht erfaßbar sind,
- die Aufnahme von Text- und Sprachdaten ermöglichen, die die Einflüsse der diversen in Ostafrika aufeinander treffenden Kulturen erkennen lassen (Forschung von Erzählmotiven und Lehnwörtern),
- zur Vermittlung der sprachlichen Konstruktionen beitragen, die ein Missionar oder Verwaltungsbeamter benötigt, um seine Arbeitsziele effektiv durchzusetzen, was das Ziel einschloß, "den Eingeborenen von den Herrlichkeiten Europas zu erzählen" (p. xiv; hierzu Amur's Berlin-Bericht).

Alles in allem sollte die *Anthologie* mit den Beiträgen der afrikanischen Autoren ein Pendant zur zeitgenössischen Entdecker- und Kolonialliteratur darstellen, die Büttner eher negativ sah: "Neben den vielen Reisebeschreibungen, die aus dem Innern Afrika's den Alten wie den Jungen bei uns von mancherlei Abenteuern mit wilden Thieren und ruchlosen Menschen berichten, möge es bei allen denen sich Beachtung gewinnen, die über die Afrikaner nicht blos Aufregendes, sondern vor Allem Wahres erfahren wollen" (Büttner 1894: xvi). Büttner verband so mit der Textforschung also Ziele, die die Texte der indigenen Autoren teils einem kolonialen, teils einem wissenschaftlichen Zweckinteresse unterordneten. Programmatische Äußerungen wie diese sind in der afrikanistischen Textforschung, für die es lange üblich war, Texte ohne Theorie und mit nur wenigen Kontextangaben zu edieren, ausgesprochen selten, und es steht zu vermuten, daß sich nachfolgende Textherausgeber, die in ihrem Studium wohl stets auf die vorhandenen Lehrbücher zurückgriffen, diesen Zielsetzungen ohne weiterführende oder anderslautende Gedanken schlicht und einfach anschlossen.

Richten wir unsere Aufmerksamkeit auf die Autoren der ethnographischen Texte und ihre Beziehungen zu den wissenschaftlichen Initiatoren, erheben sich mehr Fragen als daß Klarheit bestünde:

- Wie wurden die Autoren gefunden? Büttner, der nie in Ostafrika gelebt hatte, sondern alle Forschung in Berlin organisierte, macht hierzu keine Angaben, eine erkennbare Rolle spielt der Alltagskontakt mit den Lektoren am Seminar. Velten, der in den Jahren 1893-96 als Gouverneursdolmetscher in Ostafrika arbeitete, hatte mehr Möglichkeiten, Autoren zu treffen. Er gibt an, daß Sleman bin Mwenyi Tshande eine Schlüsselrolle gespielt hatte, insofern nämlich als sein Erzähltalent ihn auf die Produktion der ganzen

Reiseberichtedition gebracht habe (Velten 1901a: v). Die Kontaktaufnahme zu den anderen Autoren ist Velten keine Erwähnung wert gewesen; in Frage kommt hier der Dienstalltag bzw. der Umgang mit den Einwohnern von Dar es Salaam.

- Wie wurde die Textproduktion initiiert? Erkennbar ist, daß keiner der fraglichen Texte auf swahilieigene Initiative hin geschrieben wurde (wie etwa die Gedichte, deren Manuskripte in den Haushalten sorgfältig gehütet werden), sondern, daß es sich um Diktate und veranlaßte Niederschriften handelt, deren Umfänge und z.T. auch Textstrukturen (vgl. Amur bin Nasur's Texte) auf mehrtägige Herstellungszeiträume schließen lassen.

- Unklar bleibt, wie die Aufträge in ihren Themenstellungen verhandelt wurden: Gab es hier Vorgaben vonseiten der Herausgeber oder lag die Themenwahl alleinig bei den ostafrikanischen Autoren? Selbst wenn keine Themenvorgabe galt: Gab es in den mehrtägigen Schreib- und Diktierabläufen nicht zwangsläufig die Gelegenheit und Notwendigkeit zu Texteingriffen und damit zu Beeinflussungen? Besprach man das jeweilige Projekt nicht, während man miteinander arbeitete oder sich entspannte? Sind nicht Zögerungen im Gedankenfluß der Autoren denkbar, die ein jeder Diktatnehmer mit aufzulösen versuchte? Zwar beteuert Büttner (1894: ix), daß die fraglichen Texte "ganz ohne europäische Beeinflussung aufgeschrieben" worden seien, aber ist dies in einer ständigen gemeinsamen Kommunikationssituation überhaupt möglich gewesen? Velten, der wahrscheinlich in seinen Amtsräumen die Diktate aufnahm, enthält sich selber einer solchen Beteuerung (die im übrigen in vergleichbaren afrikanistischen Texteditionen der früheren Zeit gang und gäbe ist), aber ihm liegt daran, wenigstens die "wortgetreue" Gestaltung der Textübersetzung zu versichern (Velten 1901b: Vorwort). Selbst wenn keine *direkten* Themenanstösse und Texteingriffe erfolgten, gab es dann nicht vielleicht unausgesprochene Anspruchshaltungen oder Erwartungen, die der Lektor aus der Seminararbeit heraus in sein Schreibkalkül miteinzubeziehen hatte?

Fragen wie diese erscheinen kaum mehr klärbar, es sei denn eventuell in Einzelfällen durch minutiöse Textexegese oder bisher unbekannte zusätzliche Dokumente der Herausgeber. Anstatt hier also von authentischen Texten im Sinne einer unberührten afrikanischen Autorenschaft auszugehen, erscheint es bei europäisch veranlaßten Textproduktionen im Kolonialkontext doch eher plausibel, von einer afrikanischen Autorenschaft auszugehen, die immer auch durch die Auseinandersetzung mit den europäischen Initiatoren und Herausgebern mitgeprägt worden ist. Der Authentizitätsbegriff ginge dabei nicht von einem einsamen, kulturell isolierten, vielleicht genialischen Autoren aus, sondern von einer Situation normaler dialogischer Kommunikation zwischen Autor und Initiator.

In der Diskussion um den innovativen Charakter der frühen indigenen Ethnographien innerhalb einer sprachspezifischen Literatur stellt sich im Produktionskontext immer auch die Frage, welchen vorgegebenen Textmodellen ein Autor gefolgt ist. Mitunter geben Textstellen hierüber explizit Auskunft, wohl häufiger muß man sie jedoch analytisch erschließen. Ein Grundmodell ist das mündliche Erzählen von Erlebnissen und Schildern von Situationen. So war es insbesondere Sleman bin Mwenyi Tshande's erzählerisches Talent, das Velten dazu anregte, ein Diktat aufzunehmen und nach ähnlichen Berichterstattern Ausschau zu halten, deren Gedächtnisleistungen und Beobachtungsgaben im Vorwort immer wieder gelobt werden (Velten 1901a, 1901b). Ein typisches Gestaltungsmittel ist hier die wörtliche Rede, die in diesen frühen Texten (im Gegensatz zu den späteren ethnographischen Texten) allgegenwärtig ist und ganze Episoden und Abschnitte beherrschen kann. Ein anderes, von Amur bin Nassr verwendetes Textmodell ist der Brief, was an verbalen Abschnittmarkierern und zeittypischen Briefformeln erkennbar wird. Tatsächlich war der Kaufmannsbrief zur damaligen Zeit ein Element der Swahili-Literalität. In ihm wurden nicht nur merkantile und familiäre Mitteilungen gemacht, sondern mitunter auch Beobachtungen zur jeweiligen fremden Kultur wiedergegeben (vgl. Büttner 1892).

Angesichts der klar ausgedrückten Interessenlage aufseiten der Auffttraggeber der ethnographischen Texte stellt sich die Frage, welche Interessen die Autoren selber hatten. Von einer deckungsgleichen Identifikation mit den kolonialen Zielen kann hier nicht ausgegangen werden, stattdessen sind hier immer eigene Interessen zu vermuten. Ihren Meinungen, Intentionen und Motivationen wurde in den Vorwörtern, die zumeist gerade einmal den Namen und die Lokalisierung der Autoren erwähnen, kein Raum geboten, so daß man hier auf Interpretationen angewiesen ist.

Herausgreifen möchte ich hier zuerst den Reisebericht 'Meine Reise durch Afrika vom Indischen bis zum Atlantischen Ozean' von Abdallah bin Rashid, der als Trägerführer an der 1893-94 unternommenen Ost- und Zentralafrikaexpedition des Graf von Götzen teilnahm (Velten 1901a: 181-204, 1901b: 198-224). Sein Bericht enthält eine Fülle von ethnographischen Details über die Bevölkerungen Nord-Tanzanias, Rwandas und Ost-Zaïres, die markanter noch als die übrigen Reiseberichte der Velten-Anthologie nach merkantilen und reisetaktischen Parametern beschrieben werden (hierzu mehr in Geider 1992a). Hierzu zählen:

- das Verhalten von entweder launenhaften, schwachen oder aber fairen Häuptlingen an den bereisten Orten und das Verhandeln von Wegzoll, wobei die Wiedergabe der Dialoge eine große Rolle spielt,
- die Ernährungsressourcen an den jeweiligen Orten und die Tauschverhältnisse in exakten Maß- und Verhältnisangaben,
- die Ausstattung der jeweiligen Bevölkerung mit diversen Arten von Kleidern, Schmuckobjekten und anderen Gegenständen, die autochthon oder aber bereits Handelsgüter von der Küste waren bzw. potentiell sein könnten,
- Elemente islamischer Vorstellungen und Bewertungen von Zivilisation wie z.B. Umgangsformen, Reinlichkeit, Alkoholgebrauch, Rituale usf. bei den besuchten Bevölkerungen, die mit Ethnonymen und Toponymen bezeichnet werden.

Abdallahs detaillierte Beschreibung endet bei Kisangani, welches die äußerste Peripherie im damaligen Handelsraum der swahilisprachigen Kaufleute darstellte. Ab da wird der Bericht nur noch kursorisch, obwohl ein wichtiger Teil der Reise noch bis an die zaïrische Atlantikküste weitergeht. Parallel zu Abdallahs Bericht liegt der Expeditionsbericht des Graf von Götzen (1895) vor. Hierin wird Abdallah punktuell erwähnt, für uns wohl am wichtigsten im Zusammenhang damit, daß Abdallah bei Betreten eines weiteren Territoriums an einer Desertion, die insgesamt als großes Expeditionsproblem beschrieben wird, nicht mehr gelegen sei, da er finanzielle Interessen an der Ostküste habe und nun nur noch durch die Expeditionsgruppe seine Heimat wieder erreichen könne (Götzen 1895: 271).

Eine Interpretationsperspektive auf Abdallah's persönliche und professionelle Interessenslage eröffnet sich: Von Götzens Bemerkung und Abdallahs geographischer Radius sowie die Punkte seiner ethnographischen Beschreibung deuten darauf hin, daß der Trägerführer an der Expedition nicht nur als Lohnarbeiter teilnahm, sondern sie auch zu eigenen Forschungszwecken benutzte, um anschließend mit den Erkenntnissen der jeweiligen örtlichen Sicherheitslage, der Wirtschaftsressourcen und des Preisgefüges eigene Handelsaktivitäten organisieren zu können (der Raum jenseits Kisanganis kam hierfür nicht in Betracht). Die durch die Militärbegleitung abgesicherte

Expedition bedeutete ihm dabei offensichtlich einen gewissen Sicherheitsvorteil, der bei einer reinen Handelsunternehmung so kaum gegeben gewesen wäre (von Götzen erwähnt, daß das abweisende Rwanda unter den Küstenkaufleuten gefürchtet war und daher kaum betreten wurde). Zumindest in einem anderen Reisebericht läßt sich außerdem ein Interesse der Kaufleute am wachsenden deutschen Einfluß im ostafrikanischen Raum erkennen, da in dieser Sphäre die Händler vor überzogenen und launenhaften Zollforderungen der örtlichen Häuptlinge sicher seien (Sleman in Velten 1901a: 47, 1901b: 52; vgl. Geider 1992a: 61-62). Wenn dies einer allgemeineren Anschauung in den damaligen ostafrikanischen Händlerkreisen entspricht, dann könnte in Abdallahs Berichterstattung an Velten als deutschem Regierungsvertreter auch ein Stück Aufklärungsbericht zu sehen sein, der die Einrichtung einer profitableren ostafrikanischen Freihandelszone unterstützen sollte. Nicht auszuschließen ist letztlich auch, daß der Inhalt von Abdallahs Niederschrift, die aus dem Kaufmannsbrief, der im Text erwähnten und bei Küstenhändlern üblichen Buchführung (*daftari*) und dem mündlichen Erzählen schöpfte, sich auch an Rezipienten an der Ostküste richtete, unter denen Expeditionspartnerschaft und merkantiler Gesprächsaustausch zu gewinnen waren.

Zwei weitere Berichte stammen von Mtoro bin Mwinyi Bakari: 'Meine Reise nach Udoe bis Uzigua sowie Geschichtliches über die Wadoe und Sitten und Gebräuche derselben' (Velten 1901a: 126-180, 1901b: 138-197) schildert eine Handelsreise in die genannten Distrikte des heutigen Tanzania. Neben Tauschregelungen gehört hierzu die Wiedergabe eines Blutsbruderrituals, dessen Detailkenntnis auch für andere zeitgenössische Küstenhändler interessant gewesen sein muß. Hinzukommen aber auch kulturelle Details, die nun nicht mehr im Geschäftsinteresse, sondern abstrahiert davon zu sehen sind. In ihrer Form und Tendenz scheinen sie ethnographisch um der Ethnographie willen. Bei den Verben wechselt die autobiographische erste Person zur ethnographischen dritten Person. Der zweite Bericht 'Mitteilungen über das Land Uzaramu nebst Sitten und Gebräuchen der Wazaramu' (Velten 1901a: 205-252, 1901b:225-276) ist eine Ethnographie der Zaramo, die als die Kultur zu identifizieren ist, in der Mtoro bis zum Eintritt in die Koranschule aufgewachsen ist. Ab dann lebte er als Swahili in Bagamoyo. Kontakt zur Ursprungskultur scheint er dann nur noch anläßlich von Elternbesuchen gehabt zu haben. In Bagamoyo arbeitete Mtoro als Sekretär für die deutsche Kolonialverwaltung, wo er das Verfassen von Berichten und Abfragen von Informationen als Tätigkeiten der Berufsausübung kennenlernte. Schließlich lebte Mtoro als Swahili-Lektor in Berlin. In Ostafrika hatte er eine deutschen Frau geheiratet, was ihm große Probleme vonseiten der kolonialeuropäischen Gesellschaft einbrachte. Statt sich scheiden zu lassen, zog er es vor, bis zu seinem Tode in Deutschland zu leben (zu Mtoro's Biographie s. King 1981 und Oguntoye 1997: 63-65). Die dort vom akademischen Auftraggeber initiierte Ethnographie entstand so in einem Spannungsfeld zwischen drei Polen: der Ursprungskultur (Zaramo-Familie), der emanzipativ errungenen Kultur (Swahili-Lebensstil) und dem Exil in der Fremde, wo die forscherische Beschäftigung des Händlers in den Beruf des Sprach- und Kulturlehrers einmündete. Vollständig zum Ethnographen der Mrima-Küste ist Mtoro dann geworden, als er die von Velten 1903 edierte Monographie *Desturi za Wasuaheli* (*Sitten und Gebräuche der Suaheli*) redigierte, deren 32 enzyklopädisch ausgerichtete Artikel von mehreren swahilisprachigen Autoren verfaßt worden waren. Als Mtoros Interesse ist hier also neben der Auftragserfüllung seitens des Kolonialseminars die Behauptung einer kulturellen Identität zu erkennen, die im fremden Deutschland eine zusätzliche Brisanz bekommen hatte.

Die *Mambo Leo*-Artikel der frühen englischen Kolonialzeit (1923 – ca. 1942)

Ab 1923 erschien in Dar es Salaam auf Initiative der britischen Kolonialregierung die swahilisprachige Monatszeitschrift *Mambo Leo* (etwa 'Moderne Angelegenheiten'), die für die Entwicklung und Popularisierung der indigenen Ethnographie in Ostafrika von großer Bedeutung war. Texte dieser Art stehen hier neben journalistischen Auslandsberichten, Bildberichten zum britischen Königshaus und zur Armee, agrarkundlichen und volksmedizinischen Aufsätzen, aktuellen Meldungen aus den verschiedenen Provinzen Tanganyikas (ebenfalls als *habari* klassifiziert), Leserbriefen, Unterhaltungstexten in Form von Gedichten, Kurzgeschichten und Kreuzworträtseln sowie kommerziellen Anzeigen und Werbeillustrationen, die alles in allem einen lebhaften Eindruck vom ostafrikanischen Aufbruch in die Moderne vermitteln. Die Ethnographien erscheinen hier als Miszellen und Artikel, von denen die größeren über Monate und Jahre serialisiert wurden.

Nicht erforscht ist bislang die Organisationsstruktur dieser Zeitschrift. Editorials und Artikel 'in eigener Sache' sind selten, zeitungsgeschichtliche Untersuchungen fehlen. Die wenigen erschließbaren Informationen deuten darauf hin, daß die Zeitschrift von der Kolonialregierung herausgegeben wurde und daß an der Spitze britische Führungskräfte gestanden haben, in Technik und Redaktion jedoch Ostafrikaner tätig waren (vgl. Anonym 1924), die ihr Handwerk zum Teil bereits im deutschen Kolonialzeitungswesen gelernt hatten (hierzu Lemke 1929). Wie sehr diese Redakteure über eigene Handlungs- und Entscheidungsspielräume verfügten und wie durchgreifend die Richtlinien, Vorgaben und Auswahlkriterien der Kolonialadministration bei den eingereichten Beiträgen gewesen sein mögen, läßt sich im Textvolumen der ca. 20 von mir vollständig gesichteten Jahrgänge nicht feststellen. Auf der Präsentationsebene erscheint die Zeitschrift jedenfalls indigen, hinsichtlich der Redaktionspolitik muß sie als regierungskonform angesehen werden.

Auf der Themenebene bieten die Artikel ethnographische und historische Informationen in unterschiedlicher Komplexität. Sie reichen von Berichten über einzelne Institutionen, Riten, wirtschaftliche Praktiken, Migrationstraditionen, intra- und interethnische Beziehungen sowie Biographien von Häuptlingen und ihren Dynastien bis hin zu holistisch angelegten Ethnographien; Beispiele sind Kakairi (1927-28: Uzinza) und Mtui (1923-24: Chagga). Typischerweise werden die Autoren in den Namenszeilen nach Namen, Herkunft, Beruf, Affiliation und Status identifiziert. Nicht selten kommt es zu Verquickungen mit den Titeln der Abhandlung, wobei in einem Relativsatz manchmal auch der Erwerb der dargestellten ethnographischen Informationen erkennbar wird bzw. ihre Übersetzung aus einer anderen Erstsprache als Swahili; Beispiele sind Hamedi (1933), Kinyumbi (1931), Mgegemela (1929), Mkatura (1938), Mpanduji (1939-40) und Namwana (1939). Am häufigsten sind die Autoren Häuptlinge (erkennbar am Titel *Mtemi*) und Beauftragte von Ältesten, wozu in erster Linie Lehrer und Sekretäre gehören.

Die Textmodelle sind das mündliche Erzählen, das genealogische Auflisten (wohl nach Vorbild der arabischen Literalität) sowie das aus der Bürokratie übernommene Berichtschreiben. Abschnittüberschriften, zum Teil als rhetorische Fragen formuliert, scheinen auf den Schulunterricht zurückzugehen. Anders als in der Frühzeit ethnographischen Schreibens dient nun der eine Text dem anderen Text als Modellvorlage, wodurch Genrekonventionen zunehmend konsolidiert und popularisiert wurden. Eine allgemeine Vorbildfunktion kam außerdem der Schulbuchliteratur nach dem Muster von Dundas & Johnson's *Zamani Mpaka Siku Hizi* (1930; Die Geschichte bis in die jetzige Zeit) zu. Ein bemerkenswertes Moment in der Initiierung ethnographischer Texte ist die interaktive Methode per Leserbriefkommunikation gewesen, die in dieser Form nur in *Mambo Leo* verwirklicht wurde: Immer wieder stellten Leser Fragen zu bestimmten kulturellen und historischen Problemen, die in einer nächsten Nummer eine Antwort nach sich ziehen konnten, zum Teil auch mit weiterführender Diskussion durch andere Autoren (z. B. Gwaja 1936). Hierzu gehören auch Forschungsaufrufe, die häufig in Form von Gedichten (*mashairi*) verfaßt wurden und gleichzeitig das Forschungsobjekt lobten (z.B. Makiwa 1937). Ab Mitte der 1930er belebten ferner Essaywettbewerbe des Inter-Territorial Language Committee die Produktion (vgl. Anonym 1936), die in offensichtlicher Kooperation mit dem International African Institute in London organisiert wurden (vgl. *Africa* 4.1931-13.1940).

Der Kontext der Kolonialherrschaft und das Spektrum der angedeuteten Themen verweist auf die Interessenskonstellationen der Zeitschriftenmacher und Autoren: 1925 wurde in Tanganyika die "Indirect Rule" eingeführt. Die "Native Authorities" sollten auf der Basis der einheimischen Bräuche und Gesetze regieren. Es galt, individuelle, genealogisch begründete Häuptlinge zu finden, die über möglichst klar abgegrenzte kulturelle und sprachliche Einheiten herrschen sollten. Die 1920-30er waren das Zeitalter der "creation of tribes" in Tanganyika. Es herrschte also Druck, Führungs-, Siedlungs- und Landnutzungsansprüche zu legitimieren (Iliffe 1979: 318-341). Hieran waren die indigenen Ethnographen von *Mambo Leo* maßgeblich beteiligt, die wohl erkannten, daß jegliches Schreiben in einer überwiegend oralen Medialität auch ein Festschreiben und Kodifizieren von Information bedeutet. Der "Erfindung von Traditionen" (Iliffe 1979: 336; Ranger 1986) waren bei dieser Interessenslage Tür und Tor geöffnet.

Zugleich galt es, die herkömmliche Lokalkultur und -gesellschaft mit den kulturellen Neuerungen der Kolonialmacht zu verbinden. Dies offenbart sich im Nebeneinander der Ethnographien und anderen Texte in den Heften, war aber auch in den Autoren selber angelegt, die alle das Schulsystem durchlaufen hatten und Positionen im neuen Establishment einnahmen. Allerdings wurde die Moderne nicht nur über den Einschluß moderner Gegenstände und Themen erzielt, sondern auch über moderne Interpretationen traditioneller Sachverhalte. So arbeitete z.B. der Priester Samwil Sehoza in einer umfangreichen Artikelserie an einer Darstellung der Bondei-Religion, deren

Elemente nach seiner Auffassung bereits das Christentum vor dessen Ankunft in Ostafrika vorzeichneten (Sehoza 1938-41).

Grundsätzlich beziehen sich die Inhalte der Kulturdarstellungen jeweils auf einzelne Ethnien, Untergruppen oder Klane. Besonders in den Leserbriefaufforderungen wird der Drang nach der Präsentation möglichst jeder Ethnie in Tanzania erkennbar, die in den Heften jedoch nicht gleichmäßig erreicht wurde. Über einzelne Ethnien wurde sehr ausführlich und oft berichtet, andere kamen kaum zu Wort. Hier besteht sicherlich ein Zusammenhang zur jeweils unterschiedlichen Dynamik in der Ausprägung der einzelnen Ethnien, die Jahre später in verfestigte regionale Ungleichheiten in Tanganyika mündete (Iliffe 1979: 330ff., 436). Das Medium brachte es mit sich, daß man Informationen aus seiner eigenen Region und Kultur lesen konnte, dazu aber auch Informationen über andere Ethnien in der Kolonie, die zusammen mit den bebilderten internationalen Nachrichten und der neuen Konsumgüterwerbung praktisch die Welt ins Haus holten. Rajmund Ohly (1982: 73) schätzt *Mambo Leo* sicherlich falsch ein, wenn er die Zeitschrift "provincial, countrified and parochial" nennt: vom Lokalbezug leben die meisten Zeitungen auf dieser Welt, und gleichzeitig sind sie offen für das 'Andere' und gerade auch weit Entfernte. Die Mischung trug zur Identitätsbildung des Lesers auf verschiedenen Ebenen bei: er war Angehöriger eines "tribe" oder Klans, Bewohner einer 'traditionellen' Region, Bürger in einem Kolonialimperium und schließlich Weltbürger.

Die Herausarbeitung ethnischer Eigenständigkeiten kann insbesondere wegen des Sprachgebrauchs nicht ausschließlich als tribalistisch angesehen werden. Daß man sich nach außen richtete und im ganzen Tanganyika Territory, wenn nicht im weiteren Ostafrika verortet sah, belegt nicht zuletzt die Benutzung des Swahili als Textsprache, das als Verkehrssprache in stetiger Ausweitung begriffen war und seit der deutschen Kolonialzeit Regierungssprache war. Durch dieses überethnische Kommunikationsmedium wurden eher lokale Sprach- und Denkmanifestationen erweitert – wobei immer wieder einzelne, offensichtlich schwer übersetzbare Lexeme der jeweiligen Erstsprachen im Text beibehalten wurden – und die einzelnen ethnographischen Beschreibungen standardisiert, kompatibel gemacht und einem größeren Territorialgedanken untergeordnet.

Ab etwa 1942 änderte sich schließlich das Bild von *Mambo Leo*, das ab dann immer mehr durch bebilderte Kriegsberichte geprägt war. Die indigene Ethnographie ist zunehmend herausgenommen worden, ohne daß sie jedoch an Interesse und Bedeutung verloren hätte. Einzelne Hinweise liegen vor, daß in den 1940ern gerade auch größere Texte geschrieben wurden, die indes nicht gedruckt werden konnten, da Papiermangel herrschte und sich die Verbindungen zum Produktionsland Großbritannien mit seinen Infrastrukturen und Entscheidungsträgern verschlechtert hatten (*Africa* 13, 1940: 73-75; Anonym 1943; Otiende 1949: iv; Marealle 1951: 105).[1]

Die Ethnographien der Spätkolonialzeit (1948 – ca. 1968)

Neue Möglichkeiten ergaben sich ab 1948, als die East Africa High Commission das East African Literature Bureau gründete. Das Büro diente als Vermittlungsagentur zwischen Autoren und den Verlagen Eagle Press und Macmillan in London bzw. operierte selber als Verlag (Richards 1960). Mitarbeiter reisten zu der Zeit durch die Provinzen Tanganyikas und warben für das Lesen und Schreiben von Büchern, wobei sie insbesondere auf das Aufzeichnen von Geschichtstraditionen aufmerksam machten, deren Kenntnis mit dem Aussterben der Alten verlorenging (Mturi 1949).

Die neuen Ethnographien erschienen nun nicht mehr im journalistischen Medium, sondern als selbständige Monographien von ca. 50-80 Seiten Umfang. Statt potentiell jederzeit einer Diskussion ausgesetzt zu sein wie die Zusendungen von *Mambo Leo*, erscheinen die Texte nun eher monolithisch, zumal für jede Ethnie meistens nur eine Ethnographie herauskam (bei zahlreichen nicht-repräsentierten Ethnien). Der wohl größte Teil von ihnen wurde im Rahmen der vom Literaturbüro geförderten Reihe *Customs and Traditions in East Africa – Masimulizi na Desturi ya Afrika ya Mashariki* (nachfolgend CTEA) produziert, andere erschienen als Einzeltitel im missionarischen Sektor, wobei der editionstechnische, thematische und stilistische Standard all dieser Ethnographien ein gemeinsamer ist. Über die jeweils kulturspezifische Bedeutung hinaus wurden durch die

---

[1] Eine Erforschung wert sind auch die ab den späten 1930ern initiierten Maßnahmen zur Kulturkonservierung im Bereich der visuellen Medien. Hierzu gehören z.B. die Verfilmung der Geschichte der Kilindini-Dynastie der Shambala als Spielfilm (Vickers-Haviland 1938, Anonym 1938), die Gründung des King George V Memorial Museum in Dar es Salaam (Mntambo 1941) oder die Theaterspiele um den Ursprung einzelner Bevölkerungsgruppen von Ujiji aus "Congo Belge", die von Kulturklubs inszeniert wurden (vgl. Nadi Sada Club 1945).

Kapiteleinteilung die ethnographischen Informationen in einem viel größeren Ausmaß als zuvor vergleichbar gemacht.

Das Interesse der Kolonialregierung an solchen Ethnographien, von denen jede als "study of tribal life from within" aufgefaßt wurde, zeigt sich textintern im Verlegervorwort, das den frühen Ausgaben der CTEA-Reihe als programmatischer Standardtext beigegeben wurde:
- bestimmte Bräuche und Überlieferungen sind immer noch ein lebendiger Bestandteil in den meisten Gebieten Ostafrikas, wobei ihre Tradierung im neuen Zeitalter allerdings gefährdet erscheint (Feststellung eines vermeintlichen Traditionsverlustes),
- besser als die "wenigen Europäer" können "afrikanische Forscher (*students*) und Autoren dieses Feld erkunden und "Bräuche aufnehmen und alte Traditionen dokumentieren" (Optimierungsidee),
- die Kenntnis der lokalen Geschichte und Bräuche sei wichtig für das "building up of a balanced attitude to the complexities of modern life, which a young nation must have if its achievements are to match its ideals", aus der Vergangenheit lerne man für die Zukunft (Sinngebung der Moderne aus der Tradition),
- Adressaten seien sowohl "junge Afrikaner" als auch "Mitglieder anderer Rassen (*races*)" (regionale und internationale Adressaten) (Punkte nach 'Publisher's Note' in Ngala 1949).

Die auf höherer politischer Ebene angesiedelte Interessenslage scheint dabei einer Gratwanderung geglichen zu haben, denn auf der einen Seite verkündete der Colonial Secretary 1947 "we are nation-building" (Iliffe 1979: 475), auf der anderen Seite wollte man mit der Förderung partikularer Ethnographien einer "Detribalisierung" und einem zunehmenden nationalistischen, d. h. nach kolonialer Unabhängigkeit strebenden Bewußtsein der Ostafrikaner entgegensteuern (Maddox 1994: 1).

Nach meinem derzeitigen Kenntnisstand lassen sich, nach Jahreszahlen geordnet, folgende Ethnographien zusammentragen:

1949 Ngala, *Nchi na Desturi za Wagiriama* (CTEA) (Land und Bräuche der Giriama)
1949 Otiende, *Habari za Abaluyia* (CTEA)
1951 Marealle, *Maisha ya Mchagga Hapa Duniani na Ahera* (Das Leben eines Chagga hier auf Erden und nach dem Tod)
1951 Omar, *Kisiwa cha Pemba. Historia na Masimulizi* (CTEA) (Die Insel Pemba. Geschichte und Traditionen)

1953 Frank[1], *Habari na Desturi za Waribe* (CTEA) (Informationen und Bräuche der Ribe)

1953 Ntiro, *Desturi za Wachagga* (CTEA) (Bräuche der Chagga)

1953 Yongolo, *Maisha na Desturi za Wanyamwezi* (CTEA) (Leben und Bräuche der Nymwezi)

1954 Mnyampala, *Historia, Mila na Desturi za Wagogo* (CTEA) (Geschichte, Sitten und Bräuche der Gogo) (2. Auflage 1971)

1954 Mochiwa, *Habari za Wazigua* (CTEA) (Informationen über die Zigua)

1955 Ramadhani, *Mapokeo ya Historia ya Iraqw (Mbulu) kati ya Miaka 1700 na 1900* (CTEA) (Traditionen und Geschichte der Iraqw von Mbulu in den Jahren 1700 bis 1900)

1956 Farsy, *Ada za Harusi katika Unguja* (CTEA) (Die Regeln der Heirat in Zanzibar)

1958 Mzuanda, *Historia ya Uluguru* (Geschichte von Uluguru)

1959 Mboya, *Utawala na Maendeleo ya Local Government, South Nyanza, 1926-1957* (Regierung und Fortschritt des Local Government im South Nyanza-Distrikt 1926-57)

1963 Chacha, *Historia ya Abakuria na Sheria Zao* (CTEA) (Geschichte der Kuria und ihre Gesetze)

1963 Masuha, *Masimulizi Juu ya Wasukuma* (Traditionen über die Sukuma)

c.1964 Mwambe[2], *Wamwera na Desturi Zao* (Die Mwera und ihre Bräuche)

1965 Mwaruka, *Masimulizi Juu ya Uzaramo* (CTEA) (Traditionen über Uzaramo)

1968 Hadumbavhinu, *Waluguru na Desturi Zao* (Die Luguru und ihre Bräuche).

Die Themenbereiche dieser Monographien tendieren zu einem ethnographischen Holismus. Abgehandelt werden in der Regel folgende Themen: die geographische Verbreitung der Ethnie, ihre Untergruppen und deren Migrationen, die interethnischen Beziehungen und historischen Kriege, Heiratsbeziehungen, Prokreation und Kindererziehung, Initiation der Jungen und Mädchen, Beerdigungs- und Trauerriten, Hausbau und Haushalt, Wirtschaftsleben und Ernährung, Kleidung, Musik und Unterhaltung, Benimmregeln und Gastfreundschaft, Religion, Magie und Hexerei (*uchawi*) sowie die lokale Herrschaftsstruktur und Rechtsprechung. Vereinzelt findet

---

[1] Auf der Titelseite wird ausdrücklich betont, daß es sich bei William Frank um einen Ribe-Angehörigen handelt.

[2] Die Ethnographie erschien ohne Publikationsjahr. Reuster-Jahn (1995: 355) datiert sie nach Angabe des Verlegers P. Sebald Hofbeck auf "ca. 1964".

man auch Bemerkungen zur jeweiligen linguistischen Situation, wobei die meisten Texte Lexeme der jeweiligen ethnischen Sprachen enthalten, die z. T. in Glossaren zusammengestellt werden. Historisch orientierte Kapitel behandeln oft die Zeit des arabischen Sklavenhandels, durchgehend aber die Ankunft der Europäer. Einzelne Monographien schließen ausdrücklich die moderne Kultur mit ein, hierunter namentlich die Mission und die Schule, das Gesundheitswesen sowie die Modernisierung der Landwirtschaft und des Marktwesens, die allesamt begrüßt werden. Eventuelle Kritikpunkte oder Ironien müßten hier wohl eher im subtilen Bereich nachgewiesen werden. Ein indigen erscheinendes Konstruktionsprinzip ist die Präsentation der Gesamtkultur anhand des Lebenszyklus (hier der Objektbegriff *maisha* 'Leben') eines idealtypisch gedachten Kulturangehörigen wie z. B. bei Marealle (1951) oder Masuha (1963). Manche Monographien setzen thematische Schwerpunkte (z. B. Marealle 1951: Prokreation und Kindererziehung; Ntiro 1953: Kaffeeanbau und Genossenschaftsorganisation; Farsy 1956 schreibt ausschließlich über den Ehekomplex), andere Monographien stellen bestimmte Problembereiche der jeweiligen Gesellschaft heraus (z. B. Ngala 1949: uneheliche Schwangerschaften; Yongolo 1953: Alkoholismus).

Die Produktionsbedingungen dieser Ethnographien werden in typischer Weise in Vorwörtern (*dibaji*), Einleitungen (*utangulizi*) und Danksagungsadressen (*shukrani*) deutlich, in denen die Autoren über ihre Intentionen, Forschungsabläufe und Schreibprozesse sowie das Netzwerk der Informanten, Helfer, Vermittler und Förderer berichten. Außer über die Entstehung von Texten Mitteilung zu machen und auf Quellen zu verweisen sieht Genette (in Rekurs auf bestimmte Werke der europäischen Literatur) in dieser Art von Paratexten mit ihrem typischen 'name dropping' auch "eine verwinkelte Form der Valorisierung: Ein Autor, der so viele Freunde und Gefährtinnen hat, kann nicht grundschlecht sein" (Genette 1989: 203). Ein Bild dieser Produktionsbedingungen ergibt sich wie folgt:

Die *Autorenintention*: Ausnahmslos jeder Autor drückt die Absicht aus, Sachverhalte der jeweiligen traditionellen Kultur bewahren (*kuhifadhi*) und ihr durch die Schrift ein Erinnerungsmal (*kumbukumbu*) setzen zu wollen. Hadumbavhinu (1968: unpag.) benutzt hierfür eine agrarische Metapher: "einen Speicher einzurichten für Informationen über die früheren und heutigen Leute" (*kuweka ghala ya habari za watu wa kale na wa sasa*). Ausgangspunkt hierfür ist die Einsicht, daß die Jugend die Traditionen der Alten zunehmend vergesse und vernachlässige. Ebenfalls im traditionellen Idiom möchte Mnyampala (1954 = [2]1971: ix) durch das Buch die Klantraditionen erhalten, die man sich früher anläßlich von Totengedenkfeiern in Form von Wettkämpfen gegenseitig vortrug, heute (1954) aber so nicht mehr tradiere und zu vergessen anfange. Die Intentionen der einzelnen Autoren decken sich hier mit den Intentionen der kolonialen Literaturagenten und umgekehrt.

Darüber verbinden einzelne Autoren weitere Absichten mit ihren Texten. Hier geht es besonders um eine korrekte Repräsentation der Ethnie nach außen: Immer wieder als "Swahili" bezeichnet, möchte Ngala (1949) nun feststellen, daß die im selben Siedlungsraum ansässigen Ribe eine eigene Kultur und Identität haben, die sie eher mit den Angehörigen der "Nyika"-Gruppe (Mijikenda) als mit den Swahili teilten. Otiende (1949) geht es darum, die Luyia in die "Kavirondo"-Gruppe (Luhya) zu integrieren, deren Ursprung ein gemeinsamer sei. Chacha (1963) will erstmalig auf die Existenz der Kuria hinweisen. Diese Intention ist letztlich allen Autoren implizit eigen, nur in umstrittenen Fällen ethnischer Identität wird sie hingegen explizit gemacht.

Die *Motivation*: Der Kampf gegen das Vergessen der Traditionen ist bei den meisten Autoren die Hauptmotivation zur Forschungs- und Schreibpraxis. Das kritische Bewußtsein hierfür scheint sich in den Autoren selber herausgebildet zu haben, die durch ihre Schulausbildung und Berufstätigkeit die Entfremdung von manchen Traditionen kennengelernt haben dürften. Manche Autoren weisen auf Anstöße von außen hin, so z. B. Chief Marealle (1951) auf Anregungen durch eine Frau Emila Ibreck und den Education Officer R. A. Snoxall. Hierzu gehört auch der Auftrag durch Andere: der Lehrer Ramadhani (1955) erhielt bereits 1926 von Chief D.M. Ahoo den Auftrag, die Iraqw-Kultur zu 'inskribieren'. Der Priester Mzuanda (1958) erwähnt, daß Bischof B. Hilhorst und Distriktkommissar J.S. Harris ihn zur Luguru-Forschung veranlaßt hätten. Zu den Anstößen von außen gehören auch Erfahrungen von inadäquaten Darstellungen in der bestehenden ethnographischen Literatur: Masuha (1963) vermißte bestimmte Informationen in dem Buch *The Ntemi* (des Autors Hans Cory 1951) und sah sich daher veranlaßt, seine Sukuma-Forschung aufzunehmen. Ähnlich ging es Mwaruka (1965), dem das Buch *Habari za Uzaramo* unvollkommen erschien (es handelt sich um das von Hans Krelle 1933 herausgegebene Missionsbüchlein). Bei Chacha (1963) war zumindest die Kritik an 'einem gewissen Wissenschaftler' (*mtalaamu mmoja*) mit ein Grund für das Anfertigen seiner Ethnographie. Namen werden hier nie genannt, sondern höchstens die Publikationstitel. Auch werden die Punkte der Fehldarstellung nicht diskutiert. Das neue Buch soll wohl das alte Buch einfach ergänzen oder ablösen.

Die *Forschungsarbeit*: Obwohl die Autoren bis auf Ramadhani (1955) alle ihre eigene Ethnie beschrieben, war hierzu jeweils eine eigene Forschung notwendig (verwendet wird hierfür oft das Wort *kukusanya habari* 'Informationen sammeln'). Bei einzelnen Autoren konnte sich diese über einen sehr langen Zeitraum hinziehen: Myampala (1954) brauchte 11 Jahre, Hadumbavhinu (1968) gibt 1938 als den Beginn seiner Forschung an, Ramadhani (1955) das Jahr 1926. Betont wird immer, daß man sich mit Ältesten (*wazee*) unterhalten habe. Mzuanda (1958: 1) schreibt hier, daß er "die Informationen durch ständiges Hinterfragen und Zeitverbringen mit den Ältesten" (*habari ... nimezipata kwa kuzikaririkariri na kuzithubutisha kwa kuongea wazee*) erst erlangen konnte. Es reichte also nicht, in der Kultur selber aufgewachsen zu sein, vielmehr gibt man aufgenommenes Spezialwissen wieder. In vielen Fällen werden die Haupt-Informanten beim Namen genannt (offensichtlich dort wo es um sehr spezifisches und kompliziert zu ermittelndes Wissen geht), in anderen Texten bleiben die Gesprächspartner zahlenmäßig unbestimmt und anonym. Manche Alten sind noch vor Erscheinen des Buches gestorben, auf das sie vielleicht hingedrängt haben (Mzuanda 1958: 1-2). Für P. I. Marealle ist textextern festzustellen, daß er zuvor als Informant für die ethnographisch tätigen Missionare Rudolf Lehmann und Bruno Gutmann gearbeitet hatte (Lehmann 1941), was ihm methodische Erfahrungen gebracht haben mußte, die andere indigene Forscher erst durch Anregungen von Anderen und eigene Versuche begründen konnten. Mit Mwaruka (1965) liegt der besondere Fall vor, daß er 1960 während seiner eigenen Forschung den Zaramo-Ethnographen Samson Samatta kennenlernte, der bereits selber ein Buchmanuskript abgeschlossen hatte.[1] Die beiden einigten sich auf eine Kooperation, der Samattas vorzeitiger Tod ein Ende setzte. Mit Billigung der Erben setzte Mwaruka seine Arbeit unter Einbeziehung von Samattas Manuskript fort (Mwaruka 1965: vi).

Forscherstatus: Für manche Projekte wird betont, daß der hohe soziale Status des indigenen Forschers von entscheidender Bedeutung in der Datenaufnahme gewesen sei. Bei Mnyampala (1954) mag

---

[1] Es handelt sich hier wohl um das 102-seitige Manuskript *Masimulizi makuu ya Uzaramo* (Die wichtigen Traditionen von Uzaramo), das auf 1945 datiert wird und möglicherweise der Handschrift Hs. or. 9990 in der Staatsbibliothek Preußischer Kulturbesitz, Berlin, entspricht (vgl. Dammann 1993: No. 507).

eine Rolle gespielt haben, daß er als Steuerkassierer der Kolonialregierung in der Region unterwegs war und Ältestenräte von Amts wegen traf. Ramadhani (1955) verweist darauf, daß er als Schulleiter leicht Zugang zu verschiedenen Ältesten gehabt habe. Im Fall von Marealle (1951) kommt Reverend Reusch, Superintendent der Chagga-Kirche und selber Ethnologe, zu dem Schluß, daß "only a Chagga Chief of the calibre of Chief Petro ... will be able to obtain this material from those old men and women, a European or a young Chagga will never be able to collect it" (Reusch, in Marealle 1951: viii). Die übrigen Verfasser der oben aufgelisteten Ethnographien waren Lehrer mit teilweise College-Qualifikationen, Priester und Sekretäre höheren Ranges, was durch Zuordnung ihrer Namen zu entsprechenden Institutionen gekennzeichnet wird. In einigen Fällen ist der Forscherstatus textintern allerdings nicht zu klären.

Schreibprozeß: Für die Produktion der genannten Ethnographien erwähnen die Autoren immer wieder verschiedene Helfer und ihre Mitwirkungen. Hierzu gehören diejenigen, die Anregungen und Ermunterung gegeben haben. Sie stammen aus den Familien-, Kollegen- oder Häuptlingskreisen, zum Teil handelt es sich auch um Europäer aus dem Arbeitskontext des jeweiligen Autoren (Schule, Mission, Verwaltung). Der Grad und die Art der unterstützenden Einflußnahme auf den Autoren bleiben bei diesen knappen Verweisen letztendlich unklar. Von nachvollziehbar großer Bedeutung müssen diejenigen Berater gewesen sein, die dem Text durch Hinweise, Eingriffe oder Vermitteln von bereits vorliegenden Ethnographien (*mifano* 'Beispiele' = Textmodelle) zu einer Struktur verholfen haben. Hierfür werden insbesondere ethnographisch versierte Europäer genannt wie z. B. der Missionar Richard Reusch bei Marealle (1951) oder der Regierungsethnologe H. A. Fosbrooke bei Ramadhani (1955) und Mzuanda (1958), die auf diese Weise Anpassungen an herrschende ethnographische Standards bewirkten (eine Art frühen Methodentransfers) und erheblich zur endgültigen Gestalt der indigenen Ethnographien beitrugen, die letztlich ja wieder Textmodelle für nachfolgende Autoren waren. Weitere Helfer sind diejenigen gewesen, die Meinungen (*maoni*) und Korrekturen (*kusahihisha*) zu einem Zwischenmanuskript abgaben. Bei ihnen handelt es sich entweder selber um indigene Forscher (Ntiro 1951 konsultierte P.I. Marealle) oder aber um Autoritäten (Häuptlinge, Genossenschaftsführer), durch deren Einbindung man einer Fehldarstellung entgehen wollte. Interessant erscheint die Haltung Ngala's (1949: 1), der als Lehrer seine Schüler um ihre Meinungen fragte. 'Korrekturlesen' kann dabei auf den Ebenen Sachinformation, Orthographie oder richtiger Sprachgebrauch des Swahili (Marealle 1951) gemeint sein.

Weitere Namensnennungen adressieren Personen, die mit dem *Drucken* im technischen Sinne befaßt waren. In Europa vielleicht eher ungenanntes, da selbstverständliches Personal galten diese Buchproduzenten unter den indigenen Ethnographen als weitere Spezialisten, denen Dank und Aufmerksamkeit zu schulden waren. Mitunter wird schließlich noch eine religiöse Seite deutlich, wenn etwa Ramadhani (1955: ii) seine letzte Danksagung an Gott (*Muungu*) richtet. Sie mag individuell begründet sein, wird konventionell aber auch in der islamisch geprägten Swahilidichtung verwendet (vgl. Geider 1992b: 169).

Die Ethnographien nach der Unabhängigkeit (ab ca. 1965 – heute)

Die Produktion indigener Ethnographien setzte sich auch in der nachkolonialen Zeit fort, wenngleich fast ausschließlich in Tanzania. Hier ist zunächst eine deutlich verringerte Produktion für die Jahre um 1970 herum festzustellen. Aber nachdem Präsident Nyerere sich in zwei Radioreden 1972 und 1974 zur Bedeutung der einheimischen Kulturforschung geäußert hatte, nahm sie wieder zu. Der Kernpunkt von Nyerere's Botschaft war, daß der Aufbau einer Nationalkultur nur durch die positive Kenntnis der einzelnen ethnischen Kulturen möglich sei. Indigene Ethnographen, denen Kritiker leicht auch tribalistische Tendenzen anhängen konnten, fühlten sich so in ihrer Praxis auf höchstem politischen Niveau abgesichert, wie dies z.B. bei Mabala (1988: 11f.) explizit wird.

Die Buchproduktion verlagerte sich in dieser Zeit vom staatlich beeinflußten in den privaten und kirchlichen Verlagssektor, der einigermaßen systematisch wohl nur an den Verlagsorten selber, kaum aber in den Bibliotheken außerhalb Tanzanias überblickbar ist, womit noch einmal die Notwendigkeit der Feldforschung auch in diesem Bereich unterstrichen werden soll. Ab Ende der 1980er ist allerdings eine neuerliche Konzentration von ethnographischen (und belletristischen) Buchtiteln für die von Benediktinern eingerichtete Ndanda Mission Press in Peramiho zu erkennen (hierzu Reuster-Jahn 1995). Zeitschriften, die die Herausgabe ethnographischer Texte besonders förderten, fallen für diesen Zeitraum nicht auf.

Nach derzeitigem Kenntnisstand lassen sich folgende Ethnographien zusammentragen:

1968 Musso, *Mukwava na Kabila Lake* (Chief Mukwava und sein Stamm (Hehe))

1972 Ndunguru, *Historia, Mila na Desturi za Wamatengo* (Geschichte, Sitten und Bräuche der Matengo)

1973 Mbonde, *Wamakonde* (Die Makonde) (2. Auflage, 1993).

> 1975 Mwakipesile[1], *Mila na Desturi za Wasangu, Wasafwa na Wasagara* (Sitten und Bräuche der Sangu, Safwa und Sagara)

1977 Halimoja, *Historia ya Masasi* (Geschichte des Masasi-Distrikts)

1977 Simeon, *Desturi na Mila za Wapare* (Bräuche und Sitten der Pare)

1980 CCM (Chama cha Mapinduzi), *Historia ya Mapambano ya kujikomboa Mkoa wa Ruvuma* (Geschichte vom Befreiungskampf in der Ruvuma-Provinz)

1988 Mabala, *Watutsi. Mila na Desturi* (Die Tutsi (in Tanzania), Sitten und Bräuche)

1988 Marwa, *Mashujaa wa Tanzania: Mtemi Makongoro wa Ikizu. Historia ya Mtemi Makongoro na Kabila Lake la Waikizu Mwaka 1894 hadi 1958* (Heroen Tanzanias: Chief Makongoro von Ikizu. Die Geschichte von Chief Makongoro und der Ikizu von 1894 bis 1958)

1990 Nyagali, *Habari za Wamwera* (Informationen über die Mwera)

1991 Mdachi, *Wanyaturu wa Singida - Mila na Desturi Zao* (Die Nyaturu von Singida - Ihre Sitten und Bräuche)

1991 Mkirya, *Historia, Mila na Desturi za Wazanaki* (Geschichte, Sitten und Bräuche der Zanaki).

Neu an diesen Ethnographien sind Weiterentwicklungen sowohl in den Themenbereichen als auch in den Quellenverwendungen. Zu ersteren gehört die ausdrückliche Verbindung von Kulturbeschreibung und der biographischen Darstellung von starken Häuptlingsführerpersönlichkeiten (bereits im Titel erkennbar z.B. Musso 1968, Marwa 1988). Ging es in den 1920-30ern noch darum, Herrschaftsansprüche bestimmter Familien zu belegen, geht es nun darum darzustellen, daß die politische Herrschaft nicht alleine von der Kolonialmacht ausging, sondern auch von weitsichtigen und durchset-

---

[1] Die Ethnographie ist undatiert. Das Sagara-Kapitel wurde im Oktober 1974 abgeschlossen. Die jüngste Jahreszahl der im Buch angegebenen Literatur ist 1975.

zungskräftigen Führern aus den eigenen Reihen. Herausragend charakterisiert werden insbesondere jene Häuptlinge, die Aufstände und andere Arten von Widerstand gegen die Kolonialherrschaft organisierten, wobei die meisten letztendlich den Tod fanden und zu Volkshelden wurden. Gegenüber den früheren Ethnographien erfahren die verschiedenen Phasen der Fremdherrschaft (Araber, Deutsche, Engländer) nun selbstverständlich auch kritische Bewertungen.

Betonen einzelne Ethnographien eine jeweils spezifische ethnische Identität, die besonders in der Ausübung bestimmter Riten zum Ausdruck komme (vgl. Mbonde 1973, Simeon 1977), betonen andere Ethnographien Momente der interethnischen Geschichte (z.B. Mwakipesile 1975). Einzelne Ethnographien und Historiographien legen absichtlich nicht den ethnischen Bezugsrahmen zugrunde, sondern den verwaltungstechnischen Rahmen von Distrikt und Provinz (z.B. Halimoja 1977, CCM 1980), die in den entsprechenden Fällen multiethnisch zusammengesetzt sind.

Die Informationsquellen dieser neueren Ethnographen gehen nun nicht mehr ausschließlich auf mündliche Informanten zurück, sondern zusätzlich auch auf schriftliche Quellen. Diese sind vorrangig im lokalen Milieu verankert und außerhalb der Region wohl kaum erhältlich: Distriktsakten, Versammlungsprotokolle, Redentexte von Politikern, Vortragspapiere, Nachrufe aus lokalen Zeitungen; genannt werden auch Schulbücher und politische Pamphlete. Erstaunlich wenig beziehen sich die Autoren auf die bereits vorliegenden indigenen Ethnographien, wie die Arbeiten europäischer Wissenschaftler nur sehr wenig genannt werden. In der Regel erscheinen die Quellenangaben im Text selber, wobei eine brauchbare bibliographische Präzision in den meisten Fällen zu vermissen ist. Halimoja (1977) vermerkt, daß für manche Bereiche keine Informanten zu finden gewesen seien, weswegen er wohl gerade mit den Schriftquellen vorlieb nehmen mußte. Musso (1968) gibt an, daß er zu seinem Thema Mukwava und die Hehe sehr weitläufig Schriften gelesen habe, sie aber nicht in sein Buch integriert haben wollte; stattdessen seien durch sie seine mündlichen Informanten bestätigt worden. Simeon (1977) betont gerade, daß er auf schriftliche Quellen keinen Wert gelegt habe, sondern sich allein auf Informanten verließe. Die Beschäftigung mit den schriftlichen Quellen schlägt sich in diesen neueren Ethnographien insbesondere auch in der formalen Gestaltung nieder: gängig sind nun Diagramme, Kartenskizzen und Zeichnungen, mitunter auch didaktische Arbeitsapparate. Die geschichtlich ausgerichteten Kapitel geben durchweg eine Fülle von präzisen

Datierungen und Namensnennungen auch von weniger prominenten Persönlichkeiten wieder.

Als Autorenintention setzt sich in den Paratexten der Gedanke der Dokumentation kultureller Gegebenheiten für die zeitgenössische Jugend und zukünftigen Generationen fort. Mwakipesile (1975: 1) ist dabei daran gelegen zu zeigen, daß die Sangu-Kultur nicht 'barbarisch' (*kishenzi*) sei, wie dies die Europäer zuvor behauptet hätten. Auch Mbonde (1973) verwahrt sich gegen eine Bevormundung von außen: über die Makonde seien zahlreiche Bücher in europäischen Sprachen geschrieben worden, die im Volk selber aber niemand lesen könne; sein Swahili-Text solle dem abhelfen und der Bevölkerung einsichtig machen, was an der Makonde-Schnitzkunst so reizvoll sei. Im Sinne des nationalen Aufbaus wollen einzelne Ethnographen mit ihren Kulturdarstellungen auch Politikern und Verwaltungskräften aus anderen Landesteilen zu einem Verständnis der regionalen Kultur verhelfen (Halimoja 1977, Mabala 1988, Marwa 1988). Wie zuvor schon vermitteln die neueren Ethnographien in ihren Paratexten weiterhin gewisse Einsichten in die Schreiborganisation. Europäische Ratgeber, namentlich solche aus Missionskreisen, werden weiterhin benannt, wenngleich sie nun insgesamt wesentlich seltener Anteil haben als vor der Unabhängigkeit. Während Mbonde (1973: 5) auf fremde Wissenschaftler ausdrücklich verzichtet, lädt Simeon (1977: 5) sie zur Lektüre seines Textes ausdrücklich ein.

Die trockene Beschreibungssprache ist für manche Autoren nicht in Betracht gekommen, stattdessen bevorzugten sie eine erzählende Form und literarische Konstruktion. In ihrer kulturbewahrenden und vermittelnden Intention unterscheiden sie sich dabei nicht von den bisher genannten Ethnographen. Vier Beispiele seien genannt: In dem Roman *Kurwa na Doto* (1960) erzählt Muhammad S. Farsy aus dem Leben des guten Mädchens Kurwa und der eher unmoralischen Zwillingsschwester Doto. Das Aufwachsen der Mädchen und ihre Verwicklungen mit weiteren Personen geben Anlaß, eine ganze Reihe von zanzibarischen Bräuchen zu schildern (Zwillingsgeburt, Initiation, Eheanbahnung, 'Aberglauben' (in islamischer Bewertung), Begräbnis, Erbschaftsregelung usw.), auf deren Darstellung es dem Autor laut Vorwort (*dibaji*) und Untertitel *Maelezo ya makazi katika kijiji cha Unguja* (Erläuterungen zum Lebensstil in einem Dorf auf Zanzibar) ankommt. Ähnliches gilt für Kateta mwana Charo's Erzählung *Toka Kizazi Hadi Kizazi* (1977; Von Generation zu Generation), in der ein Tag von Hirtenjungen in den Pare-Bergen geschildert wird (Viehhüten, Spiele, Begegnung mit einem jungen Mann aus der Stadt usw.). Der Untertitel der Erzählung drückt das Motto *Tudumishe Mila na Utamaduni* (Laßt uns mit den Bräuchen und der Kultur fortfahren) aus. Der Autor vertritt seine Neigung, lieber eine Geschichte zu erzählen als einen Bericht zu geben damit, daß vor Ankunft der europäischen Bildung das Geschichtenerzählen die einzige Methode gewesen sei, Kultur wörtlich zu vermitteln; er wolle die jugendlichen Leser mit seinem Buch auch zum Erzählen und Nachdenken über Kultur bringen.

Als dritte schriftstellerische Arbeit sei auf den monumentalen Roman *Bwana Myombekere na Bibi Bugonoka na Ntulanalwo na Bulihwali* (eine Aufzählung von vier Personennamen) von Aniceti Kitereza (1980) hingewiesen, der die Kerewe-Kultur anhand eines zunächst kinderlosen Ehepaares und der entsprechenden Lebensbewältigung bis zur Geburt von Kindern darstellt und dabei ganz wesentlich über Heiratsbeziehungen und Elternschaft reflektiert. Zudem ist die Handlung von Details des Kerewe-Alltags geradezu durchtränkt (Sprechverhalten, Umgangsformen, materielle Kultur usw.), wie einzelne Exkurse auch Themen außerhalb des Handlungsrahmens dokumentieren (Kalenderordnung, Abwehr einer Vogelplage usw.). Notierte Kitereza die zugrundeliegenden Sachverhalte zunächst in einer wenig attraktiven Berichtsprache, wurde er in den frühen 1940ern von Pater Simard darauf gebracht, den Stoff für die angenommenen jugendlichen Leser literarisch umzuformen. Nach dem Verlust des ursprünglichen Kerewe-Manuskripts verfaßte Kitereza den Roman noch einmal auf Swahili, womit sich die Marktchancen des Buches insgesamt erhöhten (Hartwig 1972: 165; Möhlig 1991).[1]

Eine weitere Form der Ästhetisierung ist Ahmed S. Nabhany's Weg, kulturelle Sachverhalte über die Potentiale der Swahilidichtung zu bewahren und zu vermitteln, die nicht nur im Schrifttext, sondern anläßlich von Festen auch als Aufführungskunst funktioniert. Hierzu gehören seine Gedichte über den Segelschiffbau und die Kokospalmwirtschaft der Swahili (Nabhany 1979, 1985). Entsprechende Inhalte werden in filigran konstruierten Metren und Reimschemen formuliert, wobei dem jeweiligen Spezialvokabular insofern eine Schlüsselfunktion zukommt als durch die Erwähnung der Begriffe auch die Gegenstände selber evoziert, in den allgemeineren Sprachgebrauch übernommen und damit am Leben erhalten werden sollen (weiteres hierzu in Geider 1988, 1992b).

---

[1] Weiteres ist dem Beitrag von W.J.G. Möhlig im vorliegenden Band zu entnehmen.

Angehenden Ethnographen werden in einer Schreiblehre nach 'do it yourself' Muster mögliche literarische Formen und Parameter einer Kulturbeschreibung vorgeschlagen (Mbenna 1975). Die einstmals vom Ethnographen und seinen persönlichen Ratgebern im Dialog entwickelte Textgestaltung wird hier durch eine schriftliche Vorlage ansatzweise überflüssig gemacht, wobei allerdings fraglich bleibt, ob dieser Ratgeber allgemein bekannt und in Gebrauch ist und ob er letztlich wirklich einen kompetenten Dialogpartner ersetzen kann. Ein Schritt zur Didaktisierung der indigenen Ethnographie ist damit jedenfalls getan.

Schluß

Die schriftlichen Manifestationen der indigenen Ethnographen haben zur Definition von Ethnien in Ostafrika beigetragen. Was Atieno Odhiambo (1995) anläßlich der Übersetzungsausgabe von Mnyampalas Gogo-Ethnographie (1995) bemerkt, läßt sich in gleicher Weise auf jede andere ostafrikanische Ethnographie übertragen: "He gave the Wagogo a voice, placed them on the map of literacy, and created an internal Gogo canon". Kultur wird in den Texten jeweils als die Synthese von traditionellen Systemen und neuzeitlichen Entwicklungen verstanden, von denen die Hauptaufmerksamkeit der Autoren den ersteren gilt, da sie als vernachlässigt und vom Untergang bedroht gesehen werden. Ihre Texte sind als Denkmale vorgesehen, die dem Verlust entgegenwirken sollen. Sie erscheinen dabei als jeweils in sich geschlossene autoritative Texte, die nur wenig Bezug aufeinander nehmen und einander nicht diskutieren. Neben den intraethnischen Funktionen tragen die Ethnographien ganz wesentlich auch nach außen weisende Funktionen, nämlich die der Repräsentation einer jeden Ethnie im ostafrikanischen Verband, der zuerst kolonialräumlich und später nationalstaatlich geprägt ist. Keine Ethnie wird hierbei einer anderen Ethnie als überlegen dargestellt, polemische und propagandistische Töne sind diesen Ethnographien fremd. Eine wesentliche Integrationsfunktion wird der Textsprache Swahili zuerkannt, mit der man mehr Landsleute erreichen kann als mit den lokalen Einzelsprachen oder Englisch. Die indigenen Ethnographen kommen den akademisch geschulten europäischen Ethnographen insofern nahe, als sie sich deren Beschreibungsparameter, Stilmerkmale und Gliederungsprinzipien angeeignet haben. Hierzu ist der persönliche Dialog und die Akzeptanz bereits vorliegender Texte ausschlaggebend gewesen.

Nur für den Beginn dieser Art ethnographischen Praxis (Ende des 19. Jahrhunderts) können Textmodelle der Oralität und arabischen Geschäftsliteralität nachgewiesen werden. Die 'Ethnographie' als europäisch konzipiertes Genre ist eng mit der 'Historiographie' einschließlich der 'Biographie' und des 'Reiseberichts' verwoben, die nach Swahili-Verständnis allesamt einem einzelnen Genre zugeordnet werden, nämlich dem Genre *Habari* 'Bericht' (und verwandte Bedeutungen, s.o.).[1]

Die zunehmende Akzeptanz der indigenen Ethnographie in der internationalen Kultur-, Geschichts- und Literaturwissenschaft ist abzusehen. Die Wege der weiteren Praxis und Forschung sind vorgezeichnet. Zum einen wurden einzelne Ethnographien aus anderen Sprachen in das Swahili übersetzt, so z. B. Jomo Kenyattas *Facing Mount Kenya. The Tribal Life of the Gikuyu* (1938) als *Naushangilia Mlima wa Kenya. Maisha ya Kabila la Gikuyu* (1966) oder Yohana B. Abdallahs *Chiikala cha Wayao - The Yaos* (1919) als *Zamani za Wayao* (1991). Zum anderen wurden Ethnographien aus dem Swahili in die gängigen internationalen Wissenschaftssprachen übersetzt, so z. B. bereits in den 1930-50ern zahlreiche Artikel in den *Tanganyika Notes and Records*. Von zunehmendem Interesse sind kommentierte Übersetzungen wie z. B. Mnyampalas Gogo-Ethnographie in der Bearbeitung von Gregory Maddox (1995) sowie kritische Editionen, die auch die Swahilitexte selber vorlegen. Hierzu kann man z. B. die von französischen Historikern besorgten Editionen von swahilisprachigen Manuskripten von den Komoren zählen (erschienen in *Études Océan Indien* ab No. 1, 1982) oder die Publikation des 'Vocabulaire deville de Elisabethville. Province du Katanga Oriental' von André Yav durch Johannes Fabian (1990), der bisher am stärksten die Ideen des *Writing Culture*-Ansatzes für die Arbeit mit afrikasprachlichen Texten aufgegriffen hat. Im Bereich der Manuskriptforschung spielt ferner die Erstellung von Nachweiskatalogen eine wichtige Rolle. Ein durch seine Kommentierung sehr nützliches Beispiel liegt mit dem kürzlich erschienen Handschriftenverzeichnis von Ernst Dammann (1993) vor.

Die vorliegende Abhandlung hat das Augenmerk auf die *Produktion* der indigenen swahilisprachigen Ethnographie gerichtet, und

---

[1] Unter diesem Aspekt erscheint es mir interessant, die 'Chronik' wie sie im historiographischen Diskurs über Ostafrika verstanden wird, mit der 'Ethnographie' zu vergleichen. Möglicherweise können beide Genres synthesiert werden, was gesondert darzustellen wäre. Ein eventueller Zusammenschluß der Genres würde den Zeitraum der swahilisprachigen Ethnographie um einige Jahrzehnte vor 1890 verlegen.

zwar wie sie sich im Spektrum der Paratexte und der Sekundärliteratur darstellt. Sehr wichtig wäre die Untersuchung der Produktionsbedingungen gerade auch bei den Autoren selber bzw. in ihrem personellen und institutionellen Umfeld, was die Notwendigkeit zur Feldforschung mit sich bringt. Hier müßte wesentlich auch Rezeptionsforschung betrieben werden, die die Benutzung und Bewertung der Ethnographien in der lokalen und nationalen Gesellschaft zu erörtern hätte.

Literatur

(Abkürzungen: BP = Benedictine Publications. CTEA = Customs and Traditions in East Africa (Reihe). EALB = East African Literature Bureau. EAPH = East African Publishing House. KLB = Kenya Literature Bureau. NMP = Ndanda Mission Press. Nachfolgend nicht übersetzte Swahilititel sind im Abhandlungstext geklärt.)

Abdallah, Yohanna B. (1919): *The Yaos – Chiikala cha Wayao*. Arranged, edited and translated by Meredith Sanderson. Zomba. (2nd edition, with a new Introduction by Edward A. Alpers, London: 1973).

Abdallah, Padre Yohana B. (1991): *Zamani za Wayao. ("Chiikala cha Wayao")*. Übersetzt von Maurice Soseleje, Ndanda - Peramiho.

Anonym. (1924): "Mambo Leo', ginsi inavyopigwa chapa'. In: *Mambo Leo* 2, (17): 12-13.

Anonym.(1936): 'Mashindano ya Kuandika Insha mwaka 1936'. In: *Mambo Leo* 14 (1639: 115.

Anonym. (1938): 'Hifadhi habari za kale za nchi zenu'. In: *Mambo Leo* 16,7: 109.

Anonym. (1943): 'Growth of Swahili'. In: *African Studies* 2: 169.

Asad, Talal (1986): 'The Concept of Cultural Translation in British Social Anthropology'. In: James Clifford & George E. Marcus (Hrsg.), *Writing Culture. The Poetics and Politics of Ethnography*, Berkeley/Los Angeles/London: 141-164.

Barber, Karin (1995): 'African-Language Literature and Postcolonial Criticism'. In: *Research in African Literatures* 26, (4): 3-30.

Büttner, Carl Gotthilf (1892): *Suaheli-Schriftstücke in arabischer Schrift*, Stuttgart/Berlin.

Büttner, Carl Gotthilf (1894): *Anthologie aus der Suaheli-Litteratur. (Gedichte und Geschichten der Suaheli). 1. Theil: Texte. 2. Theil: Übersetzung*, Berlin.

Chacha, Gabriel N. (1963): *Historia ya Abakuria na Sheria Zao*, (CTEA), Dar es Salaam.

Chama cha Mapinduzi (Hrsg.) (1980): *Historia ya Mapambano ya Kujikomboa Mkoa wa Ruvuma*. Sehemu ya kwanza, Peramiho.

Clifford, James (1983): 'On Ethnographic Authority'. In: *Representations* 1, (2): 118-146.

Clifford, James & George E. Marcus (Hrsg.) (1986): *Writing Culture. The Poetics and Politics of Ethnography*, Berkeley/Los Angeles/London.

Clifford, James (1986): 'Introduction: Partial Truths'. In: James Clifford & George E. Marcus (Hrsg.), *Writing Culture. The Poetics and Politics of Ethnography*, Berkeley/Los Angeles/London, S. 1-26.

Cory, Hans (1951): *The Ntemi. The Traditional Rites in Connection with the Burial, Election, Enthronement and Magic Powers of a Sukuma Chief*, (CTEA), London.

Dammann, Ernst (1993): *Afrikanische Handschriften. Teil 1: Handschriften in Swahili und anderen Sprachen Afrikas*, (VOHD, XXIV, 1), Stuttgart.

Dundas, C. C. & F. Johnson (1930): *Zamani mpaka Siku Hizi, yaani Habari za Tanganyika Territory tangu Zamani za Kale mpaka Siku Hizi*, London.

Fabian, Johannes (Hrsg.) (1990): *History from Below. The 'Vocabulary of Elisabethville' by André Yav. Texts, Translations and Interpretive Essays*, Amsterdam/Philadelphia.

Farsy, Sheikh Muhammad Saleh Abdulla (1956): *Ada za Harusi katika Unguja*, (CTEA), Nairobi/Dar es Salaam/Kampala.

Farsy, Muhammad Saleh (1960): *Kurwa na Doto. Maelezo ya Makazi Katika Kijiji cha Unguja (Zanzibar)*, Nairobi/Dar es Salaam/ Kampala.

Farsi, S. S. (1958): *Swahili Sayings from Zanzibar. 1. Proverbs*, Nairobi.

Frank, William (1953): *Habari na Desturi za Waribe*, (CTEA), London.

Fuchs, Martin & Eberhard Berg (1995): 'Phänomenologie der Differenz. Reflexionsstufen ethnographischer Repräsentation'. In: E. Berg & M. Fuchs (Hrsg.), *Kultur, soziale Praxis, Text. Die Krise der ethnographischen Repräsentation*, Frankfurt, S. 11-108.

Geider, Thomas (1988): 'Die Dokumentarliteratur Ahmed Sheikh Nabhanys zum Schiffbau in Lamu (Swahili-Küste) als Innovation im utenzi-Genre'. In: Wilhelm J.G. Möhlig et al. (Hrsg.), *Die Oralli-teratur in Afrika als Quelle zur Erforschung der traditionellen Kulturen*, Berlin, S. 179-201.

Geider, Thomas (1992a): 'Early Swahili Travelogues'. In: Werner Graebner (Hrsg.), *Sokomoko. Popular Culture in East Africa*. (Matatu, 9), Amsterdam/Atlanta, S. 27-65.

Geider, Thomas (1992b): 'Die Schönheit der Kokospalme: Sheikh Nabhanys zweites Dokumentargedicht in einem Swahili-Schul-buch'. In: *Afrika und Übersee* 72: 161-190.

Geider, Thomas (1994): 'Indigene Ethnographien in der Swahili-sprachigen Dokumentarliteratur'. In: Th. Geider & R. Kastenholz (Hrsg.), *Sprachen und Sprachzeugnisse in Afrika*. (Festschrift W.J.G. Möhlig), Köln, S. 135-152.

Genette, Gérard (1989): *Paratexte*, Frankfurt/New York.

Gérard, Albert (1981): 'East Africa: Swahili'. In: A. Gérard, *African Language Literatures. An Introduction to the Literary History of Sub-Saharan Africa*, London, S. 93-153.

Götzen, C. A. Graf von (1895): *Durch Afrika von Ost nach West. Resultate und Begebenheiten einer Reise von der deutsch-ostafri-kanischen Küste bis zur Kongomündung in den Jahren 1893/94*, Berlin.

Gwaja, Marko (1936): 'Habari za Kale, Kabila la Ekoni', *Mambo Leo* 14 (162): 91. (Mit Leserbriefen: Matthew Gilbert, *ML* 14, 1936, (158): 23; Basil Kambona, *ML* 14, 1936, (159): 41-42. Antwort von Gwaja Marko: *ML* 14, 1936, (165): 142. ('Historische Information: Der Ekoni-Stamm').

Hadumbavhinu, R. Leonard (1968): *Waluguru na Desturi Zao*, Nairobi, Dar es Salaam/Kampala.

Halimoja, Yusuf (1977): *Historia ya Masasi*, Nairobi, Dar es Salaam/ Kampala.

Hamedi bin Rashid el-Hinawi (1933): 'Habari ya Kondoa Irangi'. Habari hii imeandikwa na mwarabu Hamedi bin Rashid El Hinawi wa Kondoa Irangi, umri wake wapata miaka 94. In: *Mambo Leo* 11, (131): 251. (Bericht von Kondoa Irangi. Dieser Bericht wurde von dem Araber Hemedi ... aus Kondoa Irangi geschrieben, sein Alter erreicht 94 Jahre).

Hartwig, Charlotte M. & Gerald W. (1972): 'Aniceti Kitereza: A Kerebe Novelist'. In: *Research in African Literatures* 3: 162-170.

Hayano, David M. (1979): 'Auto-Ethnography: Paradigms, Problems, and Prospects'. In: *Human Organization* 38: 99-104.

Iliffe, John (1979): *A Modern History of Tanganyika*, Cambridge.

Kakairi, Alexander Dona (1927-28): 'Hadithi ya Uzinza iliyotungwa na Alexander Dona Kakairi'. In: *Mambo Leo* 5, (52): 606-608; (53): 628-629; (55): 672-673; (56): 689-690; (57): 716-718; (58): 738-739; (59): 763-766; 6, (61): 818-819; (62): 827-828; (63): 848-850; (64): 862-863. (Die Geschichte von Uzinza, die von A.D. Kakairi verfaßt wurde).

Kateta mwana Charo (1977): *Toka Kizazi Hadi Kizazi. Tudumishe Mila na Utamaduni*, Nairobi/Dar es Salaam/Kampala.

Kenyatta, Jomo (1966): *Naushangilia Mlima wa Kenya. Maisha ya Kabila la Gikuyu*. Translated by Lawrence Kibui, Nairobi. (Übersetzung von *Facing Mount Kenya*, London 1938).

King, Noel (1981): 'Preface'. In: J.W.T. Allen (Hrsg.), *The Customs of the Swahili People*, Berkeley/Los Angeles/London, S. vii-xv.

Kinyumbi bin Magina (1931): 'Hadithi za Wabinza', zimehadithiwa kwa Kisukuma na Kinyumbi bin Magina na kutafasiriwa na Mwalimu Hamza Ahmed Hassan. In: *Mambo Leo* 9, (106): 183-185; (107): 203-204; (108): 224-226. (Geschichten der Binza, auf Sukuma erzählt von Kinyumbi bin Magina, übersetzt von Lehrer H.A. Hassan).

Kitereza, Aniceti (1980): *Bwana Myombekere na Bibi Bugonoka Ntulanalwo na Bulihwali*. 2 Bände, Dar es Salaam.

Lehmann, F. Rudolf (1941): 'Some Field-Notes on the Chaga of Kilimanjaro'. In: *Bantu Studies* 15: 385-396.

Lemke, Hilde. (1929): *Die Suaheli-Zeitungen und -Zeitschriften in Deutsch-Ostafrika*, Dissertation, Universität Leipzig.

Mabala, Leo Bassu (1988): *Watutsi – Mila na Desturi*, Ndanda - Peramiho.

Maddox, Gregory H. (1995): 'Introduction: The Ironies of 'Historia, Mila na Desturi za Wagogo''. In: M. E. Mnyampala, *The Gogo. History, Customs, and Traditions*, Armonk/London, S. 1-34.

Makiwa, Charles G. (1937): 'Habari za Uzigua kwa Shairi'. In: *Mambo Leo* 15,(6): 87.

Marealle, Petro Itosi (1951): *Maisha ya Mchagga Hapa Duniani na Ahera. The Life of a Mchagga Here on Earth and after Death*, Nairobi.

Marcus, George E. & Dick Cushman (1982): 'Ethnographies as Texts'. In: *Annual Review of Anthropology* 11: 25-69.

Masuha, John M. (1963): *Masimulizi Juu ya Wasukuma*, Nairobi/ Dar es Salaam/Kampala.

Mbenna, Irenei C. (1975*): Uandishi wa Vitabu*, Dar es Salaam.

Mbonde, John Pantaleon (1973): *Wamakonde*, Ndanda.

Mdachi, Patrick L. (1991): *Wanyaturu wa Singida – Mila na Desturi Zao*, Ndanda.

Mgemela, Mtemi (1929): 'Habari Chache za Utawala wa Kisukuma', zimeandikwa na Mtemi Mgemela wa Bukwimba, naye atafurahi ikiwa zitaleta mazungumzo na maswali. In: *Mambo Leo* 7, (75): 1041-1042; (76): 1058-1059. (Einige Mitteilungen über die Sukuma-Herrschaft, aufgeschrieben von Chief Mgemela aus Bukwimba, der sich freuen würde, wenn sie Diskussionen und Fragen erbrächten).

Mkatura, W. M. (1938): 'Habari ya Mwenye Che Mkatura I wa Lupanda', imeandikwa na W. M. Mkatura, kwa ruhusa ya wazee wa nchi ya Newala-Chini, na Mwenye Mkatura III amekuwa radhi niieleze. In: *Mambo Leo* 16, (6): 92; (7): 110-111. (Bericht über Chief Che Mkatura I von Lupanga, aufgeschrieben von W. M. Mkatura, mit Autorisierung durch die Ältesten des Landes von Newala-Chini und Chief Mkatura III, der absegnete, daß ich ihn erkläre).

Mkirya, Benjamin (1991): *Historia, Mila na Desturi za Wazanaki*, Ndanda - Peramiho.

Mntambo, Petro Ch. (1941): 'The Founding of King George V Memorial Museum, Dar es Salaam, East Africa'. In: *Tanganyika Notes and Records* 12: 20-22.

Mnyampala, Mathias E. (1954): *Historia, Mila na Desturi za Wagogo*, (CTEA), Nairobi/Dar es Salaam/Kampala. (Revised edition 1971).

Mnyampala, Mathias E. (1995): *The Gogo. History, Customs, and Traditions*. Translated, introduced, and edited by Gregory H. Maddox, Armonk/New York/London.

Mochiwa, Anthony (1954): *Habari za Wazigua*, (CTEA), London.

Möhlig, Wilhelm J.G. (1991): 'Nachwort des Übersetzers'. In: Aniceti Kitereza, *Die Kinder der Regenmacher. Eine afrikanische Familiensaga*. Roman, Wuppertal, S. 311-332.

Mpanduji bin Kwiyenha, Mwanangwa (1939-40): 'Habari za Bukwimba na Asili Yake', ilihadithiwa na Mwanangwa Mpanduji bin Kwiyenha kwa Kisukuma kabla ya kufa kwake, imefasiriwa Kiswahili na Bwana Kp. D. Ramadhani Mpanduzi na Bwana A. S. Amani wa Kwimba, Lake Province. In: *Mambo Leo* 17, (1939), (12): 204; 18, (1940), (1): 9; (2): 29. (Mitteilungen über die Bukwimba und seinen Ursprung, kurz vor seinem Tod von Mwangwa ... auf Sukuma erzählt, ins Swahili übersetzt von Bwa. Kp. D. Ramadhani ...und ...).

Mtui, Nathanael (1923-24): 'Habari za inchi ya Arusha-Chini'. In: *Mambo Leo* 1,10: 6-8; (11): 8-10; (12): 12-13; 2, (13,14): 7-9; (15): 5-6; (17): 5-6; (18): 13; (20): 4-5; (21): 3-5. (Mitteilungen über das Land von Arusha-Chini).

Mturi, T. A. (1949): 'Nia ya East African Literature'. In: *Mambo Leo* 27, (12): 141.

Musso, Michael (1968*): Mukwava na Kabila Lake*, Nairobi/Dar es Salaam/Kampala.

Mwakipesile, J. S. (> 1975): *Mila na Desturi za Wasangu, Wasafwa na Wasagara*, Dar es Salaam.

Mwambe, P. (ca. 1964): *Wamwera na Desturi Zao*, Ndanda.

Mwaruka, R[amadhani Kapita] (1965): *Masimulizi Juu ya Uzaramo*, (CTEA), London.

Mzuanda, Padre Canute J. (1958): *Historia ya Uluguru*, Dar es Salaam.

Nabhany, Ahmed Sheikh (1979): *Sambo ya Kiwandeo – The Ship of Lamu-Island*. Edited by Gudrun Miehe and Thilo C. Schadeberg, Leiden.

Nabhany, Ahmed Sheikh (1985): *Umbuji wa Mnazi*. Edited by A. A. A. el-Maawy. Nairobi: EAPH. (Die Schönheit der Kokospalme).

Nadi Sada Club, Mwanachama wa. (1945): 'Mifano ya Mambo ya Zamani'. In: *Mambo Leo* 23, (3): 27.

Namwana, Luka (1939): 'Habari za Kabila la Wahokororo', zimeandikwa na Mzee Luka Namwana kwa Mkono wa Mwalimu Petro M. Jumla wa Baraza Mkoo, Masasi. In: *Mambo Leo* 17, (6):

90; (7): 107; (8): 125. (Mitteilungen über das Volk der Hokororo, aufgeschrieben von Mzee Luka Namwana durch die Hand des Lehrers Petro).

Ndunguru, Egino (1972): *Historia, Mila na Desturi za Wamatengo,* Nairobi/Dar es Salaam/Kampala.

Ngala, Ronald G. (1949): *Nchi na Desturi za Wagiriama,* (CTEA), Nairobi.

Ntiro, Sam J. (1953): *Desturi za Wachagga,* (CTEA), Nairobi/Dar es Salaam/Kampala.

Nyagali, Jacob B. (1990): *Habari za Wamwera,* Ndanda - Peramiho.

Odhiambo, E. S. Atieno (1995): Umschlagtext zu Mnyampala (1995; ed. Maddox).

Oguntoye, Katharina (1997): *Eine afro-deutsche Geschichte. Zur Lebenssituation von Afrikanern und Afro-Deutschen in Deutschland von 1884 bis 1950,* Berlin.

Ohly, Rajmund (1982): *Swahili – The Diagram of Crises,* Wien.

Omar, C. A. Shariff (1951): *Kisiwa cha Pemba. Historia na Masimulizi,* (CTEA), Nairobi/Dar es Salaam/Kampala.

Otiende, J. D. (1949): *Habari za Abaluyia,* (CTEA), Nairobi.

Ramadhani, Mzee Hemedi (1955): *Mapokeo ya Historia ya Iraqw (Mbulu) Kati ya Miaka 1700 na 1900,* (CTEA), Nairobi/Dar es Salaam/Kampala.

Ranger, Terence O. (1986): 'The Invention of Tradition in Colonial Africa'. In: Eric Hobsbawm & Terence Ranger (Hrsg), *The Invention of Tradition,* Cambridge, S. 211-262.

Reuster-Jahn, Uta (1995): 'The Entertainment-Programme of Ndanda Mission Press: Its Contribution to Swahili Literature in Tanzania'. In: Pierre Halen & János Riesz (Hrsg.), *Littératures du Congo-Zaire. Actes du Colloque International de Bayreuth (22-24 juillet 1993).* (Matatu, 13,14), Amsterdam/Atlanta, S. 339-356.

Richards, Charles Granston (1960): 'The East African Literature Bureau'. In: *Yearbook of Education 1960,* London, S. 536-539.

Rollins, Jack D. (1983): *A History of Swahili Prose. Part I: From Earliest Times to the End of the Nineteenth Century,* Leiden.

Sehoza, Canon (1938-41): 'Imani na Desturi za Wabondei'. In: *Mambo Leo* 16 (1938): (1): 10; (2): 26; (3): 42; (4): 56-57; (5): 77;

18, (1940), (3): 49; 19, (1941), (2): 27; (3): 47-48; (4): 63; (5): 79; (6): 95; (10): 159; (11): 175. (Religion und Gebräuche der Bondei; nicht alle Nummern gesehen).

Simeon, Kavugha Fanuel (1977): *Desturi na Mila za Wapare*, Soni.

Velten, Carl (1901a): *Safari za Wasuaheli*, Göttingen.

Velten, Carl (1901b): *Schilderungen der Suaheli von Expeditionen v. Wissmanns, Dr. Bumillers, Graf v. Götzens und Anderer*, Göttingen.

Velten, Carl (1903a): *Desturi za Wasuaheli. Na Khabari za Desturi za Sheri'a za Wasuaheli*, Göttingen.

Velten, Carl (1903b): *Sitten und Gebräuche der Suaheli. Nebst einem Anhang über Rechtsgewohnheiten der Suaheli*, Göttingen.

Vickers-Haviland, L. A. W. (1938): 'The Making of an African Historical Film'. In: *Tanganyika Notes and Records* 6: 82-86.

Yongolo, W. D. (1953): *Maisha na Desturi za Wanyamwezi*, (CTEA), London.

Imagination und Repräsentation
Variationen indigener Ethnographie in Malawi[1]

Peter Probst

I

Betrachtet man das Thema „indigene Ethnographie" aus der historischen Perspektive der Selbstreflexion der Ethnologie, so kann man nicht umhin, den deutlichen Konnex zwischen Repräsentation und Herrschaft zu konstatieren, der in der Erwähnung dieses Themas immer wieder aufscheint.

Eines der prägnantesten und berühmtesten Beispiele hierfür sind wohl Claude Lévi-Strauss' *Traurige Tropen* und seine darin angestellten Reflexionen über die politische Funktion des Mediums Schrift als „Mittel der Ausbeutung und Versklavung" sowie die eben mit diesem Medium arbeitende Figur des Ethnographen als „Symbol der Sühne":

> "Man hat oft gesagt, daß nur die westliche Kultur Ethnographen hervorgebracht habe und daß diese Leistung allein die Ethnographen zur Dankbarkeit verpflichte, denn ohne die westliche Gesellschaft würde es sie gar nicht geben. Man könnte jedoch genauso gut das Gegenteil behaupten. Wenn der Westen Ethnographen hervorgebracht hat, so deshalb, weil er so sehr vom schlechten Gewissen geplagt wurde, daß er das Bedürfnis verspürte, sich mit fremden Gesellschaften zu vergleichen in der Hoffnung, dort dieselben Fehler und Mängel zu finden oder doch wenigstens eine Erklärung dafür, wie diese in seiner Mitte gedeihen konnte" (Lévi-Strauss 1970: 358).

Die Aktualität dieser Notiz ist unschwer zu erkennen, führt doch ein direkter Weg von Lévi-Strauss' eigenen Begegnungen mit eben diesen „Fehlern und Mängeln" unter den Nambikwara in den 30er Jahren zu jener großen Debatte über die „Krise der Repräsentation" aus den 80er Jahren, deren Nachwirkungen die ethnologische Diskussion bis heute prägt. Nicht zufällig schließlich lautete das Stichwort, unter dem diese Debatte im Englischen aufkam,"*Writing Culture*" (Marcus & Clifford 1986), und sicher nicht zufällig ist auch die jüngste Variation dieses Themas in Gestalt der Kritik an dem Begriff

---

[1] Für kritische Kommentare und erhellende Diskussionen zu dem verhandelten Thema danke ich Matthew Schoffeleers (Leiden), Brian Morris (London) sowie Ute Luig und Barbara Keifenheim (beide Berlin).

der „indigene Ethnographie" (vgl. Appadurai 1989, Hastrup 1993, Narrayan 1993) dieser spezifischen, aus der Sicht von Lévi-Strauss nicht zuletzt auf die Frage nach der Verfügungsgewalt über das Medium Schrift zurückgehenden Beziehung von Repräsentation und Herrschaft verpflichtet.

Auch im folgenden steht das Thema Repräsentation und Herrschaft im Mittelpunkt, diesmal allerdings nicht verhandelt auf der Ebene der Kritik an der westlichen Darstellung des Anderen, sondern im Hinblick auf die indigene Repräsentation von Kultur. Es geht also um das umstrittene Genre der „indigenen Ethnographie", wobei das Strittige hier nicht in der Sinnhaftigkeit des Genres an sich gesehen wird, sondern vielmehr in der Frage nach der Geltung und den Motiven unterschiedlicher Darstellungen von Kultur als ebenso lokaler wie lokalisierter Ausdruck von Identität. Repräsentation, so wird zu zeigen sein, ist dabei auch immer ein Akt der Imagination, dessen spezifische Wirksamkeit sich den Machtkonstellationen verdankt, in die er eingebunden ist und die er kommentiert.

Ort der diesbezüglichen Ausführungen ist die Zentralprovinz Malawis mit den hier lebenden Chewa als der - neben den Yao, Lomwe und Tumbuka - größten ethnischen Gruppe des Landes. Drei unterschiedliche 'Projekte' indigener malawischer Ethnographie bilden die Basis des Aufsatzes: Archibald Makumbis *Maliro ndi Miyambo ya Achewa* (1955), Samuel Ntaras *Mbiri ya Achewa* (1945) und Hastings Kamuzu Bandas *Our African Way of Life* (1946); ohne Zweifel eine willkürliche Auswahl aus dem ansonsten reichhaltigen Genre indigener Ethnographie in Malawi, aber doch eine, die als gemeinsames verbindendes Thema die Darstellung eines bestimmten Aspektes der Chewa Gesellschaft verhandelt. Gemeint ist die Repräsentation von *nyau*, einem Maskenbund, dessen Bedeutung als primäres Symbol für das Verständnis der Chewa von Lokalität im Sinne von Heimat oder, wie Raymond Williams notierte, als „structure of feeling" (Williams 1977), von allen drei Autoren anerkannt wird. Welche Motive hinter dieser Anerkennung standen, was für Projekte der Autoren selbst sich damit im einzelnen verbanden und wie sich zu diesen unterschiedlichen textuellen Repräsentationen von *nyau* die rituelle Praxis des Maskenbunds als gleichwertige, allerdings 'performative' Form der Repräsentation verhält, diese Fragen bilden den Gegenstand der vorliegenden Ausführungen. Beginnen möchte ich sie mit der Vorstellung von Archibalds Makumbis *Maliro ndi Miyambo ya Achewa*, zu deutsch „Bestattung und Sitten der Chewa".

II

Archibald Makumbis *Maliro ndi Miyambo ya Achewa* wurde zuerst 1955 von der Nkhoma Mission der Holländisch Reformierten Kirche, der Makumbi angehörte, veröffentlicht. Als einziger der drei Texte, die hier zur Diskussion stehen, ist Makumbis Buch auch heute noch erhältlich. So gehört das Buch mittlerweile zum offiziellen Unterrichtsmaterial an malawischen Schulen und als solches findet man es überall im Land zum Verkauf angeboten. Der Inhalt des Buches ist erstaunlich, enthüllt es doch viele der zentralen Geheimnisse des unter den Chewa populären Maskenbundes *nyau*. Letzterer repräsentiert die zentrale Institution der lokalen Dorfgemeinschaft der Chewa und gemeinhin ist das esoterische Wissen des Bundes nur den männlichen Mitgliedern bekannt, die es im Laufe ihrer Initiation in den Bund erlernen. Tatsächlich provozierte Makumbis Buch unmittelbar nach der Veröffentlichung erheblichen Protest und Empörung unter der Bevölkerung. Ich werde später im Verlauf des Textes noch darauf zu sprechen kommen. Gleichwohl hat *nyau* trotz der mittlerweile öffentlichen Verfügbarkeit des Buches und seiner Benutzung in den Schulen des Landes nichts von seiner Attraktivität verloren. Die Faszination, die der Kult auf die populäre Imagination der malawischen Gesellschaft ausübt, ist vielmehr ungebrochen, ein Umstand, der auch durch den Reiz dokumentiert ist, den der Bund auf die Chewa Jugend ausübt. Diese studiert zwar Makumbis Buch in der Schule und erfährt so von den Geheimnissen des Bundes. Letzteres hindert sie aber nicht daran, Mitglied des Bundes zu werden und seine Regeln der Geheimhaltung zu befolgen. Was somit für den außenstehenden Beobachter wie ein kulturelles Paradox erscheint, wird von vielen Chewa selbst als ein Stück nicht hinterfragter Alltagswelt erlebt. Für sie repräsentiert *nyau* nicht nur die ihnen eigenen Konzepte von Lokalität und Wir-Gefühl, er verkörpert sie.[1]

Zum Inhalt: die insgesamt 59 Seiten des Buches sind aufgeteilt in 32 kleine Kapitel. Jedes davon verhandelt eine bestimmte Phase innerhalb des Chewa Lebenszyklus. Im Kontext dieser allgemeinen Perspektive liegt das Hauptaugenmerk des Buches, wie sein Titel „Bestattung und Sitten der Chewa" anzeigt, auf dem Thema Tod/Krankheit und den spezifischen rituellen Antworten der Chewa

---

[1] Der Repräsentationsgedanke bezüglich *nyau* verhält sich hier ähnlich zu der christlich-mittelalterlichen Bedeutungsumwandlung des lateinischen Begriffs repraesentare im Sinne des Übergangs von der römischen Idee des Abbilds und der (bildlichen) Darstellung und Aufführung hin zu einem Konzept von repraesentatio als „dargestellte Gegenwart des Göttlichen selbst" (Gadamer: 1986: 146). Im Kontext von *nyau* findet sich beides, sowohl das Spiel, die Aufführung, als auch die dargestellte Präsenz des 'Göttlichen'.

hierauf. Dergestalt beginnt der Text mit einer Beschreibung des Begräbnisses eines Kleinkindes und endet mit den Bestattungsriten für einen verstorbenen Chewahäuptling, *amfumu ya mzinda*.[1] *Nyau* selbst taucht zuerst in Kapitel 5 auf. Unter der Überschrift "Für die Chewa Kinder Sorgen" verweist Makumbi hier kurz auf die Zeremonien, mittels denen das Kleinkind rituell in die Gesellschaft aufgenommen und als soziale Person anerkannt wird. "Wenn in einem Dorf ein *nyau* Tanz ist, dann nehmen sie (die Eltern) das Kind, schlagen die Trommeln an sein Ohr und setzen es auf den Rücken von *nyau*. Dies ist wie die Taufe, daß heißt, das Kind ist nun getauft" (Makumbi 1975: 7). Eine Erklärung von *nyau* erfolgt dann im nächsten Kapitel, betitelt „Der Junge".

„Wenn der Junge groß geworden ist, stimmen seine Eltern und sein Onkel darin überein, daß er nun zu *nyau* gehen muß. Dies ist ein Chewa Tanz, der nur bei Beerdigungen aufgeführt wird. Wie Sie wissen, sind viele *nyau* (Bünde) in den Distrikten Lilongwe, Dowa, Kasungu, Nkhotanota, Mchinji und Dedza (alle in der Zentralregion Malawis P.P.) zu finden. Dies ist der Ursprungsplatz für *nyau*. Unter diesem Thema möchte ich Schritt für Schritt die Regeln und die Herstellung von *nyau* erklären.
Wie es die Regel verlangt, sammeln die Eltern Geld, Hühner, Ziegen und viele andere Dinge, die *nyau* gegeben werden. Wenn sie sich *nyau* nähern, wird dem Jungen ein Stück Stoff um die Augen gebunden und es wird ihm gesagt, er solle sich entkleiden. Wenn sie den Platz erreichen, wird er dazu gebracht, in *nyau* hineinzusteigen. Dabei wird gesagt 'Ertrinke, ertrinke, ertrinke', auf daß er tief (in die Figur, P.P.) hineinsteigen soll.
Nyau (die Figur, P.P.) wird aus folgendem hergestellt: Maiskolbenblätter, Gras und *Chibzero* (eine bestimmte Pflanze bzw. Busch, P.P.). Wenn der Junge in *nyau* hineingestiegen ist, ist er sehr überrascht. Vor seiner Initiation wurde ihm nähmlich gesagt, daß *nyau* ein wildes Tier sei, daß man aus dem Teich mit einer Angel und einem Ei als Köder herausgefischt habe. Er sieht nun, daß dies alles, was ihm erzählt wurde, Lügen sind.
Danach wird der Junge gemäß seinem früheren Verhalten geschlagen. Wenn dies vorüber ist, beginnt man, ihm die Sitten und Unterweisungen von *nyau* beizubringen. Es wird gesagt: 'Nimm nichts von dem Topf deiner Mutter. Betrete nicht den Raum deiner Eltern. Spiel nicht mehr mit kleinen Kindern.'
Die Lektionen von *nyau* sind: Wenn du auf eine Reise gehst und Leute triffst, die dich fragen, wo schläft *gule* (wörtlich: Tanz, Synonym für *nyau*,

---

[1] Die Ergänzung bzw. Spezifizierung *mzinda* im Sinne von Hauptdorf, Sitz des Herrschers, verweist auf die ehedem wesentlich zentralisiertere politische Organisation der Chewa. Der alte Begriff *mzinda* ist heute gleichbedeutend mit dem von *bwalo*, Tanzplatz, auf dem die Aufführungen von *nyau* stattfinden. Der Vorstand über ein Dorf und der Besitz eines *bwalo* als Zeichen des Rechts, *nyau* zu haben, sind identisch.

P.P.), sollst du antworten, im Kornspeicher und auf den Feldern. Wenn sie dich fragen, wer ist *namkhungwi* (eine ältere Frau, die als Ritualleiterin für die Initiation der Mädchen fungiert, P.P.), sollst du sagen: es ist eine Nadel. (...) Wenn nun der Junge nicht Mitglied von *nyau* wird, und er Leute auf der Straße trifft, werden diese ihm solche Fragen stellen. Wenn der Junge sie nicht beantwortet, wird er heftig geschlagen, mitunter wird er sogar getötet. Das Wissen um solch eine Beerdigung, ist dann nur auf diejenigen beschränkt, die sahen, wie der Junge getötet wurde. Sie enthüllen dies nicht, niemals. Die Eltern des Kindes suchen es nur, aber sie finden es nicht" (Makumbi 1975: 8ff).

Obige Textstelle illustriert hinreichend den spezifisch mündlichen Stil des Textes. Phrasen wie „Wie Sie wissen" zeigen, daß Makumbi die Präsenz eines kommunikativen Anderen voraussetzte, der mit dem lokalen kulturellen Kontext, in dem *nyau* sich bewegt, bereits weitgehend vertraut ist. Makumbis Adressat war folglich der lokale Leser, von dessen moralisch-ethischer Enge und der Unterlegenheit seiner Kultur im Vergleich zu dem über alle paganen Verbote und Geheimnisse erhabenen Christentums der Autor ihn zu überzeugen suchte. Der so wichtige gesellschaftliche Kontext von *nyau* in Gestalt von Matrilinearität und Uxorilokalität als den beiden Hauptmerkmalen der sozialen Organisation der Chewa wird vor diesem Hintergrund ebenso wenig expliziert, wie die lokalen Vorstellungen und Ideen über *nyau*. Letzteren interessiert Makumbi denn auch nur insofern, wie *nyau* die Folie lieferte, vor und auf der er sein Argument des der lokalen Glaubenswelt überlegenen Christentums entfalten konnte.

III

Ob Makumbi selbst jemals ein Mitglied von *nyau* war, ist unklar. Die verfügbaren Quellen geben darüber keine Auskunft. Was den von ihm verfaßten Text anbelangt, so kann jedoch vermutet werden, daß Makumbi nicht zu den Eingeweihten des Bundes gehörte. Selbst wenn man konzediert, daß *nyau* über eine Vielzahl von lokalen Varianten mit einem überaus großen Spektrum von kultureller Variabilität verfügt, vermittelt doch Makumbis Darstellung des Bundes den Eindruck einer kruden Mischung aus Hörensagen und eigenen Erfahrungen. Allerdings sah auch Makumbi die mythisch-religiöse Kraft des Bundes; selbst wenn er sie nur beiläufig erwähnte. Ein Hinweis darauf ist die von ihm vermerkte Erklärung, die jungen, nicht initiierten Kindern von *nyau* gegeben wird: Ihnen gegenüber werde gesagt, bei *nyau* handele es sich um wilde Tiere, *zirombo,* die aus einem Teich gefischt worden seien. Tatsächlich hat diese Erklärung über ihr pädagogisches Kalkül hinaus einen mythischen Hintergrund, der auch Makumbi geläufig gewesen sein dürfte. Sie verweist nämlich auf die Geschichte von Kaphirintiwa, wörtlich, „weicher Stein, auf dem Spuren hinterlassen wurden".

Geographisch bezeichnet der Name Kaphirintiwa heute eine bestimmte Erhebung in den Dzalanyama Bergen, ca. 50 km südwestlich von Lilongwe gelegen entlang der Grenze zwischen Malawi und Mozambique. Auf der Ebene der mythischen Topographie hingegen ist der Name gleichbedeutend mit einem alten Regenkult und dem Ort, wo, gemäß der mündlichen Überlieferung der Chewa, die Schöpfung begann.[1] Am Anfang, so die Legende, gab es nur die Erde ohne Leben und Wasser und *Chauta*, Gott, der im Himmel residierte. Menschen und Tiere existierten noch nicht. Sie kamen erst später zusammen mit dem ersten Regen, mit dem zusammen sie auf die Erde fielen. Der Platz, wo sie landeten, war Kaphirintiwa, wo sie auf dem noch weichen und feuchten Stein Spuren hinterliessen. Aufgrund des Regens gediehen Pflanzen und Bäume gut und rasch und boten so für jeden ausreichend Nahrung. Zu dieser Zeit lebten die Menschen, die Tiere und Gott noch zusammen in Frieden und Harmonie. Eines Tages nun spielte ein Mann mit zwei Stöcken und während er spielte, entdeckte er zufällig das Feuer. Obgleich er gewarnt wurde, damit aufzuhören, fuhr er fort, mit den Stöcken zu hantieren. Schließlich fing das Grasland Feuer; und in dem darauf folgenden Tumult zog sich Gott in den Himmel zurück und die Menschen flohen. Unter den Tieren liefen die Ziege und der Hund zu den Menschen. Der Elefant, der Löwe und die anderen Tiere stoben in eine andere Richtung davon und ließen somit den Ort der Schöpfung, Kaphirintiwa, verlassen zurück.

Die jüngere ethnographische Forschung hat den Kaphirintiwa Mythos als zentralen Schlüssel zum Verständnis von *nyau* identifiziert (Schoffeleers 1971, 1976, 1992, Yoshida 1993). Ausgangspunkt dafür ist die lokale Interpretation von *nyau* als *zirombo*, „wilde Tiere", von denen es heißt, sie repräsentierten Verstorbene. Als solche werden ihr Erscheinen und ihre Aufführungen als Totengeister gesehen, die anläßlich der Bestattung eines dahingeschiedenen Bundmitglieds ins Dorf zurückkehren, um diesen in das Reich der Ahnen zu holen. Dies geschieht in Form von anthropomorphen und zoomorphen Masken, die neben bestimmten Typen aus der sozialen Lebenswelt der Chewa auch eine Reihe von wilden Tieren wie Löwe, Hyäne, Elefant oder ähnliches darstellen. Aufführungen von *nyau* lassen sich dergestalt als rituelle Inszenierungen des Kaphirintiwa Mythos in

---

[1] Für die folgende Kurzfassung der Schöpfungslegende der Chewa vgl. Rangeley (1952), Ntara (1973), und Schoffeleers & Roscoe (1985).

Form der ursprünglichen Koexistenz von Menschen, Tieren und Gott und ihrer nachfolgenden Trennung verstehen. Die Tänzer der Masken durchlaufen in dieser Weise eine „spirituelle Transsubstantion" (Schoffeleers), in deren Verlauf sie zu Ahnengeistern werden. Gemeinsam mit den Tieren aus der Wildnis kommen sie zusammen ins Dorf, um eine temporäre Versöhnung mit den Menschen einzugehen. So wie sich die Charaktere in dem Schöpfungsmythos einst um die Wasserstellen versammelt hatten, so versammeln sich die Menschen nun um die Töpfe mit Bier, und so wie einst das Feuer diese Harmonie zerstörte, so werden nach Beendigung des Rituals auch die zoomorphen Maskenfiguren am heiligen Hain, dem *dambwe*, in der Nähe des Friedhofs verbrannt.

Eingedenk der Bedeutung, die der Kaphirintiwa Mythos für die Chewa besitzt, läßt sich annehmen, daß auch Makumbi um den Mythos wußte. Zumindest war ihm der Mythos über ein anderes Buch bekannt, das zur Zeit der Niederschrift von *Maliro ndi Miyambo ya Achewa* bereits auf dem Markt zirkulierte und mit Sicherheit auch von Makumbi zur Kenntnis genommen worden war. Die Rede ist von Samuel Ntaras *Mbiri ya Achewa,* „Geschichte(n) der Chewa".

IV

Ntaras *Mbiri ya Achewa* erschien zuerst 1945 und enthält einen elaborierten Bericht über die Geschichte der Chewa, beginnend mit der oben erwähnten Schöpfung der Chewa, über die Gründung eines Regenschreins am Fuße des Berges Kaphirintiwa und die darauf folgende soziale Ausdifferenzierung der Gesellschaft in die beiden Hauptclans der Chewa Banda und Phiri. 1950 erschien eine zweite, erweiterte und korrigierte Fassung, der 1962 eine dritte folgte, die später ins Englische übersetzt wurde. In dem Vorwort dazu notiert Ntara den ursprünglichen Impuls zum Schreiben des Buches und die damit verbundenen Intentionen:

"What is history? History is a record of any past event. For example, when we read of how someone was devoured by a wild beast, it is history. All the stories we read in the bible about Joseph and Elijah or any other character - that is history. There are many things we read about the past. These serve as lessons to us so that whatever mistakes these people made, we should not repeat them. Therefore, not all history is good, some of it reveals bad action and the like. The main purpose of history is that we should understood how and why such an event happened and what lesson it brings to us" (Ntara 1973: xix).

Mit der expliziten Erwähnung der Bibel als Referenzrahmen für sein Interesse an Chewa Geschichte ähnelt Ntaras Buch dem von Makumbi. Letzterer kannte Ntaras Arbeit und war mit diesem, wenn nicht real, so doch zumindest in Ort und Glauben verbunden. Schließlich hatten beide ihre religiöse Schulung an der Nkhoma Mission erhalten und beide Arbeiten, sowohl die von Ntara als auch die von Makumbi, waren hier veröffentlicht worden. Doch während Ntaras Haltung seinem Gegenstand gegenüber ausgesprochen positiv und affirmativ war in dem Sinne, daß er, wie er schrieb, sich selbst zum Ziel gesetzt hatte, seine örtlichen Leser "to make understand and appreciate our ancestors way of living" (Ntara 1973: xx), war Makumbis Haltung im allgemeinen überwiegend ablehnend. Emphatisch notierte er am Schluß seines Buches: „Freunde/Kameraden, glaubt nicht mehr an Sitten, Hexerei und Zauberei, nie mehr" (Makumbi 1975: 58). Konsequenterweise waren denn auch die von beiden Autoren eingenommenen räumlichen Perspektiven konträr voneinander. Wo sich Ntara explizit auf "our political leaders" bezog, die, so hoffte er, vielleicht von der Lektüre seines Buches profitieren könnten, dachte Makumbi von seinem Buch als einem, das sich letztlich mit "civilization" bzw. menschlicher Kultur im allgemeinen beschäftigt. Mit anderen Worten, während Makumbi eine mehr oder weniger globale Perspektive einnahm, war die Ntaras eher von lokaler Natur.

Der Unterschied, der auf diese Weise in der Arbeit von Ntara und Makumbi aufscheint, ist bezeichnend, spiegelt er doch den wirkungsvollen Antagonismus wieder, der der Arbeit der christlichen Mission in Malawi zu eigen war. Das heißt, in dem Maße, in dem die Mission erfolgreich war, christliche Subjekte für die globale Ökumene zu produzieren, trugen eben diese Subjekte das Wort Gottes nicht nur hinaus in die Welt, sondern engagierten sich auch als *new men* in der lokalen Politik. Ich werde auf diesen Punkt noch einmal später im Verlauf des Textes zurückkommen. Einstweilen jedoch gilt es, einen genaueren Blick auf die Person und das Werk von Ntara zu werfen.

Ntaras *Mbiri ya Achewa* war das vorletzte von ingesamt sechs Büchern, die Ntara verfaßte.[1] Das erste erschien 1933 unter dem Titel *Nthondo* und schilderte, stark autobiographisch gefärbt, die Spannungen und Konflikte im Leben eines Chewajungen als Mitglied einer der ersten christlichen Chewafamilien in der Zentralregion Malawis zu Beginn dieses Jahrhunderts. Der Impuls zum Schreiben dieses Buches war dabei eher zufällig. 1932 hatte Ntara bei einem Besuch in Lilongwe die Ausschreibung zu einem Literaturwettbewerb

---

[1]   Zur Biographie Ntaras vgl. Pachai (1968).

entdeckt. Sein Glück versuchend, verfaßte er in nur wenigen Wochen das Manuskript für *Nthondo*, mit dem er den ersten Preis in der Sparte Biographie gewann. Ntaras *Nthondo,* so darf vermutet werden, traf dabei wohl am besten die Sorgen und Interessen der Sponsoren des Wettbewerbs, dem Londoner *African International Institute.* 1932 hatte dieses begonnen, seine Arbeit ausdrücklich dem Thema des "Kulturkontakts" und des "Kulturwandels" im kolonialen Afrika zu widmen (Richards 1944). Das Hauptproblem, dem man sich gegenüber wähnte, war das der sogenannten "Detribalisierung". Letztere, so fürchtete man, könne zu einer "völligen Desintegration" des afrikanischen Kontinents führen, was eine "orderly evolution of the community" unmöglich mache (African International Institute 1932: 1) Vor diesem Hintergrund präsentierte denn auch das Vorwort zu der englischen Übersetzung von *Nthondo* den westlichen Lesern das Buch als ein "authentic document of the appeal made to a tribal native, once the process of detribalization has begun by Christianity" (Ntara 1934: 8). Als konkrete Beispiele hierfür galten Passagen wie die im folgenden zitierte, in der Ntara die Konflikte beschreibt, die bei der Nominierung seines Protagonisten *Nthondo* zum Häuptling auftraten:

„It was not long ago, however, before the two neighbouring sub-headmen, Mzingwa and Dzeya, approached Nthondo as being now entered into the place of his uncle, Cembe, and the talk went thus: Said Dzeya, 'You know, don't you, oh chief, the words that we spoke on that day when we discussed the receiving of a school? When your uncle was unwilling to receive the school because of our *mzinda* custom (*mzinda* steht hier als Synonym für *nyau* vgl. Anm. oben P.P.). He feared that it might cease. Now, therefore, I am warning you since you are one of the Christians, and I say that you should not forget those words. A village that has not got the *mzinda* is no proper village" (Ntara 1934: 179-180).

Die Stelle trifft die spannungsgeladene Situation, die zu Beginn dieses Jahrhunderts in der Zentralregion Malawis vorherrschte und die hier in ihren wichtigsten Zügen nur kurz umrissen werden soll.

V
Bis zur Mitte des 19. Jahrhunderts waren die Außenkontakte der Chewa nur vergleichsweise gering gewesen. Gewiß gab es die großräumigen Herrschaftsgebiete von Kalonga, Undi und den anderen führenden Figuren der sogenannten Marawi-Zeit. Gegen Ende des 18. Jahrhunderts jedoch war diese Blütezeit der alten Marawistaaten

längst vorbei und das nunmehr auf das Dorf konzentrierte Leben erinnerte an die ehemals höfische Kultur ebensowenig, wie die mittlerweile erfolgte Rückkehr zur Subsistenzwirtschaft an den alten Küstenhandel mit Elfenbein (Langworthy 1975, Phiri 1975). Circa von 1850 an änderte sich die Situation allerdings drastisch. 1859 hatte David Livingstone die Gegend erreicht und seine Politik des Wandel durch Handel brachte in der Folge nicht nur die Britische Regierung auf den Plan, sondern machte auch den Überfällen der Ngoni und den Sklavenjagden der Yao ein Ende.

Zu Beginn des 20. Jahrhunderts, der Zeit, in der Ntara geboren wurde, hatte die lokale Chewa- Bevölkerung also bereits eine Reihe tiefgreifender Veränderungen durchlaufen. Auf die durch diesen Prozeß freigesetzten Transformationen und Brüche antworteten sie in Gestalt ihrer wichtigsten kulturellen Institution, *nyau*. Als wirkungsvolles Gegengewicht gegen die Zentralisierungsbestrebungen der führenden Phiriclans hatte *nyau* schon während der Zeit der Marawireiche an Bedeutung gewonnen. Mit dem Niedergang der Marawistaaten und der nachfolgenden Beschränkung der Chewa- Politik auf die Dorfebene war *nyau* zum primären Symbol für das Chewa Konzept von Identität und Lokalität geworden. Es erstaunt folglich auch kaum, daß sich der Widerstand gegen die wachsende Bedeutung der christlich-kolonialen Ordnung vor allem über *nyau* vollzog und organisierte. Mit Beginn des 20. Jahrhunderts waren entsprechende Berichte über Konflikte zwischen *nyau* und den verschiedenen christlichen Missionen denn längst ein Standardthema der Kolonialverwaltung geworden.

Die Argumente der Mission bezogen sich in der Regel auf die angeblich "obszönen" Lieder und die moralisch schändliche äußerliche Erscheinung der fast nackten Tänzer in der Gegenwart von Frauen. "Im Namen der Moral" (Linden 1974: 120), so argumentierte die Mission, sei *nyau* zu verbannen. Das gleiche Argument - nur in umgekehrter Richtung - war aber auch von Vertretern von *nyau* zu hören. Die Missionspolitik der großflächigen Grundschulbildung, gekoppelt mit den Auswirkungen der Hüttensteuer, der Arbeitsmigration, dem Ende des ersten Weltkriegs und der Rückkehr malawischer Soldaten mit neuen Hoffnungen, Bildern, Ideen und vor allem Geld, hatte zu einer graduellen Desintegration des Dorflebens geführt, was sich in den Klagen von *nyau* über einen Mangel an Respekt der Jugend gegenüber den Älteren und einem allgemeinen Niedergang der Moral äußerte. Im Mittelpunkt all dessen stand natürlich Macht, oder präziser, die Legitimation von Macht. Zu Beginn des 20. Jahrunderts war die Situation so schwierig geworden, das sich die Regierung gezwungen sah, einzugreifen und zu handeln. Der

Anlaß dafür war ein drastischer Rückgang des Schulbesuches als Ergebnis des Drucks von *nyau*. Während vormals der Eintritt in den Bund und das Durchlaufen der Initiation das Ende der Pubertät voraussetzte, waren solche Altersgrenzen mittlerweile aufgegeben worden. Angeblich wurden jetzt sogar Mädchen und Frauen gedrängt, Mitglied von *nyau* zu werden. Klagen von Missionaren und Farmern trafen sich in der Befürchtung, daß die neue Heftigkeit von *nyau* negative Auswirkung auf die Effizienz und Verfügbarkeit der einheimischen Arbeit haben könne. Auch in der örtlichen Presse wurde der Konflikt zum Thema. Versuche der Kolonialregierung, die Spannungen herunterzuspielen, indem man *nyau* mit "something well kown in many lands as carnival" verglich, wurden mit bissigen Artikeln über die "Devil Dancers of Terror" erwidert (Linden 1974: 127).[1] 1929 schließlich kam es zu einem Treffen zwischen den Chewa Häuptlingen der Lilongwe Region und dem verantwortlichen Provincial Commissioner und Education Officer. Das Ergebnis war eine Anweisung an die Dorfvorstände und Inhaber der lokalen *nyau* Bünde, in der diese über eine Reihe neu beschlossener Kontroll- und Organisationsregeln von *nyau* unterrichtet wurden mit dem Hinweis, diesen Anweisungen fortan Folge zu leisten. Die neuen Anweisungen betrafen dabei neben der Frage des Mindesteintrittalters für Jungen in *nyau*, auch das Thema der Mitgliedschaft von Frauen, sexuelle Abstinenzregeln und vieles andere mehr. Eine Anweisung, aufgeführt als Nr. 7, gilt es hier besonders hervorzuheben. Sie besagte, daß "effigies may only be made to represent animals, not men" (Schoffeleers & Linden 1972: 267).

Hintergrund dafür war die Einführung neuer Figuren in das Maskenensemble von *nyau*. Christliche Schlüsselfiguren wie Petrus, Joseph oder die Heilige Jungfrau Maria wurden als neue Masken in das Tanz- und Maskenrepertoire von *nyau* integriert und erschienen darin mit steigender Häufigkeit. Später, im Zuge der wachsenden kolonialen Begegnungen weitete sich die rituelle Aneignung der modernen Zone jenseits des Dorflebens auch auf die Darstellung von Distriktskommissaren, Gouverneuren und des englischen Königs aus. Nach Linden (1974: 200) wurden viele dieser Masken als spezielle Publikumswünsche produziert und aufbewahrt, was hieß, daß sie nur auf besondere Aufforderung hin und allein gegen Bezahlung tanzten. Von Seiten der Weißen wurde so den *nyau* Tänzen

---

[1] Der koloniale Vergleich von *nyau* Aufführungen mit der europäischen Tradition des Karnevals erwies sich ungewollter Weise als höchst passend, trifft er doch tatsächlich einige zentrale Merkmale von *nyau* in Gestalt der beiden eigenen Motive der Ambiguität, Inversion und Grenzverletzung, wie sie Bakthin (1995) für die „Lachkultur" des Mittelalter untersuchte.

eine aggressive Tendenz zugeschrieben. In erster Linie jedoch waren die Innovationen bei der Maskenproduktion wohl eher ein Versuch der Chewa Häuptlinge, ihre Autorität auf die relative Autonomie der Chewa Dorfvorstände auszuweiten, als das Ergebnis der willigen Annahme kolonialer Forderungen. Schließlich hatte es ähnliche Assimilationen fremder, externer Elemente in den rituellen Orbit von *nyau* auch schon früher gegeben. So gehört etwa die unter dem Namen *ngombe* bekannte *nyau* Figur bis heute zu den beliebtesten Maskenfiguren. Wie der Name anzeigt, repräsentiert sie eine Kuh, ein Tier, das den Chewa ursprünglich fremd war und das erst im 19. Jahrhundert von den Ngoni in das Chewaland eingeführt worden war.

Wenngleich all dies auch Ntara bekannt gewesen sein muß, sucht man nach Belegen dafür jedoch vergeblich. Tatsächlich ist der oben zitierte Absatz der einzige, in dem *nyau* Erwähnung findet. Es ist dies ein Umstand, der einigermaßen erstaunt. Schließlich gehörte sowohl die Mvera- als auch die Nkhomastation, wo Ntara die Schule besucht hatte, zu der Region, in denen der Konflikt zwischen *nyau* und der Mission besonders heftig war (vgl. Pretorius 1957). Dennoch kann daraus nicht abgeleitet werden, Ntara sei gegenüber der kolonialen Situation unkritisch gewesen. Statt ritueller Satire und Parodie im Sinne von *nyau* votierte er vielmehr für jene modernen politischen Mittel wie sie im Kontext der neuen kolonialen Situation aufkamen. Als 1944 die Nyasaland Congress Partei gegründet wurde, gehörte Ntara denn auch zu den fünf Delegierten, die bei dem Gründungstreffen der Partei, den Lilongwe Distrikt vertraten. An Unmut, Ärger und Frustration über die koloniale Situation fehlte es nicht. Rassenungleichheiten, finanzielle Angelegenheiten, Bildungsprobleme und vieles andere mehr wurden beklagt und ihre Beseitigung eingefordert. Gleichwohl war der politische Druck, den die Partei auf die kolonialen Behörden ausübte, gering, fehlte doch der Partei nicht nur eine professionelle Effizienz und eine klare politische Vision, sondern auch eine charismatische Führungsfigur. All dies sollte sich erst später einstellen, als Dr. Hastings Kamuzu Banda - von 1964 bis 1994 Malawis erster und einziger Präsident - die politische Bühne Malawis betrat.

VI

Obschon der gleichen Generation wie Samuel Ntara entstammend, gehörte Hastings Kamuzu Banda nicht zu der vielbeschworenen Kategorie der von der Mission ausgebildeten *new men*. Betrachtet man seine Biographie, so erscheint sein Leben und seine Person vielmehr als frühe und eigentümliche Verkörperung jenes Konzepts von „Kreolisierung" oder „Hybridität" wie es seit einiger Zeit im Rahmen der Globalisierungsdebatte als Gegenkonzept zu älteren essentialistischen Kulturkonzepten verhandelt wird (vgl. Hannerz 1992, Nederveen-Pieterse 1995).

Wie Ntara um das Jahr 1905 herum geboren, das wahre Geburtsdatum war und ist bis heute Gegenstand zahlreicher Spekulationen (vgl. Rotberg 1966: 186, Short 1975: 5), verließ Banda seine Heimat in der Gegend von Kasungu bereits 1915, um erst vier Jahrzehnte später wieder nach Malawi zurückzukehren. Die Stationen dazwischen beinhalteten Aufenthalte im damaligen Rhodesien, Südafrika, den USA, Großbritannien und Ghana, während derer er einen Doktortitel in Medizin und akademische Abschlüsse in Geschichte und Philosophie erwarb. Trotz dieser langen Abwesendheit von zu Hause existieren dennoch einige Merkmale, die zumindest punktuell die ansonsten konträren Biographien von Banda und Ntara miteinander verschränken. Als das in diesem Zusammenhang hervorstechendste Merkmal kann dabei vielleicht die beiden gemeinsame Verbundenheit mit dem eigenen Heimatort angesehen werden, eine Verbundenheit jedoch, die, wie wir noch sehen werden, in zwei völlig konträren Praktiken resultierte.

Im Jahr 1946, ein Jahr nach Erscheinen von Ntaras *Mbiri ya Achewa* gab Banda zusammen mit Cullen Young, demselben Cullen Young übrigens, der auch Ntaras literarische Produktion unterstützte, ein Buch heraus mit dem Titel *Our African Way of Life*. Der Band beinhaltet drei, vom International African Institute prämierte Aufsätze, die Banda von Chinyanja ins Englische übersetzt und für die er den Großteil der Einleitung verfaßt hatte. Der Inhalt dieser Einleitung ist aufschlußreich, zeigt er doch nicht nur Bandas scheinbar ungebrochene Nähe zu seinem eigenen „Chewa motherland", in dem er „the parent stock of the *Nyanja* speaking peoples" erblickte. Die Zeilen zeigen auch schon deutlich jenen streng autoritativen und paternalistischen Charakter, der später Bandas politischen Führungsstil charakterisieren sollte. So kommentierte er etwa den Aufsatz von John Khambalame, der sich der Bedeutung von *nyau* widmete:

"When we turn to the instruction technique for the male sex we enter an area of very great interest indeed although, to be quite frank, it has not been so recognized by any European observer. This has meant a grievous gulf of misunderstanding between Europeans and Africans, affecting contacts by Government servants and missionaries alike (...) For some sixty years we have frowned upon and, indeed, opposed what Government and mission took to be more or less a licentious 'harvest' or 'fertility' orgy local to the Chewa and Chipeta areas. Actually, as will be seen in these pages, it is a central part of the educational technique, fundamental in the preparation of the male for adult life within the community and maintaining at the heart of the community itself a continuing reverence for the social ideal as Africa sees it. (...) The description of the various steps in instruction and initiation for the adolescent youth, as given here, reflects the younger generation's slackening hold upon the old things. It's chronological sequences are not wholly correct, but it *is* (Hervorhebung im Orginal, P.P.) clear on the purpose of *vinyau* (often refered to as *gule*, *masewero*, or *mzinda*) and on the line of teaching always followed. *Vinyau* is a primitive masonic brotherhood, with its special vocabulary and phraseology and with its rigid restriction to initiates only. *Vinyau* is also a curiously parallel institution to 'carnival' as practised along the Mediterranean shore. It has the same masks and antics, the same temporary relaxation of customary law, the same appearance of licence. But no Chewa man has the full status of man if he has not been through its initiation and instructional processes" (Cullen Young & Banda 1946: 24-25).

Banda schrieb diese Zeilen im Jahr 1946, somit 12 Jahre vor seiner Rückkehr nach Malawi Ende der 50er Jahre. Aus Platzgründen kann hier nicht auf den verwickelten Weg Bandas von Großbritannien über Ghana zurück nach, wie es damals noch hieß, Nyasaland näher eingegangen werden.[1] Ich übergehe daher diese Periode und springe stattdessen direkt in das Jahr 1963.

Zwischenzeitlich war Banda innerhalb von nur fünf Jahren zum Präsidenten der *Malawi Congress Party* - der Nachfolgerin der *Nyasaland Congress Party* - und zum Präsidenten des Nyasaland Protektorats aufgestiegen. 1963 nun debattierten die Mitglieder der legislativen Versammlung des Protektorats einen Gesetzentwurf zur Förderung des Sports und der Kultur sowie zur Stärkung der kulturellen Identität der lokalen Bevölkerung Nyasalands. Der Entwurf sah dafür die Gründung einer neuen Organisation in Gestalt der *Malawi Young Pioneers* vor, einer Unterabteilung der kürzlich zuvor gegründeten *Malawi Youth League*. Vor allem unter dem Einfluß des MCP Vorsitzenden der Zentralregion, R.J. Chizanja, verwandelte sich die Debatte rasch in eine Aussprache über die diesbezügliche Bedeutung von *nyau*. Die im Protokoll der Sitzung festgehaltenen Äußerungen Chidzanjas zu diesem Thema, sowie die Erwiderung Bandas darauf sind - nicht zuletzt auch im Hinblick auf die obigen Ausführungen zu Makumbis Verhältnis zu *nyau* - äußerst instruktiv. Im folgenden werde ich daher die entsprechenden Passagen ausführlich zitieren.[2]

---

[1]   Vgl. dazu Rotberg (1966: 188ff), Short (1975) und Llwanda (1993).
[2]   Die nachfolgend zitierten Passagen entstammen dem amtlichen Protokoll der Sitzungen der *Legislative Assembly*.

Chidzanja erinnerte die Mitglieder der Versammlung an die Angriffe, die *nyau* von Seiten der Mission und der kolonialen Verwaltung erfahren hatte. Für diejenigen, die mit *nyau* nicht vertraut waren, erklärte er dabei die wichtigsten Züge des Kultes beginnend mit dessen Gründung und der späteren Begegnung mit Europäern:

"There was a famine in one year and some people in order to find food they thought to perform a dance which would attract people and in order to gain the prize of food they organized themselves, masked themselves and then they brought out a dance so those who went to see had to buy something in food, chimanga (Mais, P.P.), ntedza (Erdnüsse, P.P.), or anything as prizes to the dancers. So *nyau* was founded as a result of that famine (...) When Europeans came here, chiefs wanted to show how they made a drama. At this drama somebody masked himself as Chief Chadzunda, and another as mzungu, Simon. That was to show how to dance together in our way, teach him our own way. A European Simon was dancing Charleston here whereas Chadzunda was dancing "gwetsa" (Tanz der Dorfvorstände, die das Recht auf Besitz von *nyau* haben, P.P.). That is to tell, you, we have this, you, please join me. But the mzungu, (der Weiße, P.P.) said: 'Oh no that is evil. I can't join you'. That is very bad indeed and I feel proud that we are here so that *nyau* will still exist but that is not to discourage people to go to church as I am a believer in Christ myself."
"There have been many societies in Western civilization. For example, masonic societies, or masonic lodge, something like that, that is a secret society. No one who is not a member is allowed to enter a Masonic lodge. I say when we are a secret society we can do these things. Every society must have its own protection and to do that our own way was: if anyone interferes with that society, beat him when he comes into that group; but if he wants to join he is free (sic) ... there was also initiation, it taught our boys and girls our people's customs, discipline and so on, many other things. As a result, the man of *nyau* is a well disciplined man who can keep secrets until death. (Jedoch) There is somebody who is not a member of *nyau* and who was not even initiated but who wrote a book about *nyau*. I have always protested that book that is *chipongwe* (Respektlosigkeit, P.P.) in our custom. Because that man can't write anything about *nyau* when he has never been there. Achewa can be very angry about that book which is supposed to be some secret societies and I should hope that the Minister for Education, Social Welfare and Information, Mr. Chiume would take steps to ban that book. It was written by Archibald Makumbi who has never been initiated and who is also a capricorn."[1]

An dieser Stelle griff Banda in die Debatte ein. Bezüglich Chidzanjas Ausführungen bemerkte er:

---

[1]   Koloniale Metapher für Kollaborateur.

"The Honourable Member of Lilongwe South has told the House who I asked, especially asked for *nyau,* or *zinyau* according to Cikasungu to welcome me when I was released from prison. Many many people in other countries always underestimated the Africans sense of law and order, right and wrong, just and unjust. In other words, we had our own code of morals and code of ethics and these codes had to be taught to our boys and our girls - initially apt pupils, of course, before puberty, but to emphasize what life was, what discipline was in order for a person whether a boy or a girl to become a lawful, law abiding, behaving individual he had to go through initiation.

I forgive the missionaries and the colonial servants who opposed our culture but I do not at all forgive the anthropologists who come here posing to be authorities on African culture, telling writers and telling people lies about our vinyau and our chinamwali (hear, hear). By the same token I strongly condemn this African stooge who wrote the book knowing absolutely nothing about chinamwali (applause). He wrote the book to please the missionaries.

Finally I cannot give consent to my members request at this time ... I agree with him that in Europe and in America there are all kinds of secret societies. The masonic lodge to which he refers, I know that to be one but it is not a secret society in the sense, it is just a closed club. I am a Mason myself. There are bad secret societies. Let me name one. The Mafia in Sicily, Italy, an evil society, the government of Italy is rotten because it dares not to prosecute members of the Mafia ... I happen to know something of the Mafia ... I lived in Chicago where they had Al Capone. Anyone who knows anything about Europe and America will confirm what I am saying, that there are all kinds of secret societies, bad and good, and therefore when the Honourable member speaks of masonic lodge I must say it is not a society that is evil at all, but I will be very glad if he suggests that we turn our vinyau into an Achewa lodge."

In der Einschätzung des Inhalts dieser Kommentare ist es wichtig, sich die Zeit zu vergegenwärtigen, in der die Debatte stattfand: Juli 1963, dies war genau ein Jahr vor der sogenannten Kabinettskrise im Juli 1964, die unmittelbar nach Erlangung der Unabhängigkeit ausbrach.

Einer der wichtigsten Gründe für diese Krise war etwas, was man als Generationenkonflikt bezeichnen könnte. Diejenigen Personen, die die vormals eher zahme und moderate *Nyasaland Congress Party* in eine aggressive politische Gruppierung umgewandelt hatten, waren fast durchweg junge ambitionierte Männer mit einer guten Schulausbildung. In ihrem Kampf gegen die geplante Föderation mit Rhodesien waren sie es gewesen, die sich einst an Banda gewandt hatten mit der Bitte, ihnen mit seiner Erfahrung und seinem Wissen zur Seite zu stehen. Banda wohnte damals in London, wo er als Arzt praktizierte. Entsprechend war sein Einfluß in Malawi selbst auf

Grund seiner langen Abwesendheit nur marginal. Als er schließlich 1958 zurückkehrte, bestand seine Anhängerschaft folglich auch nur aus eben jener jungen, zahlenmäßig aber gleichwohl kleinen politischen Elite, die ihn gerufen hatte.

Nach seiner Ernennung zum Premierminister jedoch änderte Banda seine Personalpolitik. Nach und nach versammelte er eine informell organisierte Gruppe von Leuten um sich, deren gemeinsamer Nenner Alter und Herkunft war. Der Großteil von ihnen waren ältere, weniger gebildete Männer um die fünfzig, vornehmlich, wie etwa der oben zitierte Chidzanja, der auch dazu gehörte, aus der Zentralprovinz Malawis und damit aus Bandas Heimat stammend. Zusammen mit Banda teilten sie dessen offene Wertschätzung für 'traditionelle' Lebensweisen und indigene Institutionen wie *nyau*. Genau dies aber war von den jüngeren Ministern Bandas Kabinetts und den Parteifunktionären bis dato als Hemmnis für den Weg Malawis hin zu Fortschritt und Entwicklung kritisiert und verworfen worden. Was in der Folge geschah, spiegelt nun just jene paternalistische Haltung Bandas gegenüber seinen Untergebenen wider, wie sie sich bereits 1945 in dem oben zitierten Ausschnitt aus der Einleitung Bandas zu *Our African Ways of Life* angekündigt hatte. Ebenso wie er dort den jungen Autor ob seiner inkorrekten Wiedergabe der während der Initiation in *nyau* gegebenen Instruktionen gerügt hatte, ebenso kritisierte Banda nun seine jüngeren Kabinettsmitglieder, daß sie seinen Anweisungen nicht Folge leisten würden. Widerstand begegnete er dabei mit rigider Härte, entweder in Form von Entlassung oder in Gestalt des Hinausdrängens Oppositioneller ins Exil. Im Januar 1965 schließlich war die Mehrheit des Kabinetts und praktisch die gesamte Leitung der *Malawi Congress Party* ausgetauscht. Unterstützung für diese Umwandlung erfuhr Banda von eben jenen älteren Männern wie Chidzanja, kurz vor der Krise zum *Regional Minister* und danach zum *Minister of Trade and Commerce* ernannt (Short 1975: 215), die Banda zuvor um sich geschart hatte, und die nun eine wichtige organisatorische Rolle bei der Reinigung der Partei auf Dorfebene spielten. Ross' Bericht über das, was zu jener Zeit in Ntcheu geschah, ist in diesem Zusammenhang illustrativ und aufschlußreich, dokumentiert er doch zumindest für diese Region die Rolle, die *nyau* bei dieser Reinigung spielte.

„In my district of Ntcheu the paramount of the Ngoni people, Nkhosi Gomani II, had in the 1930's destroyed the power of the Nyau. As a literate christian and an Ngoni he had seen it as an institution barring the way to the kind of development he wished to take place. From December 1964 Nyau groups with their Zirombo were brought in from the Central Province area a few miles to the north, in order to terrorise and cow villages which had been reported as supporters of the 'rebel' young ministers. From this time onwards these same ministers were several times referred to as witches whose powers Dr. Banda had been able to overcome, and were always referred to as 'fisi', that is hyena. To Europeans this was interpreted simply an insult but to anyone who knew Malawi culture, the witchcraft significance of this name left Dr. Banda's meaning in no doubt. The young men were evil doers from whose influence the country had to be cleansed" (Ross 1969: 63).

Die darauffolgenden Jahre waren im wesentlich eine Zeit der Konsolidierung der Machtbasis Bandas mittels der oben angedeuteten Fusionierung von nationaler und lokaler Politik. Die Unterstützung für das Regime Bandas, wie repressiv es auch immer war, basierte dabei nicht zuletzt auf dem Umstand, daß das Regime den Dorfgemeinschaften Autonomie zugestand, was auch und vor allem hieß, das Akzeptieren der Autorität von *nyau*. Solange die Regierung diese Autorität nicht in Frage stellte, konnte erstere auf die Unterstützung von seiten letzterer rechnen. Selbst als zu Beginn der 90er Jahre die öffentliche Wertschätzung für Banda deutlich zurückging, konnte die Regierung immer noch auf die Unterstützung durch die örtliche Bevölkerung bauen. Am Ende freilich mußte Banda gehen. Im März 1992 hatten die katholischen Bischöfe einen öffentlichen Hirtenbrief verfaßt, in dem sie ihre Sorge ob der zahlreichen Ungerechtigkeiten und der Verletzung der Menschenrechte in Malawi Ausdruck gaben. Der Brief wirkte gleichsam als Katalysator für die nachfolgenden Ausbrüche politischer Unruhe im Land und stellt rückblickend den Auftakt dar für den bislang erfolgreichen Übergangsprozeß Malawis zur Demokratie (vgl. Newell 1995).

VII

Betrachtet man die drei hier vorgestellten Vertreter indigener malawischer Ethnographie im Vergleich, so lassen sich im Rückblick drei unterschiedliche imaginative 'Projekte' erkennen, die die jeweiligen textuellen Repräsentationen von Heimat und damit auch die Bedeutung des Maskenbundes *nyau*, die alle drei Autoren gleichermaßen beschäftigte, leiteten. Makumbis *Maliro ndi Miyambo ya Achewa* war dergestalt ein vornehmlich globales Projekt, in dem Sinne, daß er seine Darstellung von Heimat an der weltumfassenden Idee des Christentums ausrichtete, mit der er seinen Gegenstand so hochgradig fusionierte, bis dieser sich letztlich darin auflöste. Im Vergleich dazu erscheint Ntaras *Mbiri ya Achewa* als ein eher lokales Projekt, was heißt, daß er Heimat auf eine Art darstellte, die den

Intentionen der lokalen Bevölkerung zu entsprechen suchte. Bandas *Our African Way of Life* schließlich läßt sich als ein nationales Projekt verstehen, insofern er versuchte, die den Chewa eigenen Merkmale von Heimat und Lokalität auf einer nationalen Ebene zu etablieren und zu generalisieren.[1]

Über dieses Ergebnis hinaus zeigt sich jedoch noch ein anderer Befund. Es betrifft dies jenes oben in der Einleitung vermerkte Verhältnis zwischen Repräsentation und Herrschaft, wie es Lévi-Strauss einst mit Blick auf das Medium Schrift als politisches Herrschaftsinstrument identifizierte und wie es später von Derrida (1979) in seiner berühmten Formel von der „Gewalt des Buchstabens" philosophisch auf den Begriff gebracht wurde. Wie, so ist angesichts der bis heute ungebrochenen Lebendigkeit des Maskenbundes *nyau*, zu fragen, läßt sich die offensichtliche Resistenz von *nyau* gegenüber den drei hier vorgestellten Projekten indigener Ethnographie von Makumbi, Ntara und Banda erklären? Anders formuliert: Wie ist die offensichtliche Immunität von *nyau* gegenüber den hegemonialen Bestrebungen dieser Projekte, *nyau* gleichsam der „Gewalt des Buchstabens" einzuverleiben, zu begreifen? Die Antwort darauf scheint in der spezifischen Kraft von performativen Institutionen wie *nyau* zu liegen, den textuellen, schriftlichen Formen der Repräsentation eine andere, performative Art der Repräsentation, mithin auch eine andere Form indigener Ethnographie gegenüberstellen zu können, die ersteren in gewisser Hinsicht überlegen ist. So wie sich schließlich die Texte Makumbis, Ntaras und Bandas als narrative Repräsentationen von Heimat verstehen lassen, so lassen sich auch die rituellen Performances von *nyau* als solche begreifen. Während allerdings die schriftliche Repräsentation in sich abgeschlossen und die zeitliche Lebensspanne ihres Autors begrenzt ist, erweist sich die performative Darstellung von *nyau* in ihrem Inhalt als prinzipiell offen und in den Elementen ihrer Erzählung als beständig erweiterbar wie die zahlreichen Innovationen innerhalb des *nyau* Maskenensembles zeigen.[2] Die Bedeutung der durch sie dargestellten 'Erzählungen' wird dabei nicht, wie in schriftlich fixierten Narrativen, semantisch und referentiell erschlossen, als vielmehr direkt körperlich, sinnlich erfahren. In dieser Weise schöpft die indigene Ethnographie der *nyau* Performances auch nicht von der Imagination eines individuellen

---

[1] Für eine ähnliche Position vgl. auch Vail & White (1989).

[2] In ihrer palimpsestartigen Form ähneln die Performances von *nyau* damit jenen von Vail und White (1991) aufgenommenen Liedern der Plantagenarbeiter in Mozambique, die ihre Lieder selbst als „Landkarten der Erfahrungen" bezeichnen, das heißt, als historisch akkumulierte Erfahrung der Arbeit innerhalb der kolonialen Ökonomie, die ausdrücklich zur Tradierung dieser Erfahrung gesungen werden (vgl. dazu auch Luig 1996).

Autors. Ebenso wie Form und Inhalt bilden in den Performances von *nyau* auch Autor und Leser eine kollektive Einheit, ist es doch die Gesamtheit der Erfahrung aller, die in den Performances vergegenwärtigt werden und die in dieser Weise über den Erfolg der Performance im Sinne ihrer Akzeptanz als gesellschaftlich-kulturell getragene Institution entscheidet. So erklärt sich denn auch die oben erwähnte Popularität des Bundes und seiner Masken trotz der längst erfolgten Enthüllung ihrer Geheimnisse durch die schriftlich fixierten und damit objektivierten Repräsentationen von *nyau*. Denn während letztere allein das Vorgestellte abbilden, agiert in ersteren das Vorgestellte selbst.

Literatur

African International Institute (1932): A Five Year Plan of Research. In: *Africa* 1: 1-13.

Appadurai, A. (1988): Putting Hierarchy in its Place. In: *Cultural Anthropology* 3: 36-49.

Bakthin, M. (1995): *Rabelais und seine Welt*, Frankfurt.

Cullen Young, T. & Banda, K. (Hrsg.) (1946): *Our African Way of Life,* London.

Derrida, J. (1979): *Grammatologie*, Frankfurt.

Gadamer, H.G. (1986): *Wahrheit und Methode*, Tübingen.

Hannertz, U. (1992): *Cultural Complexity*, New York.

Hastrup, K. (1993): The Native Voice and the Anthropological Vision. In: *Social Anthropology* 1-2: 173-186.

Langworthy, H. (1975): Chewa or Malawi Political Organization in the Pre-colonial Era. In: B. Patchai (Hrsg.) *The Early History of Malawi*, London, S. 104-122.

Lévi-Strauss, C. (1970): *Traurige Tropen*, Frankfurt.

Linden, I. (1974): *Catholics, Peasants and Chewa Reistance in Nyasaland 1889-1939*, Berkeley.

Llwanda, J. (1993): *Kamuzu Banda of Malawi. A Study in Promise, Paralysis and Power*, Manchester.

Luig, U. (1996): Wanderarbeiter als Helden. In: *Historische Anthropologie* 4/3: 357-382.

Makumbi, A. (1955): *Maliro ndi Miyambo ya* Achewa, Blantyre.

Marcus, G. & J. Clifford (Hrsg.) (1986): *Writing Culture*, Berkeley.

Narrayan, K. (1993): How Native is a „Native Anthropologist"? In: *American Anthropologist* 95: 671-686.

Newell, J. (1995): A Moment of Truth? The Church and Political Change in Malawi. In: *Journal of Modern African Studies* 33, No. 2: 243-262.

Niederveen-Peterse, J. (1995): Globalization as Hybridization. In: M. Featherstone et. al. (Hrsg.), *Global Modernities*, London.

Ntara, S. (1933): *Nthondo*, Nkhoma.

Ntara, S. (1934): *Man in Africa*, London.

Ntara, S. (1945): *Mbiri ya Achewa*, Nkhoma.

Ntara, S. (1973): *History of the Chewa*, Wiesbaden.

Nyasaland Protectorate 76th Session (1963): Proceedings of the 8th meeting of the 76th session of Legislative Assembly at July 15th 1963.

Patchai, B. (1968): Samuel Josiah Ntara. Writer and Historian. In: *Society of Malawi Journal* 21: 60-66.

Phiri, K. (1975): *Chewa History in Central Malawi and the Use of Oral Tradition 1600-1920.* Unpublished Ph.D. Dissertation, University of Wisconsin.

Pretorius, J.L. The Story of the Durch Reformed Mission Church in Nyasaland. In: *Society of Malawi Journal* 10: 11-22.

Rangeley, (1952): Makewana, Mother of all people. In: *Nyasaland Journal* 6,1: 31-50.

Richards, A. (1944): Practical Anthropology in the Lifetime of the International African Institute. In: *Africa* 14: 289-301.

Rotberg, R. (1966): *The Rise of Nationalism in Central Africa*, Cambridge, Mass.

Ross, A.C. (1969): The Political Role of the Witchfinder in Southern Malawi during the Crisis of October 1964 to May 1965. In: R. Willis (Hrsg.), *Witchcraft and Healing*, Edinburgh.

Schoffeleers, M. (1971): The Religious Significance of Bush Fires in Malawi. In: *Cahiers des Religions Africaines* 10: 254-278.

Schoffeleers, M. (1973): Towards the Identification of a Proto-Chewa Culture: A Preliminary Contribution. In: *Malawi Journal of Social Sciences* 2,2: 47-60.

Schoffeleers, M. (1976): The Nyau Societies: Our Present Understanding. In: *The Society of Malawi Journal* 29,1: 59-68.

Schoffeleers, M. (1979): The Chisumphi and Mbona Cults in Malawi. A Comparative History. In: M. Schoffeleers (Hrsg.) *Guardians of the Land*, Gwelo.

Schoffeleers, M. (1992): *River of Blood. The Genesis of a Martyr Cult in Southern Malawi, c.a.d. 1600*, Madison.

Schoffeleers, L. & Linden, I. (1972): The Resistance of the Nyau Cult to the Catholic Missions in Malawi. In. T. Ranger & Kimambo (Hrsg.), *The Historical Study of African Religion*, London, S. 252-273

Schoffeleers, M. & Roscoe, A. A. (1985): *Land of Fire. Oral Literature from Malawi*, Limbe.

Short, P. (1974): *Banda*, London.

Vail, L. & White, L. (1989): Tribalism in the Political History of Malawi. In: L. Vail (Hrsg.) *The Creation of Tribalism in Southern Africa*, London, S. 151-192.

Vail, L. & White, L. (1991): *Power and the Praise Poem. Southern African Voices in History*, London.

Yoshida, K. (1993): Masks and Secrecy among the Chewa. In: *African Arts* 17: 34-45.

Lokalhistoriographien in Südnigeria und die Schriften Jacob Egharevbas über die Geschichte des Reiches Benin (Nigeria)

Stefan Eisenhofer

Einleitung

Über die Situation im Benin City des späten 17. Jahrhunderts lesen wir im Werk des einheimischen Lokalhistorikers Jacob Egharevba, der sich auf mündliche Traditionen seiner Heimat beruft:

> "...The ruin of the town and the surrounding land was occasioned by the King Ewuare causing two kings of the street (Rio de Aro) to be killed,...After this barbarity, the King found also a third man that stood in his way, who being universally beloved, was timely warned of that prince's intention, and accordingly took to flight, accompanied by three-fourths of the inhabitants of the town...." (Egharevba 1946: 112).

Über dieselben Ereignisse steht in der englischen Übersetzung eines holländischen Reiseberichts aus dem frühen 18. Jahrhundert geschrieben:

> "...The ruin of this town and the surrounding land, was occasioned by the King causing two kings of the street (?Rios de Aros) to be killed,...After this barbarity, the King found also a third man that stood in his way, who being universally beloved, was timely warned of that prince's intention, and accordingly took to flight, accompanied by three-fourths of the inhabitants of of the town ..." (Roth 1903: 14)[1].

Spätestens durch diese Passage dürften sich beim Leser Zweifel einschleichen, ob es sich bei den Informationen Egharevbas tatsächlich durchgehend um „uralte" mündliche Überlieferungen seiner Heimat handelt. Zu offensichtlich hat der afrikanische Autor für seine historischen Ausführungen den Text des Holländers David van Nyendael[2] wörtlich in der Übersetzung von Roth (1903) übernommen und lediglich den Namen des Königs (= Oba) Ewuare eingefügt. In der Tat wirft diese Textstelle Egharevbas, der in den Jahren zwischen 1930 und 1970 zahlreiche Bücher über die Geschichte und Kultur seiner Heimat Benin veröffentlicht hat und als Rückgrat für die

---

[1] Der Überlegung von Darling (1984: 35f) folgend, wird hier die englische Übersetzung von Roth, die Egharevba verwendet haben dürfte angeführt.
[2] Vgl. Bosman (1705, 1737, 1967).

Historiographie Benins gilt, ein bezeichnendes Licht auf die Methodik dieses wichtigen einheimischen Autors.

Denn Egharevbas Schriften sind nicht, wie oft angenommen, mehr oder weniger wortgetreue Übersetzungen und Niederschriften irgendwelcher von ihm gesammelter mündlicher Überlieferungen, sondern eine Kompilation aus verschiedenen oralen Traditionen, aus europäischen Reiseberichten, wissenschaftlichen Werken und eigener Weltanschauung.[1] Zwar schlüsselte Egharevba niemals auf, woher er welche Information bezog und nach welchen Kriterien er gesammeltes Wissen verwertete, aber seine Ausführungen in den Vorworten zu seinen Schriften und zahlreiche Passagen im Text zeigen, daß seine Veröffentlichungen über die Geschichte Benins aus unterschiedlichsten europäischen und einheimischen Quellen zu einem homogenen Gebilde zusammengebaut wurden.[2]

Dazu kommt, daß viele von Egharevbas Schriften in verschiedenen Auflagen erschienen sind und sich in zahlreichen Passagen erheblich voneinander unterscheiden. Es ist deshalb für viele Fragen in hohem Maße irreführend, seine Werke nur in einer einzigen jeweils zufällig greifbaren Ausgabe zu verwenden und unterschiedliche Auflagen als unveränderte Nachdrucke zu betrachten. Dabei werden die vielen Ergänzungen, Änderungen, Aktualisierungen und Schwerpunktverlagerungen in den verschiedenen Auflagen übersehen.

Tatsächlich wurden die Publikationen Egharevbas von einem Großteil der Forschung wie ein seit Jahrhunderten unverändert weitergegebenes historisches Archiv „mündlicher Dokumente" verwendet.[3]

Allzu stark lehnten sich viele Autoren an den berühmten Benin-Forscher Bradbury an, der über Egharevba schrieb:

---

[1] Egharevba hat viele der bis zu seiner Arbeit veröffentlichten europäischen Werke über Benin gelesen und in seinen Schriften verarbeitet. Vgl. dazu Ryder: "It is not...based solely on oral tradition, for the author has carefully incorporated information from printed sources, which have clearly exercised considerable influence on his use of the oral material" (1961: 286). Nicht umsonst dankt Egharevba seinen "European friends and visitors for their help, and notes from which I have been able to gather quotations and precise dates". (Egharevba 1936: ii). Als Orientierungspunkt und Leitlinie dienten Egharevba offenbar vor allem die Werke von Talbot (1926: I, 153ff.) und Roth (1903). Vgl. dazu Egharevba (1952: 14 f., ders. 1966: 9, ders. 1968: 51).

[2] Vgl. über ähnliche Probleme bei anderen afrikanischen Lokalhistorien: Biobaku (1973: 5). Akinola (1976: 22) und vor allem Jones (1990: 28ff.). Vgl. auch Law (1973a: 28f.) über Johnson's "History of the Yorubas", wofür ebenfalls verschiedene nicht spezifizierte Quellen verwendet wurden.

[3] Siehe v.a. die Publikationen von Duchateau, Roese und Kaplan. Vgl. aber auch Blackmun (1988: 138), dies. (1991: 91).

"Chief Egharevba had one advantage over those of us who are tackling similar problems at the present day. He collected his material thirty years or more ago from well-selected informants who had grown to maturity before 1897. The memories which they retained of past traditions had not much time to be overlaid and distorted by the pressing interests and the new problems of the modern world" (Bradbury in Egharevba 1968: Preface).

Zwar ist Bradbury zuzustimmen, daß Egharevba Zugang zu Informanten hatte, die der Forschung für immer verloren sind. Es ist aber eine unbegründete Annahme, daß ausgerechnet eine Periode so dramatischer politischer, ökonomischer, ideologischer und bildungspolitischer Umwälzungen wie die Kolonialzeit auf Egharevba und seine Informanten keinen Einfluß gehabt hätte und daß seine Werke unter völliger Ausblendung der Zeitumstände ihrer Entstehung und ohne Betrachtung ihrer Funktion oder Absicht gesehen werden könnten. Sie müssen wie jede Quelle vor ihrem sozialen und historischen Hintergrund betrachtet werden.[1]

Eine intensivere Auseinandersetzung ist auch deshalb dringend geboten, weil die oft behauptete Vielfalt oraler Traditionen[2], aus Benin, das als eines der wichtigsten Modelle für königsorientierte Staatenbildung im subsaharischen Afrika gilt, mit einem Fragezeichen zu versehen ist. Denn fast alle der bis in die dreißiger Jahre hinein publizierten Traditionen sind von Egharevba für seine Schriften berücksichtigt worden. Und die Mehrzahl der seit dieser Zeit aufgezeichneten Versionen ist mehr oder weniger stark von ihm beeinflußt.[3] Die Ursachen für die kanonisierende Wirkung seiner Publikationen liegen wohl vor allem in seiner Autorität als berühmter Geschichtsschreiber, an den sich sogar die damaligen Hofhistoriker Benins zur Beratung wandten.[4] Infolge weiter Verbreitung[5] und der Verwendung von einigen seiner Schriften als Schulbücher bereits seit

---

[1] Siehe dazu v.a. auch Jones (1990: 17). Vgl. dazu Biobaku über Aspekte von Lokalpatriotismus, Propaganda etc. (1973: 4f.) in oralen Traditionen. Vgl. v.a. auch Vansina (1985). Lloyd (1955: 20ff.). Beier (1955: 17ff.).

[2] Beispielsweise spricht Connah (1972: 25) von einer "extensive and rich oral tradition".

[3] Vgl. Ryder (1961: 286): "the book now dominates tradition." Siehe auch Biobaku über publizierte Lokalgeschichten als "sources for 'oral tradition', so that work in the field may serve only to 'confirm' the already published account." (1973: 5).

[4] Siehe bei Akinola (1976: 29), wonach der Hofhistoriker "often came to him [Egharevba] for informations on Benin's past." Akinola bezieht sich hier auf ein Interview mit Egharevba vom 5.4.1973.

[5] Laut Jungwirth (1968: 81) gibt es in Benin kaum einen Haushalt, in dem man nicht auf die "Short History" stößt.

1945[1], beeinflußten seine Angaben aber auch Informanten, die von höfischen Kreisen weitgehend unberührt waren.[2] Zwar ist für Benin das Wechselspiel zwischen mündlichen Traditionen und schriftlicher Überlieferung erst ansatzweise geklärt, aber wahrscheinliche Rückkoppelungseffekte mit den Schriften Egharevbas sind für neuere Angaben aus und für Benin stets zu berücksichtigen.[3]

Im folgenden soll nun gezeigt werden, vor welchem historischen Hintergrund die Schriften Egharevbas entstanden sind und wie sich dies auf seine Angaben ausgewirkt hat. Beispielhaft soll das an den Informationen über die Einführung des Königtums in Benin gezeigt werden.

Egharevbas Schriften als südnigerianische Lokalhistorien

Die Werke Egharevbas gehören zu einer Kategorie von Schriften, die speziell in Südnigeria seit dem Ende des 19. Jahrhunderts entstanden sind. Initiiert von europäisch erzogenen Afrikanern waren hier vornehmlich unter den unmittelbaren Nachbarn der Bini, und Yoruba, zahlreiche Lokalhistorien erschienen, die das hohe Alter und die glorreiche Vergangenheit der jeweiligen Heimatstadt der verschiedenen Autoren bezeugen sollten.[4] Diese in Englisch oder in Yoruba geschriebenen Schriften waren Ausdruck eines "kulturellen Nationalismus", der sich unter den gebildeten Yoruba in diesen Jahrzehnten herauszubilden begann. Dabei begaben sich viele afrikanische Intellektuelle auf die Suche nach den "ureigenen" Wurzeln und nach einer eigenen "nationalen" Identität.[5] Man wollte nicht mehr länger ein "schwarzer Europäer" werden, sondern man versuchte, die eigene afrikanische Vergangenheit wiederzuentdecken.

Der früheste Versuch einer solchen Geschichtsdarstellung stammt bereits aus dem Jahr 1843 von Samuel Crowther über seine Heimatstadt Oyo.[6] In den folgenden Jahrzehnten entstanden dann die als Quellenwerke mittlerweile so bekannt gewordenen Schriften

---

[1] Egharevbas "Short History of Benin" wird in einigen Schulen bereits seit 1945 als Schulbuch verwendet (vgl. Jungwirth 1968: 81). Auch später arbeitete Egharevba noch im Auftrag des "Education Committee Benin City" (vgl. Egharevba 1964: Preface).

[2] Wie z.B. Izevbigie (1978: 38).

[3] Zur "Feedback-Problematik" vgl. Darling (1984: 36), Vansina (1985: 156ff.).

[4] Zu diesen Lokalhistorien siehe Jones (1990: 28ff.), Law (1976: 70ff.).

[5] Vgl. dazu v.a. Law (1976: 76f.), Lloyd (1970: 12).

[6] Crowther ließ diese historische Abhandlung seiner Studie über die Yoruba-Sprache folgen (vgl. "The Kings of Yoruba" in: Crowther 1843).

wie Reverend Gollmer's "List of Kings of Lagos and Chronological Events of the last 50 Years" (1853), Reverend James Buckley Wood's "Historical Notices of Lagos" (1878), John Augustus Otonba Payne's "Table of Principal Events in Yoruba History" (ca. 1893) und John Olawunmi George's "Historical Notes on the Yoruba Country and its Tribes" (ca. 1895). Und obwohl auch für andere Gebiete der Guineaküste wie für das heutige Ghana[1] und die Sierra Leone[2] solche Lokalhistorien ebenfalls bereits im 19. Jahrhundert erschienen waren, scheint:

> "neither of these areas...subsequently to have produced historical literature on the same scale as Yorubaland" (Law 1976: 75).[3]

Ihren Höhepunkt erlebte die Publikation solcher Werke in den ersten drei Jahrzehnten des 20. Jahrhunderts und es kam zu einer richtiggehenden "Lokalhistorien-Produktion". In diesem Zeitraum erschienen so einflußreiche Werke wie Losi's "History of Lagos" (1914), Emmanuel Olympus Moore's "History of Abeokuta" (1916) und Reverend Samuel Johnson's Oyo-zentrierte "History of the Yorubas" (1921).

Durch diese Flut an Veröffentlichungen verfügten um das Jahr 1930 bereits viele der ehemaligen Yoruba-Reiche über eine publizierte Lokalhistorie. Jene Gebiete jedoch, die noch keine "eigene" Darstellung besaßen, befürchteten dadurch Legitimationsdefizite bei der Wahrung ihrer Interessen innerhalb der britischen Kolonie. In den dreißiger Jahren war deshalb für das Verfassen von Lokalhistorien ein gängiges Motiv, daß man der vergangenen Größe der eigenen Heimat eine adäquate Darstellung verschaffen wollte, um nicht gegenüber anderen Gebieten ins Hintertreffen zu geraten. Entsprechend führte beispielsweise Abiola aus der Yoruba-Stadt Ijesa als Intention für das Schreiben seiner Heimatgeschichte an, daß schon viele Städte über eine publizierte Geschichte verfügen würden, die "not even as old as the Ijesa kingdom" (Abiola 1932: Preface)[4] wären.

Viele dieser Lokalhistorien waren deshalb geprägt von polemischen Stellungnahmen der verschiedenen Orte gegeneinander, von der Anmeldung von Ansprüchen und von der Untermauerung von Besitzverhältnissen.[5] Die Wurzeln der eigenen Heimat wurden dazu

---

[1] V.a. Reindorf's "History of the Gold Coast and Asante" (1895).
[2] V.a. Sibthorpe's "History of Sierra Leone" (1868).
[3] Siehe dazu auch Lloyd (1970: 10).
[4] Zitiert nach und übersetzt von Law (1976: 77) (aus: Abiola, J.D.E. / Babafemi, J.A. / Ataiyero, S.O.S.: Iwe Itan Ijesa-Obokun, Ilesa 1932)
[5] Law (1976: 76f).

meist in eine weit entfernt liegende Vergangenheit verwiesen, während den benachbarten Gruppen und Orten im Gegenzug ein solch hohes Alter abgesprochen wurde.

Dieses historische Umfeld ist für eine angemessene Einschätzung der Schriften Egharevbas unbedingt zu berücksichtigen. Dies gilt in besonderem Maße für sein berühmtestes und einflußreichstes Werk, die "Short History of Benin". Denn die 1. Auflage dieser Publikation war zunächst eine Reaktion auf die immer zahlreicher werdenden Lokalhistorien der mächtigen und zahlenmäßig weit überlegenen Yoruba-Nachbarn, denen nun endlich eine adäquate Geschichte Benins gegenübergestellt werden sollte.[1] Entsprechend nennt Egharevba im Vorwort dieser Publikation als Motiv für seine historischen Bemühungen:

> "The necessity for the production of this little work may be seen from the fact that though every country has its own history, yet of that of our own native land, Benin, we know but little. In antiquity it was renowned for its greatness and civilization on the banks of the Niger and was once the most powerful race in West Africa, but her power gradually dwindled till her fall in the punitive expedition of 1897, when she lost her importance and nothing but a fragment remains as a witness of her former greatness and splendour" (Egharevba 1936: i).

Die südnigerianischen Lokalhistorien hatten jedoch nicht nur eine innerafrikanische Zielrichtung, sondern sie wandten sich auch gegen europäische Vorstellungen, die die Afrikaner als "geschichtslos" und als "Völker des ewigen Stillstandes" betrachteten und die letztlich nur das Mittelmeer als "Keimzelle aktiver Geschichte" (Burckhardt 1988: 6) verstanden.[2] Denn viele Afrikaner waren sich bewußt geworden, daß die ihnen in den Schulen vermittelte "Geschichte" die von Großbritannien und Europa war und forderten deshalb ein "Recht auf eigene Geschichte" (Cabral 1974: 292).[3] Die Lokalhistorien waren

---

[1] Die beiden ersten Ausgaben der "Short History" erschienen in den Jahren 1934 und 1936. Die Ausgabe von 1934 erschien in Edo, zwei Jahre später (1936) folgte bereits die erste englische Ausgabe. Vgl. dazu Wolf (1969: 171), FN 58. Akinola (1976: 22). Etwa zeitgleich mit Egharevba veröffentlichte Moore seine "History of Itsekiri" (1936).

[2] Zur Sicht afrikanischer Geschichte in der europäischen Geschichtsschreibung in der Tradition von Schiller, Hume, Voltaire, Hegel, wonach Afrika kein geschichtlicher Weltteil sei, weil er keine Bewegung und Entwicklung aufzuweisen habe. Vgl. v.a. bei Jones (1990: 19f.), Schwarz (1965: 19), Thiong'o (1972: 260ff.). Noch 1965 vertrat der Historiker Trevor-Roper die Ansicht, in Afrika könne der Historiker nur "die sinnlosen Drehungen und Windungen barbarischer Stämme in malerischen aber unbedeutenden Ecken des Globus" (bei Jones 1990: 19f.) beobachten.

[3] S.a. Ostheimer (1973: 88).

daher auch als "Gegen-Historien" zur vorherrschenden Auffassung der europäischen Kolonialherren konzipiert. So schrieb Johnson in seiner "History of Yorubas":

"Educated natives of Yoruba are well acquainted with the history of England and with that of Rome and Greece, but of the history of their own country they know nothing whatever! This reproach it is one of the author's objects to remove" (Johnson 1921: Vii).

Vor diesem Hintergrund sind auch die historischen Aktivitäten von Jacob Egharevba aus Benin zu sehen. Denn er wollte zeigen, daß seine Heimat in voreuropäischer Zeit keineswegs geschichtslos, statisch und unterentwickelt gewesen ist, sondern daß:

"although not as far advanced as the Europeans yet our social life before their advent was not a chaos" (Egharevba 1949: 113).

Egharevba betonte deshalb den "Wert einheimischer Traditionen"[1] und konstruierte als Gegengewicht zur eurozentrischen Geschichte, die damals in den Schulen gelehrt wurde, eine Historie Benins, die er durch einen Brückenschlag zu europäischer und britischer Geschichte aufzuwerten versuchte, indem er Benin an die Seite der großen nichtafrikanischen Weltreiche setzte.

So versieht er den berühmten König Oba Ewuare mit dem Beinamen "Ogidigan" (= "der Große")[2], womit er ihn in eine Reihe mit den großen europäischen Reichsgründern Alexander und Karl stellt. Oba Ozolua belegt er mit dem Beinamen "The Conqueror" (Egharevba 1968: 23) und macht ihn damit zum afrikanischen Pendant von "Wilhelm dem Eroberer" ("William the Conqueror"), der mit seinem Normannenheer das Angelsachsenreich eroberte und in England ein starkes Königtum begründete. Den Idah-Krieg vergleicht er mit der Schlacht von Stalingrad[3] und den einheimischen Gott Ogun bezeichnet er als "god of war or Mars" (Egharevba 1949: 88).

Zudem ließ Egharevba Ewuare, der nach den Angaben Talbots der letzte König vor dem Eintreffen der Europäer gewesen sein soll, besondere Bedeutung zukommen. Um die voreuropäische Größe der Kultur Benins herauszustreichen, wurde dieser Herrscher zu einem archetypischen Kulturheroen[4] aufgebaut, um den fast alle wichtigen

---

[1] Vgl. dazu Egharevba 1956: Foreword ("value of African tradition").
[2] Egharevba (1936: 22).
[3] Egharevba (1959: 33).
[4] Moraes Farias spricht in einem ähnlichen Fall von einer "Icon" (1992: 289), Darling von einer "type-cast figure" (Darling 1984: 37, 51).

militärischen, spirituellen, politischen und künstlerischen Errungenschaften aus verschiedenen Epochen des Reiches gruppiert wurden.[1] Wie sehr Egharevba daran gelegen war, die Leistungen des voreuropäischen Benin und die Rolle Ewuares zu betonen, zeigt auch, daß er das Reich unmittelbar vor dem Eintreffen der Portugiesen als am größten und bedeutendsten schildert und einen "gradually decay about 1460 A.D. for the reign of Oba Ewuare down to the punitive expedition" (Egharevba 1952: 9)[2] beklagt. Diese Auffassung steht aber im Widerspruch zu den europäischen Schriftquellen und zur Archäologie, die Benin in der Zeit nach 1500 noch in der Expansion und im Aufbau sehen.[3]

Egharevba hat Ewuare zwar offenbar nicht aus dem Nichts heraus diese herausragende Position zugeschrieben. Er hat aber jenen Traditionen, die diesen Herrscher ins Zentrum stellen, bevorzugte Aufmerksamkeit geschenkt und die schon bei Talbot angelegte Tendenz von Ewuare als "großer"[4] König übernommen und ihn zum maßgeblichen Herrscher Benins gemacht, der bereits vor den Europäern alle wesentlichen kulturellen Errungenschaften des Reiches bewerkstelligt hatte. Dafür eliminierte Egharevba jene Traditionen, die Ewuare in einem ungünstigen Licht zeigen[5], während er jene Überlieferungen, die ihn als Kulturheros und großen Krieger zeigen, ausschmückte und in seine Publikationen aufnahm. Entsprechend werden Ewuare in dieser Rolle als starker König und voreuropäischer Innovator nahezu alle mit dem Königtum verknüpften Phänomene zugeschrieben, beispielsweise die Einführung der Elfenbeinschnitzerei. Die Angaben über Ewuare und seine innovatorischen Leistungen hatten jedoch nicht nur eine außenpolitische Zielrichtung, sondern auch eine innenpolitische.

Denn nach der Eroberung von Benin City durch die Briten am 17. Februar 1897 waren die vorkolonialen Strukturen und Hierarchien des Reiches zerstört: Der regierende Oba Ovoramwen war nach Calabar in die Verbannung geschickt worden, viele Amtsträger waren nicht mehr am Leben, der Palast war nur noch eine Ruine und die

---

[1] Vgl. dazu Darling (1984: 142, 300f.), Jones (1990: 136).
[2] Siehe auch Egharevba (1951: 32).
[3] Vgl. Eisenhofer (1993: 4ff.).
[4] Bei Talbot wird Ewuare erstmalig als "great" bezeichnet:
     "The senior [palace-society] is the Iwebo, said to have been founded by the great Obba Ewuare, who lived about 1450. The lame men, who up to that time guarded the treasury of bads and cloths, allowed many of these to be burnt and were handed over to the Oshodi. Ewuare replaced them by a body formed of sons of the Eghaivbo nobles, and thus started the Iwebo" (Talbot 1926: III, 545).
[5] Die z.B. auch bei Talbot (1926: III, 435 f.) noch vorhanden sind.

verschiedenen Gilden und Palastgesellschaften waren aufgelöst. Und die Zusammensetzung des von den Briten eingerichteten "Native Council of Chiefs" hatte mit den Machtverhältnissen in Benin vor der Eroberung nur wenig gemeinsam.[1] Das führte in den Jahren nach der Jahrhundertwende zu andauernden Auseinandersetzungen zwischen den Würdenträgern, die die Gunst der Briten erlangen konnten und jenen, die ihre angestammten Privilegien durch die Kolonialherren beschnitten sahen.[2]

Mitten in dieses Machtgerangel fiel im Jahr 1914 der Tod des verbannten Oba Ovonramwen. Und weil Benin in diesem Jahr in das riesige britische Kolonialverwaltungsgebilde namens "Colony and Protectorate of Nigeria" eingegliedert wurde, versuchten die Briten das Modell der Nordprovinz, wo sie über starke Emire eine erfolgreiche indirekte Herrschaft ausübten, auf Benin zu übertragen, indem sie den Sohn Ovonramwens, Aiguobasimwin, als Eweka II. zum Oba krönen ließen.[3] Der Oba befand sich jedoch gegenüber den Würdenträgern, die in den Jahren zuvor Reichtum und Einfluß anhäufen konnten, in einer ziemlich machtlosen Position[4]. Der Zeitraum von 1914 bis 1929 war deshalb von dauernden Auseinandersetzungen und Kompetenzstreitigkeiten zwischen dem Oba und den verschiedenen Interessensgruppen in Benin um Loyalitäten und Einfluß geprägt. Der Oba, der von allen Seiten nur als Marionette der Briten betrachtet wurde, geriet dabei in eine immer isoliertere Position.[5] Zwar gelang es ihm zu Beginn der zwanziger Jahre, mit Hilfe der anderen mächtigen Amtsträger die Privilegien seines mächtigsten Rivalen Obaseki drastisch zu beschneiden. Seine Situation war jedoch schwieriger denn je:

"Whereas, in the nineteenth century, there had been a single organizational model and a common normative framework, in terms of which individuals and groups could formulate their interests, alternative and contradictory models were now available. To the "traditional" model there had been added the "interregnal" and the "Northern" models, and these were differentially valued by various interest groups. Each group, while selecting favourable elements from all three models, tended to

---

[1]   Vgl. Ben-Amos (1971: 18f.), Bradbury (1973: 86f., 95, 103.), Igbafe (1967: 701ff. 708 f., ders. 1979: 86ff., 91ff., 121ff., 290.), Anene (1966: 255ff.).

[2]   Vgl. Igbafe (1967: 704, 708 ff., ders. 1979: 123ff.), Bradbury (1973: 87f., 96).

[3]   Vgl. Ben-Amos (1971: 20f.), Igbafe (1967: 710, 714f.), ders. (1979: 141ff.). Bradbury (1973: 96ff., 99), Ajayi / Ojo (1990: 156), Crowder (1962: 219).

[4]   Vgl. Crowder (1962: 219f., ders. 1966: 247), Bradbury (1973: 97f., 100), Igbafe (1967: 710ff.).

[5]   Vgl. Bradbury (1973: 103f.), Igbafe (1979: 143ff., 164f.)

formulate its major objectives in terms of one or another of them" (Bradbury 1973: 109).[1]

In dieser Pluralität von unterschiedlichsten Konzepten lag erheblicher Konfliktstoff begründet und Benin war durch die vielen gegeneinander arbeitenden Gruppen nahezu unregierbar geworden. Oba Eweka versuchte deshalb durch mehrere Maßnahmen seine Position zu stärken. Unter anderem setzte er auf eine kulturelle Rückbesinnung und machte den Palast wieder zu einem künstlerischen und rituellen Zentrum, um zu verdeutlichen, daß er in eine Reihe mit den berühmten Obas der Vergangenheit gehörte.[2]

Eweka wurde in diesen Bestrebungen von den Briten, die zu diesem Zeitpunkt die Notwendigkeit einer politischen Neuordnung von Benin erkannten, unterstützt. Der neue Resident Talbot, der die schwache Stellung des Oba beklagte, formulierte deshalb die Einsicht, daß die Briten:

"ought to take full advantage of the Benin people's respect for the kingship and the traditional hierarchies" (Bradbury 1973: 110).[3]

Er forderte daher, daß die Stellung des Oba:

"needed to be strengthened in every way" (Bradbury 1973: 110).

Doch obwohl die Stellung des Oba unter Talbot gestärkt wurde, blieb die Position Ewekas bis zu seinem Tod im Jahr 1933 heftig umstritten.[4]

Sein Sohn Okoro Edokporhogbunyunmwun, der als Akenzua II. zu seinem Nachfolger ernannt wurde, griff angesichts der mächtigen Opposition die Ideen seines Vaters auf und setzte noch stärker als dieser auf eine kulturelle Rückbesinnung und die Rekonstruktion jener Phänomene, die als Sinnbild früherer königlicher Stärke galten.[5]

In dieses Bündel von Maßnahmen zur Stärkung der Position des Oba gehört auch die 1. Auflage von Egharevbas berühmter "Short History of Benin". Denn Egharevba war zum damaligen Zeitpunkt dem Oba Akenzua II. freundschaftlich eng verbunden.[6] Und in seinem Buch handelt es sich weitgehend um eine Art "Hofberichterstattung", die belegen sollte, wie sehr das Reich in der

---

[1] Vgl. Bradbury (1973: 108f).
[2] Bradbury (1973: 107).
[3] Vgl. auch Bradbury (1973: 107. 110), Igbafe (1979: 170f).
[4] Vgl. Bradbury (1973: 110).
[5] Vgl. Bradbury (1973: 113f.), Igbafe (1979: 228f., 297, 375).
[6] Vgl. Egharevba (1968a: 24 f., 26).

Vergangenheit von starken Herrschern profitiert hatte und wie fatal sich Zeiten der Streitigkeiten ausgewirkt haben. Egharevba verstärkte deshalb in diesem Werk die Rolle des Königs, während er andere Gruppen in ihrer ehemaligen Bedeutung reduzierte.[1]

Die Absicht, die Rolle des Königs positiv zu unterstreichen wird schon rein äußerlich in der Widmung des Buches durch Egharevba an Oba Eweka II.[2] und in dem ganzseitigen Foto von Oba Akenzua II. im Vorspann der ersten Auflage deutlich. Aber auch am Inhalt haben beide Könige einen - allerdings schwer bestimmbaren - Anteil. So betont Egharevba, daß ihm Akenzua II. beim Verfassen des Buches mit Rat und Tat zur Seite gestanden habe und daß Oba Eweka II. für die "notwendige Überarbeitung" (Egharevba 1936: ii)[3] gesorgt habe.

So wird in der "Short History" eine ununterbrochene Herrscherfolge seit dem 12./13. Jahrhundert konstruiert. Und hierher gehört auch, daß nahezu alle wichtigen Phänomene im königlichen Umfeld auf den letzten voreuropäischen König Ewuare zurückgeführt werden, der in einer Art "Goldenem Zeitalter" regiert haben soll und die oppositionellen Gruppen im Reich sicher beherrschte.

Während Egharevba sich aber in der ersten Auflage von 1936 noch damit begnügt hatte, die wichtigen Elemente des Königtums auf Ewuare als einen der Könige der fremdstämmigen Dynastie zurückzuführen und versucht hatte, das Reich Benin und sein Königtum neben die mächtigen Yoruba-Reiche zu stellen, änderte sich das in der Auflage von 1953 und noch mehr in jener aus dem Jahr 1960. Denn diese späteren Ausgaben sind nun deutlich vom "Modus des Vordrängelns und Übertrumpfens" geprägt. Das ist vor allem eine Folge der politischen Entwicklungen in der Kolonie Nigeria. Denn jahrzehntelang verfolgten die britischen Kolonialherren in Nigeria eine Politik, die den verschiedenen ethnischen und regionalen Gruppen eine gewisse Autonomie zugestand.[4] Die Befürchtungen bei den zahlreichen kleineren Gruppen waren deshalb groß, als die Kolonie

---

[1] So erwähnt er in der "Short History" auch mit keinem Wort, daß in den dreißiger Jahren in Benin eine massive Anti-Oba-Bewegung existent war und berichtet nur, daß die einflußreichen Männer dem Oba "Hommage" zollten (Egharevba 1936: 78ff.).

[2] Vgl. den Vorspann bei Egharevba (1936): "This short History is dedicated to the memory of his late Highness Eweka II., the first Oba of Benin in the third period of the Benin Empire."

[3] Vgl. die vollständige Danksagung: "Above all I feel very grateful to his Highness Akenzua II., the Oba of Benin, for his unfailing advice and aid by which I was able to complete this work in spite of its many difficulties, and also to the late Oba Eweka II, who very kindly attended to me for over three hours on March 15, 1930 for the necessary revision of this work when the original manuscript was read to him by the present Oba, then Edaiken of Uselu." (Egharevba 1936: ii)

[4] Schwarz (1965: 85), Ajayi / Ojo (1990: 156f.).

im Jahre 1939 in drei große Verwaltungseinheiten eingeteilt wurde. Denn jede dieser Provinzen wurde von der jeweils größten Bevölkerungsgruppe dominiert. Die westliche Region von den Yoruba, die östliche von den Ibo und die nördliche von den Haussa-Fulani.[1] Die zahlreichen Minderheiten in Nigeria befürchteten daher die Einmischung der größeren Gruppen in ihre Belange und das Aufgeben der Neutralitätspolitik durch die britischen Kolonialherren. In jeder der drei Regionen entwickelten sich deshalb regionale und ethnische Minoritätenbewegungen, die für sich eigene Provinzen oder Staaten forderten und sich gegen die Dominanz durch die drei großen Gruppen wandten.[2]

Diese Autonomiebestrebungen erlebten in den fünfziger Jahren einen erheblichen Aufschwung. Denn in der "MacPherson Constitution" (1951) und in der "Lyttleton Constitution" (1954) wurde von den britischen Kolonialherren die Förderung regionaler und föderalistischer Strukturen und die verstärkte Einbeziehung einheimischer nigerianischer Politiker festgeschrieben.[3] In diesem Zeitraum verstärkten sich deshalb die Auseinandersetzungen zwischen den Ibo, den Yoruba und den Haussa um die einflußreichsten Machtpositionen.[4] Die regionalen und ethnischen Minderheiten befürchteten daher, daß ihre Interessen im Zuge der Auseinandersetzungen zwischen den großen Gruppen übergangen werden könnten.[5] Bei den Bini und den Gruppen im Niger-Delta, deren Hauptsiedlungsgebiete zwischen den Yoruba und den Ibo gelegen sind, waren solche Ängste besonders groß.[6] Es ist deshalb nicht überraschend, daß sich ausgerechnet in der Benin-Delta-Region die stärkste Minderheitenbewegung in Nigeria herauszubilden begann[7], aus der im Jahr 1953 eine neue Partei, die "Benin-Delta Peoples Party" (BDPP) mit Zentrale in Benin City, entstand. Das Hauptziel dieser Partei, als dessen Führer der Oba von Benin bestimmt wurde, war die Unabhängigkeit von der Yoruba-dominierten Westregion und die Schaffung einer

---

[1] Genaue Angaben über die Bevölkerungszahl sind sehr schwierig, man kann aber für diese Zeit mit ungefähr 11 Millionen Yoruba, mit 15 Millionen Haussa-Fulani und 9 Millionen Ibo rechnen. Im Gegensatz dazu umfaßte die gesamte Edosprachige Bevölkerung Nigerias "nur" etwa 800 000 bis 900 000 Menschen (vgl. Ostheimer 1973: 12, Table 1, Lloyd 1970:1).

[2] Vgl. dazu Schwarz (1965: 82).

[3] Ostheimer (1973: 24f.), Crowder (1962: 251f.), Eades (1980: 92).

[4] Eades (1980: 92), Osoba (1977: 144), Crowder (1962: 254), ders. (1966: 288).

[5] Ostheimer (1973: 28f., 37, 40), Bradbury (1973: 76), Osoba (1977: 144).

[6] Schwarz (1965: 66ff.), Ostheimer (1973: 27, 33, 132ff.).

[7] Lloyd (1970: 6), Crowder (1962: 263f.), Coleman (1958: 386f.).

eigenen "Midwest"-Region aus dem Benin-Bezirk und den Delta-Provinzen.[1]

In den letzten Jahren vor der Unabhängigkeit Gesamtnigerias am 1.10.1960 erreichten die Diskussionen um die Regional- und Minoritätenpolitik ihren Höhepunkt. Dabei war im Süden bei den kleineren Gruppen die Angst vor einer Vereinnahmung durch die Yoruba so groß, daß von Minoritäten-Vertretern verschiedentlich sogar angekündigt wurde, daß:

"they would prefer to delay independence if they were not to get the security of their own state" (Schwarz 1965: 99).

Diese allgemeinen Ängste gegen eine Fremdbestimmung in dieser Region richteten sich im Benin der fünfziger speziell gegen die Yoruba, deren Einfluß in Gestalt der "Reformed Ogboni Fraternity" in weiten Teilen der Bevölkerung Benins als sehr stark empfunden wurde. Denn die "Ogboni-Gesellschaft", die als eine Art geheime Bruderschaft zur Zeit des 1. Weltkriegs von christlichen Yoruba in Lagos und Abeokuta gegründet worden war, hatte in Benin schlagartig dadurch an Macht gewonnen, daß ein Mitglied des Bundes, der reiche Händler Gaius Obaseki, im Jahr 1948 in das hohe Amt des Iyase berufen worden war und unverzüglich damit begonnen hatte, seine Parteigänger in einflußreiche Stellungen einzusetzen.[2] Viele Bürger Benins sahen diesen energischen Machtausbau des Iyase mit wachsender Besorgnis. Zum einen befürchtete man, damit der Willkür einer machtbesessenen Clique hilflos ausgesetzt zu sein.[3] Zum anderen störten sich viele Bini daran, daß es sich bei dem plötzlich so mächtigen "Ogboni-Bund" nicht um eine einheimische Vereinigung handelte, sondern um:

"an alien cult, associated with the Yoruba, and had no place in Benin Culture" (Bradbury 1973: 123).

Diese Yoruba-Ängste, gepaart mit Befürchtungen vor einer durch die Kolonialreform forcierten Gleichmacherei, sorgten im Benin der fünfziger Jahre zu einem regelrechten Schub der Rückbesinnung auf die große Vergangenheit des Reiches.[4] In den historischen Schriften der

---

[1]   Schwarz (1965: 87f.), Ostheimer (1973: 134), Igbafe (1979: 387ff.), Coleman (1958: 390).

[2]   Vgl. Bradbury (1973: 120f.), Igbafe (1979: 320, 377ff., 383ff., 386, ders. 1968: 360ff.).

[3]   Vgl. Bradbury (1973: 123).

[4]   Vgl. Bradbury (1973: 124). Dieses neu erwachende Regionalbewußtsein äußerte sich im Sammeln und in der Publikation von Sprichwörtern, Spielen (siehe bei

Bini-Autoren äußert sich dieses neuerwachte Regionalbewußtsein dadurch, daß man nicht länger als Ableger der einflußreichen Nachbarn gelten wollte, sondern daß betont wurde, daß die frühere Größe Benins eigenständig und ohne Hilfe von außen erreicht worden war. Dafür mußte jedoch gegen weit verbreitete Yoruba-zentrierte Vorstellungen angeschrieben werden:

> "I decided to take this excursion to the historical archives of the Great Benin Empire to show the true early links between the Benin and the Yoruba kingdoms, so as to correct some historical fallacies which some modern historians fall into either due to lack of insight or deliberately out of "national pride"." (Air Iyare 1973: 13, zitiert nach Akinola 1976: 29).

Und während Talbot in den zwanziger Jahren noch schrieb, daß "the Yoruba invaders no doubt introduced the much higher civilisation then prevailing at Ife..." (Talbot 1926: I, 153)[1], behauptete Air Iyare nun, daß:

> "the Benis had established a monarchical form of government, 600 years before the Yoruba kingdom came into being" (Air Iyare 1973: 12, zitiert nach Akinola 1976: 29).

Der Yoruba-Stadt Ife wird dabei die zentrale Rolle als Ausgangspunkt der wichtigen Königtümer Südnigerias abgesprochen, indem sie zu einem bloßen Durchgangsort reduziert und Benin zur neuen "Wiege" der Königtümer der Guineaküste ernannt wird. Denn diese Rückverweisungen in die autochthone, "bini-eigene" Ogiso-Periode <u>vor</u> der Ankunft der späteren Yoruba-stämmigen Oba-Dynastie in den späteren Werken Egharevbas beschränkte sich nicht nur auf die Entstehung des Königtums selbst, sondern erstreckte sich auch auf viele

---

Tong 1958: 105), Erzählungen, in Abhandlungen über einheimische Religion und Gebräuche und in der Gründung neotraditioneller Vereinigungen. In diesem Zeitraum wurde auch damit begonnen, Denkmäler lokalgeschichtlicher Größen zu errichten, z.B. die Emotan-Statue im Jahr 1954 (Egharevba 1965: 39), um so die bedeutende Vergangenheit Benins sicht- und greifbar zu machen. In diese Zeit fällt auch der (allerdings erfolglose) Versuch, den Palast der Ogiso-Herrscher durch Goodwin archäologisch ausgraben zu lassen (vgl. dazu Connah 1972: 25). In Opposition zum "fremden" Ogboni Kult wurden in Benin zwei Vereinigungen gegründet, die sich bewußt auf "uralte" und "ureigene" Bini-Werte beriefen: Zum einen die "Aruosa-Kirche", eine vom Oba gegründete "National-Kirche" Benins, die eine Mischung aus Bini-Religion und Christentum vertritt. Zum anderen die "Otu-Edo", eine Art politischer Partei aus verschiedenen Kreisen der Gesellschaft, die vor allem ihr Widerstand gegen den Ogboni-Kult einte (Bradbury 1973: 124, Igbafe 1979: 387f.).

[1] Ähnlich Dittel (1936: 116).

damit verknüpfte Phänomene und andere grundlegende gesellschaftliche und politische Errungenschaften.[1]

Für die Datierung der autochthonen Ogiso-Dynastie, die im 13.
Jahrhundert von der Oba-Dynastie abgelöst worden sein soll, lehnte
sich Egharevba jedoch im Gegensatz zu Ewuare nicht an der euro-
päischen, sondern an der islamischen Geschichte an, indem er den
Amtsantritt des ersten Ogiso von der Lebenszeit Mohammeds im 7.
Jahrhundert aus bestimmt.[2] Mit der Entstehung der Ogiso-Dynastie
um 900 hatte Egharevba somit zum einen erreicht, daß die Gründung
Benins in die Phase der großen Reichsgründungen in Europa fällt.
Zum anderen war Benin damit auch noch deutlich älter als die
Yoruba, als deren Formationsphase die Zeit zwischen 1100 und 1300
gilt.

Hier zeigt sich, daß Egharevba in seinen Schriften sehr stark den
Bezug zu aktuellen Zeitproblemen suchte.[3] Und in vielen Passagen
wird deutlich, daß seine Angaben weniger vom Drang einer akademischen wissenschaftlichen Genauigkeit, sondern durch das Bedürfnis,
die eigene Vergangenheit möglichst bedeutend zu zeigen, geleitet
wurden.[4] Er wollte gemeinsame Leitbilder und lokale Identifikati-
onsmittel schaffen, die als emotionales Band zwischen den Bini
fungieren sollten, um den Herausforderungen der Gegenwart ge-
wachsen zu sein.[5] Neben der Sprache[6] galt sein Hauptaugenmerk

---

[1] Vgl. dazu Igbafe (1974: 7).

[2] Egharevba (1965: 9, 12, ders. 1966: 9).

[3] Egharevbas Publikationen spielten bei den Bestrebungen nach einer "ureigenen"
Bini-Kultur einen wesentlichen Anteil. Gerade in den fünfziger Jahren erlebten
viele seiner Bücher ihre Erstveröffentlichung oder Neuauflage und ihr Autor
gewann hohe Popularität durch seine Vorträge über die Heimatgeschichte
Benins (Zur Vortragstätigkeit Egharevbas siehe Egharevba 1952: 6). Egharevba
veröffentlichte in der Zeit zwischen 1935 und dem Jahr 1970 nicht weniger als 29
Bücher, die nahezu alle Bereiche kultureller Rückbesinnung abdecken
(Verzeichnisse seiner Publikationen findet man bei Egharevba 1968a: 43f. und
1969a: 56). So erschienen in diesem Zeitraum meist in mehreren Auflagen seine
Werke mit Bini-Sagenstoffen (1959, 1964, 1951a), über traditionelle Ämter
(1956, 1947), über einheimische Bräuche (1949), über Sport und Spiele (1951),
über die Bini-Sprache (1956a) und über Lokalgeschichte (1952, 1954, 1966).
Auch die "Short History" erwies sich in diesen Jahren als Bestseller (vgl. dazu
Egharevba 1959: 6.).

[4] Egharevba behauptet oft voller Stolz: "Benin formed a great Empire, and was at
one time the most powerful race in Nigeria and West Africa as a whole"
(Egharevba 1964: 2). Oft erwähnt Egharevba auch die Größe von Benin City
selbst, das "one of the largest cities in Nigeria or West Africa as a whole" (1952:
9) gewesen sei.

[5] Egharevba betont, daß seine Publikationen nicht nur für Fremde gedacht waren,
sondern "very strongly to the Benin people themselves who should be proud of
their stories" (Egharevba 1951a: 1).

dabei stets den historischen Schriften, bei denen ihn aber weniger das Interesse an einer "historisch korrekten" Rekonstruktion der Vergangenheit leitete, sondern die Absicht, Geschichte für die Gegenwart nutzbar zu machen. Er verwendete deshalb oftmals geschichtliche Ereignisse als Exempel[1] und bisweilen gab er sogar direkte politische Kommentare ab.[2] Denn als überzeugter Bini-Patriot[3] und Christ[4] war es Hauptanliegen seiner Schriften, durch die Schaffung einer gemeinsamen Bini-Identität die unversöhnlichen politischen Gegensätze im aktuellen Benin zu entschärfen und die Position Benins innerhalb Nigerias friedlich zu stärken.[5] Dabei werden das hohe Alter der eigenen Heimat, der eigenen Sprache und der einheimischen Bräuche von ihm als symbolisches Kapital eingesetzt, um die Interessen Benins zu legitimieren und um den Ansprüchen der großen Gruppen nicht hilflos unterworfen zu sein.[6]

Es wird somit klar, daß es falsch wäre, die in den späteren Schriften Egharevbas in die Ogiso-Zeit verlegten Anfänge des Königtums und die darauf aufbauende Chronologie der Geschichte Benins als historisches Faktum zu begreifen. Denn dieser Rückverweis ist Ausdruck eines in den letzten Jahrzehnten gestiegenen Bini-(Selbst-)

---

[6]   Einige seiner Publikationen erschienen deshalb zweisprachig (Bini-Englisch), so z.B. sein Büchlein "Ama Z'Evbo Omwan Tawiri - Who does not speak his native language is lost" (1956a). Siehe dazu auch das Vorwort des Büchleins: "The Hausas speak Hausa, the Yorubas speak Yoruba, the Ibos speak Ibo and every tribe speaks its language, because who does not speak his native language is lost. Therefore it is necessary that the Binis should encourage their own spoken language" (Egharevba 1956a: Preface).

[1]   Vgl. bei Egharevba (1952: 11ff., 15f., ders. 1949: 112).

[2]   Egharevba 1954: 23. Man beachte auch die Publikation seines Werkes über die Iyases (1947, 1. Auflage 1946), das er bereits 1939 geschrieben, aber ausgerechnet zu einem Zeitpunkt, als das Iyase-Problem das zentrale politische Thema in Benin war (siehe bei Igbafe 1979), überarbeitet und veröffentlicht hat (Egharevba 1968a: 11).

[3]   Vgl. dazu Egharevba (1969: 15f., 1964: 23, 1952: 15f.).

[4]   Siehe dazu Egharevba (1968a: 48. 57f., ders. 1952: 27, ders. 1951b: 6, ders. 1949: 35).

[5]   Siehe dazu seine Kommentare in (1968a: 42f., 1969: 4, 1952: 15f., 1964: 23).

[6]   Sogar ein der Yoruba-dominierten "Action Group" verbundener Bini-Politiker wie Anthony Enahoro machte die Furcht vor dem Verlust der Selbstbestimmung und der eigenen kulturellen Identität zum Gegenstand einer öffentlichen Rede bei einer Parlamentsdebatte: "As one who comes from a minority tribe, I deplore the continuing evidence in this country that people wish to impose their customs, their languages, and even more their way of life upon the smaller tribes. My people have a language, and that language was handed down through a thousand years of tradition and custom. When the Benin Empire exchanged ambassadors with Portugal, many of the new Nigerian languages of today did not exist. How can they now, because the British [have] brought us together, wish to impose their language on us" (Parliamentary Debates. 21.11.1961, cols. 31156-3157, zitiert nach Schwarz 1965: 41f.).

Bewußtseins und einer Rückbesinnung auf ureigene Wurzeln, die nicht durch Yoruba-Anteile verwässert werden sollten.

Schluß

Aus den vorangegangenen Ausführungen sollte deutlich geworden sein, daß die Angaben in den Werken Egharevbas über Alter und Wesen des Königtums nicht als historische Tatsachen zu übernehmen sind und daß man sie für andere Erkenntnisinteressen als für eine westlich-akademische Geschichtsschreibung für weit zurückliegende Jahrhunderte verwenden muß.

So zeigten sich die Angaben in den Schriften der dreißiger Jahre als Mittel, um das bedrohte Königtum Benins zu stützen. Durch Anbindung der Oba-Dynastie an die mächtigen Yoruba-Reiche, die Konstruktion einer seit Jahrhunderten ungebrochenen Herrscherfolge und die Zuweisung der wichtigen mit dem Königtum verknüpften Phänomene an den letzten voreuropäischen König sollte die lange erfolgreiche Arbeit der Obas dokumentiert werden. Gleichzeitig wurde so auch den Europäern verdeutlicht, daß die Geschichte Benins nicht mit den Europäern begann, sondern daß die wesentlichen Leistungen schon vorher stattgefunden hatten. Diese wurden deshalb Ewuare zugeschrieben, der nach der Auffassung von Egharevba in der Zeit unmittelbar vor der Ankunft der Europäer regiert haben soll. Der autochthonen Ogiso-Zeit kam in dieser Periode noch kaum Beachtung zu. Sie wurde lediglich als Ausgangspunkt benutzt, an dem die spätere Oba-Dynastie beginnen konnte.

In den fünfziger Jahren hatten sich die Rahmenbedingungen jedoch völlig verändert. Die im Süden dominierenden Yoruba drängten im Zuge der Föderalisierung Nigerias vehement an die Macht, während kleine Gruppen wie die Bini sich zunehmend der Gefahr ausgesetzt sahen, ihre eigenen Interessen übergangen zu sehen. Es ist deshalb kein Zufall, daß die Gründung der "Benin-Delta Peoples Party" mit dem Oba als Führer und die Veröffentlichung der 2. Auflage der "Short History of Benin" im Jahr 1953 zeitlich zusammenfallen. In diesen Jahren ist tatsächlich eine starke Tendenz zur Betonung des "Yoruba-unabbhängigen", "Bini-Eigenen" festzustellen, das sich vor allem in der Aufwertung der autochthonen Ogiso-Periode manifestiert.

Als logische Konsequenz erscheint deshalb, daß die dritte Auflage der "Short History" im Jahr der Unabhängigkeit Nigerias (1960) veröffentlicht wurde[1], in der die Furcht vor Fremdbestimmung ihren Höhepunkt erreichte. Fast ebenso zwangsläufig ist darin die Rolle der Ogiso-Periode nun noch breiter ausgemalt, indem den Herrschern dieser "einheimischen" Periode noch weitaus mehr Neuerungen und kulturelle Leistungen zugeschrieben wurden als in den früheren Fassungen. Die Anfänge von "Zivilisationsmerkmalen" wie dem Königtum und damit eng verknüpfte Phänomene wie die höfische Elfenbeinschnitzerei wurden deshalb um einige Jahrhunderte in die Vergangenheit zurück verlegt, um der Empfindung Ausdruck zu verleihen, daß die Kultur der Bini kein bloßer Ableger der Yoruba-Reiche ist, sondern sogar älter und ehrwürdiger als der Stammvater aller Yoruba-Herrscher.

Und da die "Anti-Yoruba-Stimmung" in Benin während der späten fünfziger Jahre auf einem Höhepunkt angelangt war, wurde die Yoruba-Abhängigkeit Benins in dieser Auflage auf ein Minimum reduziert, während die "ureigenen" Bini-Leistungen verstärkt wurden. Und während sich Egharevba in der ersten Auflage noch mit dem 15. Jahrhundert als Zeitpunkt beispielsweise des Beginns der höfischen Schnitzerei zufrieden gab, postulierte er dafür nun bereits das Jahr 950.

Wie eng die verschiedenen Fassungen der "Short History" mit Umbruchs- und Neuordnungssituation innerhalb Nigerias verknüpft waren, zeigt auch noch die 4. Auflage von 1968. Zwar waren die Bini-Bestrebungen nach einer eigenen Verwaltungsregion "Midwest" im Jahr 1962 endlich von Erfolg gekrönt worden.[2] Aber nach einem 30-monatigen Bürgerkrieg in Nigeria setzte die damalige Militärregierung erneut eine Gebietsreform durch und teilte das Staatsgebiet im Jahr 1967 in 12 Staaten.[3] Zwar unterscheidet sich die 4. Auflage nicht von jener von 1960, aber auch hier zeigt die Veröffentlichung des Werkes wieder eine verblüffende Nähe zu einem wichtigen Einschnitt in der Geschichte Nigerias.

Die Angaben über die Ogiso-Zeit sind deshalb nicht als historische Fakten zu verstehen, sondern als Ausdruck einer Rückbesinnung auf die frühesten Wurzeln der eigenen Geschichte. Die Zuweisung zahlreicher Neuerungen in die Ogiso-Periode ist deshalb Spiegel eines neuen Selbstbewußtseins gerade unter jungen Bini, wobei die wesentlichen Leistungen des Reiches Benin nicht durch einen Yoruba-Anteil vermindert werden sollten. Die Regierungszeit der

---

[1] Nigeria wurde am 1.10.1960 unter der Bezeichnung "Federal Republic of Nigeria" unabhängig (vgl. Schwarz 1965: 115), Crowder (1962: 273).

[2] 1962 wurde die Region "Midwest" aus der "Western Region" abgetrennt (vgl. Ostheimer 1973: 8).

[3] Ajayi / Ojo (1990: 164ff., 172), Ostheimer (1973: 75f., 90).

Ogiso-Herrscher scheint demnach zum "Goldenen Zeitalter des Goldenen Zeitalters" hochstilisiert worden zu sein, indem man viele Leistungen, die in den Traditionen des Königshauses Herrschern der späteren und fremdstämmigen Oba-Dynastie zugeschrieben worden waren, nun auf die autochthonen Ogiso-Herrscher übertrug.

Gefordert ist deshalb in stärkerem Maße eine engagierte Text- und Kontextforschung für die Werke Egharevbas, seine Vorläufer, seine Zeitgenossen und seine Nachfolger. Gepaart mit einer kritischen Sichtung und Einbindung der europäischen Schriftquellen, von archäologischem Material und der zahlreichen erhaltenen Kunstwerke aus Benin besteht so die Hoffnung, daß wichtige Aspekte, die durch eine allzu eilfertige Übernahme der Angaben Egharevbas übersehen worden sind, neue Aufmerksamkeit erhalten.

Literatur

Ajayi, Jacob Festus Ade / OJO, J.D. (1990): Föderalismus in Nigeria. In: *Politische Studien*, Sonderheft 1: 154-173.

Akinola, G.A. (1976): The Origin of the Eweka Dynasty of Benin: A Study of the Use and Abuse of Oral Tradition. In: *Journal of the Historical Society of Nigeria* 8,3: 21 - 35.

Anene, J.C. (1966): *Southern Nigeria in Transition* 1885-1906, Cambridge.

Beier, Ulli (1955): The Historical and Psychological Significance of Yoruba Myths. In: *Odu* 1: 17-25.

Ben-Amos, Paula Girshick (1971): *Social Change in the Organization of Wood Carving in Benin City, Nigeria*, Dissertation, Indiana University.

Biobaku, S.O. (Hrsg.) (1973): *Sources of Yoruba History*, Oxford.

Blackmun, Barbara Winston (1988): From Trader to Priest in Two Hundred Years: The Transformation of a Foreign Figure on Benin Ivories. In: *Art Journal* 47,2: 128-138.

Blackmun. Barbara Winston (1991): Who Commissioned the Queen Mother Tusks? In: *African Arts* 24,2. 54-65, 90,1.

Bosman, Willem (1705): *A New and Accurate Description of the Coast of Guinea*, London.

Bosman, Willem (1737): *Beschryving van de Guinesese Goudkust*, Amsterdam.

Bosman, Willem (1967): *A New and Accurate Description of the Coast of Guinea*, A New Edition, London.

Bradbury, Robert Elwyn (1973): *Benin Studies*, London.

Burckhardt, Jacob (1988): *Historische Fragmente*, Nördlingen.

Cabral, Amilcar (1974): Die Rolle der Kultur im Kampf für nationale Befreiung. In: *Jestel* (Hrsg.) 1982: 283-292.

Coleman, James S. (1958): *Nigeria - Background to Nationalism*, Los Angeles.

Connah, Graham (1972): Archaeology in Benin. In: *Journal of African History* 13,1: 25-38.

Crowder, Michael (1962): *The Story of Nigeria*, London.

Crowder, Michael (1966): *A Short History of Nigeria*, London.

Darling, Patrick J. (1984): *Archaeology and History in Southern Nigeria*, Cambridge.

Dittel, Paul (1936): *Die Besiedlung Südnigeriens von den Anfängen bis zur Britischen Kolonisation*, Dissertation, Universität Leipzig.

Duchateau, Armand (1989): *Benin - Kunst einer Königskultur*, Wien/Zürich.

Duchateau, Armand (1991): *Tesori reali del Benin - Arte di un antico regno Africano*, Florenz.

Eades, J.S. (1980): *The Yoruba Today*, Cambridge.

Egharevba, Jacob U. (1933): *Erkherhe Vbe Ebe Itan Edo*, Benin City.

Egharevba, Jacob U. (1936): *A Short History of Benin* (1. Auflage), Lagos.

Egharevba, Jacob U. (1939): 'Art and Craft Work in the City of Benin'. In: *NM* 18: 105-106.

Egharevba, Jacob U. (1947): *Concise Lives of the Famous Iyases of Benin*. (2. Auflage), Benin City.

Egharevba, Jacob U. (1949): *Benin Law and Custom*. (3. Auflage), Benin City

Egharevba, Jacob U. (1951): *Benin Games and Sports*. (2. Auflage), Sapele.

Egharevba, Jacob U. (1951a): *Some Stories of Ancient Benin*, Benin City.

Egharevba, Jacob U. (1951b): *Some Tribal Gods of Southern Nigeria*, Benin City.

Egharevba, Jacob U. (1952): *The City of Benin*, Benin City.

Egharevba, Jacob U. (1953): *A Short History of Benin*. (2. Auflage), Benin City.

Egharevba, Jacob U. (1954): *The Origin of Benin*, Benin City.

Egharevba, Jacob U. (1956): *Bini Titles*, Ibadan.

Egharevba, Jacob U. (1956a): *Ama Z'Evbo Omwan Tawiri. Who does not speak his native language is lost*, Benin City.

Egharevba, Jacob U. (1959): *The Murder of Imaguero and Tragedy of Idah War*. (3.Auflage), Lagos.

Egharevba, Jacob U. (1960): *A Short History of Benin*. (3. Auflage), Ibadan.

Egharevba, Jacob U. (1962): *Marriage of the Princesses of Benin*, Benin City.

Egharevba, Jacob U. (1964): *The Origin of Benin*. (2. Auflage), Benin City.

Egharevba, Jacob U. (1965): *Chronicle of Events in Benin*, Benin City.

Egharevba, Jacob U. (1966): *Fusion of Tribes*, Benin City.

Egharevba, Jacob U. (1968): *A Short History of Benin*. (4. Auflage), Ibadan.

Egharevba, Jacob U. (1968a): *Brief Autobiography*, Benin City.

Egharevba, Jacob U. (1969): *Some Prominent Bini People*, Benin City.

Egharevba, Jacob U. (1969a): *Descriptive Catalogue of Benin Museum*, Benin City.

Eisenhofer, Stefan (1993): *Höfische Elfenbeinschnitzerei im Reich Benin. Kontinuität oder Kontinuitätspostulat?*, München.

Eisenhofer, Stefan (1994): Was the Report of James Welsh (1588) the First Account of Afro-Portuguese Ivory Carving in Benin City? In: *History in Africa* 21: 409-412.

Eisenhofer, Stefan (1995): The Origins of the Benin Kingship in the Works of Jacob Egharevba. In: *History in Africa* 22: 1-23.

Igbafe, Philip Aigbona (1967): British Rule in Benin 1897 - 1920: Direct or Indirect?. In: *Journal of the Historical Society of Nigeria* 3,4: 701-717.

Igbafe, Philip Aigbona (1968): The Benin Water Rate Agitation 1937 - 1939: An Example of Social Conflict. In: *Journal of the Historical Society of Nigeria* 4,3: 355-373.

Igbafe, Philip Aigbona (1974): Benin in the Pre-Colonial Era. In: *Tarikh* 5,1: 1-16.

Igbafe, Philip Aigbona (1979): *Benin under British Administration*, Ibadan.

Izevbigie, Alfred Omokaro (1978): *Olokun: A Focal Symbol of Religion and Art in Benin*, Dissertation, Washington University.

Jestel, Rüdiger (Hrsg.) (1982): *Das Afrika der Afrikaner*, Frankfurt.

Johnson, Samuel (1921): *The History of the Yorubas*, London/Lagos.

Jones, Adam (1990): *Zur Quellenproblematik der Geschichte Westafrikas 1450 - 1900*, Stuttgart.

Jungwirth, Mechthildis (1968): *Benin in den Jahren 1485 - 1700*, Dissertation, Universität Wien.

Kaplan, Flora S. (Hrsg.) (1981): *Images of Power - Art of the Royal Court of Benin*, New York.

Kaplan, Flora S. (1981): 'Of Symbols and Civilizations'. In: Kaplan (Hrsg.) 1981: 77-79.

Kaplan, Flora S. (1990): Männerdienst und Geheimnis am Königshof von Benin, Nigeria. In: *Männerbande, Männerbünde*, Völger, Gisela / Karin von Welck (Hrsg.), Köln, S. 289-294 + Abb.

Kaplan, Flora S. (1990a): Some Uses of Photographs in Recovering Cultural History at the Royal Court of Benin, Nigeria. In: *Visual Anthropology* 3: 317-341.

Law, Robin (1973): Contemporary Written Sources. In: Biobaku (Hrsg.) 1973: 9-24.

Law, Robin (1973a): Traditional History. In: Biobaku (Hrsg.) 1973: 25-40.

Law, Robin (1973b): The Heritage of Oduduwa: Traditional History and Political Propaganda among the Yoruba. In: *Journal of African History* 14,2: 207-222.

Law, Robin (1976): Early Yoruba Historiography. In: *History in Africa* 3: 69-89.

Lloyd, P.C. (1955): Yoruba Myths - A Sociologist's Interpretation. In: *Odu* 2: 20-28.

Lloyd, Robin (1970): Introduction to Second Edition of Moore's "History of Itsekiri". In: Moore 1970: v-xiii.

Moore, William A. (1970): *History of Itsekiri* (2. Auflage,[1] 1936), London.

Moraes Farias, P.F. de (1992): History and Consolation: Royal Yorùbá Bards Comment on their Craft. In: *History in Africa* 19: 263-297.

Osoba, Segun (1977): Von der nationalen Bewegung zu ihrer Etablierung: Die nigerianische Machtelite 1952 - 1965. In: Jestel (Hrsg.) S. 129-150.

Ostheimer, John M. (1973): *Nigerian Politics*, New York.

Roese, Peter M. (1981): Erdwälle und Gräben im ehemaligen Königreich von Benin. In: *Anthropos* 76: 166-209.

Roese, Peter M. (1984): Das Königreich Benin - von den Anfängen bis 1485. In: *Anthropos* 79: 191-222.

Roese, Peter M. (1988): Die Hierarchie des ehemaligen Königreiches Benin aus der Sicht zeitgenössischer europäischer Beobachter. In: *Ethnographisch-Archäologische Zeitschrift* 29: 47-73.

Roth, Ling H. (1903): *Great Benin - Its Customs, Art and Horrors*, London.

Ryder, Alan (1961): Rezension zu Egharevba 1960. In: *Journal of the Historical Society of Nigeria* 2,2: 286-387.

Schwarz, Frederick A.O., Jr. (1965): *Nigeria. The Tribes, the Nation, or the Race - The Politics of Independence*, Cambridge.

Talbot, Amaury P. (1926): *The Peoples of Southern Nigeria* (4 Volumes), London.

Thiong'o, Ngugi wa (1972): Auf dem Weg zu einer nationalen Kultur. In: Jestel (Hrsg.) S. 260-282.

Tong, Raymond (1958): *Figures in Ebony*, London.

Vansina, Jan (1985): *Oral Tradition as History*, Madison/Wisconsin.

Wolf, Siegfried (1969): Elfenbein und Bronze - Vergleich zwischen Benin-Arbeiten verschiedenen Materials. In: *Abhandlungen und Berichte des Staatlichen Museums für Völkerkunde Dresden* 30: 151-214 + Tafeln.

Bilder und performative Ethnographie

Herero Annual Parades: Commemorating to Create

Jan-Bart Gewald[1]

> Throughout the world indigenous populations have had to reckon with the forces of `progress´ and `national´ unification. The results have been both destructive and inventive. Many traditions, languages, cosmologies, and values are lost, some literally murdered; but much has simultaneously been invented and revived in complex, oppositional contexts. If the victims of progress and empire are weak, they are seldom passive (Clifford 1988: 16).

To the many thousands of tourists who annually visit Namibia, the country is memorable for one of three things, the desert, the Germans and the Herero. In fact Namibian identity, as it is portrayed in popular media and tourist brochures, appears to be an amalgam of these three attributes. European television commentators delight in being able to present their viewers with `traditional´ Herero women dressed in long dresses speaking German against a desert backdrop. Indeed the long dresses and spectacular head dresses of Herero women have come to embody Namibia as it is perceived in the outside world.[2]

Given the spectacular and conspicuous clothing considered traditional for Herero women, it is hardly surprising that the Herero have so come to determine the popular image of Namibia. Indeed, in the present, Namibia without the Herero is unthinkable. However, it must not be forgotten that these Herero women are defined as Herero precisely because they wear particular forms of clothing. And, as with all societies and cultures, Herero society continually draws from a bundle of loose characteristics, be it in the form of behaviour, clothing, ritual, food and/or many other things, which are then combined in various ways to form stereotypes. One of the sites where unconnected characteristics come to be bundled together into what is defined as typically Herero is the annual Herero commemorations of the dead. These commemorations form the basis of this article.

Starting in 1923, at the funeral of the first paramount chief of the Herero, Samuel Maharero, Herero men and women dressed in military

---

[1] This paper is partly based on research funded by the Netherlands Foundation for the advancement of Tropical Research (WOTRO). Michael Bollig and Berend Timmer went through earlier drafts of this text and made helpful criticisms and suggestions.

[2] As Hildi Hendrickson has shown elsewhere, Herero society effectively `hereroised´ and `traditionalised´ its women through clothing. See (Hendrickson 1996: 213-44).

-style uniforms and have annually met as the *Otruppe* (disparagingly referred to by the settlers as *Truppenspieler* `troop players´) to commemorate the dead and discuss the present.[1] At various sites in Namibia and Botswana, the *Otruppe* members affiliated to one of three flags, *Omarapi* (derived from the Dutch word *lapje*, piece of cloth), gather together for ceremonies lasting two or more days to commemorate the dead and discuss the present. In the period from 1990 to 1997, there were three main flags, each of them with its own colours and different sites of commemoration. Currently the red flag, *erapi rotjiserandu*, has the largest following in Namibia and is the best known of the flags. Essentially, the red flag represents the Herero of central Namibia and commemorates the royal house of Tjamuaha, centred on Okahandja. The green flag, *erapi rotjigreeni*, centres on ceremonial sites in Okahandja, Okaseta and Botswana and is generally equated with the followers of the royal house of Kahimemua. A number of the followers of the green flag refuse to define themselves as being Herero, choosing instead to define themselves as Ovambanderu. The black and white flag, *erapi rotjizemba*, centres on Omaruru in western Namibia and represents the followers of the royal house of Zeraua. Following the independence of Namibia in 1990, the followers of lesser chiefs have also sought to institute their own annual commemorations and flags. As very little is known about these new flags, their ceremonies will not be dealt with in this paper.

For the purposes of this paper, the author's observations of annual commemorations, as well as the literature of others on these commemorations, will form the basis of a description of the manner in which Herero present and define stereotypes of what is considered to be Herero society and culture. The paper is divided into five essential parts:

- An informal description of the *Otjigreenie* ceremony held at Okeseta on 17 and 18 August 1991, as recorded by the author.

- A history of the manner in which these ceremonies of commemoration and the *Otruppe* came into being.

---

[1] Dag Henrichsen traces the roots of the *Otruppe* in Namibia back to the late 1880s the eve of German colonialism (Henrichsen 1997).

- A short sketch of the involvement of the Herero in formal ethnographic endeavour regarding their society and culture.

- A characterisation of what appear to be some of the essential features of the Herero ceremonies of commemoration.

- A discussion of the manner in which these ceremonies construct and proclaim an ideal type of Herero society.

The *Otjigreenie* ceremony held at Okaseta on 17 and 18 August 1991:

"I eventually managed to commandeer a VW combi and arrived in Katatura early on Saturday morning, only to be told that I would have to come back the next day as Saturday was to be the day on which the people arrived, with Sunday being the actual day of the commemoration. ...

On Sunday morning G. and I were in Katatura by 5:30, and after picking up K. we roared off into the sunrise towards Gobabis. ... At about 8:00 we reached Gobabis, where, after driving through, we picked up three Herero women resplendent in their *Otjigreenie* green dresses and headgear. After about 4 km due south from Gobabis we reached the farm 'Detroit 175', owned by J.J. Krüger. It was more than a little incongruous to have white farmers roaring past us in their finest Sunday NG Kerk [*Nederduits Gereformeerde Kerk*, Dutch Reformed Church] best with us to a 'heathen feast'. The Ovambanderu refer to 'Detroit 175' or at the least the area as 'Okaseta'. We drove past Krüger's house and along a dirt track towards a river bed, next to which was an encampment of trucks, vans, buses and cars. After getting out we were led to a gate next to which a number (4?) of old men in *Truppe* uniforms [based on old German uniforms] guarded a fire, the holy fire of Kahimemua. We were required to kneel in a row about a metre to the left and in front of the fire. To the right of us, one of the men was applying ash, taken from the fire, to the faces of a number of children and a few adults. These `ashen-faced´ then joined the end of our queue. As we knelt, a man passed along our right hand side. He took my left hand and pulled the finger next to my little finger till it cracked, then he took my right hand, shook it and said "Good morning".[1] The man at the fire, the one who had smeared ash on peoples faces, handed a jug of water, which had been standing next to the fire, to another man who proceeded down the left hand side of our line taking gulps from the jug and spraying this gulp over our faces, after which he muttered something. Kaendee told me to remove my glasses and I looked up to have my face sprayed. Those whose faces were covered with ash paste had to crawl under the legs of a man (not in uniform), whereafter we all slowly, solemnly walked up a rise. About 200 meters from the fire, to the left of a small kopje where saddled horses were

---

[1]   I was greeted by the man in English, which I must admit I found a little incongruous.

grazing, was a fenced in enclosure of 50m by 50m which had been cleared of grass. Within the enclosure there were about nine graves and everybody who could got in. The entrance to the enclosure was guarded by officers of the *Truppe* who divided us up to the left and to the right, first timers and repeaters. Two of the nine graves were simply heaps of stones 2m by 5m and about 5m high, one of the graves still had the remains of cattle horns on it, the rest of the graves had tombstones on them. A small brass band played tunes and a choir sang a number of hymns. We joined the left hand queue and passed by the graves. At the end of a grave two old men in *Truppe* uniforms sat on the ground. Everyone who passed them had to kneel down in front of them, whereafter our right hands were pressed into the soil at the foot of the grave, and after giving our names our faces were forced down and a pinch of soil dribbled over the back of our necks whilst the old man introduced us to the dead. After this we had to follow a set route past all the graves, touching each one as we passed. As a consequence, some of the stones had a worn look to them. The *Truppe* ensured that everybody followed the correct route past the graves, the last one of which was covered in sacking. It was around this stone that everyone was gathered. Without wanting to sound insulting, the rows of women sitting on the ground looked a little like contended cows chewing on the cud, the horns of their head dresses moving slowly as they talked quietly to one another. After everybody had been squeezed in, a short prayer was said, a tune was played, a song was sung, and then around me nearly all the women were overcome by grief and started crying, lamenting, screaming, wailing, ranting and fainting. Everybody who was crying hung onto one another as a solid mass of grief. A *Truppe* officer removed the cover from the last grave, that of Aaron Mtjatindi who died in 1988, and the crying started slowing down again, songs were sung, tunes played and the crowd flocked past the last grave to touch it.

After this the various parade *Truppe* formed up and marched down the slope past the holy fire under the command of their various officers. The horse guard formed up last of all. There were about twenty horses, under the command of an officer who kept rearing up and charging around to loud acclaim from all those present. We strolled down the slope to the holy fire where faces were still being smeared with ash paste and the man in civilian clothes collected money for the organisation; this man spent the rest of the day next to the fire.

At the encampment a pickup truck faced a patch of open land and was used as the stage. The Officers of the *Otjigreenie*, *Otjiserandu* and *Otjithemba* troops gathered in front of the 'Bakkie' [pick up truck] with chief Munjuku II of the Ovambanderu with an umbrella over him in the middle of the officers, the *Otjigreenie* to his right and the *Otjiserandu* to his left with, after that, Chief Riarua of the *Otjithemba* with his officers. Directly in front of the Chief was an open patch with a diameter of about 25m, on the other side of which sat the assembled *Otjigreenie* women with one *Otjiserandu* woman and a couple of *Otjithemba* women.

Speakers were called forward and spoke from the pickup. The first speaker was Pastor Samuel Tjitunga who welcomed all those who had travelled from Botswana. Then the regional commissioner from Gobabis praised the Swapo government and comrade S. Nujoma, "the Swapo government attaches great importance to the history of the past, however this has been used wrongly in the past and as a result these events had lost credit in the eyes of the people". He continued by stating that it was necessary for the Ovambanderu to remember who fought for this land and that upon this the new community had to be created. The third speaker, *Truppe* Commandant Ngaruka, stated that to build a new community, its foundations had to rest on the old and appealed to the youth of the community not to forget this. After this Ngaruka called forward the newly elected headman and councillors of Aminuis and introduced them to the assembled. The following speaker was Dr. Kaire Mbuende, deputy minister of agriculture, who noted that the installation of an Mbanderu headman in Aminuis would have been impossible under the previous regime. Kuhepa Zeze, chairman of traditional affairs (a government-appointed commission on the issue of chieftaincy), who in a rather controversial statement stated that the history and culture of the Herero and Mbanderu was and is uniform. After him Swanu spokesman Usiel Tjiendda stated that Swanu had always travelled in the footsteps of the ancestors and traditional leaders, and that Aaron Mtjatindi (whose grave was covered) had led the way in the past; he had been shot in the leg during the 1959 shootings when the old location was forcibly removed. Dr. Kaire Mbuende, deputy minister of agriculture speaking as a SWAPO member, proceeded to tell us that people drew strength from great men in the past, great men like Lenin. However it would be necessary for history and culture to be liberated, new perspectives had to be adopted to look at the past. He continued by stating that Namibia was willing to accept the repatriation of Ovambanderu from Botswana, provided there was enough land and the means to resettle them. Following this, the Field Marshal of the red flag (*Otiserandu*) spoke, whereafter General Field Marshal Ezekiel Kuriza of the *Otjithemba* spoke. Both condemned the plans of the new government to make it possible for those not of royal blood, to be elected as paramount chief of the Herero, such as the present paramount Riaraku, who was appointed by the South Africans following the assassination of Clemens Kapuuo in 1978. The chief trooper from the Botswana community spoke of the ever growing strength of the *Otruppe* in Botswana, to such an extent that even Tswana were joining up.

Every time one of the officers took the microphone, the *Truppe* would jump to attention, with the exception of the lower ranks and those who had fallen asleep.

After the speeches the *Truppe* formed up and were called upon to parade before the assembled crowd. The marching was - speaking as a former cadet - atrocious but flamboyant in the extreme and very entertaining to watch. Eventually a *Truppe* from Mariental was voted as the best and the mounted *Truppe* took to roaring around again and generally spreading dust everywhere. At this stage some of the assembled had begun leaving and a *Truppe* major was sent out to prevent them from leaving before the encampment was cleaned up. K. , asked by his father, who is a senior *Truppe* officer and who was a big man in the first SWANU, to assist in

Botswana Ovambanderu discussions with the deputy minister of agriculture, Dr. Kaire Mbuende, regarding their possible repatriation to Namibia. Anyway, after having been asked by Chief Munjuku if I could take a couple of his family members with, we set off for Windhoek again.

As you can see, G. and I had a great time and we got ourselves introduced to a load of people ..."[1]

Before we can enter into a discussion regarding the essential structures and characteristics of this and other Herero commemoration ceremonies, it is important that the historical background and development of the *Otruppe* and the commemoration ceremonies be outlined.

A short history of the manner in which the Herero ceremonies of commemoration and the *Otruppe* came into being:

A question often asked by those observing the *Otruppe* on parade is, 'Why do these people march and commemorate their dead in what appear to be the uniforms and clothing of Imperial Germany? The selfsame country, after all, that defeated the Herero in battle?' Or in other words, how did it come about that the Herero have chosen to define themselves in ceremonies that appear to mimic the marching and parading of German troops? To discover this, it is necessary to situate the ceremonies and the *Otruppe* be historically, and to provide a certain amount of historical background.

Between 1904 and 1908 the Herero living in central Namibia were defeated in a genocidal war against Imperial Germany. The Imperial German commander in chief, General von Trotha and his commanders carried out what he had extolled in brave words:

"The exercise of violence with crass terrorism and even with gruesomeness was and is my policy. I destroy the African tribes with streams of blood and streams of money. Only following this cleansing can something new emerge, which will remain" (Kühne 1979: 211).

Herero were either killed, driven into the desert or incarcerated in concentration camps. The majority of the survivors were women and children, who apart from being systematically abused, were put to work as forced labourers for the colonial army, businesses and individual colonial settlers. All forms of Herero society appeared to have been

---

[1] Letter of the author to his supervisor, Windhoek 19 August 1991.

destroyed and made to conform to the regimen of camp life. Herero leadership, with the exception of a few Christian evangelists, had been killed or driven from the country. Herero boys, in so far as they had not been incarcerated in the camps, became the mascots and servants of the victorious army (see also Gewald 1996).

In the aftermath of the war the camps were abolished. Henceforth the Herero were enmeshed in a series of laws which sought to transform the survivors of Germany's colonial wars in Namibia into a single amorphous black working class.[1] Herero were deported from their former areas of residence and allocated to those settlers and businesses demanding labour. Ancestor worship and the maintenance of *Okuruo* (holy fire) were prohibited. All forms of leadership, with the exception of the Christian evangelists, were prohibited. The ownership of cattle, essential to the maintenance of a pastoralist society such as the Herero were, was prohibited. Herero boys continued serving in the German army. In short, it appeared as if the settlers' dream of creating a pliable, leaderless working class was coming to fruition. In 1911 a colonial official in German South West Africa initiated a bureaucratic file on the Herero. He captioned the file with the following words: *aufgelöste[n] Eingeborenenstämme*, or "dissolved native tribes".[2]

Recent research has brought to the fore that though, in the immediate period after the war, Herero were subject to all manner of constraints, it is a mistake to view Herero society at the time as being solely acted upon. Herero were actively engaged in manipulating the pass and labour laws which had been imposed upon them. Evidence exists which indicates that Herero were engaged in re-routing labour allocations to their own advantage (Krüger 1995). Herero evangelists, the sole Herero who were permitted some form of mobility and literacy, informed other Herero, as they travelled from farm to farm, about the news of the world and the conditions of their families and friends.[3]

---

[1] For the war see Bley (1971). For copies of the legislation regarding the control of Herero, see Namibian National Archives Windhoek (NNAW), ZBU, 2023 *Verwaltung der Eingeborenen Angelegenheiten*, WII a 4 - a 10. For published texts, see *Verordnung des Gouverneurs von Deutsch-Südwestafrika, betr. Dienst- und Arbeitsverträge mit Eingeborenen des südwestafrikanischen Schutzgebiets, Verordnung de Gouverneurs von Deutsch-Südwestafrika, betr. Maßregeln zur Kontrolle der Eingeborenen, & Verordnung des Gouverneurs von Deutsch-Südwestafrika, betr. die Paßpflicht der Eingeborenen*, all 18/8/07, *Deutsches Kolonialblatt: Amtsblatt für die Schutzgebiete des Deutschen Reichs, herausgegeben in der Kolonial-Abteilung des auswärtigen Amts*, 15/12/07, pp. 1179 - 1184. For a detailed discussion of this legislation, see Bley (1971: 170-71) and for African responses to this legislation, see Prein (1994: 99-121).

[2] Namibian National Archives, Zentrales Büro (ZBU) 2027.

[3] On the prohibition of literacy, see Hillebrecht (1992). On the role of evangelists, see Gewald (1996: 253-255) and Prein (1994: 99-121).

Indeed, Herero evangelists were so successful in their function as purveyors of the latest news that settler farmers referred to them as weekly tabloids. Additionally, Herero living beyond the confines of the colonial state successfully established communities which were regularly in contact with Herero confined to the settler farms.

Following the South African invasion and occupation of Namibia in 1915, the strict German colonial laws that had sought to regulate the Herero were relaxed. Given that the Herero religious, military, political and economic leaders had been systematically liquidated in the Herero-German war, the Herero survivors were faced with a fundamental problem: How to run a society when all those in the know had been killed. Or to put it another way, how does one conduct marriages, circumcision ceremonies and the like when all the ritual specialists have been killed? This essentially was the problem that faced Herero society in 1915.

The reestablishment of what it is that makes a person and a society uniquely Herero is a historical process that started in the immediate aftermath of the war and has continued into the present. Throughout the 20th century Herero have sought to define and determine what it is that makes themselves Herero. In this process they have selected and rejected, at various historical stages, a whole series of characteristics which, when combined in varying forms, created stereotypical, yet historically contingent Herero. A fine example of this selection and rejection of specific characteristics is that with regard to Christianity and the mission.

In the immediate aftermath of the war the mission churches, both Catholic and Lutheran, provided structural support for the Herero survivors. However this support was only provided on the condition that Herero repudiated their former beliefs. In the early 1920s influences of the Ethiopianist movement elsewhere in Africa did not leave the Herero untouched. As early as 1921 Herero evangelists were being expelled from the Lutheran mission for conduct considered unbecoming to Christians, but clearly becoming to Herero. Herero, as they reacquired and redefined their identity as Herero, became increasingly more critical of the established mission churches. Telling in this regard was the visit of missionary F. Pönnighaus to Okakarara reserve in 1934, where Herero men and women refused to speak to the missionary and informed him that they were not Christians but Herero.[1] Effectively thus, in the 1930s, for one to be considered to be a true Herero, one could not profess to being a Christian. However, ten years later, in the 1940s, one could be considered a true Herero, while professing to

---

[1] Vereinigte Evangelishen Missionsarchiv (VEMA) 2510, Pönnighaus (11/9/34).

being a Christian. Albeit that in the 1940s Herero Christians were those who were members of the independent Herero *Oruuano* Church, which broke away from the established mission church in 1948.[1] Essentially thus, in both the 1920s and 1940s, membership in a mission church was not among the characteristics that defined one as a true Herero.

As noted earlier, a number of Herero survived the war as child servants in the German army. As they grew older, they, along with their associates, found within the confines of the German army the structures and institutions around which and within which they could reestablish their lives as social beings. Needless to say, with the defeat of the German army in Namibia in 1915, these people appeared to have lost the structures that had given their lives meaning. This, however, was not the case, for they had appropriated and inculcated the structures and institutions of the German army to their own ends. Within a few months of the German defeat, Herero soldiers had established their own nation-wide social support system modelled and based on the organisation of the recently defeated German military. These young men appropriated the names and titles of their former commanders. They sent handwritten telegrams in German to one another. They issued military passes, pay books, and commands to one another.[2]

Effectively, by copying the structures and images of the German military, young Herero men had set up a countrywide support and information network for themselves. A network that extended from Lüderitz and Keetmanshoop in the South, to Gobabis in the East, Tsumeb, Grootfontein and Otjiwarongo in the North, Swakopmund and Omaruru in the West and Okahandja and Windhoek in the centre of the territory. The regiments formed an organisation which looked after the welfare of its members, a social structure to replace the society which they didn't have or were only marginally part of.[3] This is not to deny that the *Otruppe* were also effective as a counterpoint to the colonial administration. The *Otruppe*, through the use of a number of traits usually considered to be characteristic of the colonial state, such as the issuing of travelling passes, the wearing of uniforms, and the issuing of printed proclamations, effectively laid claim to the same executive powers normally attributed to the colonial administration.[4] Effectively, in a twist to James Clifford, the *Otruppe* used powers and

---

[1] VEMA, 2607, *Bildung der `Oruuano´ bei den Herero, 1948 - 1958.*
[2] NNAW, SWAA 432, Truppenspieler 1917 - 1918 Vol. 1.
[3] Henrichsen and Krüger (forthcoming) and Werner (1990: 485-502).
[4] As is argued by Michael Bollig in this volume.

attributes usually associated with others, in this case the colonial state, to construct themselves.[1]

A short sketch of the involvement of Herero in ethnographic studies regarding Herero society and culture:

Prior to their defeat in the Herero-German war, Herero had been extensively involved in Herero ethnography; if initially only as the informants of a number of the Rhenish Mission society missionaries who were active in their midst. As early as in the 1860s, little more than twenty years after the first Rhenish missionaries had started in central Namibia, formal studies regarding the Herero, written by the sons of these missionaries had begun appearing in German magazines dealing with ethnography.[2]

Missionary interest in the language, social structure and culture of Herero society was determined by a single factor: their need, as missionaries, to convert those whom they considered to be heathen to Christianity. In order to be able to convert the Herero to Lutheran Christianity, the missionaries had to come to an understanding of what it was that the Herero believed in and what it was that would have to be transformed before a Herero convert could become an acceptable Christian in their eyes. With this in mind, the Rhenish missionaries met at their annual conferences and elsewhere, and presented and discussed what they believed were ethnographic studies of aspects of Herero society and life. More often than not, the studies presented at the annual conferences were based on the extensive and intensive questioning of Herero converts about their lives. Indeed, information divulged by Herero converts was used as a gauge of commitment to the mission and conversion. Thus, for instance, the conversion of Chief Kukuri in 1903 was seen as being genuine because Kukuri surrendered his *Otjiha*, fire sticks used to kindle the *Okuruo*, to the missionaries. In some instances Herero converts introduced Rhenish missionaries into areas which were ritually off-limits to all but Herero ritual practitioners.[3]

Interestingly, in the present, the products of this cooperation have come to form the basis for much of what is now believed to be known

---

[1] Clifford and Marcus [Eds.] (1986: 10).
[2] J. Hahn (1868; 1869), Th. Hahn (1868).
[3] For a critical overview of these informants, see Lau (1995). Irle, Senior Missionar (1917: 337-267). In 1883, Irle was able, with the aid of evangelist Elia Kandikirira, to enter the hut of Maharero and see things inside it.

of Herero society. Both formally and informally, these snippets of knowledge gathered at various stages throughout the last hundred years are used to piece together what is considered to be a valid image of Herero society and culture in the present. Thus if one pieces together the genealogy of current ethnographic studies of the Herero, one comes up with a series of copyings that stretch back through time and which all claim to be true representations of a timeless Herero essence. The recent immensely popular work of J.S. Malan, *Peoples of Namibia* (Pretoria 1995) contains a section on `The Herero´. Malan´s work, as far as the Herero are concerned, is largely based on Gordon Gibson´s 1952 doctoral dissertation at the University of Chicago, *The Social Organisation of the Southwestern Bantu.* Gibson´s work in turn is based on the work of Heinrich Vedder, "The Herero", in *Native Tribes of South West Africa,* (Cape Town 1928) and the doctoral dissertation of H.G. Luttig, *The Religious System and Social Organisation of the Herero* (Utrecht 1933). These works in turn are based on the work of the missionaries Irle and Hahn, and so forth one hundred and fifty years into the past, with each retelling claiming to represent the true characterisation of the Herero in the present.

Similarly Herero presently engaged in attempting to determine what Herero tradition is meant to be are often dependent on the earlier works of Hahn, Vedder, Gibson and Irle. More often than not, Herero involved in ethnographic endeavour will similarly jumble together these various snippets of insight and perception into a single `ethnographic present´ representing `the Herero´. What cannot be denied, though, is that much of what is currently being hashed into these ethnographic representations is based in part, no matter how warped and twisted, on the information provided by Herero ancestors in the past.[1]

Undoubtedly the greatest ethnographic source on the Herero is the voluminous work of the Rhenish missionary Heinrich Vedder. Vedder, whose first active posting was in the Herero prisoner-of-war camp in Swakopmund, became Namibia's self-trained and self-appointed ethnographer-historian, whose work has come to form the flawed basis upon which most of all Namibian ethnography and history is based.[2] Following the first world war, Namibia was placed in the care of South

---

[1] See particularly the *Ovaherero religion and bloodlines project,* initiated by Alexander Kaputu, and the *Oveta Yovandu: Laws of the Ovaherero people,* initiated by Effa Okupa.

[2] Vedder's impact on Namibia was and is far-ranging and has been the subject of previous critique. Kinahan (1989: 33-39), Lau (1981: 24-53). Before the second world war Vedder was a fervent Nazi party supporter and in the aftermath of the war, as the representative of Namibia's indigenous population in the South African senate, he continued to extol his national socialist ideals vis à vis Namibia's black population.

Africa as a mandated territory of the League of Nations. In the early 1920s when the South African government sought to impress upon the League of Nations its rights to the territory, the new administration sought to make ethnographic sense of the mass of people who had become its new subjects. To this end experts were appointed by the administration to assist in the definition and determination of Namibia's population. Part of this work is to be found in a book entitled, *The Native Tribes of South West Africa* (Windhoek 1928), which was commissioned and written with the express purpose of convincing the League of Nations of South Africa's good conduct in the territory. In his introduction, Mr. H.P. Smit, the then-Secretary for South West Africa, stated:

> "...the book was written to give the League of Nations a short sketch of each of the principal tribes, in order that without a great amount of study it can be seen by members of that body the state of development of the natives, their mode of living and the ways in which they resemble or differ from one another.
> The five main divisions into which the natives of the Territory fall have been treated: 'The Ovambo,' by Mr. Hahn, who is the representative of the administration in Ovamboland, 'The Bushmen,' by Dr. Fourie, the Medical Officer for South West Africa, and 'The Herero,' 'The Nama,' and 'The Berg Damara,' by Dr. Vedder.
> The authors are all authorities on the tribes they have written about, and I should like to record here the Administration's great appreciation of their having consented to place their knowledge at its disposal.[1]

Needless to say, these experts, and in this case specifically Vedder, were dependent on indigenous informants for their information. An analysis of exactly who Vedder's informants were and how Vedder conducted his research still remains to be done. Suffice it to say that Herero informants will have had their own agenda when assisting Vedder in his ethnographic study of the Herero.[2]

Throughout the course of the twentieth century, Herero cultural brokers have sought to define their society, and this has not been limited to the 1920s. In the immediate afterglow of Namibian independence in 1990, the new administration, too, sought to make sense of the country and its inhabitants. To this end, commissions of enquiry into land and traditional leadership, population censuses and voter registration were initiated.

---

[1]   C.H.L. Hahn, Vedder and Fourie (1928).
[2]   The Namibian National archives as well as the archives of the Evangelical Lutheran Church in Namibia contain records detailing Vedder's ethnographic research.

However, Herero definition of their ethnographic self has not been limited to the definition of the self to others, as was the case of Herero informants who worked with Vedder, missionaries and administrations. Herero cultural brokers have also been anxious to define to themselves exactly what it was that constituted Herero society, culture and ethnicity. Thus aside from reacting in response to state investigations the ethnic condition of Namibia, Herero, too, have initiated projects to define themselves. In part this has been through the initiation of projects that deal with what is considered Herero history, culture and ethnography. During the 1960s a large number of Herero fled Namibia and some of them were fortunate enough to continue their schooling in exile. At least three of these Herero exiles, Katjavivi, Mbuende and Ngavirue, wrote Ph.D. theses on Namibian history, and in the process also wrote ethnographic descriptions of Herero society. Of late a number of Herero have sought external funding for a project intended to investigate *Oveta Yovandu: Laws of the Ovaherero People*. Similarly, the Herero historian Alexander Kaputu has sought funding for the *Herero traditional fire project*, with the aim of "discovering exactly how Herero tradition is to be conducted". Along with these projects, a number of oral history research projects were established in the late 1980s, with the express aim of investigating Herero history.[1]

At the moment in Namibia, Herero-language broadcasts often detail aspects of what is considered Herero history. Though local news-papers do the same, their reach is nowhere near as extensive as that of the radio. Herero history forms a large part of serious discussion determining Herero identity. As many commentators have already indicated, history, and the role and position of Herero therein, forms a major part of Herero everyday discussion. Much of Herero-language radio broadcasts detail aspects of Herero history, in the form of praise songs, listeners' queries and detailed histories collected by NBC employees. Most notable amongst the NBC Herero-language broad-casters is Mr. Alex Kaputu, who consciously seeks to define the mythical `true´ Herero history. However, as all know, history lays claims on the present as well as the past, and the history that one chooses determines to a large extent of the quality of one's Hereroness.[2]

---

[1] Of particular relevance was the Michael Scott Oral History Research Project, which led to the publication of *Warriors Leaders Sages and Outcasts in the Namibian Past* (Windhoek 1992).

[2] See in this regard the ongoing struggles in the present regarding the `correct´ Herero approach in the postcolonial state to such controversial issues as land rights or the extent of traditional leadership rights.

A characterisation of what appears to be some of the essential features of the Herero ceremonies of commemoration:

Naturally other Western - trained anthropologists, historians and social scientists have observed and attended Herero commemorations of the dead at different times and at different places in Namibia and Botswana. Though it must be realised that each commemoration is unique and historically determined, and that failing to do so would lead one into the trap of the `Ethnographic Present´, it is also evident that in looking at the reports of others who have written on Herero commemorations of the dead at different times and places, and comparing their views with the author´s description of events at Okaseta in 1991, a number of similarities do come to the fore, and it becomes clear that the ceremonies appear to be structured in a set pattern.

Sites of the commemorations are situated on the graves of men who are considered important to the flag. Generally the commemorations take place on weekends with the high point on Sunday. Usually organisers will arrive at the site on Friday with the majority of visitors arriving during the course of Saturday and the main ceremonies taking place on Sunday. Participants arrive on Saturday and are introduced to the ancestors at the *Okuruo, holy fire*. During the course of the day participants greet and meet friends and relatives, and practice for the events of the following day. In the evening food is distributed amongst all the participants and formal men's and women's dances evoking the past are held. On the following day, Sunday, the actual ceremony takes place. Long before dawn participants are dressed and start assembling in marching troops on the central parade ground. In this croud women sing songs and troops indulge in some last minute practice and start forming up in the order in which they will march to the graves. Eventually, shortly after the sun has risen and the *Ovandangere*, or ritual specialists, have deemed fit, the participants head off towards the graves, led by horsemen and followed by the marching men and women. Arriving at the graves, permission is asked of the ancestors, whereafter the participants are led past the various graves. Newcomers are introduced individually to the ancestors. Following the visit to the grave, the participants return to the parade ground. Here speeches are given detailing historical events and current affairs. Topics can range from the presence of researchers in their midst to what a speaker believes the correct approach to sales tax should be, as long as the topic is considered to have bearing on the community as a whole. Hereafter the various troop contingents display their marching skills and seek to chosen the winners of the competition. Winners are chosen on the basis of public acclaim, whereafter the ceremony is over and participants begin to pack up and go home.

Throughout the commemorations, people are continuously urged to watch and learn.[1] Participants and observers are continually urged to be on a good footing with one another, to preserve unity and not to display any forms of disagreement with one another. In the `unity´ thus created, observers, as well as participants, are told that here before them the prime aspects of Herero society are to be observed. In effect the commemoration brings into being, albeit for a very short time, a representation of Herero society which the participants see as the ideal and to which they seek to conform their lived society. The commemorations portray Herero society as Herero see it, as they believe it ought to be, and those aspects of their society which they consider to be essential to their existence as Herero:

> "The action of individuals of troops and of the procession is organized according to the principle that certain kinds of people lead and certain kinds follow. Ritual practitioners lead other participants, ranking participants lead non-ranking ones, men lead women, mature people lead younger ones, uniformed people lead non-uniformed" (Hendrickson 1992: 115).

In effect, by commemorating the dead as well as events associated with the dead, Herero bring together history, religion and the *Otruppe*, which they use to determine, define and display their own identity as Herero. In a short period of time, when people come together in their annual commemorations of the dead, the Herero attempt to determine the manner in which they and others see themselves and to redefine themselves as a grouping distinct from the rest of the world in terms of their religion, history, dress and norms. Effectively they seek to reach an agreement about what Herero identity should be and consists of.

A discussion of the manner in which these ceremonies construct and proclaim an ideal type of Herero society:

In the past, the historian Terence Ranger has eloquently dealt with the *Beni Ngoma* dance societies of eastern Africa (Ranger 1975). Ranger has described how, in Kenya and Tanzania of the interregnum, groups

---

[1]　This is an issue also pointed out by Hendrickson (1992: 118):
"...a great emphasis [is] placed on the viewing and enacting of proper conduct within a hierarchy of personnel and groups".

of men and occasionally women gathered together in military uniforms to march, dance and partake in war-games. As with the Otruppe, members of the *Beni Ngoma* carried ranks and titles that were derived from those of the German colonial army. But in contrast to those who would argue that the *Beni Ngoma* was obviously a parasitical and derivative phenomena, Ranger argued that the phenomena was a creative and versatile African response deeply rooted in the cultures of eastern Africa. In a later publication Ranger noted:

> „African observers of the new colonial society could hardly miss the significance that Europeans attached to the public rituals of monarchy, the gradations of military rank, the rituals of bureaucracy. Africans who sought to manipulate these symbols for themselves, without accepting the implications of subordination within a neo-tradition of governance, were usually accused by Europeans of triviality, of confusing form with reality and of imagining that it was possible to achieve power or prosperity just by emulating ritual practice. But if this were true, the over-emphasis on the forms had already been created by colonial whites themselves, most of whom were the beneficiaries rather than the creators of wealth and power. If their monopoly of the rites and symbols of neo-tradition was so important to the whites, it was by no means foolish of Africans to seek to appropriate them".[1]

Elsewhere in Africa, at the same time that the *Beni Ngoma* and the annual commemorations of the Herero started in the early 1920s, peasants in what is now western Niger dressed in copies of colonial uniforms and engaged in massed drilling.[2] Members of the movement carried ranks inspired by their colonial masters, and some came to be possessed by the spirits of these selfsame masters. This movement, which still exists today, became known as *Hauka*.[3] Paul Stoller, an American ethnologist who has written extensively on the *Hauka* amongst the Songhai and Djerma of Niger, has argued that Songhai sought to `master the master by appropriating his embodied behaviour'.
(Stoller 1995: 113). Stoller's work is heavily influenced by Michael Taussig's *Mimesis and Alterity* which refered to:

---

[1] Hobsbawn and Ranger (Ed.) (1983: 237).
[2] Stoller (1995; 1989) and with Olkes (1989); Rouch (1960); Olivier de Sardin (1984). Elsewhere in Africa: Ranger (1975).
[3] Between January 1995 and May 1996, the author lived for thirteen months in Tera, a small town in northwestern Niger. During his sojourn the author attended a number of *Hauka* ceremonies.

...a novel anthropology not of the Third and Other worlds, but of the West itself as mirrored in the eyes and handiwork of its Others (Taussig 1993: 236).

Taussig used the *Hauka* as an example of this ˋnovel anthropology´, in which it was his "intention to bring out the ways that the mimetic and alteric effect of such reflections must problematize the very act of making sense of reflection - which is why it strips the anthropologist naked, so to speak, shorn of the meta-languages of analytic defence, clawing for the firm turf of cultural familiarity" (Taussig 1993: 237). Taussig's and Stoller´s work falls within earlier work on globalisation, which effectively sought to discover what it is that gets appropriated, transformed and thrown back by those who have been colonised. Stoller argues that Songhai and Djerma ethnography of their colonial masters allowed them to appropriate their power through ˋthe mimetic faculty´ and to turn it against their colonial masters (Stoller 1995: 133). By coming to understand French colonists and by mimicking their behaviour Nigeriens could oppose the French:

> "Indeed, the Hauka constituted an embodied opposition to the French occupation.
>
> ...
>
> Copying the French Governor entails contact, which is electroshocking to both intended and unintended audiences" (Stoller 1995: 122).

It will be clear from the above that, in contrast to the activities of the *Hauka* in Niger, which have been seen by some as an ethnography of colonialists, the *Otruppe* at the commemorations do not seek to portray outsiders, but to define and portray themselves. Thus, though elements of the commemorations have been appropriated from the German colonial presence, the commemorations do not entail a description of German colonists; outsiders are not used to portray themselves, instead the Herero participants seek to present an ideal type of their own society, which is to serve as a template by which Herero action is to be informed and defined by both Herero and others.

In contrast to the *Beni Ngoma* of East Africa and the *Hauka* of Niger, the *Otruppe* do not concentrate primarily on the present. Instead, through the public remembrance and commemoration of a string of historical events, the Herero create a chain of history that leads back into the past, and which is then to a large extent moulded and used to justify their claims vis à vis the colonial and the post-colonial state. In doing so, the commemorations serve a three-fold function: they lay claims to the land; they allow Herero society to process and overcome the traumatic events of the past; and finally they are a site where, through performance, an ideal type of a united and harmonious Herero society is presented. An ideal type that does not exist except in performance.

Literature

Bley, Helmut (1971): *South West Africa under German Rule, 1894 - 1914*, London.

Clifford, James (1988):*The Predicament of Culture: Twentieth-Century Ethnography, Literature, and Art*, Boston.

Clifford, James & George E. Marcus (Eds) (1986): *Writing Culture: The Poetics and Politics of Ethnography*, Los Angeles : 10.

Gewald, Jan-Bart (1996): *Towards Redemption: A socio-political history of the Herero of Namibia between 1890 and 1923*, Leiden.

Hahn, Josaphat (1868): 'Das Land der Ovaherero'. In: *Zeitschrift der Gesellschaft für Erdkunde*, Bd. 3, Berlin.

Hahn, Josaphat (1869): 'Die Ovaherero'. In: *Zeitschrift der Gesellschaft für Erdkunde*, Bd. 4, Berlin.

Hahn, Theophilius (1868): „Sagen und Märchen der Ovaherero in Südwestafrika". In: *Globus,* Bd. 13.

Hahn, C.H.L., H. Vedder, and L. Fourie (1928): *The Native Tribes of South West Africa*, Windhoek.

Hendrickson, Hildi (1992): *Historical idioms of identity representation among the Ovaherero in southern Africa*, unpublished PhD. thesis University of New York.

Hendrickson, Hildi (1996): 'Bodies and Flags: The Representation of Herero Identity in Colonial Namibia'. In: *Clothing and Difference: Embodied Identities in Colonial and Post Colonial Africa*, H. Hendrickson (Ed.), Durham, Pp. 213-44.

Henrichsen, Dag & Gesine Krüger (forthcoming): 'We have been captives long enough, we want to be free: Land, Uniforms and Politics in the History of Herero during the interwar period'. In: *Trees Never Meet: But People Do*, P. Hayes, M. Wallace, J. Silvester (Eds).

Henrichsen, Dag (1997): 'Ozombimbi, Commando and Guns : Male identifications and the evolution of a gun society amongst Herero in pre-colonial central Namibia', paper presented at *People, Cattle and Land: A symposium on the culture, history and economy of Otjiherero speaking people,* 14-17 September, Siegburg.

Hillebrecht, Werner (1992): 'Habe keinerlei Papiere in Deiner Kiste...', *WerkstattGeschichte* 1, Hannover.

Hobsbawn, E. & Terence Ranger (Eds.) (1983): *The Invention of Tradition*, Cambridge, P. 237.

Irle, Jakob, Senior Missionar (1917): *Die Religion der Herero*, Sonderabdruck aus dem Archiv für Anthropologie Neue Folge No.15: 337 - 367.

Kühne, Horst (1979): "Die Ausrottungsfeldzüge der 'Kaiserlichen Schutztruppen in Afrika' und die sozialdemokratische Reichstagsfraktion". In: *Militärgeschichte*, Bd 18.

Kinahan, Jill (1989):'Heinrich Vedder's sources for his account of the exploration of the Namib coast'. In: *Cimbebasia* 11: 33 - 39.

Krüger, Gesine (1995): '*(...) so schicke uns jemanden mit einem Brief von Dir'. Alltagsgeschichtliche Quellen zur Nachkriegszeit des Deutsch-Hererokriegs 1904 - 1907*, Working paper No 1: 1995, presented in Basel 27/9/1995, Basler Afrika Bibliographien.

Lau, Brigitte (1981): "'Thank God the Germans came': Vedder and Namibian Historiography". In: *Africa Seminar Collected Papers*, Centre for African studies, University of Cape Town, 2: 24 - 53, K. Gottschalk and C. Saunders (Eds), Cape Town .

Lau, Brigitte (1995): 'Johanna Gertze and Emma Hahn: some thoughts on the silence of historical records, with reference to Carl Hugo Hahn'. In: *History and Historiography*, A. Heywood (Ed.), Windhoek.

MSORP, Michael Scott (1992): Oral History Research Project, *Warriors Leaders Sages and Outcasts in the Namibian Past*, Windhoek.

Prein, Phillip (1994): 'Guns and Top Hats: African Resistance in German South West Africa, 1907 - 1915'. In: *Journal of Southern African Studies*, 20, No. 1 : 99 - 121.

Pönninghaus, F. (11/9/34/): *Im Reservaat Okakarara*.

Ranger, Terence (1975): *Dance and Society in East Africa: the Beni Ngoma*, Berkeley.

Rouche, Jean, (1960): *La Religion et la magie Songhay*, Paris.

Sardin de, Pierre Olivier (1984): *Sociétés Songay-Zarma*, Paris.

Stoller, Paul (1989): *Fusion of the Worlds*, Chicago.

Stoller, Paul (1995): *Embodying Colonial Memories: Spirit Possession, Power and the Hauka in West Africa*, London.

Stoller, Paul, & Cheryl Olkes (1989): *In Sorcery´s Shadow*, Chicago.

Taussig, Michael (1993): *Mimesis and Alterity, A Particular History of the Senses*, New York/London.

Werner, Wolfgang (1989): *An Economic and Social History of the Herero of Namibia, 1915 - 1946*, unpublished PhD. thesis University of Cape Town.

Werner, Wolfgang (1990): 'Playing Soldiers': The Truppenspieler Movement among the Herero of Namibia, 1915 to ca. 1945. In: *Journal of Southern African Studies*, 16, No. 3: 485 - 502.

Non-verbale ethnographische Darstellungen aus Angola

Beatrix Heintze

Legt man Hirschbergs Definition von Ethnographie als „die systematische Beschreibung der verschiedenen Völker und ihrer Kulturen"[1] zugrunde, so hat es eine solche Ethnographie in Afrika vor der Berührung mit den westlichen Wissenschaftskonzepten weder in schriftlicher noch in einer abbildenden Form gegeben. Und was die nicht-systematische Darstellung von Kultur betrifft, so beschäftigte man sich hier allem Anschein nach vorwiegend mit der eigenen, nicht mit fremden Kulturen. Auch die non-verbalen Äußerungen erfolgten auf diesem Kontinent wohl nur selten mit der ausdrücklichen Absicht, ein bestimmtes kulturelles Phänomen um seiner selbst willen, quasi zur Demonstration seiner spezifischen Existenz, zu fixieren. Dagegen reichen Abbildungen kultureller Phänomene als Nebenprodukt anderer Aussagen in Afrika weit in die Vergangenheit zurück. So finden sich schon auf jahrtausende alten Felsbildern der Sahara z.B. Darstellungen von Kleidung, Waffen, Masken, Pferde- und Rinderwagen, aber etwa auch von Jagdszenen, die in einigen Fällen spezifische ethnographische Elemente erkennen lassen.[2] Im allgemeinen stellen sie uns allerdings vor erhebliche Interpretationsprobleme und lassen oft einen allzu großen Spielraum für Mehrdeutigkeit.

Bei uns hat die Europäische Ethnologie schon seit langem Bilddokumente herangezogen, um durch sie die materielle Kultur vergangener Zeiten kennenzulernen. Gotische Tafelbilder sind dafür ein anschauliches Beispiel.[3] Aber die Forschung hat auch erbracht, daß bei einer solchen Auswertung von Bildzeugnissen eine sorgfältige Quellenkritik unerläßlich ist. Reale und nichtreale Züge stehen hier dicht nebeneinander. Einige Elemente sind anachronistisch, bei anderen dominiert der Symbol- oder Toposcharakter. Die Darstellungen sind immer funktions- und bedeutungsgebunden und selbst da, wo sie besonders wirklichkeitsnah anmuten, durchaus keine naturalistischen, fotografieähnlichen Wiedergaben. Dennoch lassen sich aus ihnen zahlreiche Informationen über die Sachkultur, z.B. des

---

[1] *Wörterbuch der Völkerkunde* 1965: 107.
[2] Siehe z.B. die Ausstellungskataloge *Sahara. 10 000 Jahre zwischen Weide und Wüste* 1978; *Felsbilder der Sahara* 1984.
[3] Siehe z.B. *Alltag und Fest im Mittelalter* 1970.

Mittelalters, gewinnen. So weisen auf den gotischen Tafelbildern vor allem die abgebildeten Möbel und Geräte ein hohes Maß an Wirklichkeitsgehalt auf.[1] Ein anderes Beispiel, das uns wieder nach Afrika führt, ist das Gemälde „Beim Raritäten-Händler" des Niederländers Cornelis de Man aus dem 17. Jahrhundert, auf dem an der Wand hängend ein Akan-Schwert von der Goldküste abgebildet ist.[2]

Ein Teil der anhand europäischer Bilddokumente gewonnenen Erkenntnisse läßt sich auch auf Afrika übertragen, vor allem die Warnung vor einem unkritischen Umgang mit solchen non-verbalen Darstellungen. Solchen Bildern am nächsten kommt die Äthiopische Volksmalerei, die bis ins 14. Jahrhundert zurückreicht und ihren Höhepunkt in den kostbaren Miniaturen und den Wandmalereien der Kirchen erreichte. Etwa seit der Mitte des vorigen Jahrhunderts begann man allmählich, Kleidung und Gegenstände immer mehr nach der Wirklichkeit darzustellen und neben historischen und religiösen Szenen nun auch das tägliche Leben abzubilden. Damit wurden diese Bilder über ihren künstlerischen Wert hinaus zu wichtigen historischen Quellen und ethnographischen Zeugnissen der eigenen Kultur.[3]

Eine reichhaltige ethnographische Fundgrube sind auch die berühmten Beninbronzen, die sowohl Darstellungen der eigenen Kultur als auch einer fremden Kultur, nämlich derjenigen der europäischen Händler und Eroberer, sind und die sowohl einzelne Figuren mit ihren Attributen als auch ganze Szenen wiedergeben.[4]

Einen vergleichbaren Reichtum an non-verbalen ethnographischen Informationen werden wir in Angola nicht finden. Vieles, was es an darstellerischer Schöpfung gegeben hat, ist niemals dokumentiert worden. Eine entsprechende Tradition hat sich hier aber wohl auch nur in Ansätzen herausgebildet. Und über das wenige, was überliefert ist, sind unsere Kenntnisse meist nur gering. Im folgenden sollen fünf verschiedene Darstellungsarten zur Sprache kommen: plastische Werke, Wandmalereien, Kalebassenschnitzereien, Sandzeichnungen und schließlich Missionszeichnungen.

---

[1] Schmidt 1970: 15–35.
[2] Dias 1992: Abb. 12, S. 65, vgl. Abb. 30, S. 152; Abb. 30, S. 233; Abb. 31, S. 234. Siehe dazu auch Jones 1994: 28–43.
[3] Haberland 1983; *Aethiopische Miniaturen* 1957.
[4] Siehe z.B. Dias 1992: Abb. 22, S. 225 und Abb. 7, S. 263; Kecskési 1982: Abb. 166, S. 156. Siehe auch *Kunst aus Benin* 1994.

Plastische Werke

Eine Reihe von Skulpturen, die fast alle erst aus der Zeit nach etwa 1880 stammen, weisen ethnographische Elemente auf. Diese beziehen sich vor allem auf Schmuck, Haartracht, Kopfbedeckung, Kleidung, Tatauierung, Herrschaftssymbole und Geräte wie Mörser, Tabakpfeifen und Musikinstrumente. Auch die Art und Weise, wie Kinder von der Mutter getragen werden, Reitochsen, der Transport von Häuptlingen in der Tipoia, aber auch Initiationsmasken werden gezeigt. Solche Skulpturen hat es vom Kongo im Norden bis zu den OviMbundu im Süden gegeben. Die alte Holzschnitzkunst der AMbundu[1] (im Königreich Ndongo und Umgebung) ist seit dem 16. Jahrhundert systematisch durch die Missionare und durch die politischen und geistigen Umwälzungen infolge der portugiesischen Eroberung und des Atlantischen Sklavenhandels zerstört worden, so daß wir sie nicht kennen. Auch aus dem Norden Angolas (dem Königreich Kongo und Umgebung) ist nur wenig überliefert. Die herausragendsten Schnitzer in den letzten hundert Jahren waren die Cokwe, die heute für ihre Kunstwerke in aller Welt bekannt sind. Auf ihren berühmten Häuptlingsstühlen finden sich auch szenische Darstellungen.[2] Aber da es den Künstlern meist nicht um eine detailgenaue Wiedergabe ging, erschließt sich uns der ethnographische Inhalt ihrer Werke über die angedeutete äußere Form hinaus nur durch zusätzliche, verbal mitgeteilte Informationen. Diese sind aber leider trotz der großartigen Arbeiten von Marie-Louise Bastin in allzu vielen Fällen nicht vorhanden.

Die in Abb. 1[3] abgebildete Cokwe-Figur wurde 1878 von dem deutschen Forschungsreisenden Otto H. Schütt in der Nähe des Ortes Kimbundu in Angola erworben. Ohne nähere Herkunftsangaben ist sie auf der handschriftlichen Liste der Objekte, die 1880 von dieser Expedition an das Berliner Museum für Völkerkunde gingen, lediglich als „Fetisch" verzeichnet. Im Inventarverzeichnis des Museums wurde sie dann noch im selben Jahr folgendermaßen charakterisiert: „Kioko [= Cokwe] Figur mit geflochtenem Bart, Kappe, auf der zwei kleine menschliche Figuren sitzen, in den Händen eine Flinte und einen Speer haltend."[4] Heute gehört dieser „Fetisch" – ein

---

[1] Heute bezeichnet man sie als AkwaMbundu.
[2] Siehe z.B. Bastin 1982: S. 271; 1961: Nr. 196 1d,e; *Escultura Angolana* 1994: Nr. 138; vgl. auch *Museu e Laboratório Antropológico* 1994: Nr. 138 (Zeremonial- oder Zierstab der Cokwe).
[3] Abbildungen siehe Bildanhang.
[4] Dies und das folgende nach Bastin 1965: 501–537; s.a. 1995/1996: 266–267.

Begriff, der trotz seiner Ungenauigkeit und seiner herabsetzenden Konnotationen leider immer noch nicht aus unserer Wissenschaft verschwunden ist – zu den berühmtesten Stücken der Afrika-Sammlung des Museums. Außer auf ästhetische Kriterien, die hier beiseite bleiben sollen, gründet sich die heutige Wertschätzung auf der Identifizierung der Figur als einer Darstellung des Kulturheros der Lunda, Cibinda Ilunga, eine Identifizierung, die Marie-Louise Bastin mit detektivischem und kenntnisreichem Spürsinn unter Mithilfe eines Cokwe-Informanten gelungen ist.

Cibinda Ilunga ist vermutlich keine historische Gestalt. Der Legende nach soll er als renommierter Jäger königlichen Geblüts etwa um die Mitte des 16. Jahrhunderts von den Luba zu den Lunda gekommen sein und dort mit der Tochter des verstorbenen Lundafürsten die neue Dynastie der *Mwant Yaav* gegründet haben, die dann im 17. und 18. Jahrhundert ihre Blütezeit erreichte. Cibinda Ilunga wird die Einführung neuer, effektiverer Jagdtechniken, vor allem aber einer neuen Konzeption und Organisation politischer Macht zugeschrieben. Aufgrund der engen historischen Verbindung zwischen Cokwe und Lunda verehren die Cokwe Cibinda Ilunga als ihren Kulturheros. Bastin konnte nun nachweisen, daß diese Figur ein Werk der Cokwe ist. Ihre breiten Füße symbolisieren die Vitalität und Ausdauer des Dargestellten. Er trägt u.a. eine zeremonielle Kopfbedeckung der Cokwe-Häuptlinge (wahrscheinlich vom Typ *uta wa cipenze*), einen (Leder-)Gürtel mit einer Axt, einem kalebassenförmigen Behälter für Pulver, einer Patronentasche (*ngonga ya cifolo*, aus Kupfer- oder Weißblech), einer Schildkrötenschale (*kafulu*, wird mit magischen Substanzen gefüllt) und dem typischen Messer der Cokwe mit langem Griff als Jagdutensilien und, umgehängt, den Jagdzauber *mukata wa yanga* (ihm spendet der Jäger nach der Jagd etwas Blut und ein Stück Herz des getöteten Tieres). In der rechten Hand hält er den Stab *cisokolu* (also keinen Speer!) und in der linken ein Steinschloßgewehr. Die beiden kleinen Figuren auf den Flügeln der Kopfbedeckung stellen *mahamba* dar. Sie sind Schutzgeister des Jägers, die ihm auch die Anwesenheit von Jagdwild signalisieren.

Natürlich enthält diese Figur zahlreiche Anachronismen. Die Details der Darstellung beziehen sich ausschließlich auf die Zeit (oder eine nur wenig zurückliegende Vergangenheit), in der die Plastik geschnitzt wurde. Cibinda Ilunga jagte mit Pfeil und Bogen und besaß noch kein Gewehr und folglich auch keine Patronentasche. Auch andere Attribute, wie die zeremonielle Kopfbedeckung haben ihre dargestellte Form sicher erst im Laufe der nachfolgenden Jahrhunderte erhalten. Es handelt sich um keine beliebige, individuelle Darstellung, sondern um ein komplexes „Zeichen" für diesen großen Jäger und legendären Staatsgründer. Aufgrund dieser signifikanten Merkmale und Stilelemente können ihm auch weitere Figuren in europäischen Museen zugewiesen werden.

Es ist offensichtlich, daß sich diese Deutungen niemals „von selbst", sondern nur im Dialog mit dem Volk, das solche Werke schuf, erschließen und das dafür ein tiefes Eindringen in seine Geschichte und seine Kultur, sein Denken und seine Sprache, Voraussetzung ist. Dann aber können solche Kunstwerke plötzlich auch zu einem Kristallisationspunkt ethnographischer Mitteilungen werden, die sonst vielleicht nie an die wissenschaftliche Öffentlichkeit gekommen und vielleicht auch nie erfragt worden wären. Vor allem erlauben sie über alle Äußerlichkeiten hinaus einen Blick in die dahinterliegenden geistigen Konzeptionen.

Ein anderes Beispiel ist die BaKongo-Figur vom unteren Zaïre in Abb. 2.[1] Hier sei nur das Augenmerk auf das, was die Figur zwischen den Zähnen hält, gerichtet. Es identifiziert sie als einen Häuptling. Es gibt zahlreiche Figuren, die so dargestellt sind,[2] eine der ersten wurde wohl von Adolf Bastian 1873, wiederum als „Fetisch", aus Loango nach Berlin mitgebracht.[3] Was hat diese Darstellung zu bedeuten? Ohne nähere Kenntnisse der indigenen Traditionen bliebe uns auch diesmal alles verschlossen. MacGaffey liefert den Schlüssel: Es handelt sich um die bittere Wurzel *munkwiza* (*Costus* sp. *Zingiberaceae*), einem der wichtigen Symbole des Häuptlingstums und einem vor allem in Mayombe überaus häufigen Motiv in der plastischen Darstellung. Das neue Oberhaupt, kaute die Wurzel bei seiner rituellen Investitur, um außergewöhnliche Kräfte zu erlangen und seine Herrschaft zu stärken. Man glaubte, seine Seele befände sich in ihr. Ließ er die Wurzel fallen, mußte die Investitur wiederholt werden. Sie wurde von ihm auch benutzt, um Hexerei aufzudecken. Eine Person, auf die der Häuptling *munkwiza* gerichtet hatte, mußte unweigerlich sterben, nachdem sich ihr Körper zuvor entweder aufgebläht hatte oder zusammengeschrumpft war.[4]

Noch deutlicher als die bisher gezeigten Beispiele befinden sich die hölzernen Topfdeckel aus Cabinda und den benachbarten Regionen im Grenzbereich zwischen realistischem Abbild und semioti-

---

[1] *Astonishment and Power* 1993: Fig. 61 auf S. 97 und Text S. 96; siehe dazu auch *Treasures from the Africa Museum Tervuren* 1995: 287.

[2] Siehe z.B. *Treasures from the Africa Museum Tervuren* 1995, Abb. 10, S. 43; Neyt 1981, Fig. V.11; Lehuard 1989, I: D 3-4-1, D 9-1-2; II: J 6-1-1, J 6-2-1, J 12-1-5, J 12-1-6, J 19-1-1, K 1-1-2, K 1-2-1, K 2-1-2, Taf. X.

[3] Bastian 1874/1875, II: Tafel: „Fetischfiguren von der Loango-Küste".

[4] MacGaffey in *Treasures from the Africa Museum Tervuren* 1995: 287 und *Astonishment and Power* 1993: 96.

schen Zeichen: Mittels durchaus realistischen, oft „ethnographischen" Elementen stellen sie Sprichwörter dar. Diese bis um die Jahrhundertwende[1] beim Auftragen einer Mahlzeit verwendeten Deckel waren Kommunikationsmittel, die vor allem zur Bekräftigung der Stellung des Häuptlings oder zur Schlichtung eines Familienstreits eingesetzt wurden. Sie enthielten zahlreiche Hinweise auf gesellschaftliche Regeln, Gesetze, moralische und religiöse Vorstellungen ihrer Benutzer.[2] Die Sprichwörter sind in sehr unterschiedlicher Art und Weise gestaltet: von Figuren in Hochrelief bis hin zu Flachreliefs von Früchten, Waffen, Muschel- oder Schneckengehäusen sowie verschiedenen Zeichen. Die wichtigsten Elemente befinden sich in der Mitte des Deckels. Oft gibt es Anspielungen auf andere Sprichwörter, die die zentrale Aussage ergänzen oder verdeutlichen. Da die Deutung außerhalb ihres Kontextes nicht möglich ist, kann sie in den Fällen, in denen sie nicht dokumentiert wurde, heute nicht mehr erfahren werden.[3]

Der Deckel in Abb. 3 zeigt einen Hund vor dem traditionellen Herd. Der Topf steht auf drei Termitenstücken zwischen denen die Scheite liegen. Das dazugehörende Sprichwort lautet: *"Ce qui est mangé par le chien: c'est un imbécile qui le garde"* („Was vom Hund gefressen wird: Es ist ein Idiot, der es bewacht.") Das heißt, daß die unaufmerksame Frau Schuld hat, wenn es dem Hund gelingt, sich das Essen zu schnappen. Die Eltern des Ehemannes oder dessen Onkel schicken dem Ehemann den Deckel, um ihn auf ihren Verdacht einer möglichen Untreue seiner Frau aufmerksam zu machen: Wenn er nicht aufpasst, nimmt sie ihm womöglich ein anderer weg. In gleicher Weise kann so eine Familienmutter gewarnt werden, doch besser auf die Sachen ihres Haushalts acht zu geben und sie nicht zu vergeuden.[4]

Der Deckel in Abb. 4 zeigt in der Mitte einen Sarg mit drei Spitzen und am Rand einen Haken, einen Teller mit einem Maniokstück, eine Rattenfalle und ein Samenkorn:

---

[1] Vaz 1969: 28.
[2] Vaz 1969: 30.
[3] Siehe Martins 1961, Vaz 1969, Cornet 1980, 1995/1996: 253. Bei den Woyo scheinen Sprichwörter das gesamte Leben und nahezu alle Darstellungsweisen zu beherrschen: Man findet sie z.B. auch als Malerei auf Hauswänden, als Schnitzmuster auf Kalebassen und, aller Gegenständlichkeit entkleidet, als Flechtmuster auf Körben, als Tatauierung und durch bestimmte Perlen im Schmuck ausgedrückt (Cornet 1980: 27–28).
[4] Cornet 1980: 38–39.

1.) Sarg: Der Hauptspruch dazu lautet: *"Un cercueil à trois pointes: celui qui est enterré avec lui est chef de famille"* („Ein Sarg mit drei Spitzen: Wer damit bestattet wurde, ist ein Familienoberhaupt"). Familienoberhäupter und reiche Leute erhalten einen Sarg mit drei Spitzen. Er ist ein Zeichen ihrer Würde. Der Onkel einer Familie äußert diesen Spruch manchmal gegenüber seinen Neffen, um sie daran zu erinnern, ihm ein prunkvolles Begräbnis auszurichten.

2.) Haken: zusätzliches Sprichwort: *"Là où le crochet n'atteint pas: toi, la main, peux-tu atteindre? tu ne peux pas!"* („Wo der Haken nicht hinreicht: Du, Hand, kannst du hinreichen? Du kannst es nicht!"). Dieses Sprichwort richtet sich gegen diejenigen, die nicht einzusehen vermögen, daß ihre Ansprüche unrealistisch sind. Wie willst du, Armer, eine Sache bewältigen, in der ein Reicher nur mit Mühe Erfolg hat? Wie willst du, armer Schlucker, es schaffen einen Brautpreis für eine Frau aufzubringen, den nicht einmal junge reiche Männer bezahlen können?

3.) Teller mit Maniokstück: zusätzliches Sprichwort: *"L'assiette avec un seul morceau de manioc: si tu vois cela, elle n'est pas mariée."* („Ein Teller mit einem einzigen Stück Maniok: Wenn du das siehst, ist sie nicht verheiratet."). Dies ist eine Anspielung auf eine unverheiratete Frau, die egoistisch nur ihr eigenes Mahl zubereitet.

4.) Rattenfalle: zusätzliches Sprichwort: *"Le piège où est pris le rat, quelque chose d'odorant était dedans"* („Die Falle, in der die Ratte gefangen wurde: Etwas, was man riechen kann, war darin."), d.h. die Ratte konnte gefangen werden, weil sie durch einen Duft angezogen wurde, oder, allgemeiner gesprochen, weist das Sprichwort darauf hin, daß man einer Verführung erlegen ist.

5.) *nthumbu Mveemba*-Samenkorn: zusätzliches Sprichwort: Man soll reinen Herzens und verfügbar sein ohne zurückzugehen.

Die Synthese der mittels des Deckels durch den Onkel an seine Neffen ausgedrückten Botschaft läßt sich nach Cornet und seinen Informanten folgendermaßen in Worten ausdrücken: 1.) Sorgt dafür, daß ich eine schöne Bestattung erhalte. 2.) Wenn ihr nicht reich werdet, wie könnte ich davon träumen, wie ein Reicher bestattet zu werden? 3.) Denkt an mich und an die Ehre, die der Familie zugute kommen wird, und nicht nur an euren persönlichen Vorteil. 4.) Laßt euch nicht von denen beeinflussen, die euch von mir entfernen wollen. 5.) Zeigt deshalb euren wahren Charakter und akzeptiert, ohne euch zu streiten, mir in meinem Alter zu helfen.[1]

---

[1] Cornet 1980: 73–75.

Wie wir gesehen haben, sind die Skulpturen nicht zeitlos, sie spiegeln keine statische „traditionelle" Kultur wider, sondern nehmen durchaus auch Merkmale des Kulturwandels auf. Besonders das Eindringen technischer Errungenschaften der westlichen Welt wird rezipiert. Das Gros der plastischen Werke bleibt dabei aber ganz auf die eigene Kultur bezogen.

Es gibt in Angola aber auch die explizite Darstellung des Fremden, namentlich des Europäers. Sie findet sich etwa als spiralförmige Reliefs auf den Elfenbeinzähnen, die im 19. Jahrhundert für den Verkauf an Touristen am unteren Zaïre hergestellt wurden,[1] vor allem aber als sogenannte Colon-Figuren aus der Kolonialzeit.[2] Es sind afrikanische Interpretationen des weißen Mannes während einer durch Gewalt und Unterdrückung, mindestens aber durch eine strikte Hierarchie gekennzeichneten Beziehung. Sie zielen keineswegs auf einen Dialog, sondern dienen, wie Edward Graham Norris gezeigt hat,[3] eigenen Zwecken innerhalb der Kultur des jeweiligen Künstlers. Da diese Figuren überwiegend außerhalb ihres ursprünglichen Kontextes erworben wurden, ist dieser aber meist nicht mehr zu identifizieren. Die genaue, oft karikierende Beobachtung, die viele dieser Figuren widerspiegeln, zeichnet auch die Colon-Figuren Angolas aus.[4]

Wandmalereien

Einen ganz anderen Charakter haben Wandmalereien. Sie sind, von einer Ausnahme bei den Cokwe abgesehen,[5] in Angola niemals systematisch dokumentiert worden, so daß ihre frühere Verbreitung unbekannt ist. Wandmalereien sollen aber typisch für den gesamten Norden des heutigen Angola gewesen sein und sich im Süden bis etwa Wambu erstreckt haben.[6] Vielleicht war es Adolf Bastian, der sie zum ersten Mal erwähnt hat. Er beobachtete sie verschiedentlich

---

[1] Kongo 1971. Güssfeldt beobachtete 1873 die Herstellung einer solchen Elfenbeinschnitzerei (Güssfeldt 1879: 67). Die beschnitzten Elfenbeine des 16. Jahrhunderts wiesen im Kongo dagegen offensichtlich nur geometrische Muster auf (siehe Bassani und Fagg 1988).

[2] Jahn 1983.

[3] Norris 1983: 13–64.

[4] Siehe den Ausstellungskatalog des Reiß-Museums-Mannheim: *Kongo* 1971, Nr. 242; Jahn 1983: Nr. 129–130 (Yombe), 131–134 (BaKongo), 137 (OviMbundu), 138–141 (Cokwe).

[5] Redinha 1953.

[6] Hambly (1934) in Redinha 1953: 13.

auf seiner Reise 1857 in die alte Hauptstadt des Königsreichs Kongo, *mbanza* Kongo bzw. São Salvador.[1]

Die Wandmalereien, die vor allem an den verputzten Außenwänden angebracht wurden, waren Wind und Wetter ausgesetzt und daher sehr vergänglich. Sie wurden im allgemeinen in der Trockenzeit angefertigt und verschwanden bei den Cokwe meist schon mit den ersten Regen. Anders als die Holzschnitzkunst wurden sie, stets oder doch wohl überwiegend, von Laien ausgeführt. In unserem Jahrhundert beteiligten sich daran bei den Cokwe neben erwachsenen Männern auch Kinder und manchmal sogar Frauen. Sie dienten daher auch ganz oder ausschließlich profanen, dekorativen Zwecken. Trotzdem unterlagen auch sie kulturellen Vorgaben und Normen, und viele von ihnen enthalten ethnographische Aussagen. Rot, schwarz und weiß waren die bevorzugten Farben. Daneben kamen auch Ockerfarben, braun, gelb und aschgrau vor. Die Themenvielfalt ist groß: Pflanzen, Tiere, Personen, Szenen und Ereignisse der Geschichte und des täglichen Lebens, Maskentänzer und Geister, alle mehr oder weniger schematisiert. Ferner gab es abstrakte Formen, die oft Wege, Felder, Dörfer und legendäre Orte repräsentieren. Vieles, was oberflächlich betrachtet nur als Gekritzel oder unbeholfene Belanglosigkeit erscheint, erschließt sich auf Nachfragen als von reichhaltiger Bedeutung. Noch weniger als die Skulpturen sind diese Malereien detailgetreue Abbildungen der Realität. Sie sind vielmehr kulturspezifische Zeichen für eine unsichtbare geistige Wirklichkeit, die sich dem Außenstehenden nur im Diskurs mit ihren Urhebern zu erschließen vermag. Vier Beispiele der Cokwe, die zwischen 1939 und 1943 mit ihren eigenen Interpretationen dokumentiert wurden, sollen das veranschaulichen.[2]

Die auf der mit Lehm verputzten Innenwand eines Hauses angebrachte Wandmalerei in Abb. 5 zeigt nach den Erläuterungen des Malers oben eine Gruppe Jünglinge, die den „Neuen Regen" tanzt. Die mittlere Figur hat einen Kopfschmuck, was anzeigt, daß es sich um eine wichtige Person handelt. Der gezackte Streifen darunter ist der Boden. Es war üblich, wenn die ersten Regentropfen nach der Trockenzeit fielen, für den Regen zu tanzen.

Die mittlere Figur im unteren Teil des Bildes repräsentiert in schematischer Form den (männlichen) Waldgeist Samuangi, der bei den Cokwe hohes Ansehen genießt und sehr verehrt wird. Die flügelförmigen Auswüchse, die rechts und links aus dem Körper kommen, stellen das Gesäß des riesenhaften Samuangi dar, mit dem er die

---

[1] Bastian 1859: 160.
[2] Redinha 1953; s.a. 1948a: 19–27.

Bäume des Waldes niederreißt, um sich einen Weg zu bahnen. Die beiden zusammenstoßenden Balken unter der Figur sind umgehauene Bäume ohne ihre Kronen. Die geometrische Figur links unten ist der „Ort von Samuangi", d.h. dort, wo der Geist nach der Vorstellung des Malers lebt.[1]

Abb. 6 zeigt an der Außenwand eines Hauses die schematische Darstellung von zwei übelwollenden Geistern Metalo, die nach der Vorstellung der Cokwe Affen ähnlich sehen und nur einen Arm haben.[2]

Auf der Außenwand eines anderen Hauses (Abb. 7) ist der im nahegelegenen Wald hausende Geist Mujangi dargestellt, der sich Nacht für Nacht mit ächzenden Schreien bemerkbar machte. Nach Meinung der Cokwe pflegt der Geist das Feuer vom Herd zu rauben. Der Maler hat ihn deshalb mit kleinen sternenartigen Scheiben umgeben. Die Figur hat keine Füße. Redinha bemerkt dazu, daß Geister manchmal ohne Füße dargestellt werden, vielleicht um anzudeuten, daß sie nicht gehen, sondern gleiten.[3]

Die drei Rauten der Malerei in Abb. 8, die sich ebenfalls an der Außenwand eines Hauses findet, stellen nach Redinha wahrscheinlich eine Gruppe von Dörfern dar, an der die Sonne (kreisförmige Figur) vorbeizieht. Der kleine weiße Kreis in der Raute links außen stellt wahrscheinlich den zentralen Versammlungspavillon im Dorf dar, der weiße Punkt daneben den Baum, der immer daneben steht.[4]

Wie bei den Plastiken tauchen auch in den Wandmalereien, sogar verstärkt, Zeugnisse des Kulturkontaktes, besonders mit dem Westen und der portugiesischen Kolonialmacht, auf. Den besonderen Charakter dieses Kontaktes spiegeln die zahlreichen Darstellungen von Militärs wider.

Schon zu Bastians Zeit waren die Außenwände des Großhäuptlings („Königs") von Quinsembo am Logefluß und die Gebäude seiner Untergebenen „mit sehr allegorischen Darstellungen von Schiffen und Soldaten verziert".[5] Später stellt Bastian zusammenfassend über die von ihm beobachteten Wandmalereien fest:

---

[1] Redinha 1953: Text zu Abb. 1.
[2] Redinha 1953: Text zu Abb. 23.
[3] Redinha 1953: Text zu Abb. 34.
[4] Redinha 1953: Text zu Abb. 4.
[5] Bastian 1859: 3.

„Was ich bisher von Verzierungen in Congo gesehen hatte, beschränkte sich auf rohe Wandzeichnungen, gewöhnlich mit grellen Farben ausgeführt. In der Nähe der Küste waren es meistens Darstellungen von Schiffen, Seevögeln, Dampfern u.dgl.m., im Innern gewöhnlich tanzende oder ausgestreckte Figuren, von ihren Sklaven umgebene Herren, Palmen u. dgl. m. In einem Hause, wo ich die Nacht logirte, waren alle Wände des Zimmers von Oben bis Unten in regelmässigen Reihen mit Soldaten bedeckt, theils in Marschordnung, theils kämpfend."[1]

Kalebassenschnitzereien

Von einigen Völkern Angolas gibt es Kalebassen, die mit figürlichen oder geometrischen Schnitzereien verziert sind. Auf ihnen finden sich Motive der Wandmalereien wieder. Leider wurden auch sie nur sporadisch dokumentiert und nur wenige sind erhalten geblieben. Die Bedeutung der Abbildungen wurde anscheinend nirgendwo eingehender erforscht, so daß ihr Kontext nicht überliefert ist. Die Muster konnten auf verschiedene Art und Weise angebracht werden. Die Cokwe schneiden sie mit einem Messer ein und schwärtzen sie dann anschließend mit einer Paste aus Öl und pflanzlicher Kohle.[2] Besonders interessant sind die Kalebassen vom unteren Zaïre, auf denen *niombo*, überdimensionale anthropomorphe Stoffsärge, dargestellt sind. Die von Andrea Reikat geäußerte Vermutung liegt nahe, daß diese Kalebassen während des *niombo*-Rituals als Palmweingefäße verwendet wurden.[3]

Bei den Cokwe überwiegen im Norden geometrische Motive, während im Süden, wohl unter OviMbundu-Einfluß, figürliche Darstellungen bevorzugt werden. Sie erreichen allerdings nicht das Niveau und die sorgfältige Ausführung dieser Nachbarn.[4] Die Motive differieren nicht grundsätzlich von denen, die sich auch auf den Hauswänden oder, bei abstrakten Formen, als Tatauierung finden. Unter den figürlichen Bildern sind Maskentänzer besonders beliebt gewesen. Sie dominieren Seite an Seite mit Darstellungen moderner Verkehrsmittel in origineller und oft humorvoller Darstellung auf Kalebassen der südöstlichen Ovimbundu und der benachbarten Ngangela, die Alfred Schachtzabel Anfang des Jahrhunderts für das

---

[1] Bastian 1859: 160.
[2] Redinha 1948b: 23–27. Siehe auch Fontinha und Videira 1963.
[3] Reikat 1990.
[4] Baumann 1935: 55. Siehe zu den Kalebassen der Cokwe Fontinha und Videira 1963; einige wenige Muster der OviMbundu-Kalebassen bildet Hambly 1934: Plate XI ab.

Berliner Völkerkundemuseum erwarb. Auch über sie ist sonst nichts bekannt. Einige der Masken können anhand ihres charakteristischen Kopfaufsatzes identifiziert werden. Allem Anschein nach haben diese Gefäße keinerlei rituellen oder kultischen Zwecken gedient (Abb. 9, 10, 11).[1]

Sandzeichnungen

Weit entfernt von allem, was wir für gewöhnlich unter „ethnographischen" Darstellungen verstehen, sind die im östlichen Teil Angolas weit verbreiteten Sandzeichnungen oder Ideogramme (Cokwe: *sona*, Sg. *lusona*; Luchazi/Ngangela: *tusona*, Sg. *kasona*). Dennoch sind gerade sie m.E. nicht nur die faszinierendste und enigmatischste Darstellungsform, die wir in Angola (und vielleicht in ganz Afrika) finden, sondern auch diejenige, die im Kern „ethnographischen" Aussagen innerhalb „traditioneller" afrikanischer Gesellschaften am nächsten kommt. Es handelt sich um graphische „Zeichen" mit bestimmten Charakteristika, die in der Regel mit den Fingern in den Sand „geschrieben", gelegentlich aber auch an Hauswänden oder auf Gegenständen[2] angebracht wurden. Hauptmerkmal dieser standardisierten und z.T. über Jahrhunderte tradierten „Zeichen" sind einzelne, von einer (meist endlosen) Linie voneinander getrennte Punkte in geometrischer oder figuraler Anordnung. Sie dienten vor allem der Unterhaltung der Ältesten, doch waren sie weit mehr als nur ein Zeitvertreib. Kubik hat mit Recht darauf hingewiesen, daß sie philosophischen Inhalts und eine reiche Quelle abstrakter Ideen über einige der zentralen Institutionen ihrer Urheber sind.[3]

Diese sehr charakteristischen, symbolhaften „Zeichen", die vielleicht letztlich auf die Kuba zurückgehen,[4] haben in Angola eine lange Geschichte. Sie finden sich bereits auf den Aquarellen, die der Kapuzinerpater Antonio de Cavazzi kurz nach der Mitte des 17. Jahrhunderts am Hofe der berühmten Königin Njinga in Matamba malte, und zwar nachdrücklich als Motiv, das in unmittelbarer Beziehung zum Königtum steht: eingeschnitten auf dem hölzernen Sitz, der dem mythischen ersten König hier als Thron dient, auf dem hölzernen

---

[1] Heintze 1995.
[2] Sogar als Muster auf Raphia-Matten, siehe das besonders schöne Beispiel aus dem Nachlaß der DIAMANG in Coimbra (*Diamang* 1995: Fig. 31).
[3] Siehe Kubik 1987a: 53–89; 1987b.
[4] Vansina (im Druck).

Reliquienkasten des verstorbenen Königs und als Muster auf der Kleidung von Königin Njinga selbst.[1]

In unserem Jahrhundert waren vor allem die Cokwe und das große Volk der Ngangela Meister dieser Kunst. Die Ausführenden sind Männer, die ihr Können von alten erfahrenen Experten erlernt haben, die es ihrerseits – so die Antwort auf hartnäckiges Befragen – einst den Ahnen verdankten.[2] Diese Spezialisten (*akwa kuta sona*, Kenner der Zeichnungen) zählten bei den Cokwe wie die Skulpteure, Schmiede, Weber u.a. zur Elite und genossen hohes Ansehen. Ob diese Kunst jemals auch während des *mukanda*, der Knabenbeschneidung und -initiation mit wochenlangen sozialen und anderen Unterweisungen, gelehrt wurde, ist nicht dokumentiert.[3] Zumindest in unserem Jahrhundert war die Zahl der großen Könner und Wissenden (bereits?) klein: Der Missionar Emil Pearson, der ab 1921 fast fünfzig Jahre bei den Ngangela verbrachte und dem wir eine der vier umfassenden Studien dieser Ideogramme verdanken,[4] fand in dieser ganzen Zeit nur (noch?) vier Männer, die wirklich Bescheid wußten und über ein größeres Repertoire verfügten.[5]

Die Sandzeichnungen werden spontan angefertigt, namentlich in oder vor dem zentralen Versammlungspavillon der Männer im Dorf. Die einzelnen Figuren sind standardisiert und folgen in der Ausführung einem rigorosen Schema: Zuerst werden mit gleichem Abstand alle Punkte, von unten nach oben, dann von der Mitte zu den Seiten gesetzt, danach mit einem Zug die sie voneinander trennende Linie gezogen. Die Zeichnungen beziehen sich auf Tiere und Personen, phantastische zoomorphe Figuren, auf Mythen, Sprichwörter, Gesänge, Märchen, Parabeln, Episoden des täglichen Lebens und auch auf Strukturen und Gesetze traditioneller Institutionen. Sie können belebte und unbelebte Objekte mit bedeutsamen symbolischen und/oder sozialen Folgerungen oder moralische Begriffe repräsentieren oder sie können ein Gedicht, einen Kinderzählreim, ein Spiel darstellen.

---

[1] Cavazzi in Bassani 1987: Farbtafeln 7, 17, 20, 26. Siehe hierzu Heintze 1996: 265–268.

[2] Fontinha 1983: 41.

[3] Fontinha betont den Zusammenhang zwischen der Verbreitung der Sandzeichnungen und der Verbreitung des *mukanda*. Die an anderer Stelle erwähnte Weitergabe dieser Kunst durch die Ältesten kann aber auch auf eine individuelle Lehrzeit hindeuten (1983: 42 und 41).

[4] Siehe Santos 1961: 15–131; Pearson 1977; Fontinha 1983; Kubik 1987a,b; s.a. Gerdes 1993.

[5] Pearson 1977: 16.

Abb. 12b ist ein Piktogramm der Cokwe. Es trägt nach Fontinha den Titel „Adam", der Denker (die Bezeichnung „Adam" geht entweder auf europäischen Einfluß oder direkt auf den Herausgeber Fontinha zurück). Als Skulptur (s. Abb. 12a) war es ein sehr beliebtes Motiv.[1] Dieses Symbol des hohen Alters repräsentiert den Ahnenkult. Es steht für das Oberhaupt des Volkes und hat eine große Bedeutung innerhalb der Familie.[2]

Das Ideogramm *Mpiampia* der Ngangela in Abb. 13 repräsentiert eine bestimmte Frucht, von der es heißt, sie habe die „Sünde" (?) in die Welt gebracht. *Mukuluntu* ist „das oder der Wichtigste, Älteste, Erste". Es handelt sich also um das Ideogramm, von dem alle anderen, philosophisch gesprochen, herkommen. Es zeigt nach Pearson die Dichotomie in der Welt: zwei jeweils voneinander getrennte und sich gegenüberstehende Prinzipien, die jeweils durch zwei Punkte dargestellt werden: Tag und Nacht, Hell und Dunkel, Leben und Tod, Gut und Böse, Wahrheit und Falschheit, Liebe und Haß, Himmel und Erde, Glauben und Unglauben, Freude und Traurigkeit, Süß und Bitter. Diese entgegengesetzten Elemente sind durch das Gewebe des Lebens miteinander verbunden. Die gesamte Schöpfung hat daran teil.[3]

Das Ideogramm der Cokwe in Abb. 14 heißt Kalunga (Gott). Der Künstler erzählte dazu folgendes: Als die Sonne gestorben war, suchten ihre Verwandten Kalunga auf. Sie wurden von Samuto, dem Pförtner von Kalunga empfangen, der ihnen sagte: „Wickelt die Sonne in ein rotes Tuch und legt sie in einen Baum." So geschah es. Am anderen Morgen waren sie froh, die Sonne noch strahlender wieder aufgehen zu sehen. Dasselbe passierte mit dem Mond. Diesmal riet Samuto den Verwandten, ihn zusammen mit schwarzem Ton in ein weißes Tuch einzuwickeln und in einen Baum zu legen. So geschah es, und in derselben Nacht schien der Mond wieder. Als nun das Oberhaupt eines Dorfes gestorben war, gingen die Bewohner ebenfalls zu Kalunga, allerdings waren sie sehr arrogant und forderten Samuto unter Drohungen auf, sie zu Kalunga zu führen. Dieser schickte sie wieder zu Samuto zurück und sagte ihnen: Macht eine Bahre und tragt euer Oberhaupt zu einer Grube, die ihr im Busch öffnet, wo er sich ausruhen kann. Danach müßt ihr den Sterbefall

---

[1] Siehe das Fotoarchiv der DIAMANG im Instituto de Antropologia von Coimbra.
[2] Fontinha 1983: 130.
[3] Pearson 1977: 19. In dieser Erläuterung ist der Anteil an Interpretation durch den Missionar Pearson schwer abzuschätzen.

fünf Tage lang feiern! Und dann wartet ab, daß euer Oberhaupt wieder aufersteht!.

In der Zeichnung repräsentiert die kleine obere Figur Kalunga, die untere den Menschen, das linke Symbol die Sonne und die rechte den Mond. Die Mittellinie mit den Knotenpunkten repräsentiert den Weg zu Gott.[1] In anderen Versionen erhalten die Verwandten ein Huhn. Nur die Menschen schlachten es: So kam der Tod in die Welt.[2]

Mit dem Piktogramm der Cokwe *Ngombo ya tshisuka* („Wahrsage-korb") in Abb. 15 wird die typische Wahrsagemethode der Cokwe dargestellt. Die Zeichnung repräsentiert eine Schale mit den kleinen Wahrsagesymbolen.[3]

Die Cokwe-Zeichnung in Abb. 16 repräsentiert das Buschlager der Beschnittenen (*mukanda*). Die Punktereihe in der Mitte sind die Beschnittenen (*tundanje*); die beiden oberen Punkte sind die *akishi a mukanda*, die Ahnenmasken, die Beschützer des Rituals; die unteren Punkte sind die *likolukolo*, die Wächter des Buschlagers, die die Initianden während ihrer Buschzeit beschützen. Während die *akishi a mukanda* – wie die Zeichnung zeigt – die ganze Zeit über im Lager verbleiben, verlassen es die *likolukolo* von Zeit zu Zeit, um Nahrung für die Initianden im Dorf zu holen. Dazu erzählte ein Cokwe (der Künstler?) noch die Geschichte des Ursprungs der Beschneidung, der Institution *mukanda* und der Masken, als deren Folge die Frauen fruchtbar wurden.[4]

Die Ngangela-Zeichnung *Mukua-ku-tsa na kakeke* („der Sterbende und das Baby") in Abb. 17 stellt den Lebenszyklus dar. Die nicht eingeschlossenen Punkte stehen für eine alte sterbende Person auf der linken und für ein neugeborenes Kind auf der rechten Seite. Die alte Person sieht zum Baby und fragt: „Was kannst du für mich tun? Kannst du mich bis zum Ende meines Lebens mit Nahrung versorgen? Kannst du dafür Sorge tragen, daß ich ordentlich bestattet werde und daß ich nach meinem Tod von den Dorfbewohnern, wie es sich ziemt, geehrt und anerkannt werde? Wirst du dafür sorgen, daß mein Geist Ruhe und Frieden in der anderen Welt findet?" Das Baby sieht hinüber zur alten Person und sagt: „Was kannst du für mich tun? Ich benötige jemanden, der mich füttert, für mich sorgt, mich hätschelt und mich bekleidet. Welche Vorsorge hast du für mich

---

[1] Fontinha 1983: 256.
[2] Santos 1961: 74.
[3] Fontinha 1983: 241.
[4] Fontinha 1983: 262. Vgl. auch Santos 1961: 78 und Pearson 1977: 95.

getroffen?" Der Titel soll ausdrücken, daß der Mensch schwach ist und Hilfe bedarf. Deshalb muß jedes Familienmitglied, jeder Klan oder jedes Volk die Last jedes einzelnen der Gruppe mittragen. Jemand, der sich dieser Verantwortung entzieht, wird geächtet oder aus der Gesellschaft ausgeschlossen.[1]

Das in Abb. 18 wiedergegebene Ideogramm der Ngangela, das sehr weit verbreitet ist, zeigt zwei identische Figuren, die durch ein gemeinsames Band verbunden sind. Es hat hier die Bedeutung *vusamba*, Freundschaft: Es gibt keine Geheimnisse, keinen Ausschluß für zwei Personen, die alles in gleicher Weise teilen. Alles ist ihnen gemeinsam offen. Die Zeichnung zeigt in großartiger Einfachheit das Wesen wahrer Freundschaft.[2]

Einige dieser „Zeichen" konnten in fünfzigjährigem Abstand in weit auseinander liegenden Gebieten beobachtet werden. Dies ist um so erstaunlicher, als es sich noch viel mehr als bei den Wandmalereien um eine sehr vergängliche Kunstgattung handelt. Denn wenn die Figur vollendet und erklärt ist, wird sie sofort wieder gelöscht. Die Erläuterungen, die der Künstler selbst mitteilt und auf die das Auditorium lebhaft reagiert, werden in der Regel erst gegeben, wenn die Zeichnung beendet ist. Manchmal erfolgen sie aber auch schon während der Herstellung. Diese mündlichen Erklärungen können kurz sein, zum Beispiel nur aus dem Namen des abgebildeten Tieres bestehen. In anderen Fällen sind sie ausführlicher: So wird etwa das entsprechende Sprichwort rezitiert oder die dazugehörende Geschichte erzählt. Viele Ideogramme sind mit langen philosophischen Überlegungen verbunden. Man könnte also sagen, daß sie die zentralen Werte und einen Großteil des kulturellen und historischen Wissens der Gesellschaft, in der sie lebendig sind und zur Vorführung gelangen, kristallisieren und diese immer wieder in jedem neuen Schöpfungsprozeß reaktivieren. Auf diese Weise haben sie in der Form entspannter Unterhaltung eine eminent soziale und identitätsstärkende Funktion. Gleichzeitig sind die Ideogramme normierte mnemotechnische Zeichen – eine Art schriftliche Fixierung von Begriffen – für die Bewahrung und Tradierung gemeinsamer kultureller Grundlagen und Institutionen. In diesem Sinne sind sie wahrhaft „ethnographisch". Doch bedürfen sie der kompetenten Decodierung, die nicht von außerhalb der betreffenden Gesellschaft geleistet werden kann.

---

[1] Pearson 1977: 32. Vgl. dasselbe Piktogramm mit anderer Bedeutung in Fontinha 1983: Nr. 338 und S. 258; Santos 1961: 25.

[2] Pearson 1977: 157.

Missionszeichnungen

Schließlich gibt es auch einige Zeichnungen aus Angola, die tatsächlich in einem herkömmlichen Sinne und in systematischer Weise die kulturellen Merkmale eines afrikanischen Volkes abbilden. Sie sind allerdings von Missionaren veranlaßt worden und bedienen sich daher weitgehend unserer Wissenschaftskategorien und Darstellungskonventionen. Es sind wiederum Zeugnisse der eigenen, nicht einer fremden Kultur, was in diesem Fall ein großer Vorteil ist. Die 52 Blätter stammen aus dem Nachlaß von Hermann Baumann und wurden von ihm entweder 1930 bei den Lwimbi oder, was ich inzwischen für wahrscheinlicher halte, 1954 bei den südlichen Ngangela erworben.[1]

Es handelt sich um Bleistiftzeichnungen auf leicht vergilbtem und z.T. gelochtem karierten Papier, die zum größten Teil sorgfältig mit Buntstiften koloriert sind. In die Zeichnungen hinein und ohne jede Rücksicht auf den ästhetischen Wert der Darstellungen sind mit Tinte Erläuterungen auf Portugiesisch und in einer Bantusprache dazugeschrieben. Ein näheres Studium offenbarte, daß sie mit den Erläuterungen identisch sind, die sich in z.T. „kindlicher" Handschrift auf den Rückseiten der Blätter (jedoch nicht dem jeweils zu den Zeichnungen gehörenden Blatt) befinden. Sie stammen offensichtlich von dem Missionar, der seinen (sehr wahrscheinlich erwachsenen) Schülern die Aufgabe gestellt hat, Aspekte ihrer Kultur darzustellen. Die Zeichnungen umfassen nahezu das gesamte „traditionelle" Kulturinventar der Lwimbi/Ngangela soweit es darstellbar ist. Dies umfaßt vor allem die Gegenstände des täglichen Lebens (Abb. 19), doch werden in szenischen Bildern auch einige der wichtigsten Tätigkeiten (wie Feldbau (Abb. 20), Jagd, Bastherstellung (Abb. 21), Tänze, religiöse Handlungen (Abb. 22) und anderes) und Lebenseinschnitte (wie Beschneidung, Krankheit, Bestattung) vorgeführt. Auf einem Bild werden, aus der Sicht der Ngangela, die charakteristischen Attribute von Angehörigen der eigenen und zweier benachbarter Ethnien (Mbwela, Cokwe) nebeneinandergestellt (Abb. 23). Anhand der Kleidung wird auch der Kulturkontakt mit der transatlantischen Welt sichtbar. Der ethnographische Blickwinkel, aus dem heraus die Zeichnungen angefertigt wurden, ist deutlich europäisch. Wir erleben eine friedliche bäuerliche Gesellschaft ohne Erinnerung an Sklaven-

---

[1] Heintze 1988. Baumann hat keine Notizen über ihren Erwerb hinterlassen. Die Zuweisung zu den Lwimbi bezieht sich ausschließlich auf die Identifizierung der in den Erläuterungen verwendeten Sprache als Lwimbi durch Univ.-Doz. Dr. Gerhard Kubik vom 10.8.1987. Einige kulturelle Merkmale, wie z.B. die Zöpfchenfrisur weisen dagegen eher auf die südlichen Ngangela hin.

handel, ohne soziale Konflikte, ohne Auseinandersetzungen mit den Nachbarn. Es handelt sich um den Extrakt einer idealtypischen (oder auch nur imaginären) „traditionellen" Kultur, wie sie lange Zeit in der westlichen Ethnologie Forschungsziel und, mit dem sogenannten „ethnographischen Präsens", auch Darstellungsform war.

Die Zeichnungen sind mit großer Genauigkeit und Liebe zum Detail ausgeführt. Sie übertreffen in dieser Hinsicht manche ethnographische Beschreibung, die wir über diese Gegend haben. Sie sind daher ein wichtiges und für Angola einmaliges Dokument über bestimmte Aspekte einer Kultur in längst vergangener Zeit. Darüber hinaus sind sie aber auch von großem ästhetischen Reiz, einem Reiz, der leider durch das karierte Papier und die unsensible Beschriftung erheblich beeinträchtigt wird. Einige wesentliche Stilelemente, insbesondere in bezug auf die Darstellung von Gesichtern im Profil, finden sich auch in den Kalebassenbildern der OviMbundu und Ngangela wieder.

Zusammenfassung

Dieser kleine Überblick über non-verbale angolanische Darstellungen mehr oder weniger „ethnographischen" Inhalts hat eine große Vielfalt gezeigt. Dabei muß festgehalten werden, daß es „ethnographische" Dokumentationen im strikten europäisch-wissenschaftlichen Verständnis im vorkolonialen Angola (und ganz Afrika?) nicht gegeben hat. Ihnen sind in Angola erst die Zeichnungen der Lwimbi/Ngangela zuzuordnen, die jedoch sicher nicht aus eigenem Antrieb entstanden sind, sondern als Auftragsarbeit eines Missionars nach den von ihm vermittelten europäischen Kategorien und Darstellungsweisen hergestellt wurden, was allerdings ihren Wert und ihre Bedeutung in keiner Weise schmälert.

Indigen sind dagegen andere Darstellungsweisen, die mehr oder weniger deutlich ethnographische Aussagen enthalten, meist über die eigene Kultur und an diejenigen gerichtet, die das Erbe dieser Kultur teilen. Oft sind sie nicht explizit „ethnographisch", sondern die von uns gesuchten diesbezüglichen Aussagen sind den Darstellungen nur implizit, also nicht intentional, inhärent, sei es in Form von Attributen, sei es als Wiedergabe ganzer Szenen. Der Zweck der Darstellung ist nicht „ethnographisch". Allen diesen Werken gemeinsam ist, daß sie für uns anonym bleiben. Selbst dort, wo den ausführenden Künstlern ein größerer Gestaltungsspielraum gegeben war, können wir sie meist keinen Einzelpersonen mehr zuweisen. Die

Abbildungen haben vielfältige und oftmals ambivalente Funktionen: Sie dienen der Dekoration und zur Unterhaltung, aber manchmal sind oder waren sie auch in politische, rituelle und kultische Zusammenhänge eingebunden. Unsere Kenntnisse darüber sind rudimentär. Den Höhepunkt einer einheimischen „Ethnographie" bilden die vergänglichen, in den Sand „geschriebenen" Ideogramme des östlichen Angola. Sie repräsentieren oder, wie man leider sagen muß, repräsentierten die philosophische Quintessenz des kulturellen Erbes ihrer Urheber.

Literatur

Aethiopische Miniaturen (1957): Berlin.

Alltag und Fest im Mittelalter: Gotische Kunstwerke als Bilddokumente (1970): Wien.

Astonishment and Power: Kongo Minkisi & The Art of Renée Stout. (1993): National Museum of African Art (Hrsg.), Washington.

Bassani, Ezio (1987): Un Cappucino nell'Africa nera dell seicento. I disegni dei *Manoscritti Araldi* del Padre Giovanni Antonio Cavazzi da Montecuccolo. In: *Poro* 4: 9-87.

Bassani, Ezio und William B. Fagg (1988): *Africa and the Renaissance: Art in Ivory*, New York.

Bastian, Adolf (1859): *Ein Besuch in San Salvador, der Hauptstadt des Königreichs Congo*, Bremen.

Bastian, Adolf (1874/1875): *Die Deutsche Expedition an der Loango-Küste nebst älteren Nachrichten über die zu erforschenden Länder. Nach persönlichen Erlebnissen.* Jena. 2 Bde.

Bastin, Marie-Louise (1965): Tshibinda Ilunga: A propos d'une statuette de chasseur ramenée par Otto H. Schütt en 1880, *Baessler-Archiv*, N. F., 13: 501–537.

Bastin, Marie-Louise (1961): *Art décoratif tshokwe*, Lissabon.

Bastin, Marie-Louise (1982): *La sculpture Tshokwe*, Meudon.

Bastin, Marie-Louise (1995/1996): Figur des „Kulturheros" Cibinda Ilunga. In: *Afrika. Die Kunst eines Kontinents*, München/New York.

Baumann, Hermann (1935): *Lunda. Bei Bauern und Jägern in Inner-Angola*, Berlin.

Cornet, Joseph (1980): Pictographies Woyo, *Quaderni Poro* 2, Mailand.

Cornet, Joseph (1995/1996): Deckel mit Sprichwortdarstellungen. In: *Afrika. Die Kunst eines Kontinents*, München/New York.

Diamang. (1995): *Estudo do Património da Ex-Companhia de Diamantes de Angola*, Coimbra.

Dias, Jill R. (1992): *África. Nas Vésperas do Mundo Moderno*, Lissabon.

Escultura Angolana. Memorial de culturas (1994): Lissabon (Museu Nacional de Etnologia).

Felsbilder der Sahara (1984): München.

Fontinha, Mário (1983): *Desenhos na areia dos Quiocos do Nordeste de Angola*, Lissabon.

Fontinha, Mário und Acácio Videira (1963): *Cabaças gravadas da Lunda*, Lissabon.

Gerdes, Paulus (1993): *Geometria sona. Reflexões sobre uma tradição de desenho em povos da África ao Sul do Equador*, Maputo.

Güssfeldt, Paul (1879): Die Loango Expedition. Erste Abtheilung. In: Paul Güssfeldt, Julius Falkenstein und Eduard Pechuël-Loesche, *Die Loango Expedition. Ausgesandt von der Deutschen Gesellschaft zur Erforschung Aequatorial-Africas 1873–1876. Ein Reisewerk in drei Abtheilungen*, Leipzig.

Haberland, Eike (1983): *Äthiopische Volksmalerei*, Frankfurt.

Hambly, Wilfried D. (1934): *The Ovimbundu of Angola*, Chicago.

Heintze, Beatrix (1988): *Ethnographische Zeichnungen der Lwimbi/Ngangela (Zentral-Angola)*, Stuttgart. Ausgabe in portugiesischer Sprache mit dem Titel: *Lwimbi. Desenhos etnográficos dos Lwimbi/Ngangela ao Centro de Angola*, Luanda 1994.

Heintze, Beatrix (1995): *Alfred Schachtzabels Reise nach Angola 1913–1914*, (Afrika-Archiv 1), Köln.

Heintze, Beatrix (1996): Zur materiellen Kultur der Mbundu im 16. und 17. Jahrhundert. In: dies. (Hrsg.): *Studien zur Geschichte Angolas im 16. und 17. Jahrhundert. Ein Lesebuch.* Köln, S. 253–282.

Hirschberg, Walter (Hrsg.) (1965): *Wörterbuch der Völkerkunde*, Stuttgart.

Jahn, Jens (Hrsg.) (1983): *Colon. Das schwarze Bild vom weißen Mann*, München.

Jones, Adam (1994): A Collection of African Art in Seventeenth-century Germany. Christoph Weickmann's *Kunst- und Naturkammer*. In: *African Arts* 27/2: 28–43.

Kecskési, Maria (1982): *Kunst aus dem alten Afrika*, Innsbruck/Frankfurt.

Kongo. Gestalten und Zeiten (1971): (Ausstellungskatalog des Reiß-Museum Mannheim), Köln.

Kubik, Gerhard (1987a): African Space/Time Concepts and the *tusona* Ideographs in Luchazi Culture with a Discussion of Possible Cross-parallels in Music. In: *African Music* 6/4: 53–89.

Kubik, Gerhard (1987b): *Tusona – Luchazi Ideographs. A Graphic Tradition Practised by a People of West-Central Africa*, Wien.

Kunst aus Benin. Afrikanische Meisterwerke aus der Sammlung Hans Meyer (1994): Leipzig .

Lehuard, Raoul (1989): *Art Bakongo. Les centres de style.* Sarcelle, 2 Bde.

MacGaffey, Wyatt (1993): The Eyes of Understanding Kongo Nkisi. In: *Astonishment and Power: Kongo Minkisi & The Art of Renée Stout*, Washington.

Martins, Joaquim (1961): O simbolismo entre os pretos do Distrito de Cabinda, *Boletim do Instituto de Angola* 15, Sonderdruck.

Neyt, François (1981): *Arts traditionnels et histoire au Zaïre*, Bruxelles.

Norris, Edward Graham (1983): Colon im Kontext. In: *Colon. Das schwarze Bild vom weißen Mann*, Jens Jahn (Hrsg.), München, S. 13–64.

Pearson, Emil (1977): *People of the Aurora*, San Diego.

Redinha, José (1948a): As pinturas das paredes entre os Kiokos da Lunda. In: *Mensário Administrativo* 6: 19–27.

Redinha, José (1948b): Cabaças gravadas. In: *Mensário Administrativo* 7: 23–27.

Redinha, José (1953): *Paredes Pintadas da Lunda*, Lissabon.

Reikat, Andrea (1990): *Niombo. Der Tote in der Puppe. Begräbnisrituale in Zentralafrika*, Köln.

Sahara. 10 000 Jahre zwischen Weide und Wüste (1978): Köln.

Santos, Eduardo dos (1961): Contribuição para o estudo das pictografias e ideogramas dos Quiocos. In: *Estudos sobre a etnologia do ultramar português*, II., Lissabon.

Schachtzabel, Alfred (1923): *Im Hochland von Angola. Studienreise durch den Süden Portugiesisch-Westafrikas*, Dresden.

Schmidt, Leopold (1970): Der Wirklichkeitsgehalt der gotischen Tafelbilder in volkskundlicher Sicht. In: *Alltag und Fest im Mittelalter: Gotische Kunstwerke als Bilddokumente*, Wien, S. 15–35.

Treasures from the Africa-Museum Tervuren, Gustaaf Verswijver, Els De Palmenaer, Viviane Baeke, Anne-Marie Bouttiaux-Ndiaye (Hrsg.) (1995): Tervuren.

Vansina, Jan (im Druck): Rafia Cloth in West Central Africa 1500–1800. In: M. Mazzaoni (Hrsg.) *A History of Textiles 1450–1800*.

Vaz, José Martins (1969): *Filosofia tradicional dos Cabindas através dos seus testos de panela, provérbios, adivinhas, fabulas*. I Volume, Lissabon.

Allegorien des Selbst
Zu Geschichte und Praxis der indigenen Fotografie in Ghana

Tobias Wendl

Nein, Ethnographen im strikten Wortsinn sind sie nicht, denn die ethnographische Methode und Intention ist ihnen gänzlich fremd. Dennoch läßt sich ihr bildnerisches Schaffen aber als eine ins Visuelle gemünzte Spielart der indigenen oder autoethnographischen Praxis begreifen - und das keineswegs nur im metaphorischen Sinn. Als Bildchronisten begleiten indigene afrikanische Fotografen seit langem die Geschicke ihrer eigenen Gesellschaft. Sie sind Zeugen und zugleich Interpreten des lokalen Lebens. Ihren Mitmenschen sind sie bei der Selbstkonstituierung behilflich, sie erfüllen deren Bedürfnis nach bildlicher Repräsentation und entwerfen dabei immer wieder aufs Neue gültige Allegorien des Selbst. An ihnen läßt sich ablesen, wie sich Afrikaner selber sehen, wie sie selbst gesehen werden wollen, und welche Akzente sich bei der Selbstkonstituierung und Selbstwahrnehmung im Laufe der Zeit verschieben.

Seit über einem Jahrhundert gibt es eine Tradition der afrikanischen Fotografie, seit über einem Jahrhundert fotografieren Afrikaner Afrikaner, und doch wurde dieses indigene Bildschaffen bislang noch kaum zur Kenntnis genommen, geschweige denn systematisch untersucht. Die Gründe hierfür mögen vielfältig sein. Einer liegt vielleicht darin, daß sich die Ethnologie bis heute schwer tut, die Modernität ihres anderen anzuerkennen - und damit auch die von ihm selbst mit modernen Medien erzeugten Bilder. Ein weiterer dürfte mit der Polysemie von Fotografien zu tun haben, die sich bei fremdkulturellen Materialien noch erhöht. Hier lauern die Mißverständnisse und Fehldeutungen unter der scheinbar vertrauten Oberfläche, dort, wo mit Hilfe kulturspezifischer Seh- und Bildcodes der Zugriff auf die Tiefenstruktur des eigentlich Gemeinten erfolgt. Wie sonst könnte es immer wieder geschehen, daß ein Ausdruck, der dem europäischen Betrachter etwa als "Unbeweglichkeit" oder "Starrheit" erscheint, von den betroffenen Afrikanern ganz anders, etwa als Ausdruck der "Ruhe", "Sammlung" oder "Kühle" gesehen wird?[1]

---

[1] Dieses Lesbarkeitsprinzip wird bei der Rezeption afrikanischer Fotografien auf dem euroamerikanischen Kunstmarkt völlig unterschlagen. Die unlängst publizierten Bildbroschüren über Seydou Keita (1994), Malick Sidibé (1994),

Einige Versuche hat es indes gegeben. Stephen Sprague (1978) hat eine Reihe von Fotografien der Yoruba aus Nigeria untersucht. Dabei konnte er zeigen, daß die Fotoposen eng mit dem Lebensalter korrelieren und daß die Fotografen an ältere skulpturale Bildtraditionen anknüpfen, wenn sie versuchen eine Art Balance zwischen individueller Ähnlichkeit und typisierter Abstraktion zu erzielen. Die dem fotografischen Abbildungsmodus inhärente hohe Wirklichkeitstreue bei der Wiedergabe physiognomischer Oberflächeneigenschaften wird durch die starke Stilisierung der Körperpose und des Gesichtsausdrucks abgeschwächt. Auf diese Weise kann die individuelle Einzigartigkeit des Menschen hinter seinem sozialen Typus zurücktreten. Was die Yoruba-Fotoporträts besagen, ist, daß das Individuum den ihm zugeschriebenen Platz innerhalb der Gesellschaft eingenommen hat, daß es die zentralen Werte seiner Gesellschaft verinnerlicht hat und diese jetzt selbst verkörpert. Heike Behrend (1998) hat kenianische Studiofotografien vor dem Hintergrund indigener Modernitätskonzepte und Lebensstilentwürfe untersucht. Im Mittelpunkt steht die Analyse fotografischer Identitätskonstruktionen, die sich durch die Aneignung von Attributen der Modernität artikulieren. Es handelt sich um eine gegen die Tradition gerichtete, man könnte beinahe sagen alteritäre Identitätskonstruktion, um einen bildgewordenen "Lifestyle", der für alles Fremde (Indische und Europäische gleichermaßen) offen ist und doch mit einem begrenzten Repertoire von Zeichen auskommt. Auch für Jean-Bernard Ouedraogo (1996) ist die indigene Fotografie eine Art "fortwährender Spiegel" der Gesellschaft und zugleich eine soziale Praxis der Sichtbarmachung gesellschaftlichen Wandels. An Hand von Bildern eines Dorffotografen aus Burkina Faso analysiert er die fotografische Figuration neuer sozialer Werte, in denen bereits die Präfiguration einer neuen, modernen Welt enthalten ist. Die umfangreichste und zugleich detaillierteste Untersuchung zur afrikanischen Fotografie stammt von Jean-François Werner (1993, 1996 a, b, c) über die Verhältnisse in der Elfenbeinküste. Werner beschränkt sich zunächst auf die Produktionsbedingungen, auf die historischen, ökonomischen und sozialen Aspekte des Fotografenberufs; interessiert sich dann aber auch für

---

Mama Casset (1994) und August Azaglo (1996) zeichnen sich ebenso wie der Ausstellungskatalog *Insight: African Photographers, 1940 - to the present* des New Yorker Guggenheim Museums (1996) durch ihre exegetische Sparsamkeit aus. Entstehungskontexte, Produktionsbedingungen, ästhetische Erwägungen, lokale Seh- und Bildgewohnheiten, kurz die gesamte Vernetzung der Fotografie mit ihrem historisch-kulturellen Umfeld wird übergangen. Die ihrem Kontext entrissenen Bilder werden nach den Kriterien ästhetischer Wahlverwandtschaft als Kunst etikettiert und den narzistischen Projektionen der westlichen Betrachter überlassen.

die besondere identitätsstiftende Rolle der Fotografie im Zuge rezenter Individualisierungsprozesse in den Städten Westafrikas.[1]

Ich selbst möchte mich in diesem Aufsatz mit Geschichte und Praxis der indigenen Fotografie bei den Fante in Ghana beschäftigen. Dies soll vor dem Hintergrund der "Visual Culture"-Diskussion geschehen, in der es sowohl um den visuellen Charakter von Kultur an sich geht als auch um die kulturellen Ausprägungen des Visuellen, also um Sehen und Abbilden als zwei Formen der kulturellen Praxis (Jenks 1995). In einem zweiten Schritt möchte ich die ästhetischen Axiome, an denen sich die Fotografen orientieren, beschreiben und dabei versuchen, auch das epistemologische Potential aufzuzeigen, das insbesondere der Studiofotografie für die Analyse von Imagination und Repräsentation im Bereich indigener Selbstbilder zukommt.[2]

Bruchstücke einer Geschichte

Zwar war die Kultur der Akan-Völker vor dem Auftauchen der Fotografie keinesfalls eine bildlose, aber doch - was den Bereich der Porträtkunst anbelangt - eher eine bildarme Kultur. Allein im Umfeld der aristokratischen Häuser gab es eine Tradition, die Verstorbenen mit idealisierten Terrakotten zu ehren (Cole und Ross 1977, Preston 1990). Als Kolonialbeamte, Kaufleute und Missionare das 1839 erfundene Medium an die Goldküste brachten, blieb die Produktion fotografischer Bilder zunächst auf das europäische Millieu beschränkt. Allein die Angehörigen der einheimischen Elite kamen mit Fotografien in Kontakt.

Nach Erfindung der Trockenplatte, spätestens jedoch in den 80er Jahren, treten in den Städten Cape Coast und Accra erste indigene Berufsfotografen auf; einer von ihnen, N. Walwin Holm, der seit 1883 in Accra sein Studio hatte, wurde 1897 als erster afrikanischer Fotograf in die ehrenwerte *British Royal Photographic Society* aufge-

---

[1] Für andere fotografiegeschichtliche und biographische Ansätze siehe auch Viditz-Ward (1985), David (1993), Geary (1995) und Jenkins (1995).

[2] Meine Ausführungen basieren, sofern nicht anders vermerkt, auf Erhebungen im Rahmen einer 9-monatigen Feldforschung in Südghana in den Jahren 1995/6. Dabei konnte ich knapp 300 Fotografen interviewen und einen Bildkorpus von etwa 4000 Fotografien (Glas- und Zelluloid-Negative, Papierabzüge und Reproduktionen) erwerben, die den Zeitraum von 1912 bis heute abdecken. Für die Finanzierung dieses Vorhabens danke ich der Deutschen Forschungsgemeinschaft ; für Anregungen und Gespräche Nancy du Plessis, Philip Kwame Apagya, Jean-François Werner, Heike Behrend, Otto Frick, Kerstin Pinther und James Agalic.

nommen. Ein anderer, Gerhard Ludwig Lutterodt war bereits in den 70er Jahren als mobiler Fotograf tätig. Er reiste mit dem Dampfer die Westküste entlang und machte in Städten wie Freetown, Monrovia, Lagos und Duala Station. Sein Sohn Erick P. Lutterodt und sein Neffe Freddy R. C. Lutterodt begleiteten ihn und gründeten später die beiden wichtigsten Fotostudios in Accra, das Duala-Studio (1889) und das Accra-Studio (1904). Bis etwa 1910 haben sich dann in allen größeren Städten an der Küste die ersten Berufsfotografen mit eigenen Studios etabliert. In ihren Familiengeschichten findet sich häufig ein europäischer Vater oder Großvater;[1] ansonsten sind es meist Fante, die das Metier im Rahmen ihrer Schul- oder Berufsausbildung nebenbei von einem Europäer erlernt haben. Anders als in den frankophonen Nachbarländern scheint es an der Goldküste im übrigen auch keine europäischen Fotostudios gegeben zu haben. Die Kundschaft setzt sich aus Europäern und den Angehörigen der einheimischen Bildungselite (also Lehrer-, Priester- und Clerkfamilien zusammen). Was sie produzieren, sind strenge, ganz in der europäischen Tradition stehende Fotoporträts und vor allem auch Gruppenbilder; wegen der geringen Lichtempfindlichkeit der Emulsionen werden lange Belichtungszeiten benötigt; mangels Elektrizität arbeiten die Akteure überwiegend im Freien; mitunter kommen aus Europa importierte Hintergrundkulissen zum Einsatz. Verwendet werden meist einfache Guckkasten- oder Balgenkameras, häufig ohne eigentlichen Verschluß; der Fotograf belichtet seine Platten, indem er die Objektivkappe abnimmt. Üblich sind Glasnegative im Format 18 x 24 oder 13 x 18; sie werden retuschiert und anschließend meist als Kontaktabzug im Tageslicht gedruckt.

Parallel dazu kommt ein im Eigenbau leicht modifizierter Kameratyp in Umlauf: die sogenannte "Camera-Box". Ihre Besonderheit besteht darin, daß sie zugleich als Dunkelkammer benutzt werden kann. Der Fotograf fertigt zunächst ein Papiernegativ auf einfachem Fotopapier, entwickelt und fixiert es im Kamerainneren und fotografiert es anschließend erneut ab, so daß er innerhalb weniger Minuten ein Positiv erhält. Der Ursprung dieses höchst einfachen und zugleich effizienten Verfahrens, das auch in Nordafrika und Indien genutzt wird (MacDougall 1992), ist ungeklärt. Fest steht jedoch, daß in der Goldküste spätestens in den 30er Jahren dieser Kameratyp gebaut wird, und die ersten Wanderfotografen damit durch die Städte ziehen. Was sie anbieten, sind Paßbilder und vergleichsweise preisgünstige Porträts für die "kleinen" Leute. In Ansätzen kommt es zu

---

[1] Die ghanaische Lutterodt-Familie führt sich z.B. auf den in Deutschland geborenen und als Kind in Begleitung seiner Tante Katarina Riesbeck in die Goldküste eingewanderten Georg Augustus Lutterodt zurück.

einer Demokratisierung des zuvor allein der Wirtschafts- und Bildungselite vorbehaltenen Zugangs zu individuellen Bildrepräsentationen. Manche Wanderfotografen der Fante reisen für mehrere Jahre durch die Länder des benachbarten Französisch-Westafrika und bieten dort ihre Dienste an. Aufgrund seiner Wirtschaftlichkeit ist dieses Camera-Box-Verfahren (im Volksmund "Wait & Get" genannt) auch heute noch geläufig, wenngleich beinahe ausschließlich im Bereich der Paßbilder (Abb.1)[1]. Für die Mehrzahl der Ghanaer dürfte jedoch die erste Berührung mit der Fotografie tatsächlich im Rahmen von Paßbildaufnahmen stattgefunden haben, also im Zusammenhang mit einer symbolischen Unterwerfung unter das öffentliche Auge des Staates, der durch die Ausgabe von Pässen versuchte, individuelle Identitäten und Verantwortlichkeiten dort zu verankern, wo bislang korporative dominierten.

Die Pionierphase der indigenen Fotografie (1890-1955) geht in den 50er Jahren zu Ende. Sie mündet in eine Periode, die viele alte Fotografen heute - retrospektiv - als das "Goldene Zeitalter der Studiofotografie" bezeichnen. Immer mehr Städte werden elektrifiziert, eine wesentliche Vorbedingung für die Installation einer Studiobeleuchtung. Mittelformatkameras und günstige Vergrößerungsapparaturen (für das Format 6x9 und 6x6) kommen auf den Markt (Segor, Yashika, Rolleiflex und andere). Die Kundschaft diversifiziert sich; es sind jetzt nicht mehr nur Paßbilder und repräsentative Porträts, die man in Auftrag gibt; man geht jetzt öfter zum Fotografen, alleine oder auch zu mehreren, um sich Bilder für zukünftige Erinnerungen zu verschaffen. Die Negative werden weiterhin retuschiert; mitunter werden die Abzüge nun auch von Hand nachkoloriert. Immer häufiger wird der Fotograf jetzt auch eingeladen, um Passageriten seiner Kunden abzulichten: Taufen, Hochzeiten oder Begräbnisse; aber auch gesellschaftliche und politische Ereignisse wie die Inthronisation eines Häuptlings oder die Einweihung eines neuen Gebäudes. Die Verdienstspannen sind gut, mancher Fotograf hat so viele Anfragen, daß er Lehrburschen und Gesellen anheuern muß. Vielen gelingt es, zwischen 1960 und 1980 ein Vermögen zu erwirtschaften; ihre imposanten Häuser legen davon noch heute Zeugnis ab.

Ende der 70er, Anfang der 80er Jahre kommt die Fotografie im Zuge der allgemeinen Politk- und Wirtschaftskrise beinahe zum erliegen; und als Mitte der 80er Jahre die Lage sich wieder verbessert, vollzieht sich eine technische Umwälzung: der Übergang von der manuellen Schwarzweiß- zur quasi-industriellen Farbfotografie. Die Nachfrage nach Schwarzweißbildern geht rapide zurück, und umge-

---

[1] Abbildungen siehe Bildanhang.

kehrt steigt die Nachfrage nach den wesentlich billigeren Farbfotos. So wird zwar sehr schnell wieder mehr fotografiert als früher, und die Menschen besitzen bald auch wieder mehr (wenn auch meist kleinerformatige) Fotografien, doch zugleich kommt ein gnadenloser Verdrängungsprozeß in Gang: die Studiofotografen büßen ihre bisherige Monopolstellung auf dem Markt des fotografischen Porträts ein. Die neuen vollautomatisierten Farblabors (häufig von kapitalkräftigen Koreanern, Indern, Libanesen oder Europäern betrieben) haben das Geschäft mit der Filmentwicklung und der Anfertigung von Papierabzügen komplett an sich gerissen. Vielerorts kommt es zu einem "Studiosterben", das in mancher Hinsicht dem, was sich in Europa nach dem 2. Weltkrieg abspielte, ähnlich ist; aber doch auch wieder verschieden, weil es nicht zur Amateurfotografie führt, sondern einen neuen Akteur auf den Plan ruft: den ambulanten Berufsfotografen, von denen sich manche zugleich als Agenten für die Labors verdingen.[1]

Ein neues Zeitalter ist angebrochen, das die Fotografen der Fante gerne als das Zeitalter des "One-man-Thousand" bezeichnen. "One-man-Thousand" ist eigentlich der Name eines kleinen Fisches; er ist so winzig klein, daß man, um von ihm satt zu werden, mindestens 1000 Stück verzehren muß; wobei die Zahl "1000" freilich nicht im Sinne einer genauen Mengenangabe mißzuverstehen ist, sondern vielmehr gerade die Nichtmehrzählbarkeit und Unübersichtlichkeit unterstreicht. Auf die Fotografie übertragen, bedeutet dies, daß die Menschen nun, anstatt der wenigen großformatigen und ikonenhaften Schwarzweißporträts früherer Jahrzehnte schier unzählige Mengen bunter und kleinster Fotografien anhäufen; gleichzeitig verweist es aber auch auf die geschrumpften Gewinnspannen der Fotografen, die nun auch ihrerseits ungleich viel mehr Bilder belichten müssen, um ihr Auskommen zu finden; und es verweist schließlich auch auf die neue Stellung der ambulanten Fotografen, die selbst zu vergleichsweise winzigen Fischen wurden, von denen sich nun die wenigen großen Fische, die Laborbesitzer, ernähren.

Doch der Übergang vom "Goldenen Zeitalter der Studiofotografie" zum Zeitalter des "One-man-Thousand" ist komplizierter als ich es hier andeuten kann; auch ist er keineswegs abgeschlossen; und

---

[1] Da über diesen Strukturwandel in Ghana keine Zahlen vorliegen, verweise ich auf die Fallstudie von Jean-François Werner über die ivorische Stadt Bouake. Hier gab es Anfang der 70er ein Fotostudio auf knapp 3.000 Einwohner. Anfang der 90er Jahre war es nur mehr ein Studio auf knapp 5.000 Einwohner; doch kamen jetzt zusätzlich drei ambulante Fotografen auf einen Studiofotografen, so daß die Fotografendichte insgesamt deutlich zugenommen hat (1996a: 87f). Ähnliches dürfte für die Verhältnisse in Ghana gelten.

gerade die jungen Studiofotografen lassen sich immer neue Attraktionen und Kulissen einfallen, um ihre Klientel zurückzuerobern.

Fotografen, Fotografierte und die zukünftige Erinnerung

Die Bildkunst der Akan war mit Ausnahme der von Töpferinnen hergestellten Begräbnisterrakotten immer eine Domäne der Männer; daran hat sich nichts geändert und es gilt gerade auch für die rezenteren Bildgenres der Zementplastik, der Malerei und der Fotografie. Unter den knapp 300 Fotografen, mit denen ich in Ghana gesprochen habe, gab es gerademal drei Frauen; und alle drei waren bezeichnenderweise Töchter eines Fotografen, die den väterlichen Betrieb übernommen hatten.

Im Wesentlichen scheint es drei Wege zum Beruf zu geben. Der erste ist der des Umsteigers, der zunächst einen anderen Handwerksberuf ausübt und dann durch den engen Kontakt zu einem Fotografen (in der frühen Kolonialzeit waren das häufig fotografierende Missionare oder Lehrer) das Metier kennenlernt, sich eine Kamera kauft und fotografiert. Anders als in Europa und Indien, wo viele Fotografen ihre Laufbahn als Porträtmaler begannen (Hoerner 1989, MacDougall 1992), ist der häufigste Erstberuf in Ghana der des Schneiders. Das wird verständlich, wenn man sich vergegenwärtigt, daß die Fotografen hier ihre Kunden gerne "bildgerecht" einkleiden; und daß umgekehrt auf Seiten der Kunden eines der Hauptmotive, sich fotografieren zu lassen, darin besteht, sich später an ihre Kleidung erinnern zu können. Die Durchlässigkeit zwischen dem Schneider- und Fotografenberuf ist hoch, und es gibt eine Reihe von Schneidern, die im Zweitberuf fotografieren, besonders an Festtagen, wenn die feierlich gekleidete Kundschaft nach Bildern verlangt. Beide sind "Image-Macher" und entsprechend versiert im Entwerfen äußerer Erscheinungen.[1]

Gut zwei Drittel der Fotografen hat indes eine mehrjährige Lehrzeit in einem Studio absolviert; die Studiobetreiber bevorzugen üblicherweise als Lehrlinge Personen, die in einem Verwandtschaftsverhältnis zu ihnen stehen oder zumindest aus dem selben Heimatort

---

[1] Zur Berufsgruppe der „Image-Macher" gehört natürlich auch der Frisör (vgl. Wendl 1995). In der Elfenbeinküste, wo die Studiofotografie überwiegend von Yoruba-Migranten aus Nigeria praktiziert wird, verdingen sich viele Fotografen zugleich als Frisöre und haben an ihren Studios entsprechende Frisörschilder angebracht. In Burkina Faso scheint es wiederum ähnlich wie in Ghana eine stärkere Affinität zwischen Fotografen und Schneidern zu geben (vgl. Ouedraogo 1996: 27f).

stammen, wodurch eine gewisse Sozialkontrolle gewährleistet ist. Das in der Lehrzeit vermittelte theoretische Wissen bleibt fragmentarisch, was zählt, ist das empirische Savoir-Faire (die Aufnahmetechnik, das In-Pose-Setzen und Ausleuchten, das Entwickeln und Vergrößern und vor allem der Umgang mit der Kundschaft). Die Lehrverhältnisse sind durchaus formalisiert: Beginn und Ende sind von Zeremonien markiert; zu Beginn hat die Familie des Lehrlings eine Kaution zu hinterlegen und am Ende eine Ablösesumme zu entrichten.

Der dritte Weg zum Beruf des Fotografen ist schließlich eine rezente Erscheinung: der des Autodidakten. Man findet sie ausschließlich unter den jungen ambulanten Fotografen, die sich auf der Suche nach potentiellen Kunden strategisch etwa an Kirchenausgängen und Schulen oder in Bars und Restaurants postieren. Ihre minimalen Kenntnisse haben sie im Trial- und Error-Verfahren erworben. Häufig arbeiten sie mit einer Autofocuskamera, die ihnen ein klassifikatorischer "älterer Bruder" vermacht hat.

Eine Besonderheit des Fotografenberufs ist, daß man ihn in der Regel im Alter nicht mehr so erfolgreich ausüben kann wie in jüngeren Jahren. Und das liegt keineswegs am Nachlassen der Sehschärfe, sondern an den Frauen. Die Frauen, die schätzungsweise 70-80% der Kundschaft ausmachen, bevorzugen jüngere Fotografen. Grund dafür ist die soziale Etikette: Frauen sind älteren Männern gegenüber zu größerem Respekt verpflichtet und können sich gewisse, zum fotografischen Ritual gehörende scherzhafte Bemerkungen, Gesten, Blicke und körperliche Berührungen nicht mehr gestatten. Ihnen wird mehr Demut und Unterwürfigkeit abverlangt, die sie nur unwillig erbringen. So kommt es, daß viele Fotografen im Alter zwischen 50 und 60, wenn sie in den sozialen Rang eines Ältesten avancieren, ihren Beruf an den Nagel hängen oder sich zumindest aus dem Studiobetrieb zurückziehen und diesen einem Jüngeren überlassen.

Der Fotografenberuf bringt vielerlei Einblicke in das Privatleben der Fotografierten. So ist Verschwiegenheit eine wichtige Tugend, und doch verwandeln sich die Fotostudios in den Abendstunden oftmals in gesellige Treffpunkte: man tauscht Neuigkeiten, kommentiert Vorkommnisse und amüsiert sich. Die Fotografen wissen um die Sorgen und Nöte ihrer Klienten ebenso wie um deren Pläne und neueste Errungenschaften. Und weil alles, was wichtig ist, auch fotografiert wird, haben die Fotografen häufig einen Informationsvorsprung. Jeder hat "seinen" Fotografen, und man geht zu ihm oder ruft ihn, sobald man ihn braucht. Viele Fotografen sagen, das eigentliche Geheimnis ihres Berufs sei der richtige Umgang mit ihren Kunden. Dazu muß man sich in die Kunden hineinversetzen, muß man um ihre Ideal- und Wunschbilder wissen, um ihre Eitelkeiten und Idiosynkrasien.

Was aber geschieht mit den Bildern, wie werden sie verwendet? In Ghana (doch nicht nur hier, sondern im gesamten westafrikanischen Raum) gibt es eine ausgeprägte Kultur des Fotoalbums. Jedem Gast oder Besucher, der in der Wohnstube Platz genommen hat und auf den Hausherrn oder die Gastgeberin wartet, wird ein solches Fotoalbum gereicht; und oftmals nicht nur eins. Beinahe so, als gehe es darum, den Besucher symbolisch in Leben und Familie des Besuchten einzuführen, auf dem Umweg über fotografische Substitute. Eine Gepflogenheit, die die funktionale Bedeutung der Fotografie in einer Gesellschaft, in der die ritualisierte Selbstdarstellung bereits eine hohe Kunst des Alltäglichen ist, noch unterstreicht.

Ein Teil der Fotografien wird in den Wohnstuben dauerhaft sichtbar gemacht. Meist handelt es sich dabei um gerahmte und verglaste Vergrößerungen, die erhöht an den Wänden angebracht sind. Es sind im wahrsten Wortsinn "erhöhte Idealbilder", die in ähnlicher Weise über dem Familienleben prangen wie die Reklametafeln über dem Leben der Straße. Das Ideal-Selbst ist in diesen Bildern vom Sozial-Selbst durch die fotografische Praxis radikal abgespalten, wodurch die Bilder selbst zu gleichsam ewigen Bildallegorien und damit zum Gegenstand der Verehrung werden. Im Bereich des Ahnenkults der Fante haben solche Fotografien ältere Formen der Ahnendarstellung (in Form von Terrakotten) beinahe vollständig abgelöst.

Eine dritte Verwendungsweise von Fotografien besteht darin, sie in die allgemeine Bildzirkulation einzuschleusen (also sie zu verschenken, zu verschicken oder zu tauschen). Man gibt Bilder von sich selbst gerne weg, um anderswo in Form eines fotografischen Substituts präsent zu sein; und man nimmt – aus dem gleichen Grund – die Bilder anderer entgegen. Aufbewahrt werden diese zirkulierenden Bilder meist in Briefumschlägen, Tüten oder Schachteln; ich war immer wieder erstaunt über das Ausmaß der hier angehäuften Konterfeis; doch Fotos werden bei den Fante ähnlich schnell und häufig getauscht wie etwa Adressen. Ein wesentlicher Faktor für die wachsende Bedeutung von Fotografien für die allgemeine Bildzirkulation scheint mir in der Migration und Mobilität in der Fante-Gesellschaft zu liegen. Wo Väter und Mütter ihre Kinder oft über Jahre nicht sehen oder der Besuch im Heimatdorf immer seltener wird, werden Fotografien zu Substituten, und zwar nicht nur für Personen, sondern auch für Ereignisse (Initiationen, Hochzeiten oder Beerdigungen), an denen man nicht teilnehmen konnte.

Zeichendämme gegen den fortschreitenden Verlust sozialer Kohäsion.

In Europa betrachtet man die Fotografie gerne als die Kunst des "eingefrorenen Augenblicks". Die Fante sehen in ihr vor allem die Möglichkeit, sich später genauer zu erinnern: die Fotografie als zukünftige Erinnerung. Befragt man Studiobesucher nach den Anlässen ihres Besuchs bzw. nach den Ereignissen, die sie mit Hilfe des Bildes erinnnern wollen, so stellt sich schnell heraus, daß es zumindest bei Einzelpersonen sehr häufig die Kleidung ist. Manche Frauen lassen sich mit jedem neuen Kleidungsstück ablichten; und oftmals nicht nur von vorn, sondern auch von hinten oder von der Seite. Ist das Kleid erst mal verschlissen, haben sie jetzt ihr "Kleid-Erinnerungsbild" (Abb.2). Es gibt Bilder der gefeierten Momente (die Passageriten gehören hierher, doch davon möchte ich gar nicht sprechen), etwa das unerwartete Wiedertreffen zweier alter Freunde; sie begrüßen sich und beschließen sofort einen Fotografen aufzusuchen. Eine Frau, die von einer langen Krankheit genesen ist, läßt sich fotografieren; andere kommen im Zustand der Trauer oder Niedergeschlagenheit, um sich gleichsam durch den fotografischen Akt ihre Traurigkeit wie ein Kleidungsstück abziehen zu lassen; fast ließe sich sagen, eine Art Fototherapie: man gibt etwas ab, um es später als ein getrenntes Erinnerungsbild wieder entgegenzunehmen.

Auch gibt es so etwas wie ein Repertoire fotografischer Gesten, die so konventionalisiert sind, das sie auf Anhieb verstanden werden. Ein Mann etwa, der mit halb erhobenem Unterarm eine Frau dem späteren Bildbetrachter als Freundin oder Geliebte präsentiert: "She is my lover!" (Abb.3) Andere Fotogesten beziehen sich auf Sprichwörter und Redensarten, wie etwa der zum Himmel gerichtete Arm, der die Maxime des *Gye Nyame* (Except God) verbildlicht: "Was immer wir sagen, denken oder tun, es läßt sich auf alles anwenden, außer auf Gott!". Wieder eine andere (im übrigen auch in der plastischen Kunst geläufige) Geste besteht darin, den ausgestreckten Zeigefinger der rechten Hand unter das linke Auge zu halten. Eine Visualisierung des *mebre*, "ich habe gelitten!" Besonders beliebt ist diese Geste bei Schülern und Studenten, die ein Examen - oder bei Soldaten, die ihren Wehrdienst - absolviert haben. Hier bedarf der fremde Betrachter eines Vorwissens über den Kanon der gängigen Gesten, um die Bildabsicht und damit möglicherweise auch das erinnerte Ereignis zu deuten.

Die Fotografie ist zu einem integralen Bestandteil der indigenen Bildwelt geworden: eine nicht mehr wegzudenkende Strategie des Lobens und Feierns im Dienste der lokalen Erinnerung. Kein Fest, keine Zeremonie oder Ritual ohne Fotograf; und auch umgekehrt erfuhr der Vorgang des Fotografierens eine kulturspezifische Ritualisierung. Alle Passageriten werden fotografisch festgehalten, Lebensläufe gerinnen zu Fotoalben, die soziale Person wird fotografisch (re)-konstruiert, sie vergewissert sich ihrer selbst durch die Multiplikation der eigenen Bilder.

Aspekte der fotografischen Praxis

Wie Spiegel, so schaffen auch Fotografien eine Parallelwelt, oder wie Susan Sontag (1980) es ausdrückt, eine Realität zweiten Grades. Edmund Carpenter (1975) sagt, daß Fotos uns mit dem Phänomen der Indivdualität konfrontieren und uns für immer entfremden von der kollektiven Erfahrung des sozialen Eingebundenseins. Ältere Menschen der Fante weigern sich mitunter kategorisch, sich fotografieren zu lassen, weil sie fürchten, es könne sie schwächen, ihr Blut dünner machen, und sie könnten ihren letzten "Odem" verlieren. Tatsächlich wird im Fante und im Ewe das Fotonegativ als *saman* bzw. *nwali* bezeichnet: als Gespenst oder Totengeist. Die innere Verwandtschaft zwischen Totengeistern und Negativen besteht darin, daß das Negativ etwas Nichtsichtbares, aber doch dem Menschen Ähnliches (nämlich seinen späteren Totengeist) sichtbar macht; und die Vorstellung, daß der Fotograf diesen Totengeist also kurzzeitig für das Negativ von der Person abzieht, ist mitunter für ältere Menschen irritierend. Doch die einzige Personengruppe, die tatsächlich einem echten Fototabu unterliegt, sind schwangere Frauen. Es gibt von ihnen keine Bilder und sie verweigern oftmals sogar eine Paßbildaufnahme. Die Begründung ist die gleiche, nämlich daß man Mutter und Kind keinen zusätzlichen Gefährdungen ausetzen dürfe. Gefährdungen für den Fotografen selbst entstehen umgekehrt beim Fotografieren der aufgebahrten Leichname; dann ist nämlich der Totengeist des Verstorbenen in unmittelbarer Nähe, und es ist der Moment, da die Hexen sich seiner zu bemächtigen versuchen, um in seinem Namen oder besser mit seinem Antlitz ihr Unwesen zu treiben. Das kann sowohl die Negative beschädigen als auch den Fotografen erblinden lassen und erfordert rituellen Schutz.

Privilegierter Ort der Bildproduktion ist nach wie vor das Fotostudio. Diese Studios ähneln einander oft wie ein Ei dem anderen; charakteristisch ist ihre räumliche Dreiteilung: zur Straße hin offen der Büro- und Empfangsraum, dahinter der eigentliche Aufnahmeraum und schließlich eine Dunkelkammer. Im Büro- und Empfangsraum wird der Verkauf von Filmen und die Abholung von Bildern getätigt; hier befindet sich das Bild- und Negativarchiv, hier stehen Stühle oder Sessel für die Besucher; und am Eingang gibt es immer eine Auslage mit Schaufotos. Nicht nur als Probe des Könnens, sondern zugleich auch als Anregung für die Kunden, denn die Bilder zeigen die beliebtesten Posen. Im Empfangsraum hängen häufig auch großflächig bebilderte Kalender, Werbeplakate oder aus Illustrierten geschnittene Fotos von Stars aus Musik oder Sport. Wichtigste Inspirationsquelle ist die afroamerikanische Lifestyle-Zeitschrift *Ebony*.

Der Aufnahmeraum, das Studio im eigentlichen Sinn, ist häufig durch einen Vorhang abgetrennt, um die Intimität des fotografischen Rituals zu gewährleisten. Im Aufnahmeraum findet sich immer eine Ecke mit einem Spiegel, hier liegen Kamm und Gesichtspuder bereit. Mitunter gibt es auch eine eigene Ankleidekabine mit den verschiedensten Kleidungsassecoires; Krawatte und Jacket sind die Minimalausstattung; manchmal kommen Kentetücher, Häuptlingssandalen, Staatsschwertimitationen, Hüte, Regenschirme, Armbanduhren und vieles mehr hinzu. In Kumasi traf ich einen Fotografen, der sich selbst als "Königsmacher" bezeichnete. Er hatte alle nötigen Requisiten vorrätig, um Männer in Häuptlinge oder Könige zu verkleiden und Frauen in sogenannte Queenmothers oder Frauenköniginnen. Im monarchistischen Asante scheint es nach dem Tod einer Frauenkönigin und vor dem Einsetzen der neuen so etwas wie mimetische Foto-Wellen zu geben: die Frauen stürmen dann die Studios, lassen sich als Frauenkönigin einkleiden und ablichten. Anderswo gibt es Fotografen, die in ihrem Studio eine gemalte Kulisse mit einem großen Häuptlingsschirm angebracht haben, vor dem dann der Betreffende auf einem Häuptlingsstuhl Platz nehmen kann. Der Fotograf bietet seinem Publikum also nicht nur eine Verwandlung ihres eigenen Selbsts, er betätigt sich dabei auch noch im wahrsten Sinne des Wortes als Usurpator. Doch sind solche "thronräuberischen" Praktiken nicht allein auf den Bereich der Fotografie beschränkt. Bei den Ewe zum Beispiel, wo es eine ausgeprägte Tradition der Grabmalerei und -plastik gibt, haben sich viele Neureiche und Emporkömmlinge längst im Häuptlingsschmuck (mit Sprecher, Schirm und Stuhl) verewigen lassen.

Grundsätzlich ist es die Kleidung, die die fotografische Pose bestimmt. Ein als Häuptling verkleideter Mann sollte z. B. nicht stehen, sondern immer sitzen, doch nicht mit übereinander geschlagenen Beinen. Umgekehrt ist genau dies bei einer Frau im adretten Geschäftskostüm beinahe obligatorisch. Ältere Menschen sitzen öfter, jüngere stehen. Es ist der jeweilige Typus oder die "Persona", hinter der das Individuum in der fotografischen Pose zurücktritt. Fotografen und Fotografierte teilen die selben moralischen und ästhetischen Werte. Manche Kunden wissen genau, was sie wollen, so daß der Fotograf beinahe nur noch auslösen muß. Andere bitten den Fotografen, er möge ihnen doch eine Pose zeigen, die zu ihnen passe; und das tut er gerne, denn es ist sein Metier. Man kann also keinesfalls generalisieren, daß der Fotografierte vom Fotografen inszeniert würde. Der Fotograf wird immer versuchen, den Wünschen seiner Kunden zu entsprechen. "Beauty is our duty" steht als Arbeitsmotto über vielen Studios, und um Schönheit und Erscheinung dreht sich letztlich alles.

Zum Inventar eines Studios gehört auch ein ausgewähltes Mobiliar wie Stühle, Schemel, Beistelltische, Stehpulte, schmiedeeiserne Brüstungen, die ebenso wie andere ikonenhafte Requisiten (Radios und Kassettenrekorder, Topfpflanzen und Blumen, Bücher oder Uhren) in das Arrangement miteinbezogen werden. Die Beleuchtung in den Studios ist streng frontal. Seitenlichter oder sogenannte "Lichtspitzen", jene von schräg hinten-oben kommenden Lichter auf den Kopf des Fotografierten, die den Eindruck räumlicher Tiefe erzeugen und für die westliche Porträtfotografie so charakteristisch sind, gibt es in Ghana nicht. Je weniger Schatten das Licht wirft, desto besser. Dramatische Lichteffekte mit starken Helldunkel-Kontrasten werden durch die Bank abgelehnt; sie widersprechen dem Postulat der "smoothness" also dem glatten Übergang zwischen den Farbtönen. Zwei Fotografen, die eine Fotoschule in Übersee besucht hatten, der eine in New York, der andere in Leipzig, erzählten mir sehr anschaulich, auf welch erbitterten Widerstand die von ihnen praktizierte Lichtführung stieß. Überspitzt könnte man sagen, daß der euroamerikanischen Option einer Trennung von Figur und Grund in Ghana die Option der Verschmelzung entgegensteht. Die Bilder wirken flach und flächig, und es entsteht der Eindruck, als würden die Figuren in die sie umgebende Kulisse eingraviert.

Viele Fotografen sind der Meinung, daß die eigentliche Kunst der Fotografie im Retuschieren liege. Es ist eine Technik, die seit der technischen Revolution des Farbnegativfilms zunehmend verschwindet; doch muß man davon ausgehen, daß noch bis weit in die 70er Jahre hinein, so gut wie jedes repräsentative Porträt retuschiert wurde, und zwar nicht nur die großen Glasnegative im Format 13x18 oder 18x24, sondern auch Zelluloidnegative im Format 6x6. Eine Analyse der retuschierten Negative ist aufschlußreich, weil sie sich am Schönheitsideal orientieren. Generell ist zu sagen, daß die in Ghana praktizierte Form des Retuschierens mit einem Graphitstift immer zu einer Aufhellung der Hautfarbe führt. Es sind die hellen Stellen auf dem Negativ, die abgedunkelt werden, bzw. auf dem Abzug dann die dunklen Stellen, die entsprechend heller erscheinen.

Das Retuschieren geschieht vor allem im Gesicht: Falten und Furchen, also jene Spuren, die das Leben in die Gesichter individuell
geschrieben hat, werden gefüllt, geglättet und gelöscht; es entsteht
der Eindruck einer Verjüngung. Das gleiche geschieht mit den
Schlüsselbeinknochen, sobald diese sichtbar sind; ihre Sichtbarkeit
gilt als Zeichen der Mangelernährung und Armut. Auch an entblößten
Armen werden sichtbare Adern gerne durch Übermalung entfernt.
Das Gesicht wird fülliger und runder gemacht; die Augen, insbesondere die die Iris umgebende weiße Lederhaut wird aufgehellt. Dazu
sei angemerkt, daß "weiße Augen" im Fante für Kühle, Besonnenheit
und Güte stehen, während ihr Gegenspieler, die "roten Augen" Bos-
heit, Hitze und Hexerei evozieren. Retuschieren bedeutet das
Gesicht "abzukühlen" und es dadurch zu verschönern; und dazu
gehört auch, daß man mitunter den Hals mit kleinen Fettwülsten verziert (den Indizes für körperliche Prosperität). Das Entfernen etwaiger
Gesichtsskarifikationen ist umstritten; manche Fotografen lehnen es
ab, weil sie sagen, der Betreffende würde sich dann selbst nicht mehr
erkennen; andere bieten es an, weil sie es für ein überkommenes
Relikt aus dem Norden halten. Wichtig ist, und darin sind sich alle
Fotografen einig, daß man beim Retuschieren die richtige Balance
finden muß zwischen dem evidenten und dem idealen Bild.

Im "Goldenen Zeitalter der Studiofotografie" gehörte auch die
Fotomontage zum festen Repertoire: Doppel- und Mehrfachbelich-
tungen, verschiedene Vorlagen mit der Schere neu zusammengestellt und abfotografiert. Der Fotograf als Magier als Bildzauberer;
Studionamen wie "Magic Photo Studio" oder "Mr. Magic" zeugen
noch heute davon. Am häufigsten scheint das Vertauschen von Kopf
und Rumpf gewesen zu sein. Praktiziert wurde es z.B., wenn jemand
verstarb, ohne eine Ganzkörperaufnahme zu hinterlassen. Dann
nahm man sein Paßbild und montierte es einfach in den Körper eines
anderen. Damit hatten die Hinterbliebenen eine Sorge weniger, denn
bei den Fante heißt es: "Ohne Ganzkörperbild kein Begräbnis". Doch
auch Dörfler und Wanderarbeiter, die selbst über keine repräsentative Kleidung verfügten, nutzten dieses Montageverfahren und ließen
ihr eigenes Gesicht in die "Bodies" elegant gekleideter Herren einfü-
gen. Manche dieser Montagen sind sehr offensichtlich, andere ein
wenig subtiler, und mitunter ist es nahezu unmöglich, die wahre
Geschichte der Bildentstehung zu ermitteln. Man stößt auf Montagen,
die das Bild eines Brautpaars im Fernseher zeigen; oder man findet
eine Frau gleichsam in eine Flasche gebannt (Abb.4). Auf die einheimischen Betrachter wirken solche Bilder im wahrsten Sinne des
Wortes "magisch"; doch die Fotografen versichern, daß sie solche

Montagen nur anfertigen, um ihr Wissen und ihre Geschicklichkeit unter Beweis zu stellen.

Ein anderes Motiv sind Verdopplungen und Vervielfachungen desselben Negativs auf einem Abzug, wie sie auch aus Kenia und Nigeria bekannt sind. Die Verdopplungen stehen bei den Fante indes in keinem Zusammenhang mit dem Zwillingskult (wie das etwa Sprague (1978) von den Yoruba berichtet). Eher schon denke ich, daß man hierin vielleicht - in Anlehnung an Walter Benjamin (1963) - das selbst zum Bild gewordene Rätsel der technischen Reproduzierbarkeit sehen könnte; eine weitere Allegorie des "One-man-Thousand". Mitunter stößt man auf Verdopplungen, die aus zwei unterschiedlichen, jedoch korrespondierenden Posen aufgebaut sind; jemand liest sich selbst aus einem Buch vor oder zündet sich selbst eine Zigarette an, oder er blickt zunächst in die Kamera und betrachtet dann eine Fotografie (Abb.5). Hier meint man mitunter vor den Anfängen einer fotografischen Bildgeschichte zu stehen. Heute, im Zeitalter des Farbnegativfilms sind solche Montagen fast verschwunden; es gibt allerdings Anzeichen für eine Wiederbelebung, zumindest in der Elfenbeinküste, wo einzelne Labors damit beginnen, dem ambulanten Fotografen solche Dienste wieder anzubieten (etwa das gelieferte Frauengesicht auf einen Schlangenkörper zu montieren oder in die Knospe einer Blume).

Ästhetische Erwägungen

Obzwar es keine motivischen Beschränkungen gibt, grundsätzlich also alles fotografiert werden darf (mit Ausnahme bestimmter ritueller Objekte und Personen, die nicht sichtbar sein sollen), stellen die Fotografen der Fante doch fast ausschließlich stilisierte Einzelporträt- und Gruppenaufnahmen her. Nach Schnappschüssen, Stilleben oder Landschaftsaufnahmen sucht man vergebens. Wie Bourdieu (1965) am Beispiel der französischen Amateurfotografie gezeigt hat, ist die ästhetische Dichotomie zwischen dem, was fotografiert, und dem, was nicht fotografiert wird, immer an eine spezifische Wertordnung im Bereich des Sozialen gekoppelt. Auch die Fotografen der Fante machen hier keine Ausnahme, denn als Erwerbsfotografen stellen sie sich ganz auf die Wünsche und Bedürfnisse ihrer Kunden ein. Der Gedanke, ein Bild allein um seiner Schönheit willen oder als Antwort auf eine eigene ästhetische Empfindung aufzunehmen, käme ihnen kaum in den Sinn.

Wie aber steht es mit einer indigenen Fotografiekritik? Gibt es Kriterien, nach denen eine Aufnahme für schön oder für unschön befunden wird? Michael D. Warren (1990) hat in seiner Studie über Kunst und Kunstkritik der Akan die Bereiche der Fotografie und Malerei außerachtgelassen und er hat auch nicht unterschieden zwischen der Beurteilung einer Abbildung und der des darin Abgebildeten. Eine solche Differenzierung ist hilfreich, wenngleich sie nicht immer stringent aufrechtzuhalten ist. Die Beurteilung des fotografierten Menschen ist eine Sache; die Beurteilung der technisch-handwerklichen Aspekte der Fotografie eine andere. Das klingt plausibel, es wird freilich komplizierter, wenn man sich vergegenwärtigt, daß auch die Erscheinung des fotografierten Menschen (Kleidung, Pose, Dekoration mit Statusattributen, Gesichtsausdruck usw.) handwerklichen Kunstgriffen unterliegt. Tendenziell ist es so, daß sich die Konsumenten bei ihren ästhetischen Urteilen stärker an der fotografischen Erscheinung orientieren und diese mit ihren Idealvorstellungen abgleichen, während die Fotografen selbst stärker auf die handwerklich-technischen Aspekte rekurrieren.

Das wichtigste Kriterium für eine gelungene Fotografie ist die "körperliche Unversehrtheit" oder auch die "vollständige Präsenz" der fotografierten Person. Sie hängt von der Wahl des Bildausschnitts ab und davon, ob der Fotograf sich an die taxonomischen Regeln hält, nach denen es gestattet ist, in den Körper des Fotografierten "einzuschneiden". Man unterscheidet drei solcher Einschnittsgrößen: 1. *yimpa mu*, das Vollbild, auf dem alle zur Person gehörenden Dinge, von den Schuhen bis zum Kopftuch vollständig wiedergegeben sind; 2. *yimpa nakrowa*, das Kniebild, bei dem auf Höhe der Knie eingeschnitten wird, jedoch stets so, daß die Hände unversehrt bleiben; und schließlich 3. *yimpa sin*, das Brustbild oder die Büste. Wählt der Fotograf einen anderen Bildausschnitt, so läuft er Gefahr, "sein Bild zu töten", also eine symbolische Aggression gegenüber der fotografierten Person zu begehen, und solche Bilder werden von den Auftraggebern denn auch zurückgewiesen. Zur vollständigen Präsenz gehört auch, daß beide Augen geöffnet und sichtbar sind. Entsprechend selten stößt man daher auf Profile, allenfalls Halb oder Viertelprofile; es dominiert die Frontale, bei der die Präsenz noch dadurch unterstrichen wird, daß der Blick selbst auf das Objektiv gerichtet ist. Dieses Kriterium der "körperlichen Unversehrtheit" findet übrigens in der Kochkunst seine Entsprechung in dem Postulat, die essentiellen Erkennungszeichen eines Tieres (wie etwa die Pfoten) grundsätzlich mitzuzubereiten und mitzuservieren.[1]

Ein zweites Kriterium bezieht sich auf die Erscheinung von "Kühle". Kühle (*bokoo* und *dwo*) - keinesfalls mit "Kälte" (*win*) zu verwechseln - meint hier nicht nur das, was wir umgangssprachlich mit "coolness" assoziieren, sondern auch körperliche Entspanntheit und Frische, Wohlbefinden, Langsamkeit und Ruhe. Manche Fotografen versuchen ihre Kunden vor der Aufnahme „herunterzukühlen", indem sie sie für einige Minuten sitzen lassen, denn das Bild wird umso schöner werden, je mehr es gelingt, den Fotografierten hinter einer zivilisatorischen "Maske der Kühle" verschwinden zu lassen; und das bedeutet immer auch, ihn von der Hitze seiner Idiosynkrasien zu befreien, ihn über seine Emotionen, Leidenschaften und Triebe zu erheben. Dies deckt sich weitgehend mit dem, was Robert Farris Thompson (1974) bereits für den Bereich der plastischen Kunst bei den Yoruba postuliert hat.

Ein drittes Kriterium für die Beurteilung von Fotografien ist das der "smoothness", also der "Glattheit" und der "glatten Übergänge". Es bezieht sich sowohl auf die Erscheinung der Person (auf ihre Haut, die Pose und das Arrangement der Kleidung) als auch auf die technischen Qualitäten von Aufnahme und Abzug (also die glatten Übergänge zwischen den Farben, den Helldunkel-Tönen sowie von Figur und Grund). Das Adjektiv "glatt" (*tsiwee*) ist gleichbedeutend mit makellos, ausgeglichen und eingeebnet. Der Fotograf bedient sich hier der Retusche und einer frontalen (möglichst schattenlosen) Lichtführung; außerdem rückt er Körper und Kleidung entsprechend zurecht.

Das vielleicht schönste Kompliment, das man einem Fotografen der Fante machen kann, lautet *Anim ye daguaa* ("das Gesicht leuchtet"). Dabei erweist sich das mit *daguaa* evozierte semantische Feld als weitläufig, es umfaßt die Eigenschaften des Schimmerns, des Glänzens, des Leuchtens und des Strahlens, aber auch der Helligkeit, Klarheit und Fehlerlosigkeit. Im Zusammenhang mit diesem Ideal ist denn auch die Praxis der Farblabors zu sehen, durch Erhöhung der Rotanteile den Farbton der Haut systematisch aufzuhellen (was indes unweigerlich ein Auswaschen auch der übrigen Farben

---

[1] Alternative Bildausschnitte (etwa Halbbilder oder reine Kopfaufnahmen) werden nur ganz selten getätigt. Eine quantitative Analyse der Monatsproduktion zweier Fotografen (einmal 842 und einmal 566 Aufnahmen) ergibt 71% Ganzkörperaufnahmen, 14% Kniebilder, 9% Brustbilder und 6% andere Ausschnitte. Das Hochformat dominiert im Verhältnis von 9:1 über das Querformat; und bei den Ganzkörperaufnahmen ist der Abstand vom Kopf zum oberen Bildrand oft drei bis fünfmal so groß wie der Abstand von den Füßen zum unteren Bildrand.

zur Folge hat). Doch der Eindruck des leuchtenden Gesichts ist an einen bestimmten Grad von Helligkeit gebunden; und das ist zugleich der Punkt über den Fotografen, Fotografierte und Laborbesitzer am meisten streiten. Die beiden Ideale des Leuchtens und der Kühle finden übrigens auch außerhalb der Fotografie zusammen, atmosphärisch am überzeugendsten vielleicht im Neonlicht, das gerade wegen seiner niedrigen Farbtemperatur so geschätzt wird.

Wieder ein anderes Kriterium für die Güte einer Fotografie ist das der "Rundheit" und der "Fülle". Je voller und runder (*kokrowa*) ein Gesicht, insbesondere die Stirn, desto schöner der Mensch. Dieses Motiv der Rundheit hat in der Bildkunst der Akan eine lange Tradition, etwa im Bereich der berühmten *akuaba*-Skulpturen mit ihren überproportionalen kreisförmigen Gesichtern, aber auch im Bereich der Begräbnisterrakotten. Wie Preston (1990) gezeigt hat, dienen diese Terrakotten mit ihrer hohen runden Stirn auch heute noch in den aristokratischen Häusern als Modell für die an den Säuglingen durch gezielte Massagen vorgenommenen Kopfformveränderungen. Die Fotografen bedienen sich hier der Retusche und bearbeiten dabei die Gesichter ihrer Kunden so, daß sie runder und voller wirken; doch auch bei der Aufnahme achten sie sehr genau darauf, wie sie die Köpfe positionieren; stets wählen sie eine Perspektive, aus der der Eindruck der Rundheit am optimalsten ist.

Es gibt eine Vielzahl weiterer Kriterien, etwa das der "Sanftheit" oder der "Weichheit", die alle auf die Schönheit der fotografischen Erscheinung des Menschen Bezug nehmen. Doch je mehr Kriterien man heranzieht, desto mehr Überschneidungen sind die Folge; und einige der oben genannten Kriterien, etwa das der "Rundheit" und der "körperlichen Unversehrtheit" überlappen sich ohnehin, ebenso wie das der "Glattheit" und der "Kühle". Wichtig erscheint mir indes, daß die hier skizzierte indigene Fotografiekritik häufig mit taktilen Qualitäten operiert, bzw. ästhetische Qualitäten sich auf taktilem Weg erschließen.

Das Selbst, das sich in den Fotografien der Fante offenbart, ist kein alltägliches Selbst, es ist ein nach ästhetischen Regeln sorgsam inszeniertes. Charakteristisch für diese Inszenierung ist das Wechselspiel von Enthüllen und Verbergen, die Vermittlung zwischen Sichtbarem und Unsichtbarem, zwischen der Realität und ihrem Ideal. Reale Erscheinungen werden idealisiert ins Bild gesetzt, und ideale Erscheinungen gewinnen gerade durch ihre Ins-Bild-Setzung Realität. Der Ort der Inszenierung gleicht einer Bühne mit Requisiten, ritualisierten Operationen und Kulissen, die sich je nach Bedarf zu bedeutungsvollen Zeichenkonfigurationen arrangieren lassen. Das Modell streift sein alltägliches Selbst ab und wird Bestandteil dieser

Konfiguration, es betritt gleichsam das eigene Bildnis, um in Gestalt einer Allegorie mit sich selbst ähnlich zu werden.

Sprechende Gründe

In der europäischen Studiofotografie des 19. Jahrhunderts waren die Kulissen ein Erbe der Malerei. Sie zeigten Parkszenen, Berglandschaften, Wolkenfonds, romantische Burgen, vor allem aber Innenräume herrschaftlicher Paläste und bürgerlicher Salons. Anfänglich besaßen viele Fotografen noch selbst ein malerisches Talent und gestalteten ihre Hintergründe selbst. Später bemühten sie dafür Theater- und Dekorationsmaler. Wieder etwas später kamen die Kulissen im Zubehörhandel ins Angebot. Bereits in den 80er Jahren konnte man an Hand von Spezialkatalogen unter Hunderten von Kulissen auswählen. Und zu vielen Kulissen gab es auch in gleicher Weise gemalte Fußbodenteppiche, die sich dem Hintergrund passend anschloßen (Hoerner 1989: 41; vgl. auch Sagne 1984: 217-29 und Baranowska 1995). Sie verschwanden zu Beginn des 20. Jahrhunderts im Zuge eines sich wandelnden Repräsentationsbedürfnisses, das solche artifiziellen Formen der Figureinbindung als überlebt ansah und stattdessen die Freistellung zu favorisieren begann.

Frühe Fotografien aus der Goldküste zeigen häufig die gleichen gemalten Hintergrundmotive wie man sie aus Europa kennt. Manche Fotografen orderten ihre Kulissen in England, andere orderten nur die Kataloge und beauftragten anschließend einen Maler vor Ort. Die Ausführungen variierten; es gab realistische und weniger realistische, und mitunter wurden Details verändert, weggelassen oder hinzugefügt.[1] Anfänglich dominierten auch hier Innenräume mit Vorhängen und Säulen, Treppenstufen, Postamenten und Gesimsen oder Fenstern, die (bisweilen ein wenig aufgeklappt) den Blick auf eine ferne Stadt oder Gartenlandschaft freigaben. Auf manchen Bildern erblickt man eine europäisch gekleidete Afrikanerin vor einem offenen Kamin oder inmitten eines überladenen Rokoko-Salons. Sie wirken vereinzelt und allein, einsam und mitunter sogar ein wenig verängstigt - wie

---

[1] Im Nachlaß des Fotografen Ben Adetundji aus Sekondi fanden sich Kataloge der Firma *Pemberton Bros. Background Painter Specialists* aus dem britischen Blackpool . Die Korrespondenz geht bis auf das Jahr 1940 zurück. Die gleichen *Pemberton* Kataloge besaß auch der in Kumasi ansässige Fotograf und Maler Thomas Stephen Abiodu, der als Sohn eines Kru-Vaters und einer Akan-Mutter in Nigeria aufgewachsen war, wurde in den 50er Jahren zu einem der wichtigsten Kulissenmaler. Er reiste mit einer Mustermappe quer durch Westafrika von Nigeria bis Sierra Leone und malte dabei hunderte von Studios aus.

eine leere Muschel, aus der sich das eigentliche Leben verflüchtigt hat.

Irgendwann in den 50er Jahren, in der Zeit des Übergangs von der Pionierphase ins goldene Zeitalter der Studiofotografie emanzipierte man sich von den kolonialen Vorbildern und schuf an ihrer Statt neue Dekorationen, die motivisch und ikonographisch besser auf die Bildbedürfnisse der Kundschaft zugeschnitten waren. Und fortan entwikkelte jedes Jahrzehnt seine eigenen "Themen-Hintergründe", an denen jeweils dominante Erfahrungen, Wünsche und Gefühlslagen sichtbar werden, eingeschrieben in den Grund, vor dem der fotografierte Mensch zur Figur seiner Zeit wird.

Das erste Leitmotiv war die Erfahrung der elektrifizierten Stadt, in der es auch nachts nicht mehr dunkel wurde. Dieses zivilisatorische Wunder, über das man sich in den Dörfern lange ungläubig den Kopf zerbrach, fand seinen sichtbaren Ausdruck in einer mit Straßenlaternen bemalten Kulisse. Ob einzeln oder im Verbund, an einem zierlichen Bogen hängend oder als Kugellampen auf einen kompakten Masten aufgepfropft, immer signalisiert diese Ikone den Eintritt des Fotografierten ins Licht der Stadt. Manchmal, wie in (Abb.3) sind die beiden Laternen beinahe wie ein Theatervorhang angeordnet.[1] Später kam es zu Variationen, Überlandleitungen und markante Hochspannungsmasten traten hinzu oder konnten die Laternen schließlich sogar ersetzen. Ein anderer Aspekt der Stadt, ihre Anonymität, fand seinen Ausdruck in der Darstellung von Hochhäusern, Wohnblocks und Bürogebäuden, Schnellstraßen und Kreuzungen. Auch sie wurden zu sprechenden Sinnbildern der Urbanität. Als Vorlagen benutzten die Maler mitunter Kalenderbilder realer Gebäude, etwa die markante Silhouette des Hotel Ivoire in Abidjan, die in den verschiedensten Variationen auftaucht, aber auch die Skyline von Manhatten (Abb.6). In den Studios der Provinzstädte und Dörfer ist es häufig die Fassade einer Bank (meist der *Ghana Commercial Bank*), die dann auch die Erfahrungen mit der Geldökonomie als Aspekt des Urbanen miteinbezieht. Die meisten Stadtkulissen sind indes aus der Phantasie gemalt, dabei zielsicher die wichtigsten städtischen Ikonen (Häuser, Straßen, Autos, Laternen und Begrünungsstreifen) zitierend.

In den 70er Jahren kommt ein neues Motiv hinzu. Es ist der Flughafen. Wie zuvor schon die Stadt ein Sprungbrett in die moderne Zeit

---

[1] Das Motiv der Straßenlaterne taucht übrigens auch in den Hausbemalungen der *Ndebele*-Frauen in Südafrika auf. Die Frauen, die selbst in nicht-elektrifizierten Dörfern leben, malen solche Bilder der Stadt und ihres künstlichen Lichts nach den Erzählungen ihrer Männer, die sich in den Städten als Lohnarbeiter verdingen (Courtney-Clarke 1995).

bildete, so jetzt auch der Flughafen, der die eigene mit der übersee-
ischen Welt verbindet. Weniger als Ort einer realen als der imaginären Schwellenerfahrung (des Abreisens und Abschiednehmens oder
des Ankommens und der Begrüßung), verbinden sich mit dem Flughafen geradezu mythische Dimensionen: das Wunder der winzigen
Flugzeuge (im Fante nicht als Vögel, sondern als *ewimuhyen*
"Himmelskanus" bezeichnet), die die Menschen nach *Aburokyiri,* das
Land des weißen Mannes, transportieren. Die Flughafenkulissen zeigen üblicherweise einen Flieger mit Einstiegsluke und ausgefahrener
Treppe; im Hintergrund erblickt man ein Flughafengebäude, mitunter
startende oder sich im Anflug befindende Maschinen. Die Bildkom-
position lädt oft zur Interaktion ein, das heißt die Fotografierten
setzen ihren Fuß auf die Treppe, halten eine Hand an das Geländer
oder winken ganz einfach in die Kamera. Der Schriftzug
"International Airport" verweist meist auf die Flughäfen von Accra
oder Abidjan; mitunter spielt die Szene jedoch auch in Europa, und
dabei rangieren Moskau, Düsseldorf und Paris in der Beliebtheit ganz
vorne (Abb.7 und 8). Neuere Versionen des Motivs aus den 90er
Jahren verzichten bisweilen auf die Darstellung von Flugzeugen und
vertrauen stattdessen ganz auf die Wirkung des Flughafentowers mit
seinen riesigen Radarschirmen.

Weniger mondän und auch als Mode weniger genau datierbar ist
das Motiv der Kaaba in Mekka. Für die Muslime, die in Südghana
eine Minderheit bilden, ist das Ziel der Hadsch ein zeitlos populärer
Hintergrund, vor dem sie besonders an den Festtagen des islamischen Kalenders gerne posieren. Solche Aufnahmen lassen sich als
bildhaftes Statement des eigenen Glaubens lesen. Doch auch die,
die tatsächlich nach Mekka gepilgert sind, versäumen es nie, sich
nach ihrer Rückkehr vor einer gemalten Kaaba ablichten zu lassen,
um das vergrößerte und gerahmte Bild später als Reisesouvenir und
Sinnbild frommer Pflichterfüllung in ihrer Stube aufzuhängen (Abb.9).

Anders wieder jene Kulissen, die das Stubeninnere selbst zum
Gegenstand haben. Sie tauchen in ihrer modernen, afrikanisierten
Version (die sich von den kolonialen Vorläufern radikal unterscheidet)
erstmals in den 80er Jahren auf. Es dominiert das Motiv eines
Wandschranks - im ghanaischen Englisch *room-divider* genannt -
weil man ihn als Trennwand zwischen der Stube und der dahinterlie-
genden Schlafstätte verwendet. Dieser *room-divider* ist mit all den
Objekten der Begierde sozialer Emporkömmlinge gefüllt: Fernsehap-
parate, Audio- und Videogeräte, Telefon, Wanduhr, Bücher und
Videokassetten, Gläser, Porzellan und Spirituosen, Blumenvasen und
Ventilatoren. Mitunter tritt ein Kühlschrank hinzu, geschlossen oder -
noch beliebter - halb geöffnet und damit Einblicke in die üppige häus-

liche Versorgungslage gewährend. All diese gemalten Artikel sind wie Jagdtrophäen, in deren Mitte sich der Fotografierte als erfolgreicher Jäger präsentiert. Die Darstellungen sind oft äußerst realistisch ausgeführt und bieten Möglichkeiten für Interaktionen, die dann den Trompe-l'oeil-Effekt noch erhöhen: jemand drückt auf den Knopf des Ventilators oder des TV-Geräts; ein anderer öffnet den Kühlschrank (Abb.10) oder scheint dem Betrachter gar ein Bier zu offerieren. Manchmal tritt der Wandschrank ein wenig in den Hintergrund, er weicht dann einer Totale des Stubeninterieurs: Couch, Couchtisch und Sessel kommen hinzu, ebenso wie Zimmerpflanzen und Bilder an den Wänden. Dagegen wirken die aus den Katalogen europäischer Einrichtungshäuser abgemalten Kücheneinrichtungen ein wenig fremd (Abb.11). Ihnen fehlt jede Entsprechung im ghanaischen Alltag, und deshalb sind sie wohl auch seltener und vergleichsweise weniger beliebt. Doch die Idee, die sich hier artikuliert, ist immer die gleiche, nämlich die des Einblicks in das eigene Zuhause und die dort versammelten Errungenschaften. Es ist naheliegend, die hier abgebildete Wirklichkeit als eine von Wünschen und Träumen geprägte zu fassen; und vielleicht ist die Fotografie hier ein Mittel der Sublimation, die es gestattet, Wünsche und Träume nicht mehr nur als etwas in der Zukunft der eigenen Biographie Einzulösendes zu fassen, sondern sie jetzt abzuspalten und fragmentarisch auszulagern, um sie einstweilen gleichsam als Bildschmuck dem eigenen Leben im Hier und Jetzt wieder anzuhängen. Der *roomdivider* ist in Ghana derzeit die mit Abstand beliebteste Fotokulisse; und man muß die zunehmende Verbreitung dieses Motivs wohl auch als Strategie der Studiofotografen sehen, eine Kundschaft zurückzugewinnen, die sie seit der Einführung des Farbnegativfilms zunehmend an die ambulanten Kollegen verloren haben.

Mit dem Blick in das Innere der Stube korrespondiert der auf die Fassade des Eigenheims. Meist ist es ein zwei- bis dreistöckiges Haus von der Art, wie man sie in Accra in den Wohnvierteln des Bürgertums findet (etwa in Airport Residential oder Cantonments). Oft führt eine Freitreppe hinauf ins Obergeschoß; eine Mauer, von einem Einfahrtstor unterbrochen, umgibt das Anwesen. Der Streifen davor ist mit Blumen bepflanzt, auf dem flachen Dach sogenannte "Sommerhütten" für abendliche Entspannung, TV-Antennen und in neuerer Zeit auch Satellitenschüsseln. Im Hintergrund manchmal ein Auto (Abb.12, 13), ein Swimming-Pool oder am Eingangsportal auch eine Klingel, die wieder zur Interaktion einlädt. Der Wunsch nach dem eigenen Haus durchzieht das Leben von Frauen und Männern gleichermaßen. Und wem es tatsächlich gelingt, ein solches Haus zu erbauen, der steigt in der Prestigehierarchie ganz nach oben.

Dort, wo die Stadterfahrung zur alltäglichen Lebenswirklichkeit geworden ist, bildet sich in Ansätzen eine Verklärung des heilen Lebens in den Dörfern und der Natur. Natur freilich im Sinne einer als Parklandschaft oder als Garten domestizierten Natur, nicht im Sinne von Wildnis und Wald. Sie findet ihren Ausdruck in einer Vielzahl von Kulissen mit friedlichen Dorfszenen, Flußmündungen, Wasserfällen, Seen, sanften Hügelketten oder Alleen (Abb.14, 15), beruhigend und kontrapunktisch die mondänen Stadtlandschaften ergänzend.

Nicht immer ganz eindeutig von diesen Naturmotiven zu trennen sind Kulissen, die touristische Attraktionen zu ihrem Gegenstand haben, wie der Botanische Garten von Aburri, der Badestrand von Labadi oder der Swimming-Pool des Atlantic Hotels in Takoradi. Hier handelt es sich um Motive, die man meist vom Hörensagen oder aus dem Fernsehen (aber nur selten aus persönlicher Anschauung) kennt. Nicht immer sind es landschaftliche Sehenswürdigkeiten, es gibt auch solche des technischen Fortschritts und der modernen Nationalkultur: die Adomi-Brücke über den Voltafluß, das Nkrumah-Mausoleum, die Forts von Elmina und Cape Coast oder das neue Nationaltheater in Accra, und nicht zu vergessen natürlich Dutzende von Ansichten des Kwame Nkrumah Circles, des quirligsten Platzes der Hauptstadt inmitten des nächtlichen Vergnügungsviertels. Seltener stößt man, von Kalenderbildern abgemalt, auf fremde Szenen aus dem Ausland: die Oper von Sydney, ein Schwarzwalddorf, das Trianon in Versailles oder eine niederländische Einkaufsstraße. Diese zuletzt genannten Motive sind denn meist auch weder für Fotografen noch für Fotografierte identifizierbar. Man könnte hier versucht sein, in Ansätzen so etwas wie das Aufkeimen eines indigenen Tourismus zu sehen. Der Fotografierte nimmt die touristischen Sehenswürdigkeiten seines Landes symbolisch in Besitz, eignet sich unter Umständen sogar die Fremde in Form eines Bildes an. Wieder andere Kulissen tragen eine Art geschriebenen Wahlspruch ("99 steps to heaven" oder "Observers are worried"), der dann als Kommentar oder Sprechblase dient. Solche Inschriften enstammen dem riesigen Fundus der Akan-Sprichwörter und Lebensweisheiten. Sie werden von den höfischen Sprechern in formellen Redesituationen ebenso verwendet (Yankah 1995) wie von den Berufsfahrern zur Dekoration ihrer Sammeltaxis und Busse (Seebode 1994).

Viele Fotostudios haben drei oder vier verschiedene Kulissen, entweder in Form von Wandbildern oder aber auf Stofftücher gemalt, was den Vorteil bietet, daß man sie mit Kollegen tauschen kann. Denn die Kulissen veralten schnell und müssen regelmäßig durch neue ersetzt werden. Kaum ein Kunde, der mehrmals vor dem gleichen Motiv posieren möchte; das moderne Selbst zeichnet sich nicht nur durch den Wunsch nach Vervielfältigung aus, sondern auch durch den nach Variation.

Indigene Exegesen

Natürlich stellt sich im Zusammenhang mit den Kulissen auch die Frage nach dem Sehen. Wie werden diese Bilder gesehen? Als getreuliches Abbild der Wirklichkeit, als Geste einer symbolischen Inbesitznahme oder aber als eine Art Kommentierung bzw. bildhaftes Statement?

Susan Vogel schreibt in ihrem Buch *Africa Explores*: "Photography is not treated as a particulary naturalistic medium in Africa. Painted backdrops (often wrinkled and not necessarily realistic) (...) are used to provide a symbolic presence rather than an illusion" (1991: 29).

Was aber ist der Unterschied zwischen symbolischer Präsenz und Illusion? Sind nicht symbolische Präsenzen immer ebenso illusionär wie sich Illusionen auf symbolische Präsenzen stützen? Vogel scheint sich hier in den Fallstricken der westlichen Kunstgeschichte zu verfangen und einen imaginären Gegensatz aufzubauen. Betrachtet man die Entwicklung der indigenen Fotografie und der dazugehörigen Kulissenmalerei in Ghana historisch, dann löst sich der Gegensatz schnell auf, weil die Entwicklungslinie eindeutig in Richtung des Fotorealismus verläuft. Die Maltechniken werden immer subtiler, mancherorts verfolgen die Studiobesitzer die Entstehung der Kulissen bereits durch den Sucher ihrer Kamera und geben entsprechende Instruktionen. Der Fotograf N. A. Events aus Teshie berichtet von einer Frau, die sich vor seiner *room-divider*-Kulisse hatte fotografieren lassen. Als ihr Mann das Bild zu sehen bekam, wollte er die Scheidung, denn er unterstellte der Frau, sie hätte einen anderen, in dessen Stube das Bild aufgenommen worden sei. Schließlich gelang es der Frau, ihren Mann zu einem Besuch in Events' Fotostudio zu überreden, wodurch sich die Wogen wieder glätteten.

Ich habe versucht, der Frage nach den Lesarten von Fotografien nachzugehen und dazu mit meinen Mitarbeitern zwei Bildserien zusammengestellt und von den verschiedensten Personen beschreiben lassen. Dabei zeigte sich, daß in der Tat viele Betrachter den von Malern und Fotografen intendierten Illusionen erliegen. Oft scheint das an einer bestimmten Wahrnehmungsdiskriminierung zu liegen (man könnte sie mit der Aufforderung umschreiben: "Achte auf die Linie, in der Vorder- und Hintergrund, Horizontalen und Vertikalen aufeinandertreffen"), die ihnen nicht geläufig ist und die sie entsprechend nicht anwenden. Dieser Befund deckt sich weitgehend mit dem, was ich nach Durchsicht der perzeptionswissenschaftlichen Literatur an anderer Stelle bereits dargelegt habe (Wendl 1996). Doch die Bildbeschreibungen zeigten auch, daß die indigenen Betrachter über andere zusätzliche Wahrnehmungsdiskriminierung verfügen und damit Details erfassen, die wiederum dem westlichen Betrachter entgehen. Diese Details beziehen sich insbesondere auf die Erscheinung des Fotografierten, seine ethnische Herkunft, den Ausdruck von Emotionen, Pose, Kleidung, Frisur, Habitus und Mode. Um nur ein Beispiel zu nennen: die unterschiedlichen Stoffe, Stoffmotive, Kleidungsstücke, Schuhe, Tücher und Frisuren haben alle besondere Namen (Spottnamen ebenso Preisnamen). Sie spielen auf populäre Musikstücke an, auf Sprichwörter, politische Ereignisse oder Personen der Zeitgeschichte und des öffentlichen Lebens. Und es zeigt sich, daß die Kombination dieser von den Fotografierten auf dem Körper getragenen Referenzen sehr bewußt gewählt ist und oft im Sinne eines allegorischen Kommentars zu verstehen ist. Mit Hilfe der erhobenen indigenen Foto-Exegesen läßt sich eine Liste von "Vestemen" und "vestimentären Codes" erstellen, die als Beitrag für eine längst überfällige "Ethnographie des Körpers und der Kleidung" (Behrend 1994: 18) dienen kann. Doch soll den Ergebnissen dieser Teiluntersuchung eine eigene, spätere Arbeit vorbehalten bleiben.

Im Fante gehört das Wort für "Wahrheit" (*nokwar*) in eine semantische Klasse von Dingen, die mit bloßem Auge (bzw. mit den Sinnen generell) nicht wahrnehmbar sind. Es kommt zu der paradoxen Situation, daß Bilder zwar die Wahrheit "sprechen" können, diese Wahrheit sich aber gleichzeitig jenseits der wahrnehmbaren Erscheinungen befindet. Doch P. K. Normal, Studiofotograf im Städtchen Shama beschwichtigt und sagt: "The one who knows how to look at a picture, will easily see, what is hidden deep inside."

Fotografien sind historisch und kulturell kodierte Bildzeugnisse. Sofern Fotograf und Fotografierter derselben Kultur angehören, lassen sie sich als Selbstbilder lesen und das vereinfacht zunächst die Analyse. Um mit Roland Barthes (1980) zu sprechen, fallen hier zwei semiotische Schichten ("Wie möchte der Fotografierte gesehen werden" und "Wie möchte der Fotograf, daß sein späteres Publikum den Fotografierten sieht") zusammen. Allerdings verkompliziert sich die Exegese für den Bildbetrachter einer fremden Kultur dadurch, daß viele der verwendeten Zeichen ihren Referenten im Bereich des Unsichtbaren haben und in Form von Allegorien artikuliert sind. Doch Ethnographie im Sinne einer Vermittlung zwischen den Kulturen ist eben auch nicht der indigenen Fotografen Ziel.

Literatur

Baranowska, Malgorzata (1995): The Mass-Produced Postcard and the Photography of Emotions. In: *Visual Anthropology* 7: 171-189.

Barthes, Roland (1980): *La chambre claire. Note sur la photographie*, Paris.

Behrend, Heike (1998): Love à la Hollywood and Bombay in Kenyan Studio Photography. In: *Paideuma* 44.

Benjamin, Walter (1963): Kleine Geschichte der Photographie. In: Ders., *Das Kunstwerk im Zeitalter seiner technischen Reproduzierbarkeit*, Frankfurt, S. 45-64.

Bourdieu, Pierre (1965): *Un art moyen. Essai sur les usages sociaux de la photographie*, Paris.

Carpenter, Edmund (1975): The Tribal Terror of Self-Awareness. In: *Principles of Visual Anthropology*, Paul Hockings (Hrsg.), Den Haag, S. 451-461.

Centre National de la photographie (Hrsg.) (1994): *Seydou Keita*, Ausstellungskatalog, Paris.

Cole, Herbert M. und Doran H. Ross (1977): *The Arts of Ghana*, Ausstellungskatalog des Museum of Cultural History, UCLA Los Angeles.

Courtney-Clarke, Margaret (1995): *Ndebele. Die Kunst der Frauen Südafrikas*, München.

David, Philippe (1993): Alex A. Acolatse 1880-1975. *Hommage à l'un des premiers photographes togolais*, Lomé.

Editions Revue Noire (1996): *Cornelius Yao Augustt Azaglo. Photographies, Cote d'Ivoire*, 1950-1975, Paris.

Fondation Cartier pour l'Art Contemporain (Hrsg.) (1994): *Malick Sidibé*, Ausstellungsbroschüre, Paris.

Geary, Christraud M. (1995): Photographic Practice in Africa and Its Implication for the Use of Historical Photographs as Contextual Evidence. In: A. Triulzi (Hrsg.) *Fotografia e storia dell'Africa*, Rom, S. 103-130.

Hoerner, Ludwig (1989): *Das photographische Gewerbe in Deutschland 1839-1914*, Düsseldorf.

Jenkins, Paul (1994): The Earliest Generation of Missionary Photographers in West Africa. The Portrayal of Indigenous People and Culture. In: *Visual Anthropology* 7,2: 115-145.

Jenks, Chris (Hrsg.) (1995): *Visual Culture*, London.

Kratz, Corinne A. (1996): Okiek Portraits: Representation, Mediation, and Interpretation in a Photographic Exhibition. In: *Cahiers d'Etudes Africaines* 141-142: 51-79.

MacDougall, David (1992): Photo Hierarchicus: Signs and Mirrors in Indian Photography. In: *Visual Anthopology* 5: 103-129.

Macmillan, Allister (1920): *The Red Book of West Africa*, London.

Oguibe, Olu (1996): Photography and the Substance of the Image. In: *In-Sight, African Photographers, 1940 to the Present*, Guggenheim Museum (Hrsg.), Ausstellungskatalog, New York, S. 231-249.

Ouedraogo, Jean-Bernard (1996): La figuration photographique des identités sociales: valeurs et apparences au Burkina Faso. In: *Cahiers d'Etudes Africaines* 141-142: 25-50.

Parker, Ann und Avon Neal (1995): *Die Kunst des Hadsch. Wandbilder erzählen von der Pilgerreise nach Mekka*, München.

Pivin, Jean-Loup (Hrsg.) (1994): *Mama Casset. Les précurseurs de la photographie au Sénégal*, 1950, Paris.

Preston, George N. (1990): People Making Portraits Making People. Living Icons of the Akan. In: *African Arts* 23,3: 70-76.

Ruby, Jay (1995): *Secure the Shadow. Death and Photography in America*, MA., Cambridge.

Sagne, Jean (1984): *L'Atelier du photograph* 1840-1940, Paris.

Seebode, Jochen (1994): You Can't Force there to Be there if there Is no there. Fahrzeugaufschriften in Ghana. In: *Kula-Jahrbuch*, Berlin, S. 137-211.

Sontag, Susan (1980): *Über Photographie*, Frankfurt.

Sprague, Stephen (1978): Yoruba Photography. How the Yoruba See Themselves. In: *African Arts* 12,1: 52-59, 107.

Thompson, Robert Farris (1974): *African Art in Motion*, Berkeley.

Viditz-Ward, Vera (1985): Alphonso Lisk-Carew: Creole Photographer. In: *African Arts* 19,1: 46-51.

Viditz-Ward, Vera (1987): Photography in Sierra Leone 1850-1917. In: *Africa* 57: 510-18.

Vogel, Susan (1991): *Africa Explores. 20th Century African Art,* München/New York.

Warren, D.Michael (Hrsg.) (1990): *Akan Arts and Aesthetics. Elements of Change in a Ghanaian Indigenous Knowledge System.* Iowa State University (= Studies in Technology and Social Change 16).

Wendl, Tobias (1995): *Afrikanische Reklamekunst.* 23-minütiges Video (Betacam SP). Forschunsgruppe Visuelle Anthropologie, Universität München.

Wendl, Tobias (1996): Warum sie nicht sehen, was sie sehen kön-. nten. Zur Perzeption von Fotografien im Kulturvergleich. In: *Anthropos* 91: 169-181.

Werner, Jean-François (1993): La photograhie de famille en Afrique de l'Ouest. In: *Xoana* 1,1: 43-56.

Werner, Jean-François (1996a): Produire des images en Afrique: le cas des photographes de studio. In: *Cahiers d'Etudes Africaines,* 141-142: 81-112.

Werner, Jean-François (im Druck) (1996b): Profession Photographe: un étranger peut en cacher un autre. In: *Actes du Colloque Crises, ajustements et recompositions en Cote d'Ivoire,* GIDIS-CI, Abidjan.

Werner, Jean-François (1996c): *L'ambulance c'est mesquin! ou Les tribulations d'un photograph africain,* unveröffentlichtes Manuskript.

Yankah, Kwesi (1995): *Speaking for the Chief. Okyeame and the Politics of Akan Royal Oratory,* Bloomington/Indianapolis.

Lokale Ethnographien und die Politisierung
von Ethnizität

Staatenlose Gesellschaften oder Häuptlingstümer? Eine Debatte unter Dagara-Intellektuellen

Carola Lentz

Einleitung

Waren die Dagara und Dagaba im Nordwesten Ghanas und Südwesten Burkina Fasos in vorkolonialer Zeit tatsächlich staatenlose Gesellschaften, wie europäische Kolonialbeamte und Ethnologen behauptet haben? Oder kannten sie die Institution des Häuptlingstums durchaus und hatten sich schon längst vor der kolonialen Einführung politischer Hierarchien in staatsähnlichen Gebilden zusammengeschlossen? Diese Frage wird schon seit längerer Zeit unter Dagara-Intellektuellen lebhaft debattiert, in wissenschaftlichen Aufsätzen, Seminararbeiten und Vorträgen auf Jahrestagungen diverser ethnopolitischer Verbände.

Die erste ethnographische Skizze, in der ein Dagara-Autor zur Frage Akephalie oder vorkoloniales Häuptlingstum Stellung nimmt, stammt von Bozi Somé, einem Historiker und Ethnologen aus Burkina Faso. In einem Aufsatz mit dem Titel "Organisation politico-sociale traditionelle des Dagara" (1969) versichert Somé, eine politische Hierarchie und die Delegation politischer Autorität an einen Häuptling hätten bei den Dagara nicht einmal auf Dorfebene existiert, erst recht nicht auf regionaler oder gar gesamtethnischer Ebene. Die ausgeprägte politische Dezentralisierung schreibt Somé dem ungebrochenen Freiheitswillen der Dagara zu und bewertet sie durchweg positiv. Er formuliert auch keine dezidierte Kritik an den Akephalie-Thesen der europäischen Kolonialbeamten und Ethnologen.

Anders dagegen Benedict Der, ein Dagara-Geschichtsprofessor, der in Ghana an der University of Cape Coast und der Northern University lehrt. 1977 verfaßte er ein Manuskript, das schon im Titel eine kritische Auseinandersetzung mit früheren Autoren ankündigt: "The `Stateless Peoples' of North-West Ghana: A Reappraisal of the Case of the Dagara of Nandom". Auf der Basis von eigenen Interviews und einer Reinterpretation kolonialer Quellen will Der am Beispiel von Nandom - heute ein kleines Häuptlingstum im Nordwesten Ghanas - die These der vorkolonialen Staatenlosigkeit der Dagara widerlegen. Seine Gegenthese: Nandom hätte sich bereits gegen Ende des neunzehnten Jahrhunderts zu einem "unitary state" auf einem klar definierten Territorium entwickelt, denn jedes Nandomer Dorf sei von einem eigenen Häuptling regiert worden, der wiederum dem Häuptling von Nandom als Oberherrn unterstand. Ders Artikel wurde (noch?) nicht veröffentlicht, zirkulierte aber als vervielfältigtes Seminarpapier an der Universität und unter Dagara-Intellektuellen und wurde vom Autor auch auf verschiedenen Jahrestreffen der Nandom Youth and Development Association vorgetragen.

Im Magistranden- und Doktorandenkolloquium des Department of History der University of Ghana, wo Benedict Der seine Thesen erstmals vorstellte, ließ eine dezidierte Kritik nicht lange auf sich warten. Als G.B.L. Siilo - wie Der ein Dagara aus Nandom - dort seine Rekonstruktion der politischen Geschichte des Nordwestens vortrug, grenzte er sich gleich einleitend von jenen "indigenous historians from the area" ab, die in jüngster Zeit behaupten würden, die Dagara hätten sehr wohl Häuptlingstümer und sogar Königreiche gegründet. Solche Behauptungen, so Siilo, seien nur eine Reaktion auf die von Kolonialbeamten und europäischen Ethnologen vertretene These der Staatenlosigkeit, "...because of its veiled implications that a society without centralised political institutions is primitive and uncivilized" (1977: 1). Ein Historiker dürfe sich aber nicht von gefühlsbeladenen Fragen nach der "Zivilisiertheit" einer Gesellschaft leiten lassen, sondern müsse ganz nüchtern ihre Funktionsweisen untersuchen. Und unter Bezug auf "oral traditions of the area" und "relevant secondary material" kommt Siilo zum selben Ergebnis wie Bozi Somé, nämlich daß die Dagara zu Recht als "stateless peoples" bezeichnet werden können.

Diese drei Artikel sind Teil einer breiteren Debatte über Ursprünge, Siedlungsgeschichte und politische und religiöse Traditionen der Dagara, die sich seit den 1970er Jahren unter Dagara-Intellektuellen in Ghana und Burkina Faso entwickelt und in einer Fülle von Texten niedergeschlagen hat.[1] Wie Siilo andeutet, entfaltet sich diese Debatte im Spannungsfeld zwischen lokalen oralen Traditionen und dem dominanten politischen Diskurs, der Häuptlingstümer mit Höherentwicklung und Akephalie mit Primitivität assoziiert. Dabei bewegt sich die Diskussion zwischen zwei Polen: einerseits der Reinterpretation der lokalen Geschichte im Rahmen des dominanten Modells von Häuptlingstümern und andererseits der Verteidigung und Aufwertung der Akephalie als eigener, ur-demokratischer Tradition.

Wie in diesem Feld argumentiert und auktoriale Autorität konstruiert wird, wie koloniale Quellen und mündliche Traditionen rezipiert

---

[1]   Zu Geschichte und Biographien der gebildeten Dagara-Elite vgl. Lentz 1994a, zu ihren ethnopolitischen Organisationen und politischen Kämpfen Lentz 1995 und zur Debatte über Ursprungs- und Siedlungsgeschichte(n) Lentz 1994b.

und wie Ethnographie und Historiographie ins Verhältnis gesetzt werden, ist Thema des vorliegenden Aufsatzes. Dabei findet die Frage nach der vorkolonialen politischen Organisation der Dagara lebhaftes Interesse auch weit über die Kreise der gebildeten Elite hinaus - nicht zuletzt, weil hier im Idiom der Vergangenheit immer auch die politische Gegenwart bewertet und eine wünschenswerte Zukunft entworfen wird. Auch wird die Auseinandersetzung über Akephalie und Herrschaft nicht nur in explizit geschichtlich argumentierenden Texten, sondern auch in Sprichwörtern, Märchen, Liedern, Amtseinführungsformeln, Petitionen und ähnlichen Genres geführt. Doch muß ich mich im folgenden beschränken, auf das bereits umrissene Feld von diversen veröffentlichten und unveröffentlichten Texten von Dagara-Intellektuellen zum Thema der politischen Traditionen. Nach der Analyse der zentralen textuellen Argumentationsstrategien werde ich Überlegungen zu den textexternen Faktoren anstellen, die die Debatte beeinflußt haben. Doch zuvor möchte ich einen eigenen Blick auf die Vielschichtigkeit der vorkolonialen politischen Geschichte der Dagara werfen und einige Anmerkungen zum Begriff "indigene Ethnographien" voranstellen.

"Indigene Ethnographien": Genrebezeichnung oder politischer Kampfbegriff?

Sind die Texte der Dagara-Intellektuellen "indigene afrikanische Ethnographien", wie der Titel der Kölner Tagung vorschlug? In der Tat handelt es sich um von afrikanischen Autoren über ihre eigene Gesellschaft und Geschichte verfaßte Texte, und gegen "indigene Ethnographien" als heuristischen Sammelbegriff für solche Texte scheint sich nur wenig einwenden zu lassen. Problematisch ist diese Bezeichnung aber, weil der Begriff "indigen" ("eingeboren", "native") seit der Kolonialzeit politisch aufgeladen ist. Darum plädiere ich dafür, auf "indigene Ethnographien" als Quasi-Genrebegriff zu verzichten. Das bedeutet nicht, "Indigenitäts"-ansprüche, die manche Texte selbst erheben, außerachtzulassen: solche Ansprüche sind eine Strategie der Konstruktion ethnographischer Autorität, die es bei der Textanalyse zu untersuchen gilt. Aber das „Indigenitäts"-kriterium taugt nicht zur Konstruktion eines Sammelbegriffs für eine Gruppe von Texten, die bei näherem Hinsehen wenig mehr gemeinsam haben als die *ex-negativo* Definition, daß sie nicht von europäischen oder nordamerikanischen Autoren geschrieben worden sind. Dieses Plädoyer möchte ich kurz erläutern.

Die Karriere der Bezeichnung "indigene Ethnographien" ist aufs engste verknüpft mit der vielbeschworenen Krise der ethnographischen Repräsentation und dem Bestreben westlicher Ethnologen, ihre Wissenschaft endlich ernsthaft zu dekolonialisieren (Berg & Fuchs 1993). Noch Ende der 1970er Jahre verteidigte Clifford Geertz das Interpretationsprivileg der westlichen Ethnologie recht ungebrochen. In seinem oft zitierten Aufsatz "From the Native's Point of View" (1977) räumte er zwar den "erfahrungsnahen" Vorstellungen der lokalen Akteure eine gewichtige Rolle für die ethnologische Analyse ein. Aber er insistierte auch, daß die Perspektive der "Eingeborenen" erst im Lichte der "erfahrungsfernen" Konzepte des distanzierten Ethnologen so recht verständlich würde. Diese Gewißheit machte seither erheblichen Zweifeln an der Autorität westlicher Ethnographien Platz. Immer mehr Ethnologen suchen Alternativen zum autoritativen, monologischen Schreiben "über die Anderen". Ausführliche Zitate von Kommentaren lokaler Akteure, die Kombination verschiedener Texte unterschiedlicher Autoren bis hin zur Ko-Autorenschaft, die Veröffentlichung von (Auto)-Biographien und ähnliche Schreibstrategien sind Versuche, Mehrstimmigkeit und Dialog einzuführen (Clifford 1988, Fabian 1993). Dabei gerieten zunehmend von lokalen Autoren geschriebene Texte ins Blickfeld, als Quelle und Gegenstand einer postkolonialen Ethnologie, aber auch als notwendige Korrektur einer eurozentrischen Perspektive.[1]

Allerdings leistet die Klassifikation von Texten lokaler Autoren als "indigene Ethnographie" oder "native anthropology" einer erneuten Exotisierung "der Anderen" Vorschub.[2] Die Bezeichnung "indigen" betont die Binnenperspektive, die Mitgliedschaft des Autors in der von ihm beschriebenen Gesellschaft (strenggenommen wäre also auch die deutsche Volkskunde "indigene Ethnographie"). Unterscheiden sich "indigene Ethnographien" grundsätzlich von "nichtindigenen" hinsichtlich Materialzugang, Perspektive, Wahrheitsanspruch? Zielen sie auf ein anderes Publikum? Am Beispiel der Dagara-Texte zeigt sich, daß diese Fragen für jeden einzelnen Text unterschiedlich zu beantworten sind. Das Spektrum reicht hier von

---

[1] Vgl. z.B. Behrend 1993: 167-95. Mit Bezug auf Afrika wurden solche Texte allerdings zunächst - und noch ganz ohne Anspruch auf eine postkoloniale, experimentelle Ethno- und/oder Historiographie - von Historikern "entdeckt", nicht zuletzt deshalb, weil die Aneignung der Schrift fast überall zuerst für das "Beschreiben" des Feldes der Geschichte genutzt wurde. Vgl. dazu die Beispiele aus Westafrika in Law 1984, Falola 1993 und Zachernuk 1994, sowie bei Adam Jones und Stefan Eisenhofer in diesem Band.

[2] Vgl. dazu auch die aufschlußreiche Auseinandersetzung zwischen Kristmundsdottir (1996) und Hastrup (1993, 1996) über "native anthropology" am Beispiel der Ethnographie Islands.

der im Diözesanverlag veröffentlichten Broschüre für eine lokale Leserschaft über akademische Abschlußarbeiten bis zu Artikeln in internationalen Fachzeitschriften, die vor Ort kaum zur Kenntnis genommen werden. Oft ist gar nicht eindeutig, mit welcher Stimme der Text zu welchem Publikum sprechen will: mancher Autor rüstet sich mit der Autorität sowohl der mündlichen Traditionen als auch der kolonialen Quellen und will zugleich seine Lineage-Ältesten, die lokalen Mit-Intellektuellen und eine internationale Leserschaft erreichen.

Jedes ethnographische und historiographische Schreiben produziert Distanz, und insofern ist die Bezeichnung "indigene Ethnographie" ein ähnliches Paradoxon wie "teilnehmende Beobachtung". Die außer-ethnographische Rolle des Autors in der von ihm beschriebenen Gesellschaft hat sicherlich Einfluß auf seine Texte. Aber sie läßt sich nicht in den binären Kategorien "indigen" versus "extern" fassen, weil diese Begriffe kontextbezogen und interessebeladen sind. Wer ist wann und für welchen Gegenstand als "indigener" Autor zu bezeichnen, und wer hat darüber die Definitionsmacht? Ist "indigen" ein durch die Geburt definierter Begriff? Schreibt ein in Nandom geborener und in Kanada studierter Dagara-Historiker, der seit seinem sechsten Lebensjahr kaum mehr als eine Woche am Stück in seiner Heimat verbracht hat, "indigene" Ethnographie? Könnte eine "fremde", eingeheiratete, der lokalen Sprache mächtigen und in der Region lebende Autorin "indigene" Texte schreiben? Und wie werden die Grenzen der "native community" gezogen, deren "Eingeborener" der Autor zu sein beansprucht? Ist ein Dagara ein "indigener Autor", wenn er über die benachbarten Sisala schreibt? Oder ist "Indigenität" an eine bestimmte soziale Schicht gebunden: schreibt zum Beispiel ein Dorfschullehrer einen "indigenen" Text, nicht aber ein promovierter Akademiker?

Mit ähnlichen Fragen mußte sich auch die koloniale Bürokratie in Afrika bei der Kodifikation des "customary law" auseinandersetzen, denn unter das Gewohnheitsrecht fielen nur die jeweils „Eingeborenen", die es nun zu definieren galt (Mann & Roberts 1991). In Nordghana wurden in den 1930er Jahren unter den Kolonialbeamten selbst und mit den Häuptlingen und anderen lokalen Akteuren erbitterte Debatten über die präzise Abgrenzung der Kategorie der "natives" von den "non-natives" geführt, weil diese Grenze von großer Bedeutung für Landrechte, Besteuerung und politische Mitsprache war. Politische Bürgerrechte und dauerhafte Rechte auf Land wurden zunehmend an den Status der Akteure als "natives" gebunden.

Diese politische Aufladung klingt an, wenn Texte afrikanischer (und anderer) Autoren sich selbst als "indigene Ethnographie" etikettieren. Sich damit auseinanderzusetzen und zu analysieren, wie verschiedene Texte selbst die Grenze zwischen "indigen" und "nicht-indigen" ziehen, halte ich für ein lohnendes Thema[1]. Die Texte dagegen in eine Genre-Schublade "indigene Ethnographien" einzusortieren, scheint mir eher kontraproduktiv.

Erdherren und "strong men": die Vieldeutigkeit der vorkolonialen politischen Landschaft am Schwarzen Volta

Wie eingangs erwähnt, zeichnen die Texte der Dagara-Autoren sehr unterschiedliche Bilder von der vorkolonialen politischen Landschaft der Voltaregion. Auf der einen Seite wird ein Panorama von egalitären, kleinen, homogenen und voneinander unabhängigen Dorfgemeinden von Ackerbauern entworfen, die ihre gemeinschaftlichen Angelegenheiten durch Beschluß der Lineage-Ältesten regeln und lediglich den Abkömmlingen des ersten Siedlers eine herausragende Stellung zubilligen, nämlich das für das Wohl aller verantwortliche Amt des Erdpriesters. Auf der anderen Seite steht das Bild einer eher hierarchisch organisierten Gesellschaft, die eine gewisse Ämterteilung zwischen Erdherrn und Häuptling kennt und sich zu Verteidigungszwecken unter der Führung besonders einflußreicher Häuptlinge in größeren überdörflichen Verbänden zusammengeschlossen hat. Zwar geht es mir bei der Analyse dieser Bilder nicht in erster Linie um eine Beurteilung ihrer historischen Faktizität, sondern um die textimmanenten Argumentationsstrategien und die akutellen politischen Implikationen der Debatte. Aber die Texte selbst erheben Anspruch auf historische Wahrheit, die sie teils aus oralen Quellen, teils aus den Kolonialakten zu extrapolieren suchen. Ich möchte darum wenigstens in knappen Umrissen einiges zur Quellenlage anmerken und dabei auch mein eigenes Bild von der politischen Geschichte der Dagara-Region skizzieren, vor dessen Folie ich die Analysen der Dagara-Autoren lese.[2]

Die Rekonstruktion der vorkolonialen Geschichte des hier interessierenden Gebiets kann auf keine zeitgenössischen Schriftquellen

---

[1] Vgl. dazu etwa Cohen 1991, der am Beispiel der Texte einer europäischen Ethnologin und eines ugandischen Lehrers über Initiationsrituale die vielfältigen Verknüpfungen zwischen populärem und professionellem Text auslotet und die Konstruktion einer "native voice" analysiert.

[2] Eine ausführliche Darstellung meiner seit 1989 in Archiven und zahlreichen Interviews gewonnenen Forschungsergebnisse zur politischen Geschichte der Region findet sich in Lentz 1993 und 1997.

zurückgreifen. Europäische Reisende haben den äußersten Nordwesten des heutigen Ghana nicht durchquert, und der hausaspra-
chige Bericht eines Teilnehmers an den Raubzügen des Zaberma-
Kriegsherren Babatu gegen Ende des neunzehnten Jahrhunderts
erwähnt nur summarisch einige der dort überfallenen Siedlungen und
ihre Führer (Pilaszewicz 1992). G. E. Ferguson (in Arhin 1974), der
1892 und 1894 im Auftrag der britischen Krone im nördlichen
"Hinterland" der Goldküste Freundschafts- und Schutzverträge
abschließen sollte, zeichnete das Bild einer vielschichtigen politischen Landschaft, geprägt durch ein kompliziertes Netzwerk von
Allianzen und Feindschaften zwischen Königreichen, unabhängigen
Dörfern und einzelnen Kriegsherren. Aus den frühen britischen Kolonialakten ist nur recht fragmentarisch und keineswegs eindeutig zu
erfahren, daß die Dagara (*Dagarti, Lobi, Lobi-Dagarti*) offenbar keine
Häuptlinge hatten oder doch zumindest keine "big chiefs" anerkannten.[1]

"(T)hese countries practically possess no central form of government as
the power of the Kings is purely nominal. [...] Every cluster of compounds
is in itself a small kingdom..."[2].

so lautete, in zahlreichen Variationen, die Standardformel, mit der die
ersten britischen Kolonialbeamten die politische Landschaft des
Nordwestens beschrieben. Diese Formel war durchaus ambivalent,
denn sie schloß die Existenz vereinzelter lokaler *chiefs* oder *kings*
oder sonstiger mächtiger Männer keineswegs aus, sondern konsta-
tierte lediglich das Fehlen politischer Zentralisierung. Über die
Einsetzung und vor allem die Auswahl der neuen kolonialen *chiefs*
finden sich in den frühen Berichten nur spärliche Notizen. Sie vermitteln den Eindruck, daß die britischen Kolonialbeamten anfangs oft
selbst nicht so recht wußten, welche Position die von ihnen einge-
setzten (oder von den Dörfern präsentierten und nun mit neuer
Machtfülle ausgestatteten) *chiefs* im lokalen Machtgefüge einnahmen.
    Erst zwei Jahrzehnte später, als das hierarchisch gestufte System
von Unter- und Oberhäuptlingen mit patrilinearer Amtsnachfolge Fuß
gefaßt hatte, finden sich in den kolonialen Berichten so eindeutige
Äußerungen über das vorkoloniale Fehlen von *chiefs* wie das Diktum
von Lawra District Commissioner Duncan-Johnstone: "Chiefs there

---

[1] Black Volta District, Bericht für Mai 1901, National Archives of Ghana (NAG),
    Accra, ADM 56/1/416.
[2] Chief Commissioner Morris an den Gouverneur der Goldküste, 16. April 1904,
    NAG, ADM 56/1/2, Letterbook: 131.

were none, they are an entirely new creation...".[1] Inzwischen hatten die Kolonialbeamten in Umrissen begriffen, daß der auf der Suche nach Häuptlingen zunächst übersehene *tengansob* oder *tendana*, der Hüter des Erdschreins, eine zentrale Rolle im politischen und religiösen Leben spielte. Ausgehend von dieser Entdeckung entwarf R. S. Rattray (1932), der Regierungsanthropologe der Goldküste, dann ein stark idealisiertes Bild von ursprünglich matrilinearen, egalitären und nur durch die religiöse Autorität von Erdpriestern regierten Gesellschaften, denen das (patrilineare) politische Häuptlingstum entweder vor einigen Jahrhunderten von kriegstechnisch überlegenen benachbarten Gruppen oder erst von den britischen Kolonialherren aufgezwungen wurde. Dabei galten Rattray die *Lobi* und *Lobi-Dagarti* als Paradebeispiel einer solchen erst kürzlich überformten ursprünglichen Gesellschaft. Sie standen für ihn zwar eindeutig auf der untersten Stufe der politischen Evolution, faszinierten ihn aber zugleich auch als Modell traditioneller Demokratie, an die die zu Beginn der 1930er Jahre geforderten politischen Reformen ("indirect rule") anknüpfen könnten. Letztlich reihen sich auch die ethnographischen Arbeiten von Jack Goody (1956) und kürzlich Fabricio Sabelli (1986) noch in diese Tradition der Stilisierung der Dagara zum Modellfall einer akephalen Gesellschaft ein. Zumindest blenden diese Autoren vorkoloniale Machtprozesse durchgängig aus.[2]

Nicht alle Kolonialbeamten teilten die Idealisierung der häuptlingslosen Vergangenheit. So verwies etwa Lawra District Commissioner Guiness (1932) darauf, daß aus seinen diesbezüglichen Gesprächen mit Dorfältesten klar hervorginge, daß in vorkolonialer Zeit nicht nur die Erdpriester, sondern auch von ihnen unabhängige reiche, mächtige Männer Einfluß ausgeübt hätten. Guiness zeichnete das Bild einer konfliktreichen und durchaus nicht egalitären Gesellschaft, was wiederum seinen Amtsvorgänger und Kollegen Eyre-Smith (1933a und b) zu einer äußerst scharfen Kritik herausforderte. Ich kann hier aus Platzgründen nicht näher auf die aufschlußreiche Kontroverse zwischen dem "Realpolitiker" Guiness und dem "Demokratie-Utopiker" Eyre-Smith eingehen.[3] Festzuhalten bleibt jedoch, daß die vorkoloniale Vergangenheit offenbar schon von Anfang an zu widersprüchlichen Interpretationen herausforderte und

---

[1] Intelligence Report, Juni 1921, Lawra District Record Book, NAG, ADM 61/5/11: 286.

[2] Vgl. dazu auch jüngst den Aufsatz von Sean Hawkins (1996), einem Historiker, der zwar selbst keine oralen Traditionen erhoben hat und sich lediglich auf koloniale Quellen, Rattray (1932) und Goody stützt, aber vom vorkolonialen Fehlen von Häuptlingen völlig überzeugt ist und den Dagara-Intellektuellen die "Erfindung" von vorkolonialen Häuptlingstümern vorwirft.

[3] Vgl. dazu Lentz 1997, Kap. 6.

immer wieder zur Projektionsfläche für die Legitimationsbedürfnisse aktueller politischer Institutionen und politischer Utopien wurde. Die verfügbaren schriftlichen Quellen, die ja meist beanspruchen, Äußerungen von lokalen Informanten über die Zeit vor der Jahrhundertwende wahrheitsgetreu zu kolportieren, müssen also in der Regel auch - und manchmal vorrangig - als Dokumente der politischen Sympathien der Berichterstatter gelesen werden.

Auch in meinen eigenen Interviews zeichneten die verschiedenen lokalen Akteure - Häuptlinge, Erdherren und andere alte Männer und Frauen - ein vielschichtiges und oft widersprüchliches Bild der politischen Geschichte ihrer Siedlungen. Besonders die Frage nach dem Ursprung der *chieftaincy* ließ unterschiedliche Perspektiven zutage treten. Grob vereinfacht, kann man die Erzählungen zwei Grundmustern zuordnen. Die erste Variante wurde in der Regel im Haus und Patriklan der Erdherren erzählt und lautete etwa wie folgt: In vorkolonialer Zeit gab es keine *chiefs*, und der Erdherr war das eigentliche Dorfoberhaupt.[1] Als der "weiße Mann" dann in das Dorf kam und nach dem *chief* fragte, schickte der Erdherr einen Boten. Zum einen wäre es unter der Würde des weisen, alten Erdherrn gewesen, sich direkt mit dem Kolonialbeamten auseinanderzusetzen; zum anderen mußte der Bote für seine Aufgabe oft über einige Sprachkenntnisse und überhaupt eine gewisse Weltläufigkeit verfügen, die dem Erdherrn meist fehlten. Zunächst konsultierte der Bote bei allen Entscheidungen noch den Erdherren. Im Lauf der Zeit machte er sich aber mehr und mehr selbständig, nicht zuletzt, weil er vom "weißen Mann" fälschlicherweise für den wirklichen *chief* gehalten und entsprechend zum offiziellen Häuptling gemacht wurde. Trotzdem bezog und bezieht in dieser Version der Häuptling seine Legitimität nur aus der Tatsache, daß der Erdherr - der selbst jede Ämterhäufung vermeiden will - ihn mit diesem Amt betraut hat. Manchmal wird daraus dann auch der Schluß gezogen, daß der Erdherr den Häuptling wieder absetzen könnte, wenn er nicht in seinem Sinne agiert.

Das zweite Erzählmuster über den Ursprung der *chieftaincy* dominierte im Haus und Patriklan des *chiefs* selbst, und zwar besonders in solchen Siedlungen, in denen Erdherr und *chief* unterschiedlichen Patriklans angehören. Hier wurde betont, daß der neue *chief* schon längst, ehe die Briten kamen, eine machtvolle Stellung innehatte. Die dagarasprachigen Bezeichnungen für diesen "strong man" verweisen auf einige Quellen seiner Macht: *nikpe* - großer, starker

---

[1] Ist der Erdherr der *tengansob* ("Besitzer" der Erdkruste bzw. des Erdschreingebiets), so wird die Position des "Erdherr-cum-Häuptling" auf Dagara manchmal mit *teng-naa* bezeichnet, Oberhaupt (*naa*) des Dorfs oder der Erde (dies die Doppelbedeutung von *teng*). Zur Doppelbedeutung von *naa* s.u.

Mann, Anführer; *fangsob* - Besitzer der Kraft; *tuorkpe* - großer Hirsemörser; *libiesob* - Besitzer von Kauris; *naa* - reicher Mann (später der Titel für *chiefs*); *kukuumaa* - Anführer des Hackenstiels. Der spätere Häuptling war also entweder ein besonders reicher Bauer, mit vielen kräftigen Söhnen, der so viel Lebensmittel produzierte, daß andere in Notzeiten zu ihm kamen (und manchmal ihre Kinder als Pfandsklaven anboten). Oder er war ein berühmter Jäger, ein Schmied, ein weitgereister Händler oder ein erfahrener Soldat, der in Babatus Zaberma-Truppen gekämpft hat. Er hatte mehr Vieh als andere Dorfbewohner und konnte sich "Kleidung" (zumindest einen baumwollenen Lendenschurz) leisten. Kurzum: er hatte die für das Amt des Häuptlings nötigen Qualifikationen. Der Erdherr spielte für seine Wahl und Einsetzung zum Häuptling jedenfalls keine Rolle.

Beide Erzählmuster sind sich übrigens darin einig, daß die Briten letztlich keine entscheidende Rolle für die Entwicklung der *chieftaincy* gespielt, sondern gewissermaßen nur die vorkolonialen politischen Strukturen und Machtverhältnisse ratifiziert hätten. Die eine Version stellt den Erdherren als ursprünglichen *chief* in den Mittelpunkt, der freiwillig das ihm zugewiesene neue Amt weiterreicht; die andere sieht dagegen den Häuptling als einen schon in vorkolonialer Zeit vom Erdherren unabhängigen Machthaber. Teilweise lassen sich die widersprüchlichen Versionen, die sich durchaus auch auf ein und dieselbe Siedlung beziehen können, auf aktuelle und vergangene Konflikte um die *chieftaincy* zurückführen; Konflikte um die Häuptlingsnachfolge, um Landrechte und um Anrecht auf Steuern. Teilweise spiegelt sich darin aber auch die tatsächlich heterogene regionale Geschichte.

Über die politische Landschaft des achtzehnten und frühen neunzehnten Jahrhunderts kann man mangels Quellen wohl nur spekulieren, aber zumindest für die zweite Hälfte des neunzehnten Jahrhundert lassen sich deutliche Konturen ausmachen. Prägend dürften in dieser Zeit der von Muhamed Karantaw um die Jahrhundertmitte von Boromo aus deklarierte (und von den Wala unterstützte) *jihad* und später die diversen Beutezüge der Zaberma-Kriegsherren sowie Samoris Feldzüge gegen Ende des Jahrhunderts gewesen sein. Diese Kriegszüge schufen einerseits ein Klima der Unsicherheit, andererseits aber auch Machtchancen und Akkumulationsmöglichkeiten. Die Erzählungen legen nahe, daß manche junge Sisala- und Dagara-Männer sich - freiwillig oder gezwungenermaßen - von den Zaberma Kriegsherren rekrutieren ließen, ihre eigenen Siedlungen dann bei Angriffen zu verschonen wußten und Sklaven nur in Nachbardörfern fangen ließen. Mit einigem Reichtum und neuen Kenntnissen ausgestattet, wurden manche später zu lokalen Freibeutern.

Andere Siedlungen ließen sich auf keine Abkommen mit den Sklavenjägern ein, schlossen untereinander Verteidigungsbündnisse und verließen sich auf den Abschreckungserfolg ihrer Giftpfeile. Manche Orte wurden, wegen ihrer renommierten Krieger und auch aufgrund naturräumlicher Besonderheiten (Berge, Höhlen, Flüsse), zu Refugien für Flüchtlinge aus der Umgebung. Ob sie sich diesen Schutz bezahlen ließen, sei dahingestellt. Unklar ist auch, ob und wie die lokalen Fehden, die oft zwischen benachbarten Siedlungen um Frauen, Vieh und Landnutzungsrechte geführt wurden, mit den größeren Kriegszügen ineinandergriffen. Jedenfalls entstanden in der Region Märkte für Sklaven, auf denen auch Dagara und Sisala kauften und verkauften.

Diese Andeutungen müssen hier genügen. Ziehe ich eine vorläufige Bilanz aus den mir vorliegenden oralen und schriftlichen Quellen, so war die Voltaregion im neunzehnten Jahrhundert jedenfalls weder von straffer Hierarchie und dauerhaft erfolgreichen Häuptlingstümern noch von völliger "Häuptlingslosigkeit" und Egalität gekennzeichnet. Die Konstellationen konnten von Ort zu Ort recht unterschiedlich sein, je nach geographischer Lage, lokalen Machtverhältnissen und historischen Zufällen. Ebenso wie "strong men" existierten, die über ihr Dorf hinaus einflußreich waren, in kriegerischen Auseinandersetzungen Führungspositionen übernahmen und Reichtum akkumulierten, gab es Siedlungen ohne ausgeprägtes internes Machtgefälle. Beide Bilder, die die Dagara-Autoren von der vorkolonialen politischen Landschaft zeichnen, können also durchaus eine gewisse Plausibilität für sich in Anspruch nehmen.

Texte von Dagara-Intellektuellen I: vorkoloniale Häuptlingstümer

Vergleicht man die Texte, die die Existenz vorkolonialer Häuptlingstümer postulieren, mit denen, die dezidiert die Akephalie-These vertreten, so fällt ein Unterschied gleich ins Auge. Die Häuptlingstums-These wird immer mit Bezug auf bestimmte politische Einheiten ausgeführt. Die Texte argumentieren dezidiert historisch; die Häuptlingstümer werden ganz konkret in Raum und Zeit verankert. Dagegen wird die Akephalie-These in ethnographischen Texten vertreten, die im Präsens geschrieben sind und die traditionellen politischen Grundstrukturen der ganzen ethnischen Gruppe der Dagara/Dagaba zu analysieren beanspruchen. Wenn hier ein Blick auf die Geschichte geworfen wird, dann auf die heraufziehende Kolonialherrschaft als Quelle der Korruption und Perversion der den

Dagara eigenen politischen Strukturen, wobei die Meinungen über die Tiefe der Transformation der ursprünglichen Traditionen durch den Kolonialismus auseinandergehen, wie ich noch zeigen werde. Dieser Unterschied zwischen Historiographie und Ethnographie hängt keineswegs mit der Fachzugehörigkeit der Autoren zusammen. Der eingangs als Vertreter der Akephalie-These erwähnte G.B.L. Siilo argumentiert zum Beispiel in seiner B.A.-Dissertation zur Geschichte von Nandom eher historisch und neigt dem Postulat der vorkolonialen Existenz von Häuptlingen zu; jedenfalls in Nandom (1973: 16-17, 26-27). Einige Jahre später verfaßte er dann seinen stärker ethnographisch ausgerichteten Text, der die Dagara dezidiert als "stateless peoples" bezeichnet, deren politische und soziale Organisation durch Dezentralisierung und das Fehlen von Machtkonzentration und politischer Autorität in einzelnen Individuen geprägt sei (1977: 5). Solche Wechsel zwischen historiographischer und ethnographischer Argumentation finden manchmal auch in ein und demselben Text statt: einem allgemeinen, im Präsens gehaltenen Abschnitt über die gleichsam zeitlosen Merkmale des Egalitarismus und Antiautoritarismus der Dagara folgen dann historisch präzisierte Ausführungen zur Entwicklung des Häuptlingstums in einer bestimmten Kleinregion.[1] Auf die Unterschiede und Mischungsverhältnisse zwischen ethnographisch ausgeführter Akephalie-These und historiographisch belegtem Häuptlingstums-Postulat werde ich im folgenden anhand verschiedener Textbeispiele eingehen und ihren Zusammenhang mit den verwendeten Quellen einerseits und "textexternen" politischen Wirkungsabsichten andererseits aufzuzeigen versuchen.

Ein Schutzbündnis gegen die Sklavenjäger: das "Königreich" von Ulo

Einer der ersten Versuche, die Geschichte eines vorkolonialen Königreichs im Dagaba-Land zu rekonstruieren, ist die B.A.-Dissertation von James Dasah (1974) mit dem programmatischen Titel "Ulo: The History of a Dagaba Kingdom". In der Tat wurde Ulo, Dasahs Heimatdorf in der Nähe von Jirapa, durch einen einflußreichen "strong man" namens Boyon weit über seine Grenzen hinaus bekannt. Auch in Nandom zum Beispiel berichtete man mir von den Beutezügen Boyons, und sowohl Mallam Abus Erinnerungen an Babatus Feldzüge als auch die ersten englischen Berichte über die

---

[1] Beispiele dafür sind Siilo (1973), Dasah (1974), Somda (1974) und (1984).

Region erwähnen Boyon (bzw. seinen Nachfolger Seidu) als lokalen Kriegsherren und Freibeuter.[1]

Dasahs Quellen sind in erster Linie Interviews mit dem amtierenden Häuptling von Ulo und zwei seiner Ältesten, außerdem zwei im Archiv in Accra aufbewahrte koloniale Schriftstücke, in denen Ulo kurz erwähnt wird, und schließlich, für die regionale Einbettung der Lokalgeschichte, die Arbeiten von Eyre-Smith (1933a), Tamakloe (1931), Goody (1956), Holden (1965) und Dougah (1966), Standardwerke, die von allen über den Nordwesten schreibenden ghanaischen Geschichtsstudenten zitiert werden. Dasah verschmilzt diese unterschiedlichen Quellen zu einem einheitlichen Text, ohne sie im einzelnen anzuführen, wörtlich zu zitieren oder gar gegeneinander auszuspielen.

Ganz im üblichen Stil anderer Geschichts-Examensarbeiten an den ghanaischen Universitäten stellt Dasahs Abhandlung der Beschäftigung mit der Lokalgeschichte von Ulo einen kurzen einleitenden Abschnitt über die historischen Ursprünge der Dagaba und ihre kulturellen und sozialen Eigenarten voran. Der Autor schließt sich dabei der damals in der regionalen Literatur gängigen Mossi-Dagomba-Ursprungsthese an, präsentiert sie aber als "one well remembered oral tradition" (1974: iii).[2] Allerdings interessiert Dasah weniger der Ursprung der Dagaba als solcher als vielmehr die Frage, warum trotz vermutlich gemeinsamer Herkunft und gemeinsamer kultureller Traditionen sich das politische System der Mossi mit ihren Königreichen so stark von dem der politisch dezentralisierten Dagaba unterscheidet. Einen möglichen Grund dafür sieht er in der Art und Weise, wie die verschiedenen Dagaba Klans aus dem östlichen Ursprungsgebiet in das neue Habitat am Schwarzen Volta migriert sind, nämlich unabhängig voneinander, zu unterschiedlichen Zeiten und auf unterschiedlichen Routen. Doch im Zentrum von Dasahs Arbeit steht nicht die Siedlungsgeschichte der Dagaba, sondern die Frage, wie sich trotz der ausgeprägten politischen Dezentralisierung der Dagaba ein "centralised kingdom" wie das von Ulo herausbilden konnte.

Die Geschichte dieses "Königreichs" läßt Dasah denn auch nicht mit dem putativen Aufbruch der Dagaba in Richtung Voltaregion im fünfzehnten Jahrhundert beginnen, sondern mit der mündlich tradierten Geschichte der Ansiedlung von Boyons Vater Kampiire in Ulo, einem Ereignis, das vielleicht auf das frühe neunzehnte Jahrhundert

---

[1] Vgl. Pilaszewicz (1992: 80), Wilks (1989: 143) und den Bericht vom 15. 6. 1899 über eine britische Strafexpedition nach Ulo, Public Record Office, London, CO 879/58, No. 585 African West, No. 141, enclosure 1.

[2] Zur Debatte über die diversen Ursprungsthesen vgl. Lentz (1994b).

datiert werden kann. Aufgrund von Konflikten mit den Nachbarn sei Kampiire mitsamt seiner Klangenossen aus Dantie bei Jirapa aufgebrochen und habe sich - nach vergeblichen Versuchen, andernorts Fuß zu fassen - schließlich in Ulo niedergelassen. Auch in Ulo gelang die Ansiedlung erst nach erbitterten Kämpfen mit den älteren Siedlern, die die Neuankömmlinge zunächst keineswegs willkommen hießen. Aber der militärische Erfolg und die Maxime, daß Angriff die beste Verteidigung sei, habe die Vormachtstellung der neuen Siedler begründet; so jedenfalls Dasah (und vermutlich auch seine Gewährsleute). Kampiires Sohn Boyon und seine Männer seien schließlich ganz und gar akzeptiert worden, als sie den älteren Siedlern von Ulo zum Sieg über die Nachbarsiedlung Karni verhalfen. Statt Karni und andere Siedlungen lediglich zu plündern, wie zuvor üblich, habe Boyon regelmäßige Tribute von ihnen verlangt und damit den Kern des neuen Königreichs begründet. Gegen Ende des neunzehnten Jahrhunderts habe Boyon dann an Macht noch gewonnen, weil er zum Schutzherrn der umliegenden Dörfer gegen Überfälle von Babatu und Samori wurde. Er habe einen Schutzwall um Ulo bauen lassen, eine Art stehendes Heer von jungen Männern seines Klans eingeführt, systematisch Tribute von den beschützten Dörfern verlangt und sogar "royal farms" anlegen lassen, auf denen Getreide für das herrschende Haus angebaut werden mußte. Die Grenzen des "Königreichs von Ulo" sollen bis an die heutige Grenze zu Burkina Faso gereicht und die Region von Lawra, Jirapa und Nandom eingeschlossen haben, ein Territorium von etwa fünfzig Quadratkilometern. Erst die Briten hätten diesem Köngreich ein Ende bereitet: sie hätten zwar Boyons Nachfolger als Häuptling anerkannt (Boyon war bereits im Kampf gegen Babatu gefallen), aber die meisten der einst Boyon unterstellten Siedlungen zu unabhängigen, gleichrangigen Häuptlingstümern erklärt.

Interessant scheint mir in Dasahs Entwurf besonders die Perspektive "von innen": in der Tat könnten dieselben Aktionen, die die von Ulo angegriffenen Siedlungen als "Plünderung" durch einen mächtigen Kriegsherren wahrgenommen haben[1], von Boyon und seinen Gefolgsleuten als Eintreiben von "Tribut", mit dem Ziel der Errichtung einer dauerhaften Herrschaft, intendiert gewesen sein. Natürlich ist diese unterstellte Binnenperspektive in erster Linie eine Projektion des Autors, auch wenn er sie als die einzig mögliche Lesart der Geschichte Boyons präsentiert. Ob Dasahs Hauptinformant, der Häuptling von Ulo, selbst von Boyons Einflußbereich als "Königreich" gesprochen hat, oder ob das eine sehr freie Übersetzung bestimmter

---

[1]   Vgl. dazu z.B. die Arbeit von Siilo (1973: 24-5) über Nandom.

Dagara-Ausdrücke durch den Autor ist, muß mangels direkter Interviewzitate eine offene Frage bleiben. Aber ganz sicher kein Anliegen der lokalen Gewährsleute, sondern ein Anliegen eines Studenten einer nationalen Bildungseinrichtung ist das Bemühen Dasahs, einerseits Boyons Herrschaft als „zentralisiertes Königreich" zu charakterisieren und andererseits diese Charakterisierung mit dem gängigen Bild der akephalen, dezentralen Dagara zu versöhnen. Die Angelegenheiten der von Boyon unterworfenen Dörfer, so konzediert Dasah, seien nicht wie in den Dagomba-, Mamprusi- oder Asante-Königreichen durch untergeordnete Häuptlinge geregelt worden, sondern durch den *tendana* (Erdherren) und einen Ältestenrat, "...the Dagare society did not make room for a hierarchical political set up" (1974: 9). Darum ließe sich das Ulo-Königreich am besten beschreiben als "a confederation of autonomous `village states' linked to an absolute head" (8). Geboren aus der Notwendigkeit eines Schutzbündnisses gegenüber den Sklavenjägern, sei darum die "balkanisation of the Ulo kingdom... and the reduction of the king's power" (12) eine zwangsläufige Folge der britischen Kolonisierung gewesen: die äußere Bedrohung entfiel, und die Briten übernahmen Boyons Rolle als Schutzherren.

Tengansob *und* kumber: *der vorkoloniale Staat von Nandom*

In Benedict Ders (1977) schon eingangs erwähnter Abhandlung wird die Herausbildung eines vorkolonialen Staats in der Region von Nandom nicht als Antwort auf eine externe Bedrohung erklärt, sondern als Resultat einer endogenen Entwicklung. Die Keimzelle des Staats sieht Der in einer gewissen Arbeitsteilung, die die Dagara von Nandom gleich nach ihrer Ansiedlung im neuen Habitat eingeführt hätten, zwischen dem für spirituelle Angelegenheiten und die Vergabe von Land zuständigen *tengansob* (Erdherren) einerseits und dem judikative und exekutive Funktionen ausübenden *kumber* andererseits. Meist seien diese beiden Ämter zwei unterschiedlichen Patriklans zugefallen, wobei in Nandom selbst und vielen Nachbarsiedlungen der Klan der Bekuone - als erst später Immigrierende - das *kumber*-Amt übernommen hätte. Allmählich habe sich Nandom dann unter der Führung seiner Bekuone-Häuptlinge zu einem "unitary state" entwickelt:

"...Apart from its well defined territorial boundaries it had an integrated economic and political system... Nandom as a territorial unit consisted of some forty villages. Each village had its own chief or headman but no village was completely independent of the others... A form of judicial process with its appropriate sanctions existed under the Kumber or village chief. But until the late nineteenth century, ...most cases were usually settled at the village courts. By the late nineteenth century, however, authority appears to have been centralised in Kyiir [der ca. 1903 von den Briten zum Nandom Naa ernannt wurde, C.L.]... Nandom already had a form of government, however 'primitive' it might be, before the advent of colonial rule. The British built their administrative system upon the then existing political structure..." (1977: 34-36).

Um diese weitreichenden Behauptungen zu untermauern, stützt sich Der auf Interviews mit verschiedenen alten Männern in Nandom und Umgebung (allerdings weder mit dem Nandom Naa noch mit dem *tengansob* von Nandom) und auf eine Reihe von frühen britischen Berichten über die kolonialen Inspektionsreisen durch den Nordwesten. Als professioneller Historiker, der nach seinem ersten akademischen Abschluß in Ghana auch einige Jahre an der University of London studiert hat, geht Der bewußter und detailgenauer mit seinen Quellen um als Dasah. Aber auch Der läßt seine diversen Interviews zu einer "oral tradition" verschmelzen, die quasi letztinstanzlich die Wahrheit seiner Argumentation - daß es in vorkolonialer Zeit ein etabliertes Häuptlingstum in Nandom gab - verbürgen soll. Interessant ist die intensive Auseinandersetzung mit kolonialen Berichten, deren Autorität zwar recht unterschiedlich bewertet wird, je nach zeitlicher Nähe zur vorkolonialen Zeit, die dem Autor aber nicht grundsätzlich als weniger authentisch gelten als die mündlichen Berichte.[1]

In erster Linie geht es dem Autor - und daraus erklärt sich auch seine ausführliche Erörterung der kolonialen Quellen um die Revision der in der historischen und ethnologischen Literatur über den Nordwesten gängigen Meinung, die Dagara gehörten in die Kategorie der "staatenlosen" (und folglich "primitiven") Gesellschaften. Kronzeuge dieser kritikwürdigen Position ist für Der Jack Goody (1957), der die Existenz jeglicher Autoritätspositionen mit Ausnahme des *tengansob* bei den Dagara bestreitet. Goody und andere stützten sich, so jedenfalls behauptet Der, auf Rattray (1932) und Eyre-Smith (1933a), die ihrerseits kaum eigene Recherchen betrieben und sich stattdessen auf Aussagen ihrer Vorgänger verlassen hätten. Im ersten Teil seiner

---

[1] Dabei wird die Autorität der kolonialen Berichte gelegentlich auch für Aussagen in Anspruch genommen, die aus der angegebenen Quelle keineswegs oder zumindest nicht so eindeutig herauszulesen sind; andere zeitgleiche Quellen (oder Abschnitte aus den Quellen) werden vernachlässigt, wenn sie der These des Autors widersprechen, vgl. Der (1977: 7-15).

Abhandlung setzt sich Der darum mit den ersten britischen Berichten über die Inspektionsreisen durch den Nordwesten auseinander, während derer - so jedenfalls die Behauptung späterer Kolonialbeamter - Häuptlinge eingesetzt wurden. Ohne hier auf alle Einzelheiten eingehen zu können, sei nur vermerkt, daß Der diese frühen Berichte gegen die späteren Dokumente ausspielt und behauptet, die These der vorkolonialen Häuptlingslosigkeit sei erst nach der ersten Dekade kolonialer Herrschaft entstanden. Die ersten Kolonialbeamten seien dagegen ganz selbstverständlich - und in Ders Augen auch völlig zutreffend - von der Existenz von Häuptlingen ausgegangen und hätten sie keineswegs eingesetzt, sondern ihre Position lediglich anerkannt.

Im zweiten Teil seiner Abhandlung bezieht sich Der dann vor allem auf die oralen Traditionen zur Siedlungsgeschichte von Nandom. Mit einem Exkurs zu den Ursprüngen der Dagara im Königreich der Dagomba und ihrer Emigration, die er mit Verweis auf Tamakloe (1931), Fage (1964) und Labouret (1931) auf das späte fünfzehnte Jahrhundert datiert (Ankunft in Nandom: um 1700), wird die Lokalgeschichte in den weiteren Horizont der westafrikanischen Geschichte eingebettet, ein Verfahren, das auch andere Dagara-Autoren anwenden. Aufschlußreich und originell ist aber, wie Der anschließend die in den mündlichen Traditionen erinnerten konkreten Episoden der Siedlungsgeschichte eines einzigen Orts mit einem allgemeinen Diskurs über die Herausbildung einer bestimmten politischen Organisationsform - der Arbeitsteilung zwischen *tengansob* und *kumber* - verknüpft. Auch hier kann ich nicht auf alle Einzelheiten eingehen, nur so viel: Der schließt im wesentlichen an die bei den Bekuone, dem Häuptlingsklan von Nandom, dominierende Version der Siedlungsgeschichte an. Sie behauptet, daß die Nandomer Erdherren-Familie den Erdschrein nur darum von den erstsiedelnden Sisala erhielt, weil die Bekuone ihr die von den Sisala verlangten Opfertiere und Kauris gaben; im Gegenzug habe die Erdherrenfamilie dann den Bekuone die Verantwortung für alle nicht unmittelbar mit dem Land zusammenhängenden dörflichen Angelegenheiten - das Amt des *kumber* - übertragen. Damit sei der Grundstein für die Entwicklung des Häuptlingstums gelegt worden.

Diese Ausdeutung der Institution des *kumber* ist zentral für Ders Argumentation. Goodys (1957: 86) und auch meinen Informanten zufolge sind *kumbere* (meist im Plural) Lineage-Oberhäupter der verschiedenen Sektionen einer Siedlung, die dem Erdherren bei Opfern assistieren und gewisse Aufgaben bei der Amtseinführung eines neuen Erdherrn übernehmen. Wörtlich könnte man *kumber* mit "wird nicht lassen" übersetzen und vielleicht als eine Art exekutiven Arm des Erdherren interpretieren. Für Der ist der *kumber* aber keinesfalls ein Assistent des Erdherren, sondern ein eigenständiges Amt, mit exekutiven und judikativen Funktionen. Aus dem erblichen *kumber*-Amt habe sich allmählich das gewichtigere Amt des *teng-naa*[1] entwickelt, dessen letzter vorkolonialer Inhaber Kyiir dann schließlich von den Briten als Nandom Naa anerkannt worden sei. Wie Nandom eine übergeordnete Rolle erlangte und wie die Grenzen seines Einflußbereiches abgesteckt wurden, wird allerdings nicht näher erläutert. Der *kumber* von Nandom habe die *kumbere* der umliegenden Dörfer eingesetzt, behauptet Der, auf einen seiner Informanten gestützt. Und daß Kyiir schon vor der Kolonialzeit großen Einfluß gehabt haben müsse, gehe unzweifelhaft aus dem Umstand hervor, daß er auf britischen Befehl hin große Versammlungen von Dorfhäuptlingen einzuberufen imstande war, obwohl er über keine militärische Unterstützung seitens der Briten verfügte.[2]

Die Gründung von Häuptlingstümern durch königliche Immigranten

Sah James Dasah die Wurzeln vorkolonialer Häuptlingstümer im Nordwesten in der Notwendigkeit von Schutzbündnissen gegen die Sklavenjäger und betonte Benedict Der dagegen die Herausbildung einer internen Ämterteilung, so hängt die Arbeit von Gabriel Tuurey (1982) einer dritten Ursprungstheorie an, nämlich der Gründung von neuen Häuptlingstümern durch Abkömmlinge aus Herrscherfamilien, die aus ihren heimatlichen Königreichen - meist aufgrund von Nachfolgekonflikten - emigriert sind. Diese Theorie ist in der westafrikanischen Historiographie und vielen oralen Traditionen verbreitet, und Tuurey stützt sich auch auf letztere, wenn er im südlichen Dagaba-Gebiet - in Kaleo und Wechiau, in Dorimon und in Issa - drei kleine vorkoloniale Staaten verortet, die im sechzehnten und siebzehnten Jahrhundert von Mossi Immigranten und Flüchtlingen aus Buna gegründet worden sein sollen (1982: 40-41, 49-50). Dabei habe es sich, so Tuurey, keineswegs um Eroberungen gehandelt, sondern um die freiwillige Anerkennung - bewerkstelligt durch "diplomacy, tact and good administration" - der königlichen Immigranten als Herrscher seitens der akephalen Erstsiedler.

Tuurey läßt im übrigen keinen Zweifel daran, daß er die Herausbildung dieser kleinen Staaten als notwendigen Schritt auf dem Weg zur Zivilisation begrüßt. Weiter nördlich, wo solche Staatengründun-

---

[1] Vgl. hierzu auch Fußnote 1, S. 215.
[2] Zu einer anderen Lesart derselben kolonialen Quellen vgl. Lentz (1993: 183-6).

gen durch Einwanderer ausgeblieben seien - also in dem Gebiet, über das Dasah und Der schreiben -, habe vor der Ankunft der Briten die reine Anarchie geherrscht. Die politische Organisation der Dagaba dort ließe sich nur als "primitively backward" kennzeichnen:

"In a sense, they had no polity and conspicuously, they had nothing like a political rallying point. [...] They were too democratic to learn of the benefits of a centralized system of government. Their government was neither an organized system nor was their society an organized state. In effect, their government if what they had can, in modern times, be termed a government was completely diffused without a centre [...] heavily segmented into clans. [... W]hat they prized most was individual liberty which, or part of which, they were not prepared to sacrifice for the creation of a political leviathan which they feared would devour them. [...] Owing to the fact that there was an absence of a centralized system of government and therefore sense of direction and leadership [...], they were a weak nation and a ready and easy material for colonization." (Tuurey 1982: 17-18).

Wenn hier noch eine gewisse positive Anerkennung des Freiheitswillens der Dagaba mitschwingt, so bedauert der Text wenig später ganz unzweideutig das beharrliche Festhalten der meisten Dagaba an ihrer dezentralen Organisation als Fortschrittshemmnis. Es hätte sie geschwächt und verhindert, den Übergriffen der Truppen von Babatu und Samori widerstehen zu können:

"They did not learn to have a secular chief on a territorial basis whose sanctions would be physical rather than spiritual. This was a pity because as individual and disunited clan groups they would be weak. Though they had a common culture, language, traditional religion, history, tribe and territorial area they were not in a sense one people. They were a nation without a polity - a stateless nation at that. [...] This was not political freedom, it was something worst [sic!] than that. At best, it could be virtually described as political anarchy..." (Tuurey 1982: 36).

Tuureys Argumentation und seine eigenwillige Aneignung von ethnologischen und politikwissenschaftlichen Fachtermini werden besser verständlich, wenn man sich mit dem politischen Projekt auseinandersetzt, das seinem Text zugrundeliegt. Anders als die bisher erörterten Arbeiten ist Tuureys siebzig Seiten starker Text keine wissenschaftliche Abhandlung (zumindest nicht in erster Linie), sondern ein für ein lokales Leserpublikum geschriebenes - und im Verlag der Diözese Wa veröffentlichtes - Pamphlet. Die regionale Bildungselite wird aufgerufen, sich nachhaltiger als bisher für die Gründung einer politisch eigenständigen Region "Upper West" zu engagieren, damit der Nordwesten endlich stärker an der nationalen Entwicklung partizipieren könne. Die Geschichte des Nordwestens und seiner Bewohner wird hier also im Lichte der Lektionen geschrieben, die daraus für die künftige Regionalpolitik im modernen ghanaischen Staat zu ziehen sind. Tuurey verortet den Ursprung der Dagaba - die er meist als "Mole- [=Moore-] speaking Black Dagomba" bezeichnet - im Königreich der Dagomba, wo sie sich in einer Rebellion gegen den unerträglichen Despotismus eines der frühen Dagomba Könige aufgelehnt hätten und schließlich in Richtung Nordwesten, ihre heutige Heimat, emigriert seien.[1] An diesen Freiheitswillen gelte es heute, für die Durchsetzung des Anspruchs auf eine eigene Region, anzuknüpfen. Zugleich müsse aber die Segmentierung in vereinzelte und zum Teil untereinander konkurrierende Klans überwunden werden: die Einigkeit aller Bürger des Nordwestens sei notwendig, um sich gegen die politischen Kreise des Nordostens und der Hauptstadt durchzusetzen, die eine eigenständige Upper West Region verhindern wollten. Das schwächste Glied im Kampf um die Region sieht Tuurey dabei offenbar in den kulturell weniger entwickelten, besonders "anarchischen" und darum auch heute noch politisch wankelmütigen "Lor-Dagaba", den Dagaba mit starken "Lobi"-Anteilen der Gebiete um Nandom und Lawra.

Gerade an diesem nicht primär für ein akademisches Publikum geschriebenen Text wird deutlich, wie sehr die Diskussion über die vorkoloniale politische Geschichte von aktuellen politischen Projekten und nicht zuletzt von einem gewissen Lokalpatriotismus geprägt ist. Tuurey, ein Gymnasiallehrer, stammt selbst aus Kaleo, also einem der wenigen kleinen, von Mossi-Immigranten gegründeten Häuptlingstümer, die er als vorkoloniale Staaten in der Region gelten läßt. Tuureys Vorurteile gegenüber den "Lor-Dagaba" im Norden sind durchaus typisch für Wala und südliche Dagaba. Sie machen auch verständlicher, warum zum Beispiel Benedict Der und James Dasah so viel daran gelegen ist, die Existenz von vorkolonialen Häuptlingstümern auch in der nördlichen Region nachzuweisen; jedoch ohne die Behauptung zu akzeptieren, die die Wala den britischen Kolonialherren immer wieder nahezubringen versuchten, daß nämlich der ganze Nordwesten, einschließlich Lawra und Nandom, einst unter der Herrschaft des Königs von Wa gestanden habe.[2] Es sind also keineswegs nur die Meinungen von europäischen Kolonialbeamten und Ethnologen, an denen sich die Dagara-Intellektuellen abarbeiten, sondern auch die in Ghana und in der Nordwestregion selbst verbreiteten Stereotypen.

---

[1] Zu weiteren Einzelheiten über Tuureys Geschichtsentwurf vgl. Lentz (1994b: 483-6) und Lentz (1996, Kap. 10).

[2] Vgl. dazu Lentz (1996: 166-7, 257-9, 434-42).

Texte von Dagara-Intellektuellen II: Staatenlosigkeit und Demokratie

Statt Staatenlosigkeit: zentralisierte und dezentralisierte Staaten

Eine eigenartige Zwischenposition zwischen den Autoren, die die Existenz vorkolonialer Häuptlingstümer bei den Dagara beweisen wollen, und denen, die die Akephalie-These akzeptieren und positiv aufwerten, nimmt ein Text von Kojo Yelpaala, einem an einer nordamerikanischen Universität lehrenden Jura-Professor, ein. In einem Aufsatz mit dem programmatischen Titel "Circular Arguments and Self-Fulfilling Definitions: 'Statelessness' and the Dagaaba" (1983) will Yelpaala nicht nur beweisen, daß die Dagaba keineswegs eine "staatenlose" Gesellschaft waren, sondern kritisiert ganz generell das ethnologische Konzept segmentärer Gesellschaften und die evolutionistische Dichotomie von primitiver Akephalie versus entwickelter Staatlichkeit. Dabei tritt Yelpaala explizit mit einem besonderen Wahrheitsanspruch auf: die "inside perspective" privilegiere ihn (und andere Afrikaner) gegenüber westlichen externen Beobachtern. Veröffentlicht wurde der Aufsatz in der international renommierten Zeitschrift *History in Africa*, und möglicherweise erklären dieser Publikationsort und die antizipierte Leserschaft die Schärfe, mit der der Text europäischen Autoren, die sich zu afrikanischen politischen Systemen geäußert haben, "eurocentric, ethnocentric and possibly racist perspectives" vorwirft (Yelpaala 1983: 350). Insbesondere die Ethnologen, so Yelpaala, hätten den primitiven, gesetz- und staatenlosen Wilden erst geschaffen und zwar mit politischer Absicht, "to provide a rational basis for colonialist subjugation and exploitation of the savage" (349). Vielleicht wurde Yelpaalas Dichotomisierung von externer-westlicher versus interner-afrikanischer Perspektive ebenfalls durch Erfahrungen mit dem afro-amerikanischen Anti-Rassismus-Diskurs geschärft; bezeichnenderweise hat auch der einzige weitere Dagara-Autor, der so explizit wie Yelpaala auf dem privilegierten Zugang von "insiders" und "black scholars" zur afrikanischen Realität insistiert, in den USA studiert und promoviert (Ansotinge 1986, s.u.).

Yelpaalas theoretisches Gegenkonzept, das die evolutionistische Dichotomie Staat/Akephalie überwinden soll, ist ebenso einfach wie wirkungsvoll. Er löst nämlich die Kategorie "staatenlose Gesellschaften" kurzerhand auf, setzt "Staat" mit "political organization" überhaupt gleich und unterscheidet nur noch zwischen mehr und weniger zentralisierten Staaten: "...the so-called stateless societies were not stateless, but actually species of states with various degrees of decentralization or concentration of political power" (1983:

363). Folglich waren auch die Dagaba keine "staatenlose Gesell-schaft", sondern kannten staatliche Organisationsformen; einzig die Form des "highly centralized hierarchical state" (357) sei ihnen (noch) nicht vertraut gewesen. Im Gegensatz zum westlich-evolutionisti-schen linearen Konzept von Zeit, so Yelpaala weiter, sei Zeit in Afrika immer zyklisch, "some circular movement that repeats itself but never in the same exact way, thus creating the past, the present and the future" (358). Folglich müsse man Zentralisierung und Dezentralisie-rung als abwechselnde Phasen in einem steten Zyklus politischer Entwicklung betrachten. Dezentralisierung ist für Yelpaala kein Zeichen einer niedrigen Evolutionsstufe, sondern eine bewußte Willensentscheidung einer Gesellschaft, "in order to curb or contain the abrasiveness of monopolized coercive political power characteristic of centralized states and chiefdoms by improving the quality of political participation" (356). Auch dezentralisierte Gesell-schaften enthielten Entwicklungspotentiale in Richtung auf politische Hierarchie und Zentralisierung, die bei entsprechenden Kontextbe-dingungen (Krieg, Sklavenjäger, Handel) zum Tragen kommen könnten. Außerdem könnten Zentralisierung und Dezentralisierung auch gleichzeitig nebeneinander existieren: eine Gesellschaft wie die der Dagaba kenne auf Dorfebene politische Hierarchie und Zentrali-sierung, während auf überdörflicher Ebene Dezentralisierung vorherrsche.

Yelpaala entwickelt aber nicht nur ein Modell, das die Dichotomie Akephalie/Staatlichkeit zu überwinden beansprucht, sondern versi-chert auch, unter summarischer Berufung auf eigene Feldforschung, es gebe für den Fall der Dagaba "...sufficient information to come to a conclusion that at some time before the arrival of the white man they must have experienced some centralization of political power" (361). Indizien für die Vertrautheit der Dagaba mit einer zentralen politischen Autorität sieht Yelpaala in der Bezeichnung *naa*, die sowohl auf Reichtum als auch auf eine politische Führungsrolle ver-weise, und in einigen Märchen, in denen ein *naa* als "lawgiver... with centralized political power" (362) vorkommt. Mit ihrer Einwanderung in ihr neues Habitat im Nordwesten hätten sich die Dagaba aber nicht nur von den sie umgebenden hierarchischen Staaten gelöst, sondern auch ganz bewußt für ein dezentrales politisches System entschie-den. Erst die Angriffe der Sklavenjäger gegen Ende des neunzehnten Jahrhunderts hätten wieder eine Phase der Zentralisierung ausge-löst, durch die Notwendigkeit, wenigstens temporäre Verteidigungs-bündnisse mit Nachbarsiedlungen einzugehen. Die Keimzelle des sich dabei herausbildenden Häuptlingstums verortet Yelpaala aber nicht wie Benedict Der im Amt des *kumber* (bei Yelpaala: *kumbelo*, ein Bote des Erdherren), sondern im vom Erdherren unabhängigen *polo naa*, "...chief of the young men, a position that is earned through demonstrating various qualities, including valor in warfare, farming, and exemplary conduct" (363). Ein Häuptlingsamt im engeren Sinne allerdings, das die politische Macht in einer mit Sanktionsgewalt ausgestatteteten Person konzentriert, sei erst durch die Briten eingeführt worden und habe einen regelrechten Schock in dieser zuvor vom Erdherren und einem Ältestenrat nach dem Konsensprinzip und religiösen Maximen regierten Gesellschaft ausgelöst. Erst nach einiger Zeit hätten die Dagaba gelernt, die von den Briten entfesselten autokratischen Tendenzen der *chiefs* - die unter den *polo naamine* rekrutiert worden seien - zu kontrollieren.

Yelpaalas Entgegensetzung des "natural path" der Transformation eines nicht-zentralisierten in einen zentralisierten Staat, auf dem die Dagaba sich Ende des neunzehnten Jahrhunderts befunden hätten, und dem kolonialen Oktroy einer hierarchischen Struktur, "modeled after western centralized political structures" (376), läßt die normativ-utopische Dimension des Texts spürbar werden. Was Yelpaala als konsensuelle Herrschaft der Klan-Ältesten in die Vergangenheit verlegt, kann man ebenso als Plädoyer für eine Demokratie und Zentralisierung verbindende politische Ordnung der Zukunft lesen, ein Plädoyer für eine Rückkehr zur traditionellen Ordnung auf neuem Niveau gewissermaßen, die die Verletzungen der Kolonialzeit überwindet. Anders als Dasah und Der versucht Yelpaala nicht, den hohen Entwicklungsstand der Dagaba durch den Nachweis vorkolonialer Königreiche zu beweisen, sondern durch Kritik an den dominanten Staatsmodellen.

Erdschreine und Gerontokratie statt staatlicher Organisation

Von Yelpaalas Aufwertung der dezentralen politischen Organisation der Dagara liegen die Ansichten von Bozi Somé, Claude Nurukyor Somda und anderen Vertretern der Akephalie-These gar nicht so weit entfernt. Nur bereitet ihnen, anders als Yelpaala oder Der, die Klassifikation der Dagara als "staatenlose Gesellschaft" kein grundsätzliches Unbehagen. Ganz ohne Polemik gegen europäische Autoren[1] schreibt etwa Bozi Somé in seinem in den *Notes et*

---

[1] Allerdings betont Somé in einem Aufsatz zur Rolle von oralen Quellen für die Rekonstruktion der Geschichte der Dagara (1968) durchaus, daß einheimische Historiker durch ihre Sprachkenntnis und Zugehörigkeit zur lokalen Gesellschaft

Documents Voltaïques veröffentlichten Aufsatz, den ich schon eingangs erwähnt habe, daß die Dagara keinerlei Institution hätten, die sich als "Regierung" (*gouvernement*) bezeichnen ließe. Im Gegensatz zu den Mossi, so Somé, zeichneten sich die Dagara durch das Fehlen einer staatlichen Organisation aus:

> "Les Dagara n'ont pas formé d'organisation politique étatique. A la différence des Mossi [...] ils n'ont jamais eu de véritable hiérarchie politique ni au niveau de l'ethnie, ni au niveau d'une région, ni même au niveau du village. Comme bien d'autres populations d'Afrique, ils sont restés sans commandement central et la seule forme de gouvernement qu'ils ont connu est la gérontocratie." (Somé 1969: 16).

Die beiden Grundpfeiler der sozialen Organisation der Dagara seien zum einen der Patriklan (*doglu*) mit seinem *nikpe*, dem "Patriarchen der Lineage" (1969: 17), dessen Autorität in seiner Position als lebender Vertreter der Ahnen begründet läge, und zum anderen der *tengan,* die "chefferie de terre", wie Somé (und generell frankophone Autoren) die Bezeichnung für die Erdschreingebiete ins Französische übersetzt. Oft würde ein Dorf nicht einen eigenen Erdschrein haben, sondern zusammen mit Nachbardörfern gemeinsam zu einem größeren Erdschreingebiet gehören und mit ihnen am selben Schrein opfern. Aber die säkularen Ordnungsbefugnisse der "chefs de terre" auch dieser größeren Schreine seien begrenzt. Letztlich, so Somé, sei die politische Organisation der Dagara untrennbar mit der Verwandtschaftsorganisation und vor allem mit dem religiösen Fundament der Gesellschaft verwoben.[1]

Auch die Gerontokratie sei vor allem spirituell begründet und würde zudem durch das ausgeprägte individuelle Unabhängigkeitsstreben der Dagara begrenzt: "Quand il a atteint l'âge d'homme, le Dagari tend d'un certain point de vue à se considérer comme l'égal de tous. La subordination est une chose pénible pour lui" (1969: 20). Der politisch-religiösen Ordnung liege also, so Somé, eine bestimmte "Mentalität" zugrunde; eine antihierarchische, egalitäre und auf strenge Gegenseitigkeit bedachte Grundeinstellung. Sei die soziale Gleichheit bedroht, löse das Neid aus, der sich in Giftmord und Hexerei (und früher auch Fehde) sein Recht verschaffe und die Gleichheit wieder herstelle. Darum sei die koloniale Einführung von autoritären Häuptlingen auch als brutal und demütigend erfahren

---

bessere Chancen als europäische Forscher hätten, mündliche Traditionen in einem authentischen Aufführungskontext zu erfassen.

[1] Die Übersetzung der Erdschreingebiete als "chefferies de terre" folgt also den kolonialen ethnographischen Konventionen und spielt zumindest bei Somé nicht darauf an, daß die Erdherren als Quasi-Häuptlinge fungieren.

worden, die Zeit der Unabhängigkeit dagegen als Befreiung. Zwar gebe es noch immer (Ende der 1960er Jahre) "chefs de canton" und "chefs de "village", aber sie hätten keine wirkliche Befehlsgewalt:

> "...ces chefs savent qu'ils sont auprès des masses dagari non comme des chefs qui commandent, mais comme des individus que servent d'intermédiares entre la population et le commandant de cercle pour les collectes d'impôts ou pour certains travaux d'interêt général: construction d'une école, desherbage d'une route, construction d'un dispensaire, etc. En dehors de ces activités administratives, les chefs de canton et de village mènent une vie identique à celle de n'importe quel autre Dagari..." (Somé 1969: 21-22).

Andere Autoren schätzen, wie ich gleich noch zeigen werde, die Nachhaltigkeit der kolonialen Transformation der Dagara-Gesellschaft als weitaus stärker ein als Somé, und es lassen sich in der Tat nicht wenige Beispiele dafür anführen, daß die einst mit der *chefferie administrative* betrauten Familien auch heute noch eine gewisse politische Vorrangstellung in der Region einnehmen. Vielleicht ist Bozi Somés beharrlich wiederholte Behauptung, daß die Dagara trotz mannigfacher Kontakte mit benachbarten Bevölkerungsgruppen und trotz des Kolonialregimes ihre soziale und politische Organisation "beinahe intakt" bewahrt hätten, darum auch eher als politische Zukunftshoffnung denn als Gegenwartsdiagnose zu lesen.

Zu den Autoren, die eine weitaus pessimistischere Sicht auf die Auswirkungen der französischen Kolonialisierung haben, gehört Claude Nurukyor Somda, ein Dagara aus Kokoligu, einem Dorf im Südwesten von Burkina Faso, Dozent für Geschichte an der Universität Ouagadougou und zwischenzeitlich Parlamentsabgeordneter und Kultusminister. Somda schrieb 1974-75 bei Catherine Coquery-Vidrovitch in Paris seine Magisterarbeit mit dem Titel "La pénétration coloniale en pays Dagara 1897-1914"; die Dissertation (1984) erweiterte das Thema dann um den Zeitraum bis 1933. Somda begreift seine Arbeit als Baustein auf dem "vaste chantier des jeunes chercheurs travaillant à l'élaboration de leur histoire" (1974: 2), und es geht ihm dabei besonders um die noch weitgehend unerforschten Auswirkungen der Kolonialherrschaft auf die Dagara-Gesellschaft. Zu diesem Zweck präsentiert er zunächst - in Magisterarbeit und Dissertation gleichermaßen - ein recht idealisiertes Bild einer egalitären, antihierarchischen Gesellschaft "vor" der Kolonialisierung, die durch den "choc brutale" der Kolonialherrschaft, den er im zweiten Teil erörtert, in ihren Grundfesten erschüttert wurde.

Somdas Porträt der vorkolonialen Dagara-Gesellschaft, fast durchgängig im ethnographischen Präsens gehalten, stützt sich zum einen auf kritisch gegen den Strich gelesene Kolonialquellen, zum anderen auf orale Quellen; teils selbst gesammelte, teils aus einer Teamarbeit unter Leitung eines Weißen Vaters (Hébert 1976) hervorgangene Interviews in Dagara-Dörfern. Somda schreibt gewissermaßen gegen die kolonialen "Anarchie"-Verdikte an, indem er zwar die Beobachtungen der französischen Kolonialbeamten als Quellen nutzt, aber ihre Wertungen umkehrt. Die Dagara seien individualistisch, egalitär, rebellisch und würden kein Gesetz anerkennen (wie die Kolonialbeamten beklagten); aber das entspringe aus Stolz und Unabhängigkeit, und das Autonomiebestreben sei durch starke Bande der Solidarität kompensiert. Somdas Skizze der vorkolonialen Organisation der Dagara, ihrer "democratie villageoise" (1974: 17) und der zugrundeliegenden Mentalität folgt im übrigen in Grundzügen der Arbeit von Bozi Somé[1] und mündet in folgender Zusammenfassung:

> "Le pouvoir politique réel en pays Dagara repose sur l'organisation sociale et religieuse, et à aucune dégré, on ne rencontre une institution comparable à un gouvernement chargé de la gestion des affaires communes. Telle est la société Dagara comme elle se présente aux conquérants. Un monde d'agriculteurs animistes vivant dans l'autosubsistance et où l'organisation sociale, le poids des traditions ne favorisent pas les transformations. Malgré un potential important de désordre dû à l'esprit d'indépendance, aux dissensions internes, au risque de conflits généralisés, le Dagara est un monde de solidarité, de relations franches, peu enclin à obéir, à se soumettre..." (1974: 37).

Wie schon angedeutet, sieht Somda in der französischen Kolonialpolitik - der Einführung einer erblichen *chefferie administrative*, der Zwangsarbeit, der Besteuerung und den Umsiedlungsmaßnahmen - den Hauptverantwortlichen für die Aushöhlung der Grundlagen der traditionellen gesellschaftlichen Ordnung der Dagara. Zwar habe gerade die dezentrale Organisation erlaubt, der effektiven Umsetzung kolonialer Anforderungen immer wieder Widerstand entgegenzusetzen, aber nach knapp zwei Jahrzehnten habe sich die neue koloniale politische Ordnung schließlich doch bis in die einzelnen Dörfer und Gehöfte hinein durchsetzen können. Nicht zuletzt auch

---

[1] Ein ähnliches Argumentationsschema und derselbe Aufbau der Darstellung - von der Lineage über den Klan (sowie weitere Elemente der verwandtschaftlichen Organisation) bis zum dörflichen "Ältestenrat" und dem "chef de terre" - findet sich bei allen Autoren, die die Akephalie-These vertreten; vgl. z.B. Hébert (1976: 3-21) und Dabire (1983: 194-212), wobei Dabire sich durchaus positiv auf Goodys Ethnographien bezieht. Aber nicht nur frankophone, auch ghanaische Dagara-Intellektuelle folgen diesem Muster, so z.B. Kuukure (1985: 36-41) und Bekye (1991: 116-129).

aufgrund der Kollaboration einzelner Familien, die sich davon mehr Macht und Reichtum für ihre Fraktion versprochen hätten. Hierarchisierung und Individualisierung sowie die Einbindung in größere marktwirtschaftliche Netzwerke prägten seither die Dagara-Gesellschaft. Andererseits habe aber auch ein neues, weitergestrecktes Gruppenbewußtsein - als "Ethnie" der Dagara - Fuß gefaßt und das zuvor dominante Zusammengehörigkeitsgefühl der Patriklans abgelöst (1974: 77). In seiner Dissertation geht Somda darüberhinaus auch auf drei Strategien ein, die vor allem jüngere Dagara-Männer nach dem ersten Weltkrieg gegenüber den kolonialen Zumutungen entwickelt hätten: die Arbeitsmigration in die benachbarte britische Kolonie der Goldküste, die freiwillige Rekrutierung zum Militär und schließlich die Bekehrung zum Katholizismus, den die Weißen Väter seit 1929 von Jirapa aus im Dagara-Land verbreiteten. In den 1930er Jahren, so Somdas Fazit, "...le Dagara vient juste de s'ouvrir au monde extérieur, c'est donc une société à la recherche d'un nouvel équilibre" (1984: 285).

"Weiser als der Häuptling" - Erzählungen als Herrschaftskritik

Daß die Auseinandersetzung um die politischen Traditionen der Dagara keineswegs nur in historiographischen und ethnographischen Texten, sondern auch in populären Genres wie Liedern, Sprichwörtern und Erzählungen geführt wird, habe ich einleitend erwähnt. Besonders beliebt scheint dabei eine unter dem Namen des Helden - *yaa-gang-naa* ("weiser als der Häuptling") - bekannte Erzählung zu sein, die im übrigen in ganz Westafrika verbreitet ist, in Gesellschaften "ohne Staat" ebenso wie in Gesellschaften mit langer staatlicher Tradition.[1] Die Erzählung handelt, kurz zusammengefaßt, von einem außergewöhnlichen Jungen, der sich gegen das Namengebungsrecht des Oberhaupts (Dorfhäuptlings, Königs o.ä.) auflehnt und sich selbst einen Namen gibt, eben jenen provokativen Namen *yaa-gang-naa,* "weiser als der Häuptling". Als der Häuptling von diesem Regelbruch erfährt, will er sich am Jungen und seinen Eltern rächen. Zunächst erlegt er der Familie eine Reihe von eigentlich unlösbaren Aufgaben auf (je nach Version: Bierbrauen an einem Tag, Schmuck aus Saatkörnern an einem Tag herstellen, mit einem Bullen allein Kälber zur Welt bringen usw.), die der Junge jedesmal

---

[1] Vgl. dazu Paulme (1976: 87-241) und Steinbrich (1995: 105-108), die verschiedene Versionen der Geschichte bei den Lyela dokumentiert haben und sie als Ausdruck der Herrschaftskritik interpretieren.

durch überlegene Klugheit zurückzuweisen vermag. Schließlich versucht der Häuptling, ihn zu töten, wobei *yaa-gang-naa* beim ersten Versuch durch eine List knapp entkommt und der zweite Versuch darin mündet, daß der Häuptling statt *yaa-gang-naa* seinen eigenen Sohn tötet und seine Niederlage eingestehen muß. Verschiedene Versionen lassen die Erzählung unterschiedlich ausklingen, zum Beispiel damit, daß der Häuptling das von ihm usurpierte Recht auf Namensgebung wieder an die Familien zurückgeben muß (Ansotinge 1986: 140), oder daß er seine Herrschaft künftig mit *yaa-gang-naa* teilt (Bemile 1983: 42).

Klugheit siegt über anmaßende Macht: diese Moral läßt sich aus der Erzählung sicher heraushören. Mir geht es hier aber weniger um die Erzählung als solche als um ihren Ort in den Diskursen mancher Dagara-Intellektueller. Im Erzählrepertoire der Dagara spielen *yaa-gang-naa* und andere Erzählungen über Häuptlinge nämlich offenbar gar keine quantitativ so bedeutende Rolle; Tierfabeln sind weitaus häufiger.[1] In verschiedenen von Dagara-Intellektuellen veröffentlichten Erzählsammlungen aber nimmt die *yaa-gang-naa*-Erzählung eine herausragende Stellung ein. Sebastian Bemile (1983) stellt seine Sammlung unter den Titel *yaa-gang-naa*; in der Sammlung von Kuwabong (1992) eröffnet sie den Reigen der Erzählungen; und in Ansotinges Doktorarbeit über die Oratur der Dagara (1986) ist *yaa-gang-naa* die zentrale Erzählung, der die größte analytische Aufmerksamkeit gewidmet wird. Daß damit eine dezidierte Aussage über die politische Kultur der Dagara intendiert ist, daran läßt der Klappentext von Bemiles Erzählband keinen Zweifel:

"Historically, the Dàgàrà have always abhorred rigid or oppressive hierarchical government set-ups and favoured collective responsibility and decision-making among equals: this is somewhat reflected in the stories, especially in 'My wisdom surpasses Even the King's'."

Ansotinge geht in seiner Interpretation der *yaa-gang-naa*-Erzählung noch weiter: für ihn steht der Häuptling ganz zweifelsfrei für den "'Normbereich' of colonial rule", während der junge Mann den "'Normbereich' of traditional Dagaaba culture" repräsentiert (1986: 153). Für Ansotinge steht fest, daß nur der *tendana,* der Erdherr, Teil der legitimen traditionellen politischen Organisation ist, während der *chief* ein koloniales Oktroy repräsentiert. Im Sieg, den *yaa-gang-naa*

---

[1] Bei den Lyela handelt etwa jede zehnte Erzählung von einem Häuptling (Steinbrich 1995: 108); für die Dagara Erzählungen fehlen solche quantitativen Analysen, aber eine Auswertung der vorliegenden Sammlungen ergibt einen ähnlichen bzw. eher noch geringeren Anteil von Häuptlings-Erzählungen, Bemile (1983), Hien (1989), Metuole Somda (1991), Kuwabong (1992).

über den Häuptling erlangt, werde darum letztlich ein Sieg über die Kolonialherrschaft gefeiert, und die Erzählung diene, zusammen mit anderen Elementen der Oratur, der Stabilisierung einer Gegenkultur, "...able to ridicule or criticize certain undesirable 'traditions' that were introduced by European rule" (108). "...[T]he Dagaaba", so Ansotinges Fazit, "have continued to recognize the tendaana as the person with the legitimate power" (106).[1]

Textexterne Faktoren der Debatte

Zunächst gilt es daran zu erinnern, daß die meisten der hier vor-gestellten Texte zum Genre von Examensarbeiten, Dissertationen und wissenschaftlichen Aufsätzen gehören, die nicht *per se* ein großes lokales oder gar überregionales Publikum erreichen. Gelesen (und oft kopiert und zitiert) werden die Arbeiten vor allem von ande-ren Dagara-Studenten, Lehrern, Universitätsdozenten, Seminaristen und Priestern. Es sind also - vielleicht mit Ausnahme von populäreren Broschüren wie der von Tuurey (1982) - in erster Linie Texte der Selbstverständigung einer bestimmten Gruppe der Intellektuellen. Aber die Debatte über die politischen Traditionen findet, wie ich angedeutet habe, durchaus auch in anderen Textgenres und in der Oratur statt, und auch dort lassen sich beide Positionen - vorkolonia-les Häuptlingstum versus traditionelle Gesellschaft ohne Staat - ent-decken.

Die meisten wissenschaftlichen Texte - vor allem die, die in Europa oder den USA geschrieben wurden (Yelpaala, Ansotinge, Somda) - zeichnen sich durch eine mehr oder weniger ausgeprägte Auseinandersetzung mit dem westlichen Blick auf die "staatenlosen Gesellschaften" aus. Auch wenn sie, wie etwa Somda, die Akephalie-These der Kolonialbeamten und europäischen Ethnologen über-nehmen, so doch mit einer anderen, positiveren Wertung. Dabei ist interessant, daß die Gleichung Akephalie = Primitivität fast immer dem europäischen Blick angelastet wird, obwohl einige dieser euro-päischen Autoren schon seit den 1930er Jahren die demokratischen

---

[1] Nicht alle Autoren interpretieren die *yaa-gang-naa*-Erzählung als Beleg für die Nicht-Existenz vorkolonialer *chiefs*. Yelpaala (1983: 356-7, 361-2) zum Beispiel sieht in ihr zwar auch eine Form der Herrschaftskritik, in erster Linie aber einen Beleg dafür, daß Häuptlinge existiert haben müssen, denn sonst könnten sie nicht Gegenstand von Erzählungen werden (wobei Yelpaala stillschweigend unterstellt, die Geschichte sei auch in vorkolonialer Zeit schon erzählt worden). Nicht gegen Häuptlinge überhaupt, sondern gegen allzu große Zentralisierung und Monopolisierung der Macht richte sich die Erzählung.

Tugenden nicht-staatlich verfaßter Gesellschaften durchaus positiv bewerteten (so etwa Eyre-Smith 1933a und b) und die Komplexität der gesellschaftlichen Ordnung hervorhoben (so Goody 1957). Tatsächlich ist das Verdikt Akephalie = Primitivität inzwischen eigentlich viel eher bei den Mitgliedern benachbarter Staaten (Mossi, Wala usw.) ausgeprägt, die sich den Dagara nach wie vor überlegen dünken. Tuureys (1982) vehemente Kritik an der Anarchie der "Lor-Dagaba" ist dafür ein gutes Beispiel. Fast nie wird die traditionelle Staatenlosigkeit aber gegen ihre afrikanischen Kritiker verteidigt.[1] Als Kontrastfolie - man könnte sogar formulieren: Sündenbock - dienen den Vertretern der Akephalie-These, wenn sie sich denn überhaupt kritisch von anderen Autoren abgrenzen, europäische Kolonialadministratoren und Ethnologen. Insofern wird die "Debatte", als deren Teil ich die gegensätzlichen Positionen der Dagara-Autoren interpretiert habe, nicht direkt zwischen den Autoren geführt, jedenfalls nicht explizit in den Texten, sondern über den "Umweg" der Auseinandersetzung mit dem westlichen Blick.

Dieses Phänomen dürfte mit der Konstruktion einer afrikanischen "Binnenperspektive" zusammenhängen, die zumindest einige Autoren explizit betreiben. Die eigene Zugehörigkeit zur Dagara-Gesellschaft wird als Voraussetzung für einen privilegierten Zugang zu den oralen Traditionen gewertet und damit als eine Art Bürgschaft für die Wahrheit der dargestellten Forschungsergebnisse. Auch wenn manche Arbeiten koloniale Quellen, kritisch gegen den Strich gelesen, aufgreifen, kommt doch fast immer den "oralen Traditionen" der Status als letzter Prüfinstanz zu. Dabei werden die dörflichen "oralen Traditionen" als homogenes, in sich stimmiges Korpus von Fakten konzipiert; sich widersprechende Versionen bestimmter Ereignisse oder die Interessegeleitetheit von mündlichen Erinnerungen werden so gut wie gar nicht thematisiert. Daß die beschriebene Vergangenheit und die politische Gegenwart selbst widersprüchlich sein könnten, bleibt ausgeblendet.

Dennoch wird implizit durchaus eine Debatte geführt. Das habe ich zum Beispiel am "lokalpatriotischen" Hintergrund der Arbeiten von Tuurey (1982), Der (1977) und Dasah (1974) zu zeigen versucht, die jede ihrer eigenen Lokalität eine historische Vorrangstellung zuschreiben. Gestand Benedict Der offenbar nur Nandom den Status eines Häuptlingstums zu, so ordnete James Dasah Nandom kurzer-

---

[1] Auf Tuureys Thesen etwa ist bisher noch keine dezidierte Replik erfolgt. Benedict Der (1989: 14-15) hat sich gegen sein Schema der Besiedlungsgeschichte des Nordwestens gewandt, das den Nandomer Dagara eine nur sekundäre Rolle zubilligt, nicht aber gegen seine Angriffe auf die politische Kultur der "Lor-Dagaba".

hand Ulo unter; Tuurey ließ dagegen nur sein Heimatdorf Kaleo und einige Nachbarorte im Süden der Region als vorkoloniale Staaten gelten. Hier zeigt sich also ein doppeltes intendiertes Publikum: nach "innen" werden lokalpolitische Ansprüche oder doch zumindest das Streben nach Prestige historisch untermauert; nach "außen" wird das Akephalie-Stigma abgewiesen.

Versucht man die vertretenen Positionen zur "außertextlichen" Stellung der Autoren zuzuordnen, so fällt auf, daß keiner der Autoren aus Burkina Faso die Häuptlingstums-These vertritt. Das umgekehrte gilt allerdings nicht: die ghanaischen Autoren sind gespalten, keineswegs alle unterstützen die Häuptlingstums-These. Dennoch läßt sich die Dominanz der Akephalie-These unter den Autoren aus Burkina Faso vermutlich mit der anderen - und im Vergleich zu Ghana heute weniger bedeutsamen - Rolle erklären, die das Häuptlingstum dort gespielt hat.

In Ghana war das Häuptlingstum in der Kolonialzeit und ist noch heute das dominante und erfolgreiche Modell der Inkorporation der Lokalgesellschaft in den Staat. Die neuen Dagara-Häuptlinge, von den Briten eingesetzt oder bestätigt und mit allerlei Regalia ausgestattet, wurden zum Beispiel bei regionalen zeremoniellen Versammlungen (*durbars*) den "traditionellen" Häuptlingen von Wa, Dagbon und Gonja gleichgestellt. Das war und ist besonders für eine Gruppe wie die Dagara relevant, die von Mitgliedern vorkolonialer Königreiche als "unzivilisiert" angesehen wurden. Auch im Ghana von heute spielt *chieftaincy* eine zentrale Rolle für die Präsentation lokaler und regionaler Identitäten vis-à-vis dem Zentralstaat. Alle relevanten ethnopolitischen Vereinigungen und kulturellen Aktivitäten sind mit der Institution der *chieftaincy* verknüpft. Wir haben es hier mit einer kolonialen Innovation zu tun, die die lokalen Akteure angenommen und in vielen Konflikten weiterentwickelt haben und die die politischen Hierarchien und territorialen Grenzen dauerhaft umstrukturiert hat. Dagegen ist in Burkina Faso während der Kolonialzeit die *chefferie* offenbar auf sehr viel despotischere Weise eingeführt worden als im Nachbarstaat und weitaus weniger rituell und zeremoniell aufgeladen worden. Nach der Unabhängigkeit und dann vor allem seit Sankaras Reformen wurde die Rolle der *chefs de canton* sehr reduziert.[1] Möglicherweise scheint den Dagara-Autoren aus Burkina Faso darum das Häuptlingstum als keine erhaltenswerte Institution, deren Wurzeln bereits in der vorkolonialen Vergangenheit zu suchen sind. Zu dieser Interpretation paßt, daß die ghanaischen Autoren, die die Akephalie-

---

[1] Zur Einführung der Institution der Häuptlinge bei den Dagara in der französischen Kolonie vgl. Somda (1984: 148-164); die nachkoloniale Entwicklung im Vergleich zu Ghana ist eines meiner künftigen Forschungsthemen.

These vertreten, eng mit der katholischen Mission - meist als Seminaristen oder Priester - verbunden sind: die Mission hat seit 1929 besonders unter den Familien Fuß gefaßt, die nicht mit dem Häuptlingstum liiert waren, und sie hat sich auf beiden Seiten der Grenze durch eine überaus kritische Position gegenüber den Häuptlingen ausgezeichnet.[1]

Die Debatte läßt sich also auch als eine Auseinandersetzung über die wünschenswerte politische Gegenwart und Zukunft lesen. An die in Ghana verbreitete Formel "chieftaincy has come to stay" glauben keineswegs alle Dagara. Sollte das Häuptlingstum in Zukunft noch immer eine Chance haben oder abgebaut werden? Lassen sich alternative Wege der Inkorporation in den Staat denken, die trotzdem lokale Identität bewahren und betonen? Oder ist das Häuptlingstum sowieso *de facto* schon längst nur noch eine Fassade und vor allem mit sich selbst, aber nicht mit dem Wohl der Bürger beschäftigt? Solche Fragen werden - nicht nur unter den Dagara-Intellektuellen - durchaus kontrovers diskutiert.

---

[1] Aber auch hier sollte man keine Monokausalitäten erwarten: Benedict Der zum Beispiel, der in Nandom einen vorkolonialen Staat sieht, ist Zögling einer Missionsschule, gleichzeitig aber auch Mitglied des Häuptlingsklans von Nandom.

Literatur

Ansotinge, Gervase T. (1986): *Wisdom of the Ancestors: an Analysis of the Oral Narratives of the Dagaaba of Northern Ghana*. PhD. Thesis, University of California, Berkeley.

Arhin, Kwame (Hrsg.) (1974):*The Papers of George Ekem Ferguson, a Fanti Official of the Government of the Gold Coast, 1890-1897*, Leiden/Cambridge.

Behrend, Heike (1993): *Alice und die Geister: Krieg im Norden Ugandas*, München.

Bekye, Paul K. (1991): *Divine Revelation and Traditional Religions with Particular Reference to the Dagaaba of West Africa*, Rom.

Bemile, Sebastian (1983): *The Wisdom that Surpasses that of the King: Dagara Stories*, compiled by Sebastian Bemile, Heidelberg.

Clifford, James (1988): 'On Ethnographic Authority'. In: Ders., *The Predicament of Culture: Twentieth-Century Ethnography, Literature, and Art*, Cambridge, Mass., S. 21-54.

Cohen, David William (1991): 'La Fontaine and Wamimbi: The Anthropology of 'Time-Present' as the Substructure of Historical Oration'. In: Bender, John and David E. Wellbery (Hrsg.): *Chronotypes: The Construction of Time*, Stanford, S. 205-25.

Dabire, Constantin Gbaane (1983): *Nisaal - L'homme comme relation*, PhD. Thesis, Université Laval.

Dasah, James (1974): *Ulo - The History of a Dagaba Kingdom*. B.A. Dissertation, University of Ghana, Legon.

Delafosse, Maurice (1912): *Haut-Sénégal-Niger*, Tome I, Paris.

Der, Benedict (1977):*The 'Stateless Peoples' of North-West Ghana: a Reappraisal of the Case of the Dagara of Nandom*. Unpublished Manuscript. Department of History, University of Cape Coast.

Der, Benedict (1989): 'The origins of the Dagara - Dagaba', *Papers in Dagara Studies* I (1).

Dougah, J.C. (1966): *Wa and Its People*, Legon.

Eyre-Smith, R.St. John (1933a): *A Brief Review of the History and Social Organisation of the Peoples of the Northern Territories of the Gold Coast*, Accra.

Eyre-Smith, R. St. John (1933b): *Comments on the Interim Report on the Peoples of the Nandom and Lambussie Divisions of the Lawra District*, Accra, unpublished Manuscript. (NAG, ADFM 11/1/824).

Fabian, Johannes (1993): 'Präsenz und Repräsentation: Die Anderen und das anthropologische Schreiben'. In: Fuchs & Berg (Hrsg.), S. 335-64.

Fage, John D. (1964): 'Reflections on the Early History of the Mossi-Dagomba Group of States'. In: Vansina, Jan et al (Hrsg.), *The Historian in Tropical Africa*, London.

Falola, Toyin (1993): 'Alternative History: The World of the Yoruba Chroniclers'. In: *Passages* VI: 2-6.

Fuchs, Martin & Eberhard Berg (Hrsg.) (1993): *Kultur, soziale Praxis, Text: Die Krise der ethnographischen Repräsentation*, Frankfurt.

Fuchs, Martin & Eberhard Berg (1993): 'Phänomenologie der Differenz: Reflexionsstufen ethnographischer Repräsentation'. In: Fuchs & Berg (Hrsg.), S. 11-108.

Geertz, Clifford (1977): ' From the Native's Point of View: On the Nature of Anthropological Understanding?' In: Dolgin, Janet L. et al (Hrsg.), *Symbolic Anthropology: A Reader in the Study of Symbols and Meanings*, New York, S. 480-92.

Goody, Jack (1957): 'Fields of Social Control among the LoDagaba'. In: *Journal of the Royal Anthropological Institute of Great Britain and Ireland* 87: 75-104.

Guiness, John (1932): *Interim Report on the Peoples of Nandom and Lambussie Divisions of the Lawra District*, Accra, unpublished manuscript, (NAG, ADM 11/1/824).

Hastrup, Kirsten (1993): 'The Native Voice - and the Anthropological Vision'. In: *Social Anthropology* 1: 173-86.

Hastrup, Kirsten (1996): 'Anthropological Theory as Practice'. In: *Social Anthropology* 4: 75-81.

Hawkins, Sean (1996): 'Disguising Chiefs and God as History: Questions on the Acephalousness of LoDagaa Politics and Religion'. In: *Africa* 66: 202-247.

Hébert, Jean Père (1976): *Esquisse d'une monographie historique du pays Dagara*. Par un groupe de Dagara en collaboration avec le père Hébert, Diocèse de Diébougou.

Hien, Ansomwin Ignace (1989): *Angré du destin (roman); La queue de guenon (contes Dagara, corpus I)*, Dole.

Holden, J.J. (1965): 'The Zaberima Conquest of North-West Ghana'. In: *Transactions of the Historical Society of Ghana* 8: 60-86.

Horton, Robin (1971): 'Stateless Societies in the History of West Africa'. In: Ajayi, J.F.A. & Michael Crowder (Hrsg.). In: *History of West Africa*, Vol. I, New York, S. 87-128.

Kristmundsdottir, Sigridur Duna (1996): 'Culture Theory and the Anthropology of Modern Iceland'. In: *Social Anthropology* 4: 61-73.

Kuukure, Edward (1985): *The Destiny of Man: Dagaare Beliefs in Dialogue with Christian Eschatology*, Frankfurt.

Kuwabong, Dannabang (1992): *Naa Konga: A Collection of Dagaaba Folktales*, Accra.

Labouret, Henri (1931): *Les tribus du rameau Lobi*, Paris.

Law, Robin (1984): 'How Truly Traditional is our Traditional History? The Case of Samuel Johnson and the Recording of Yoruba Oral Tradition'. In: *History in Africa* 11: 195-221.

Lentz, Carola (1993): 'Histories and Political Conflict: a Case Study of Chieftaincy in Nandom, Northwestern Ghana'. In: *Paideuma* 39: 177-215.

Lentz, Carola (1994a): 'Home, Death and Leadership - Discourses of an Educated Elite from Northwestern Ghana'. In: *Social Anthropology*, 2,2: 149-69.

Lentz, Carola (1994b): 'A Dagara Rebellion against Dagomba Rule? Contested Stories of Origin in North-Western Ghana'. In: *Journal of African History* 35: 457-92.

Lentz, Carola (1995): ''Unity for Development': Youth Associations in North-Western Ghana'. In: *Africa* 65: 395-429.

Lentz, Carola (1996): *Die Konstruktion von Ethnizität in Nord-West Ghana*. Habilitationsschrift, Freie Universität Berlin.

Mann, Kristin & Richard Roberts (Hrsg.) (1991): *Law in Colonial Africa*, London.

Metuole Somda, Jean Baptiste (1991): *Contes Dagara du Burkina Faso*, Paris.

Mukassa, Der (1987): *L'homme dans l'univers des Dagara. Essai d'anthropologie culturelle et religieuse Dagara*, Diébougou, unveröffentlichtes Manuskript.

Naameh, Philip (1986): *The Christianisation of the Dagara within the Horizon of the West European Experience*. Ph.D. Thesis. Universität Münster.

Paulme, Denise (1976): *La mère dévorante. Essai sur la morphologie des contes africaines*, Paris.

Pilaszewicz, Stanislaw (1992): *The Zabarma Conquest of North-West Ghana and Upper Volta. A Hausa Narrative 'Histories of Samory and Babatu and Others' by Mallam Abu*, Warszawa.

Rattray, Robert S. (1932): *The Tribes of Ashanti Hinterland*, Vol. I, Oxford.

Ruelle, E. (1904): 'Notes ethnographiques et sociologiques sur quelques populations noires du 2e Territoire Militaire de l'Afrique Occidental Française'. In: *L'Anthropologie* 15: 657-74.

Sabelli, Fabrizio (1986): *Le pouvoir des lignages en Afrique. La reproduction sociale des communautés du Nord-Ghana*, Paris.

Siilo, G.B.L. (1973): *The History of Nandom from Time of Settlement to 1908*, B.A. Dissertation, University of Ghana. Legon. Dept. of History.

Siilo, G.B.L. (1977): 'The Traditional Political Systems of the Dagaare Speaking Peoples', Paper presented at the Department of History, University of Ghana, Legon.

Somda, Nurukyor Claude (1975): *La pénétration coloniale en pays Dagara, 1897-1914*. Memoire de Maitrise, Université Paris VII, Paris.

Somé, Bozi (1968): 'Quelques sources d'information pour une recherche historique'. In: *Notes et Documents Voltaïques* 2,1: 35-45.

Somé, Bozie (1969): "Organisation politico-sociale traditionelle des Dagara". In: *Notes et Documents Voltaïques* 2,2: 16-41.

Somé, Patrice Malidoma (1996): *Vom Geist Afrikas. Das Leben eines afrikanischen Schamanen*, München (Am. Orig. 1994).

Steinbrich, Sabine (1995): 'Images of the Powerful in Lyela Folktales'. In: Furniss, Graham & Liz Gunner (Hrsg.), *Power, Marginality and African Oral Literature*, Cambridge, S. 92-108

Tamakloe, Emmanuel Forster (1931): *A Brief History of the Dagbamba People*, Accra.

Tuurey, Gabriel (1982): *An Introduction to the Mole Speaking Community*, Wa.

Wilks, Ivor (1989): *Wa and the Wala. Islam and Polity in Northwestern Ghana*, Cambridge.

Yelpaala, Kojo (1983): 'Circular Arguments and Self-fulfilling Definitions: `Statelessness' and the Dagaaba'. In: *History in Africa* 10: 349-85.

Zachernuk, Philip S. (1994): 'Of Origins and Colonial Order: Southern Nigerian Historians and the `Hamitic Hypothesis' c. 1870-1970'. In: *Journal of African History* 35: 426-55.

Zur Konstruktion ethnischer Grenzen im Nordwesten Namibias (zwischen 1880 - 1940). Ethnohistorische Dekonstruktion im Spannungsfeld zwischen indigenen Ethnographien und kolonialen Texten

Michael Bollig

Im April 1994, in den ersten Tagen meiner Feldarbeit im Norden Namibias, hielt mich ein alter, fast blinder Mann in zerissenen Kleidern auf offener Straße an. Er habe von meiner Arbeit gehört und wünsche, daß ich ihn besuche. Er habe mir viel zu erzählen. Bei meinem ersten Besuch stellte er mir einige Fragen, die mich nicht wenig erstaunten. Was ich von Demokratie halte? Wie und über welchen Zeitraum Landrechte in Deutschland gesetzlich garantiert seien? Ich wußte zu diesem Zeitpunkt bereits, daß der Alte der Ratsmann des lokalen Häuptlings war und sich in den letzten beiden Jahren als ausgesprochener Gegner des geplanten, gigantischen Epupa Staudammes engagiert hatte. In der Folge des Gesprächs entwickelte er seine Version der Geschichte der Bewohner des Kaokolandes, eine Version, in der er Personen und Geschehnisse präsentierte, die direkt mit aktuellen Problemen der Gruppe in Verbindung zu bringen waren, mit dem Dammbau, mit Landrechtsstreitigkeiten und mit Zwistigkeiten bei der Besetzung des Häuptlingsstuhles. Der Alte entließ mich mit dem Wunsch, daß aus seinen Worten einmal ein Buch entstehen solle. Aus dem ersten Gespräch entwickelten sich weitere Diskussionen, formelle Interviews bei denen das Gesagte auf Band aufgenommen wurde und informelle Plaudereien über einzelne Ereignisse und Personen. Neben diese Gespräche traten weitere Interviews mit älteren Männern zur Geschichte der Region. Die Vorträge der Senioren bzw. die Diskussionen mit ihnen wurden meist aufgenommen, transkribiert, vom Otjiherero ins Englische übersetzt und sind mittlerweile publiziert (Bollig 1997a).

Aus oralen Traditionen wurden Texte. Obgleich sowohl in der Transkription als auch in der Übersetzung darauf geachtet wurde, möglichst eng den gesprochenen Text in Otjiherero zu reproduzieren, hat sich selbstverständlich durch den Wechsel von Oralität zur Schrift vieles geändert. Bereits in der Transkription fielen prosodische Elemente und Gesten, die das Gesagte untermalten, weg. Die Übersetzung hat notwendigerweise weitere syntaktische und lexikalische „Begradigungen" zur Folge. Dennoch spricht aus den Texten weiterhin die Individualität der Sprecher und ihr Expertenwissen als indigene Historiker und Ethnographen. Kann man diese Texte daher in die Kategorie „indigene Ethnographien" einordnen. Die Verschriftlichung der Texte wurde nicht von den Sprechern selber vorgenommen und dennoch: Formen und Inhalte gehen direkt auf sie zurück. In ihren Bemühungen, Geschichte und Geschichten zu präsentieren, sehen sie sich selber als indigene Experten für einen bestimmten Wissensbereich. Dieser Anspruch sollte ernst genommen werden. Allerdings – und dies wird ein wesentlicher Punkt dieser Ausarbeitung werden – konkurrieren ihre historischen und ethnographischen Darstellungen, mit den Texten kolonialer Administratoren, Reisender und im westlichen Sinne professioneller Ethnographen. Darüberhinaus stehen sie im Spannungsverhältnis zu anderen indigenen Experten, den Historikern anderer ethnischer Gruppen, mit denen die Himba um bestimmte Ressourcen konkurrieren und die, ebenso wie die Himba Traditionen einsetzen, um eigene Ansprüche zu legitimieren. Dieses Konkurrenzverhältnis verschiedener Versionen ist zumindest den indigenen Historikern und Ethnographen durchaus bewußt, denn sie nehmen in ihren Texten öfter zu anderen Versionen Stellung oder integrieren Teile anderer Traditionen in ihre Erzählungen. Bereits beim Einlesen in die Interview-Texte entdeckt man, daß häufig gegen etwas gesprochen und argumentiert wird, gegen die historischen Darstellungen anderer ethnischer Gruppen, vor allem aber gegen die in allen Bezügen mächtigere Ethnographie der Kolonisatoren. Während etwa in kolonialen Ethnographien die Bewohner des Kaokolandes als isolierte, subsistenzorientierte Hirtennomaden dargestellt werden, betonen die indigenen Historiographien präkolonialen Handel. Dort, wo koloniale Beschreibungen klare ethnische Grenzen sehen, betonen orale Traditionen interethnische Clanbeziehungen (Bollig 1997b). In diesem Sinne sind indigene Ethnographien zumindest im südlichen Afrika auch immer als Gegenrede zum dominanten Diskurs der Apartheidszeit zu verstehen. Auf beide Erzählstränge greift der Ethnologe gemeinhin zurück. Wichtig scheint mir die Erkenntnis, daß es sich hier nicht um unabhängige Texte handelt, sondern um Texte, die sich weit vor dem Eingreifen des Ethnologen zueinander in Bezug gesetzt haben. Im folgenden werde ich das Spannungsverhältnis zwischen indigenen und nicht-indigenen Ethnographen am Beispiel der Diskussion um „ethnische Grenzen" darstellen.

Einführung

Für die Aneignung eines Gegenstandes ist es unerlässlich, dessen Grenzen festzulegen. Für die koloniale Machtergreifung waren Grenzziehungen nicht nur rechtlich unabdingbar, sondern eine kognitive Vorbedingung für den Aufbau einer Verwaltung. Es mußten Linien in weitgehend unbekannte Landschaften gelegt, Gruppen mußten definiert und deren territoriale Grenzen festgelegt werden, um Besitzansprüche zu untermauern. Grenzen suggerierten die Beherrschbarkeit eines Gebietes und seiner Bewohner.

Im Folgenden soll am Beispiel Nordwestnamibias gezeigt werden, auf welche Weise und mit welchen Intentionen die südafrikanische Kolonialmacht Grenzen in dem Gebiet zog und darauf bestand, das diese Grenzen ethnische Gruppen „sinnvoll" trennten und durch wissenschaftlich fundierte Erkenntnis begründet waren. Eine vollkommen andere Darstellung ethnischer Beziehungen entnehmen wir den Traditionen der lokalen Bevölkerung. Wenn sich Bewohner des Kaokolandes als indigene Ethnographen äußern, verneinen sie historisch tiefgehende ethnische Grenzen und betonen immer wieder, daß besagte ethnische Gruppen eigentlich ein und dasselbe seien. Grenzen seien rezenten Ursprungs und zu den im Landeszentrum lebenden Herero bestünden enge Bindungen. Selbstverständlich ist auch dieser ethnographische Entwurf nicht ohne Intention. In vielen kulturellen Äußerungen, nicht nur in ihren ethnographischen Bemühungen, ging es den Bewohnern des Kaokolandes darum, die Anbindung an das politische Zentrum in Zentralnamibia gegen alle Versuche der Ausgrenzung durch die Verwaltung aufrecht zu halten. Ethnographen, die heute in dieser Region arbeiten, finden also zumindest zwei ethnographische bzw. historische Entwürfe, jeder mit einer spezifischen Geschichte, jeder mit einer politischen Intention. Es wird im Folgenden darumgehen, Elemente beider Diskurse darzustellen und, so weit das möglich ist, zu dekonstruieren und zu kontextualisieren. Die Ethnograhien anderer ethnischer Gruppen bleiben zunächst unberücksichtigt, obwohl auch sie auf die Geschichtskonstruktionen der Informanten einwirkten.

Der historische Rahmen

In der zweiten Hälfte des letzten Jahrhunderts wurden die Pastoralnomaden des Kaokolandes von dem Strudel gewaltsamer Auseinandersetzungen, die mit dem Ausgreifen des kapländischen Wirtschaftsraumes und letztendlich mit der Ausdehnung des Weltsystems verbunden sind, erfaßt. Vieh- und Menschenraub (Lau 1987, Gewald 1996) zerstören Grundlagen der pastoralen Lebensweise. Bevölkerungsverschiebungen, gewaltsam ausgetragene Konflikte, Waffenhandel und marodierende Kommandos erinnern an die *mfecane*-Beschreibungen in Südafrika. Schon bevor die deutsche Kolonialmacht auf den Südwesten Afrikas zugriff, hatten sich Ökonomie und politische Organisation der Region massiv gewandelt. Bereits 1885 war das Kaokoland von dem in Franzfontein lebenden Swartboois Chef Cornelius Swartbooi an Ludwig Koch, einen Agenten des Bremer Unternehmers Lüderitz, verkauft worden. Swartbooi erhielt für das etwa 100 000 Quadratkilometer umfassende Gebiet 100 englische Pfund. Jan Uixamab, Anführer der Topnaar in Sesfontein, bekam 50 Pfund (Koenen 1958, Di Megglio 1965). Zu diesem Zeitpunkt befanden sich die eigentlichen Bewohner des Gebietes, Herero sprechende Pastoralnomaden, die vor den Raubüberfällen der Swartboois und Topnaar geflohen waren, als Flüchtlinge im Süden Angolas. Durch Krieg und Vertreibung ausgelöschte Grenzen zwischen ethnischen Gruppen wurden also in einem formalen Kaufvertrag als Besitzmarkierungen zwischen juristischen Körperschaften an anderen Orten neu geschaffen. Ebenfalls 1885 teilte der Paramount Chief der Herero, Maharero, dem deutschen Reichskommissar seinen Entwurf einer „wider Herero society" mit, deren Grenzen nach seinen Vorstellungen im Süden am Fish River, im Osten bei Rietfontein und im Norden am Kunene lagen (Lenssen 1988: 34) - ein Versuch, die durch die gewaltsamen Konflikte des 19. Jahrhunderts negierten Grenzen neu zu schaffen und wieder nach einheimischen Konzepten zu gestalten. Dieser Zwischenruf blieb ungehört, denn mittlerweile war das Kaokoland Spekulationsgut auf internationalen Börsen geworden. 1893 verkaufte die Kolonialgesellschaft für Südwestafrika sämtliche Rechte an eine deutsch-englische Minengruppe, die *Kaoko- Land und Minengesellschaft*. Diese Gesellschaft wurde zwar nie im Kaokoland tätig, ließ aber die Rohstofflage in der Region von Prospektoren auskundschaften. 1907 wurde das Kaokoland als außerhalb der Polizeizone liegendes Wildreservat deklariert. Eine neue Grenze entstand: Die Grenze zwischen sicherem, erschlossenem weißen Farmgebiet und dem wilden, alten Afrika jenseits der Polizeizone. Die Grundlagen für die Marginalisierung und Isolation des Kaokolandes wurden rechtlich fixiert. Zwischenzeitlich hatte eine allmähliche Reimmigration der Flüchtlinge aus Südangola eingesetzt. Während die Repressalien der portugiesischen Kolonialverwaltung zunahmen, schien das vor 1915 nur wenig verwaltete Kaokoland neue Optionen zu bieten. Der Machtübernahme der Südafrikaner folgten weitere Migrationsbewegungen aus Südwestangola in das Kaokoland. Zahlreiche hererosprachige Flüchtlinge aus dem Süden Angolas - mittlerweile hatten sich ihnen Flüchtlinge aus dem Herero-Krieg 1904/06 angeschlossen - überquerten den Kunene erneut, um zurück zu ihren alten Wohnstätten zu ziehen. Die südafrikanische Regierung trat dann 1917 und 1919 erstmals mit massiven Entwaffnungsaktionen als neue Autorität in Erscheinung. In den zwanziger Jahren wurde der nördliche Teil des riesigen Gebietes nach ethnischen Gesichtspunkten und unter drei Führern in drei kleinere Reservate aufgeteilt (Himba, Tjimba, Herero), der südliche Teil blieb administrativ ungegliedert (Bollig 1997c). Darüberhinaus wurden Grenzen zu den übrigen Landesteilen teilweise mit Gewalt durchgesetzt. Im Süden schützte eine über 50 bis 80 Kilometer breite Pufferzone das weiße Farmgebiet vor Viehkrankheiten. Auch zum Ovamboland und entlang des Kunene wurden Pufferzonen durchgesetzt. Die offizielle Begründung war der Schutz der Einheimischen und der Kolonie vor der Ausbreitung diverser Viehseuchen. Nach einer Periode, in der traditionelle Grenzen durch Krieg und Vertreibung an Bedeutung verloren hatten (1850-1890), folgte eine Epoche, in der durch verschiedene Maßnahmen der beiden Kolonialregierungen immer wieder neue Grenzen festgelegt und in der Folge durch den kolonialen Erzwingungsapparat durchgesetzt wurden.

Quellenlage

Zur Bearbeitung der Fragestellung greife ich einerseits auf umfangreiches Archivmaterial und wenige publizierte Texte, andererseits auf eine größere Anzahl transkribierter und übersetzter oraler Traditionen zurück. In beiden Textgruppen spielt die Frage der ethnischen Identität eine zentrale Rolle. Zunächst zu den oralen Traditionen: diese wurden zwischen März '94 und März '96 im nördlichen Kaokoland (im Rahmen einer ansonsten wirtschaftsethnologischen Arbeit) aufgenommen. Vor allem arbeitete ich mit älteren Personen, die sich heute der Gruppe der Himba und/oder Tjimba zurechnen. Die Interviews wurden zunächst mit einem Assistenten und später alleine geführt, aufgenommen, transkribiert und übersetzt (Bollig 1997a). Der Gesprächsleitfaden war wenig standardisiert und wurde weitgehend von den Informanten festgelegt. Einige Senioren kamen auf mich zu, um ihre Deutungen der Geschichte zu fixieren. Sechs Jahre nach Erlangung der Unabhängigkeit, angesichts interner Machtkämpfe und dem Kampf um ein umstrittenes Wasserkraftwerk ging es nicht selten darum, die eigene Version von Geschichte und ethnischen Beziehungen zu fixieren. Die präsentierten Traditionen hatten meist direkten Bezug zu aktuellen Landrechtsfragen. Wohl nicht zu Unrecht glaubten die politisch einflußreichen Senioren, daß es zu diesem Zwecke sinnvoll sei, sich auch anderer Medien als der gebräuchlichen Reden zu bedienen. Neben diese Interviews traten zahlreiche informelle Gespräche mit Informanten über Unterschiede und Gemeinsamkeiten verschiedener sozialer Gruppen.

Unter den Archivmaterialien können wir grob zwischen frühen Reisebeschreibungen (Hartmann 1897, 1903, NA A560 Tagebuch Franke 1900, NA 326 Tagebuch Toenissen 1909, NA A 327 Reisebericht Krause & Kuntz 1911, Vedder 1914, Steinhart 1920) und den Berichten der ersten militärischen Expeditionen der Südafrikaner (NA SWAA A 552/22, Manning's Reports on Expeditions in 1917 and 1919) einerseits und den Akten der Verwaltung zwischen 1920 und 1950 andererseits unterscheiden. In die letztere Quellengruppe zählen die monatlichen Berichte über Patrouillen der Polizeistation Tjimuhaka (NA PTJ), Materialien der auch das Kaokoland verwaltenden Administration in Ondangwa (NA NAO 28-31) und der 1938 gegründeten Verwaltung in Opuwo (NA SWAA 5515-5517). Sie zeugen von dem Bemühen, Interaktionen zwischen Beamten und Indigenen und soziale Beziehungen in der beherrschten Gesellschaft zu ordnen und bestimmten Kategorien zuzuweisen. Es wirkt manchmal zwanghaft, mit welch peniblem Drang selbst unbedeutende Ereignisse in Akten festgehalten wurden (die Funktion des Schreibens, Auflistens und Kartierens im kolonialen Diskurs würde ein ebenfalls interessantes Forschungsobjekt abgeben). Die publizierten Berichte von Regierungsethnologen (bzw. regierungsnahen Ethnologen) ergänzten und verwissenschaftlichten die Anstrengungen der Verwaltung. Für die Geschichte des nördlichen Namibia spielt die Figur des von 1923 bis 1949 in Ondangwa residierenden Native Commissioner Cocky Hahn (vgl. Hayes 1992) eine entscheidende Rolle. Er war u.a. auch für die Strukturen der Verwaltung des Kaokolandes entscheidend. Seine Vorstellungen davon, wie eine afrikanische Gesellschaft zu funktionieren habe und sein Drang zu totalitärer Machtausübung prägten die Geschicke des nördlichen Namibia über mehrere Jahrzehnte. Sein umfangreicher Nachlaß (NA A 450) gibt umfassend Auskunft über seine Aktivitäten im Kaokoland und sein Bemühen, die lokale Verwaltung dort im Sinne der *Indirect Rule* aufzubauen.

Ethnographische Beschreibungen vor 1914

Der Nordwesten Namibias, vom Deutschen Reich kaum verwaltet, hielt sich bis um die Jahrhundertwende beständig als weißer Fleck auf der Karte. In der Zeit zwischen 1900 und 1914 waren einige Reisende im Namen der Kolonialmacht oder im Auftrag der *Kaoko- Land und Minengesellschaft* in das unwegsame Gebiet „vorgedrungen". Hartmann (1897: 137/38) beschreibt als erster den Norden des Kaokolandes. Er sieht die spärliche Bevölkerung des Kaokolandes als verarmte Herero, „die sich selbst nicht Ovatjimba, sondern Ovaherero (sic!) nennen und mit den weiter nordöstlich wohnenden Ovatjimba nicht verwechselt werden dürfen". In einem zweiten Report spricht Hartmann (1903: 416) aber dann nur noch von Ovatjimba „im mittleren und nördlichen Teil des Kaokoveldes ... auch nördl. des Kunene bis nach Mossamedes". Unstimmigkeiten des ethnisch interpretierten Gegensatzes zwischen Herero und Tjimba werden also bereits in den ersten Berichten aufgebaut. Franke, der erste Offizier, der das Gebiet im Namen der Regierung bereiste, hinterließ neben langen Ausführungen über die Qualitäten seiner Pferde und üblen rassistischen Beschimpfungen die Auskunft, das Tjimba „obgleich Herero, ... für den Kenner sofort von Beest-Hereros zu unterscheiden" sind (NA A 560 Tagebuch Franke 30/2). Er teilt allerdings nicht mit, auf welchen Kategorien sein Differenzierungsvermögen beruhte.
Kuntz (NA A327 Kuntz and Krause): spricht in seinen Briefen an die *Kaoko- Land und Minengesellschaft* (04.05.1910 bis 05.03.1911) und in seinem publizierten Report (Kuntz 1912) ausschließlich von Tjimba Bewohnern des Gebietes. Diese seien zwar eng mit den Herero verwandt, wiesen aber einige andere physische Merkmale auf: „... vielleicht etwas weniger robust als ihre Verwandten, die Owaherero, dafür aber zum Teil wenigstens intelligenter als diese". (Kuntz 1912: 206). Kuntz leitet das Ethnonym „Ovatjimba" von „owasimba" - Löwenleute ab und suggeriert damit eine jägerische Vergangenheit. Er hinterläßt als erster genauere Beobachtungen über die Einbindung der Einheimischen in überregionale Handelsnetzwerke und Machtstrukturen. Die Tjimba in der Region Kaoko-Otavi stehen demnach in direkter Abhängigkeit zu dem Ovambo König Uukwaludhis, sammeln für diesen Straußeneiperlen und jagen Elefanten zwecks Elfenbeinhandel. Andere Tjimba sind nach seiner Darstellung dagegen „unabhängig" und leben unter eigenen Führern. Kuntz beschreibt die Bewohner des nördlichen Kaokolandes als wohlhabende Pastoralnomaden. Bei seinen Reisen im äußersten Norden des Kaokolandes durchquert er das „legendary Tjimba paradise", daß er idyllisch beschreibt: „Under high acacias in thick green

grass grazed hundreds of cattle and thousands of sheep".(NA A327 Kuntz and Krause).

Die Gründerfigur der südwestafrikanischen Ethnographie, Heinrich Vedder, bereiste das Kaokoland kurz vor Kriegsausbruch 1914. Er stellte fest, daß sich alle Bewohner des Kaokolandes Herero nannten (Vedder 1914: 13), unterteilte sie dann aber in zwei „Stämme", die Ovahimba (er übersetzt „die Bevorzugten" - vollkommen konträr zur indigenen Etymologie, die „Ovahimbe" mit „die Bettelnden" übersetzt)[1] und die Ovatjimba (er übersetzt „die Verarmten, ... d.h. Leute die nur Ziegen besitzen, oder ausschließlich ein Jäger- und Sammlerleben führen"). Einige Jahre später umreißt Vedder die Etymologie des Ethnonyms „Tjimba"(1928: 156):

> „The Tjimba of the Kaokoveld call themselves Hereros. The name Tjimba is, however, ironicaly given to them by the Ovambo and Herero proper. When I asked the Chief Tjiute of Kaoko Otavi what this name means, he gave the following explanation: „Ondjimba in our language means the ta-mandua. We have no large herds of cattle to give us subsistence, but we very often have to dig our food out of the ground, as the tamandua does. Hence the name 'tamanduas' was given to us." The tamandua is called „Ondjimba" in the Herero language. The derivation Omutjimba from „Ondjimba" is admissable philologically and this explanation is, therefore, acceptable."

In seinem Bericht 1914 legt Vedder als erster Grenzen zwischen beiden ethnischen Gruppen fest. Nach seiner Auskunft leben die Tjimba „östlich der Linie Kowares, Ombombo, Otavi, Okorosawe, Ongerese", die Himba westlich davon. Die Tjimba sind nach Vedder - hier entspricht er Kuntz 1912 - die Subjekte des Ovambokönigs von Uukwaludhi (Vedder 1914: 16), von dem sie „das Eisen für ihre Pfeil-spitzen, ihre eisernen Perlen, Arm- und Beinringe, Speere und Beile" beziehen. In Dürrejahren tauschen sie „dort Ovambokorn ein, und fast jährlich müssen diese (d.h. die Tjimba, Anm. d.V.) für Saatkorn aufkommen, da die Sorglosigkeit der Tjimba es wohl stets dahin kommen läßt, dass sie alles Saatkorn, das sie für sich aufbewahren sollten, längst aufgegessen haben, wenn sie in der Regenzeit sich ihrer Gärten erinnern". Handelsraten teilt er detailliert mit: „Für einen Sack Straußeneierschalen, der einen Wert von einigen hundert Mark in Ovamboland hat, bekommen sie dann ebenso viel Saatkorn in ihrem Fellsack und für einen großen Elefantenzahn erhalten sie, wenn es gut geht, zwei Säckchen voll Saat (Vedder 1914:17). Die

---

[1] LeRoux (1938) und Estermann (1969) basierend auf Nogueira (1880) bringen eine weitere etymologische Deutung des Ethnonyms. Nach ihnen bedeutet „Himba" soviel wie die Leute, die am Fluß leben.

Abhängigkeit ist aber wechselseitig: „Wie die Tjimba abhängig sind von den Erzeugnissen der Ovakualuizi (Korn und Eisen), so sind die Ovakualuizi abhängig von den Tjimba, von denen sie ihr Geld (Straußeneierschalen) und Elfenbein beziehen, außerdem noch einige Kräuter, die in Oukualuizi nicht wachsen, und die noch zur Bereitung der Frauensalbe unbedingt erforderlich sind (ombongo, eine stark riechende Pflanze, und Otjizumba, eine kleine runde, stark duftende Baumfrucht)." (Vedder 1914: 18). Die Himba beschreibt Vedder weit weniger umfassend, sie erscheinen durchweg reicher und mit besseren Schußwaffen ausgerüstet. Außerdem handeln sie wenig mit den Ovambo, sondern vornehmlich mit portugiesischen Händlern im Süden Angolas (Vedder 1914: 22). Beide Gesellschaften sind in seiner Darstellung in überregionale Handelsnetze einbezogen und sind direkt (über portugiesische Händler) oder indirekt (über Ovambo-Zwischenhändler) an der Produktion von Exotika für den Weltmarkt beteiligt.

Steinhardt (1920: 128), ein deutscher Jäger und ehemaliger Kolonialoffizier, teilt die Bevölkerung dagegen in Tjimba und Kaoko-Herero. Er führt aus: "Omutjimba bedeutet im Otjiherero nicht etwa eine besondere Sippe oder gar ein besonderes Volk, sondern einfach ein Heruntergekommener, Verarmter, ein Hungerleider". (Steinhardt 1920: 139). Nach seinen Beobachtungen sind die Bewohner des südlichen Kaokolandes ärmer als die im Norden lebenden Hirtennomaden. („Die südlichen Ovatjimba, soweit sie südlich des 18.45 Breitengrades leben, hausen ohne Stammesverband hordenweise im Busch". Steinhardt 1920: 159). Während die ersteren also zu recht Tjimba heißen, wird die Bezeichnung auf die nördlichen laut Steinhardt fälschlicherweise ausgedehnt. Auch Steinhardt beschreibt wie Kuntz und Vedder vor ihm die enge Verbindung zwischen Tjimba und Ovambo.

Obwohl die ersten Berichte eine Vielzahl unterschiedlicher Stimmen kolportieren, stimmen sie in wesentlichen Punkten überein. Gemeinsam ist ihnen das Bedürfnis, Menschen ethnischen Gruppen (bzw. Stämmen) und politischen Führern zuzuordnen, diese Gruppen mit Ethnonymen zu belegen und den „Volkscharakter" der jeweiligen Gruppe zu erfassen. In den vor 1915 geschriebenen ersten Berichten werden bezüglich ethnischer Identitäten folgende Punkte festgeschrieben:
– die Bewohner des Kaokolandes werden meist Tjimba genannt,
– wenn differenziert wird dann zwischen Tjimba und Herero (nur von Vedder wird der Gruppenname Himba erwähnt),
– die Unterschiede zwischen den Gruppen werden an unterschiedlichem Besitzstand und ökonomischen Strategien festgemacht; die

Tjimba sind verarmte Kleinviehhalter und Wildbeuter, die Kaoko-Herero oder Himba dagegen reiche Hirtennomaden,
– beide Gruppen sind in komplexe überregionale Handelsnetze und politische Gefüge einbezogen.

Ethnographische Berichte südafrikanischer Verwaltungsbeamter

Noch 1917 sagt der südafrikanische Major Manning, bei einem ersten Erkundungsritt durch das Gebiet „... there are evidently no distinct communities or tribes there". (NA SWAA 552/22 Manning 1917: 70/71). In seinem Bericht beschreibt er die Bevölkerung ausnahmslos als „Tjimba". („These people seem very wild and useless when met with in civilised parts but out in the unknown expanses of this vast country they are in different element.") Neben den Tjimba besucht er auf dieser ersten Patrouille Vita Tom (Orlog) und seine zusammengewürfelte Anhängerschaft von Herero, Nama, San und Himba. Vita Tom hatte sich im Süden Angolas als Söldnerführer in der portugiesischen Kolonialarmee verdingt und bereichert und war 1917 nach einem Zerwürfnis mit portugiesischen Kolonialbeamten mit seiner Gefolgschaft über den Kunene geflohen. Über seine Mutter war er mit der „königlichen" Linie der Omaruru-Herero verbunden, eine verwandtschaftliche Bindung, die er in den nächsten Jahren bei seinem Streben nach Macht als kolonialer Häuptling geschickt einsetzte. Seine Gruppe wird im ersten Report als „Oorlam" geführt, ein Begriff der seit dem 19. Jahrhundert für ethnisch heterogene, nama- oder afrikaanssprachige Gruppen verwandt wurde. In späteren Berichten wird dieselbe Gruppe allerdings als Herero aufgeführt (NA ADM 156), eine Tendenz, die sich später durchsetzen wird. Ethnisch heterogen zusammengesetzte Gruppen, identifizieren sich als Herero, um so Anschluß an eine im gesamtnamibischen Kontext machtvolle, ethnisch basierte Organisation zu finden. Dieser Report führt dann auch Himba als eigene ethnische Gruppe auf: „The term Ovatshimba is one of contempt and originally applied to poor sort of coolie class possessing only small stock. The Ovahimba originally real Hereros residing in Kaokoveld. Ovatshimba poorer class".
Nach Mannings Berichten von 1917 und 1919 stellt sich die Lage so dar. Das Gebiet wird vornehmlich von Tjimba bewohnt, „wild Ovatjimba" (oder Ovatshimba, die Orthographie wechselt fast von Bericht zu Bericht) im Süden und Westen des Kaokolandes, die sich keinem bestimmten Führer zuordnen lassen, und viehbesitzenden Tjimba mit

Affiliation zu einem identifizierbaren Führer. Für die Großvieh besitzenden Gruppen scheint es akzeptiert, das Ethnonym „Himba", anstatt „Herero" anzuwenden. Daneben siedeln im Kaokoland an mehreren Stellen ethnisch heterogen zusammengesetzte Gruppen, die mal als „Oorlam" mal als „Herero" gefaßt werden. Ihr auffälligstes Merkmal ist, daß sie westliche Kleidung tragen, Afrikaans sprechen und teilweise christlichen Glaubens sind. Mannings Einteilung läuft, wie bei einem Offizier vielleicht nicht anders zu erwarten, im wesentlichen entlang der Schiene „wild" versus „lawabiding" (NA SWAA A552/22 Manning 1919: 35). Oorlog wird bereits in diesen ersten Berichten - obwohl gerade erst ein Jahr im Kaokoland seßhaft und eigentlich mit Plänen, nach Omaruru zu migrieren - als „lawabiding" identifiziert. Ein kolonialer Chief wird in Ermangelung traditioneller Führer konstruiert und in etlichen Berichten „festgeschrieben" (Bollig 1997c). Nur einige Jahre später wird das Kaokoland aber auf der Basis der ersten Berichte in ein Herero, ein Himba und ein Tjimba Reservat unter den jeweiligen Führern auf Empfehlung Mannings geteilt („... naamlik een vir Muhona Katiti en sy mense in die oostelike gedeelte (insluitende plekke soos Ondoto, Epembe, Ovikange en Ehomba), een vir Oorlog wes daarvan (insluitende Otjitanga, Hamalemba, Omangete, Ombakaha en Otjiyanyasemo) en een vir die mense van Kasupi ..." (Stals & Otto-Reiner 1990: 64). Die Willkür der Grenzziehungen und die Beliebigkeit der Zuweisung ethnischer Identität zeigt sich u.a. daran, daß nun das Tjimba Reservat dort lag, wo Vedder noch 1914 hatte die Himba sehen wollen, und das Himba Reservat dort plaziert wurde, wo dieser den Siedlungsschwerpunkt der Tjimba lokalisiert hatte. 1927 wurden in einem Zensus alle Bewohner des Kaokolandes gemäß ihrer ethnischen Zugehörigkeit (Himba, Tjimba, Herero und Oorlam) gezählt (Stals und Otto-Reiner 1990: 70). Die Zahlen des Zensus zeigen, daß die 1923 verfügte räumliche Trennung nach ethnischen Kriterien unsinnig war. Tjimba und Himba lebten in allen Landesteilen in direkter Nachbarschaft. Die Teilung des Gebietes in Reservate verfolgte ganz offensichtlich den Zweck, tribale Häuptlinge zu stärken und sie gegebenenfalls gegeneinander auszuspielen. Weiterhin zeigte sich, daß „Himba" die dominante ethnische Kategorie geworden war. Erst von Vedder 1914 als ethnische Kategorie erwähnt, waren die Himba bereits 1927 die numerisch dominante Gruppe. Personen, die sich ehedem Tjimba nannten (oder als solche bezeichnet wurden), nannten sich nun offenbar Himba. Trotz der eindeutigen Zensusergebnisse blieben die ethnisch erklärten Reservatsgrenzen jedoch bestehen. Sie entsprachen den Machtinteressen indigener und kolonialer Eliten. Vita Toms

Gemeinschaft war daran interessiert, als Immigrantengruppe ohne traditionelle Rechte ihre Machtbasis zu stärken. Die Empfänglichkeit für territoriale Argumentationen half dem konkurrierenden Häuptling der Himba, eine potentielle Überlegenheit von Vita Toms Gruppe durch amtliche Protektion einzudämmen. Schnell war den Eliten klar geworden, daß die Kolonialmacht nur bereit war, Interessensphären zu schützen, wenn ihre klare „ethnische" Grenzen mit „traditioneller" Legitimation angeboten wurden.

Patrouillen des 1926 am Kunene in Tjimuhaka (Swartboisdrift) gegründeten Polizeipostens achteten darauf, daß die Bewohner der Region die gerade geschaffenen Grenzen nicht durch dauerndes Überschreiten zunichte machen. „Unerlaubtes" Verlegen des Wohnsitzes über die Grenzen des Reservats hinaus war eines der am häufigsten verfolgten Delikte. Die Mobilität der Pastoralnomaden wurde als massive Bedrohung der gerade mühsam gefundenen inneren Ordnung gegeißelt. Die Akten des Polizeiposten Tjimuhaka (NA PTJ 1926 -1938) zeugten von einem fast paranoiden Willen, jegliche Form räumlicher Mobilität zu kontrollieren. Grenzüberschreitungen wurden zunächst abgemahnt, nach mangelndem Erfolg der Maßnahmen forderte Native Commissioner Hahn strenges Durchgreifen. Eine häufig angewandte Bestrafung war das Abschießen und die Konfiszierung einiger Rinder aus der Haushaltsherde. Ein Jahrzehnt später konnte ein zuständiger Beamter (NA SWAA 2513 A552/1, Monthly Reports Dec. 1939) stolz vom Erfolg der Maßnahmen berichten: „The natives now regard it as obligatory to obtain permission to move cattle from post to post".

Die Festlegung der internen Grenzen verlief parallel mit der klaren Ziehung und drastischen Durchsetzung der äußeren Grenzen. Nach Süden in Richtung kommerzieller Farmzone wurde ein etwa 50 bis 80 Kilometer breiter Streifen freigeräumt, um so Raum für weiße Siedler und/oder die Umsiedlung von Herero aus der Polizeizone zu gewinnen, (beide Pläne wurden allerdings nicht umgesetzt). In Richtung Ovamboland richtete man einen Streifen von 10 bis 15 Kilometern ein, der nicht besiedelt und beweidet werden durfte. Der Handel mit Vieh, später auch der Handel mit anderen Produkten, über diese Grenzen hinweg wurde verboten. Ebenso untersagte die Verwaltung das Siedeln entlang des Kunene und schnitt die Viehhalter damit von wichtigen Trockenzeitweiden ab. Rinder und Kleinvieh durften die Grenze nach Portugiesisch-Angola nicht mehr überqueren. Der Handel mit portugiesischen Händlern wurde unter Strafe gestellt. Mehrfach radierten Patrouillen als Bestrafung für unerlaubte Grenzüberschreitungen ganze Herden aus. (NA SWAA 2513 A552/1

Monthly Reports März 1941, „517 cattle destroyed at Otjipemba, September 1941, 727 sheep & goats destroyed at Enyandi").
Ein älterer Mann beschreibt den Prozeß der Grenzziehung folgendermaßen:

„Sie zogen eine Linie, und Rinder, die auf der einen Seite weideten, durften nicht mehr über den Fluß auf die andere Seite. Es war eine sehr, sehr lange Linie. Zwischen Oromize und Epupa war es überall verboten, Tiere zu weiden ... Genau dieselbe Linie lief über Omasitu weiter nach Oviyandjamuinyi und dann bis hin zu den Ortschaften von Ndonga. Nicht ein Rind durfte diese Grenze überschreiten, nicht über einen Pfad und nicht über eine Straße ... Die Grenzposten schossen die Schafe ab, die zufällig hinübergekommen waren. Aber wegen dieser Schafe wollte keiner kämpfen. Eines Tages, als Polizisten kamen, rannten aber einige Rinder verschreckt weg. Die Rinder hatten die Kleidung der Polizisten gerochen und sprangen verschreckt ins Wasser, um auf die andere Seite hinüberzuschwimmen. Mit ihren Gewehren schossen die Polizisten diese Rinder sofort ab. Wegen dieses Vorfalls begannen die Unruhen."
(Interview mit Vahikura Kapika 1994)

Der Widerstand der einheimischen Bevölkerung gegen diese Maßnahmen verlief allerdings weitgehend passiv, Gesetze und Grenzen wurden mißachtet. Klagen an offizielle Adressaten, wie die folgende, waren selten:

„We have difficulty. We cry. We are imprisoned. We do not know why we are locked up. We are in gaol. We have no place to live. .... Here our living is our cattle, sheep, goats, tobacco, buchu. Our donkey waggons do not fetch anything from Kamanjab. We cannot get meat from the south or even mealiemeal. Our sleeping skins cannot be sent out. We have to throw them away on the border. We enter the Police Zone with hunger. We have no money ... Ovamboland is closed for us. We lived on (in) Ovamboland for a long time. We want to take our cattle there, also our sheep and goats. Here in the Kaokoveld we live only on our livestock. The borders are closed. The borders press us heavily. We cannot live. We are in a kraal. (NA SWAA 2513 A552/1 Inspection Report: Kaokoveld Native Reserve, 10th October 1949, Native Commissioner Ovamboland to Chief Native Commissioner Windhoek)

Die Zitate deuten an, daß die Möglichkeiten des aktiven Widerstandes gegen die koloniale Eingrenzung sehr begrenzt waren - zu eindeutig war die militärische Überlegenheit der Machthaber, und zu deutlich war deren Bereitschaft, diese brutal einzusetzen. Grenzen durch die Pflege gemeinsamer Traditionen zu überwinden und kulturelle Innovationen von jenseits der Grenzen zu übernehmen, um so an der „wider Herero society" zu partizipieren, wurden für die marginalisierten Bewohner des Kaokolandes die einzig legitimen Mittel der Auflehnung.

Ethnographische Berichte

Die Ethnologie, in Südafrika und damit auch im damaligen Südwestafrika aufs engste mit der Verwaltung verbunden, kommentierte und rechtfertigte die Politik der Regierung. Die ethnographische Beschreibung der wesentlichen ethnischen Gruppen Namibias in dem vielzitierten Buch „The Native Tribes of South West Africa". (Vedder, Hahn, Fourie 1928) wurde im Auftrag der südafrikanischen Regierung für den Völkerbund angefertigt. Vedders Beschreibung des Kaokolandes beruht allerdings auf seinen Beobachtungen aus dem Jahre 1914. Er beschreibt die gesamte Bevölkerung des Kaokolandes in diesem Bericht als Tjimba-Herero. Vedder hatte den neuesten Stand der administrativen Entwicklung im Kaokoland - die Aufteilung der Bevölkerung in drei Gruppen unter amtlich legitimierten Häuptlingen 1923 - noch nicht nachvollzogen. Dies holte van Warmelo, erster hauptamtlicher Regierungsethnologe, in einem später publizierten Bericht „Notes on the Kaokoveld and its People" (van Warmelo 1951) nach. Er berichtet, daß die Tjimba eine verarmte, erste bantusprachige Einwanderergruppe in das Kaokoland darstellen, die Himba dagegen eine Gruppe später Einwanderer:

> „... the first of those to arrive, who were the pioneers, lost their cattle through hardship, misfortune or other circumstances, and had to take to a life of hunting and collecting. The Ovambo called them Ovashimba or Aashimba (Herero: Ovatjimba) because they lived the precarious life of the antbear (ondjimba). Those of their kin that followed later were more fortunate and did not lose their cattle. These were the Ovahimba, the rich people, who in course of time roamed over most of the country. Eventually part of them moved south into what is now Damaraland or the Herero country proper and became the Herero nation" (van Warmelo 1951: 14).

Van Warmelo unterschied also zwischen bantusprachigen Wildbeutern, den Tjimba, und Bantu sprechenden Pastoralnomaden, den Himba und Herero. Obwohl er die kulturellen Ähnlichkeiten zwischen beiden Gruppen bestätigte, nahm er doch unterschiedliche historische Wurzeln an. Durch die unmittelbare Nachbarschaft hatten sich beide Gruppen einander angeglichen, so daß sich die Unterschiede vor allem in unterschiedlichem Besitzstand zeigten. „To this day the difference between Himba and Tjimba is largely that between a well-dressed, well-fed, well-to-do farmer and his poorer, dirtier, neglected and underfed bywoner-type cousin". (ibid.)

Die Berichte über eine wildbeuterische Bevölkerung im Kaokoland ließen selbstverständlich gerade in den 60er Jahren - gerade wurden die Arbeiten Lees und DeVores über die !Kung San der Kalahari publiziert - ethnologisch interessierte Geister nicht ruhen. Schon in den 30er Jahren waren Berichte aufgenommen worden, daß neben den viehbesitzenden Tjimba am Namibrand einige „freischweifende Tjimbahorden" als Wildbeuter lebten. Sollten die Tjimba etwa eine uralte Wildbeuter Bevölkerung sein? Eine Expedition des Windhoeker Staatsmuseums brachte 1965 aus den Weiten des Kaokolandes die Sensation mit: Man hatte eine Steinwerkzeug nutzende Tjimbagruppe ausgemacht, offensichtlich eine Urbevölkerung, die sich auch physisch deutlich von anderen Kaokoland Bewohnern unterschied: „Physically they are short and stocky in build, dark in colour and have certain of those features which are commonly designated 'negroid'. Their language appears to be a dialect form of Herero. ... they had never kept domesticated animals or practised agriculture. Both groups use iron for arrowheads and also, when they can obtain it for knives. ... For everyday use, however, they make and use stone implements ..." (MacCalman & Grobbelaar 1965: 25/26). Ausführlich diskutieren die Autoren die Hypothese, daß es sich bei den Tjimba ursprünglich um verarmte Viehhalter handele. Sie gehen nach ihren neuen Erkenntnissen davon aus, daß im Kaokoland zwei unterschiedliche Tjimba Gruppen leben, auf der einen Seite offensichtlich verarmte Viehhalter mit engen Bindungen zu Himba und Herero, auf der anderen Seite Tjimba, die offensichtlich wenig mit den übrigen Gruppen zu tun haben. Sie unterscheiden sich von den übrigen Bewohnern des Kaokolandes „not only in ... economic status, but also in physical type, political and social organization, customs, religious beliefs and material culture."(MacCalman & Grobbelaar 1965: 28). Damit war - auf gewisse Weise das Ende eines Erzählstranges erreicht, der Himba/Tjimba fortschreitend divergierender beschrieb. Gemäß der Apartheidsideologie werden kulturellen Unterschieden rassische Typen unterlegt.

Malan (1974), der wahrscheinlich meistgelesene Ethnograph des Kaokolandes, übernahm in seinen Darstellungen in treuer Folge der südafrikanischen *Volkekunde Tradition* die ethnischen Gruppen seiner Vorgänger. Er trennte die Bevölkerung des Kaokolandes artifiziell in Herero, Herero-Tjimba, Tjimba-Tjimba, Himba, (daneben weiter Hakaona, Zemba, Thwa, die uns in diesem Zusammenhang weniger interessieren). Mit dem Kunstbegriff Tjimba-Tjimba will er die ursprünglichen, steinzeitlichen Wildbeuter des nördlichen Kaokolandes bezeichnen, mit Tjimba-Herero Personen, die zwischen Himba und Herero stehen, d.h. auf der einen Seite westliche Kleidung tragen und Institutionen der Herero übernommen haben, andererseits aber auch deutliche Bezüge zu den Himba haben. Die künstlichen Begriffe offenbaren die Probleme, die dem in der Tradition der südafrikanischen *Volkekunde* stehenden Ethnologen, bei der ethnischen Gliederung des Untersuchungsraumes entstehen. Trotz minimaler Unterschiede, die keineswegs notwendigerweise oder auch sinnvollerweise ethnisch interpretiert werden müssen, bestand er auf einem ethnisch typologisierenden Schema. Seine Gliederung verbaute den Blick auf die komplexen Zusammenhänge zwischen den Gruppen, Übergänge und Wandel.

Im Laufe der Jahrzehnte wurde die Bevölkerung des Kaokolandes von Verwaltungsbeamten und Ethnographen immer unterschiedlicher geschrieben. Manning konnte 1917 noch keine kulturellen Grenzen zwischen den Gruppen erkennen; fünf Jahrzehnte später findet Malan gleich vier verschiedene ethnische Gruppen, mit unterschiedlichen Kulturen, auf unterschiedlichem „Zivilisationsniveau", deutlichen wirtschaftlichen Spezialisierungen und teilweise sogar rassischen Unterschieden. Wie im Mikrokosmos spiegelt damit das Kaokoland die Bedingungen im Südafrika der 60er und 70er Jahre. Die ethnographische Darstellung einer Randregion kann als weiterer Beweis für die „natürlichen" Voraussetzungen der Apartheid gewertet werden.

Indigene Ethnographien - Indigene Ethnohistorien

Die indigene Historiographie und Ethnographie der Himba wird von einer Gruppe von Senioren dominiert. Sucht man nach geeigneten Informanten, wird man an bestimmte, in jeder Hinsicht zentrale Akteure weiter verwiesen. Meist fallen persönlicher Reichtum, politischer Status und Alter bei den Informanten zusammen. Die Traditionen präsentieren also zweifelsohne die Sicht einer dominanten Gruppe älterer Männer - der Personenkreis, der von allen Informanten einhellig als Träger des kollektiven Wissens identifiziert wird. Politische Macht und die Autorität, die eigene Gesellschaft authentisch zu repräsentieren und zu analysieren, fallen zusammen. Äußerungen zur Geschichte und „traditionellen" Kultur werden unter dem Label *omakuruhungi* zusammengefaßt. Jüngere Personen oder

Frauen würden kaum auf die Idee kommen, daß sie einem Auswärtigen die *omakuruhungi* der eigenen Gesellschaft darstellen könnten. Ethnohistorische Diskurse stellen den Kern der Reden, die am Rande von Gedenkfeiern an den Gräbern verehrter Vorfahren gehalten werden. Die Senioren der Gruppe berichten von den Heldentaten längst verstorbener Heroen, beschreiben dramatisch Migrationen und rekonstruieren die Bezüge zwischen sozialen Gruppen. Ihre Reden sind gespickt mit standardisierten Spruchfolgen (*omitandu*), die heute selbst für die Redner kaum noch verständlich sind. Durch die Kenntnis und Verwendung dieser sprachlichen Codes, die eher durch ihre emotionale Wirkung als durch den semantischen Inhalt auf die Zuhörer wirken, zeichnet sich der Redner als legitimer indigener Historiker aus. Angesichts zahlreicher rezenter Konflikte zwischen Herero, Tjimba und Himba - meist geht es dabei um Landrechtsfragen - wird Ethnizität häufig in diesen Reden thematisiert und historisiert. Obwohl über die Vergangenheit gesprochen wird, haben die Reden einen eminent politischen Charakter.

Auf die Frage, ob und wenn ja welche Unterschiede es zwischen Herero, Tjimba und Himba gebe, antworteten (bei getrennten Anlässen) Chief Ngeendepi Muharukwa und nachher der Ratsmann Katjira Muniombara:

„Diese Menschen waren ein und dasselbe, Menschen einer Mutter und eines Vaters, sie lebten gemeinsam in ihrem Land von dort bis dort (weist nach Ost und West). Sie lebten in ihrem Land, das sie Kaoko nannten. Kaoko selber war ein Mann, er wurde so genannt. Kaoko war der Vater Muretis. ... Am Anfang, als die Menschen von Okarundu Kambeti kamen, waren sie alle Herero, Kinder eines Vaters und einer Mutter. Dann geschah eine Sache, die dazu führte, daß heute eine Gruppe der anderen sagt, „Wir haben mehr Rechte als ihr". Die einen sagen „wir haben mehr Rechte" und die anderen sagen „wir haben mehr Rechte". Die Sache, die dazu geführt hat, war der Krieg der Kwena (Nama). Wir alle wissen das. ... Wir wissen, daß die Kwena dieses Land überfielen und die Menschen zwangen, sich in kleinere Gruppen zu teilen. Nicht nur die Kwena, die nach Onambumbi gekommen waren, nein. Es kamen sehr viel mehr Kwena, sie überfielen alle Landesteile, sie brachten ganze Familien um, sie erschossen ganze Familien mit ihren Gewehren, sie erschossen Menschen, bis die Zurückgebliebenen in andere Länder flohen. Aber alle sprachen damals eine Sprache, Herero. Sie waren alle Herero, sie alle trugen *ozongonda* oder *ozohini* Gürtel, wie diese Gürtel hier. Einige flohen nach Angola und vermischten sich dort mit den Einwohnern Angolas. Eine große Gruppe, die sie dort antrafen waren die Ngambwe, andere Gruppen waren kleiner. Diese Ngambwe nannten die Flüchtlinge „Ovahimbe", weil sie ständig nach Essen für ihre Bäuche und um Futter für ihre Tiere bettelten. Ja, „himbe" heißt betteln. Wenn du einen Himba triffst, solltest du daran denken, daß der Name daher stammt. Wir selber haben das Wort leicht verändert und uns „Ovahimba" genannt. Aber das eigentliche Wort ist „Ovahimbe". Die Flüchtlinge überquerten den Fluß mit arg dezimierten Herden. Die Menschen waren arme Hungerleider. .. Dort drüben wurden sie wieder wohlhabend. Diejenigen, die kein Vieh hatten, waren Tjimba. Schau, es war so wie es heute immer noch ist, die reichen Leute scheren sich wenig um die, die nichts haben. Das Wort „Tjimba" bezieht sich auf die Leute, die kein Vieh hatten, die nichts hatten, die hungrig waren".

Katjira Muniombara bemerkte zu der Thematik:

„Der Unterschied kam mit Kaukumuha (ein Führer der Nama). Diejenigen die hier blieben, die nicht nach Angola flohen, wurden Tjimba genannt. Ich selber bin ein Tjimba, und der da ist auch ein Tjimba, denn er gehört zu meiner Matrilinie. Wir sind damals nirgendwohin gegangen, wir flohen auf die Berge und lebten dort von wilden Zwiebeln, wir lebten wie Vögel. Als wir von den Bergen wieder runterstiegen, sahen wir das erste Mal Rinder mit eigenen Augen. Ich war damals so alt wie dieses kleine Kind dort. Nein, ich war sogar noch etwas jünger. ... Jetzt lebe ich hier, (habe Vieh) und bin Omuhimba (sic!). So kam es zu den Unterschieden."

Die Informanten stimmen in den meisten Punkten überein - es gibt einen kulturellen Konsens zu dem Thema. Die Unterschiede sind rezent und vergleichsweise einfach strukturiert: In Folge der Nama-Überfälle flieht der größere Teil der Bevölkerung über den Kunene nach Südangola. Dort werden sie von anderen Gruppen „Ovahimbe", Bettler, genannt. Die ohne Vieh Zurückgebliebenen - die Tjimba - fliehen in die Bergregionen des Kaokolandes. Sie leben dort für einige Zeit notgedrungen als Wildbeuter und kehren dann, nachdem die Gefahr der Überfälle gebannt ist, in die Ebenen zurück. Dort werden sie allmählich wieder zu Viehhaltern, in dem sie über Viehleihen ihre Herden neu aufbauen. Übereinstimmend - bis in die Terminologie - werden die engen verwandtschaftlichen Bezüge erläutert. „Sie waren Kinder eines Vaters und einer Mutter". Sie waren also innerhalb des Systems doppelter Deszendenz eng verwandte Menschen derselben Patrilinie und derselben Matrilinie. Die Bezeichnungen Tjimba, Himba, Herero werden als Beschreibungen unterschiedlicher historischer Phasen und verschiedener ökonomischer Orientierungen gebraucht: „Herero" war nach der Aussage aller Informanten die ursprüngliche Gruppenbezeichnung. Herero-Pastoralnomaden wanderten vor langer Zeit - den Genealogien nach vor etwa neun Generationen - von einem Hügel nördlich Ruacanas (Okarundu Kambeti) in das Kaokoland. In den von mir aufgenommenen Traditionen werden keine mythischen Ureltern genannt, wie sie in älteren ethnographischen Berichten (Vedder, Irle,

Sundermeier, Kuvare) verortet werden. Abweichend von den Traditionen der Herero - bereits publizierte (u.e. Sundermeier, ...) und im Kaokoland aufgenommene - wird als Ursprungsland der Gruppe nicht das mythische Mbandwa genannt, sondern ein Hügel in der Nähe Ruacanas, ein Ort am Rande des heutigen Wohngebietes der Himba. Damit rücken die Informaten den Ursprungsort aller hererosprachigen in ihr heutiges Siedlungsgebiet und machen sich damit zu der Gruppe, die diesen Wurzeln räumlich am nächsten steht. Mbandwa dagegen, war ein nicht lokalisierbares Gebiet im Osten des heutigen Namibia, daß von frühen Ethnographen mal als Kavangobecken, mal als das Gebiet der großen ostafrikanischen Seen identifiziert wurde. Die Stationen· der Wanderung der Himba-Vorfahren in das Kaokoland werden recht genau beschrieben. In mehreren Abschnitten wanderte man den Kunene entlang und von dort breitete sich die Gruppe auf beiden Seiten des Flusses ins Landesinnere aus. Erst hier löst sich laut Traditionen die geschlossen migrierende Gruppe in individuell migrierende Haushalte mit genealogisch faßbaren Personen auf.

Diese mit dem Ethnonym „Herero" belegten Vorfahren waren reiche Viehhalter, eine über Institutionen der doppelten Deszendenz und die Ahnenverehrung geeinte Gruppe, denen *big men* wie etwa die halb mythischen, halb historischen Figuren, Kaoko, Kaupangua und Mureti vorstanden. Bei Ahnengedenkfeiern werden diese Vorfahren und ihre Wanderungen auch heute noch in Preisliedern angerufen. Es ist allerdings auffällig, daß in den Evokationen der Namensketten von Vorfahren und in Preisliedern, Ethnonyme - etwa 'Herero', 'Tjimba' oder 'Himba' - niemals gebraucht werden. Wenn ein Gruppenbezug für die Vorfahren hergestellt wird, dann immer in erster Linie zu ihren Matriclans und, weitaus seltener, zu ihren Patriclans. Man mag argumentieren, daß es sinnlos wäre, die soziale Identifikation des Vorfahren über ein Ethnonym herzustellen, wenn ohnehin alle genannten Personen einer ethnischen Gruppe angehören. Ebenso scheint es aber möglich, daß kein über der Clanebene liegender Begriff existierte. Die Überfälle der Nama zerbrachen die Einheit der Gruppe. Die meisten Viehhalter flohen nach Südangola und wurden dort „Ovahimba" genannt. Die verbleibenden viehlosen Herero flüchteten in die Berge des Kaokolandes und lebten als Jäger und Sammler. Sie wurden von ihren Nachbarn im Osten den Ovambo und den Herero in Zentralnamibia „Tjimba" genannt - ein als pejorativ empfundener Begriff, der Armut, fehlenden sozialen Status und „Kulturlosigkeit" konnotiert (vgl. die sehr ähnlich gelagerten Konnotationen des Begriffs „Dorobo" im ostafrikanischen Kontext). Als Herero wurden fortan nur noch die bezeichnet, die südlich des Kaokolandes als pastoralnomadische Viehhalter siedelten. Die historische Fixierung der Kausalitäten, der Entwurf eines eindeutigen Modells, läßt beim Hörer keinen Zweifel, daß die indigene Ethnohistorie das Problem der Ethnogenese und Ethnienbezeichnung befriedigend gelöst hat. Diese Erkenntnisse sollten aber nicht zu dem voreiligen Schluß führen, daß die oralen Traditionen schlicht die historische Wahrheit beinhalten. Auch hier handelt es sich um Konstruktionen, die die Position von Clangruppen und Individuen stärken. So fehlen in den tradierten Beschreibungen zu frühen Migrationen jegliche Hinweise auf benachbarte Gruppen und portugiesische Händler. Durch die Arbeiten Millers (Miller 1988) wissen wir aber, daß gerade das südangolanische Hochland, kaum hundert Kilometer von den Schauplätzen der frühen Migration entfernt, bereits im 18. Jahrhundert durch Sklavenhandel maßgeblich verändert wurde. Sklaverei und interne Kriege lösten um 1750 massive Bevölkerungsbewegungen aus. Werden diese Geschehnisse in den Traditionen systematisch ausgeblendet? Wird durch eine um Authentizität bemühte, von außen unbeeinflußte Migrationsgeschichte ein neuer weltanschaulicher Bezugsrahmen in einer alles anderen als ruhigen Zeit geschaffen?

Trotz der Nama-Kriege sind die Beziehungen zwischen den Bewohnern des Kaokolandes und den Herero Zentralnambias sehr eng. Darauf weisen nicht nur die im Kaokoland gesammelten Traditionen hin. Auch in ethnographischen Berichten aus Zentralnamibia werden Aussagen von Herero-Senioren wiedergegeben, deren direkte Vorfahren noch im Kaokoland lebten (Vedder 1928: 157). In der 1992 edierten Sammlung oraler Traditionen der Herero (Heywood et al. 1992) verweisen einige Familiengeschichten ins Kaokoland. In der Tradierung von Genealogien und Historie werden diese Bezüge lebendig gehalten. Die Sicherung des historischen Bezuges trotz immenser räumlicher Distanzen wurde für die Bewohner des Kaokolandes um so wichtiger, als einerseits (verursacht durch koloniale Zentralisierung) wesentliche historische Entwicklungen in Zentralnamibia stattfanden und das Kaokoland zu einer Peripherie wurde und andererseits das südafrikanische Regime besonders das Kaokoland massiv und mit Gewalt von Entwicklungen im Zentrum des Landes ausgrenzte.

Ein Beispiel für den Wunsch, Beziehungen zum Landeszentrum zu erhalten, ist die Darstellung von Muretis Flucht nach Süden. Während die meisten Haushalte vor den Angriffen der Nama nach Norden über den Kunene hinweg nach Angola flohen, wanderte der unerschrockene Mureti geradewegs nach Süden auf die Bedrohung zu. Die Tradition vermeldet, daß er auf dem Weg nach Windhoek war, um dort den Paramount Chief der Herero, Maharero, zu befreien, der von den Nama vor einen Ochsenkarren gespannt worden war. Das Bild des an einen Wagen gefesselten Maharero wurde von allen Informanten gebraucht, die dieses Thema in ihrer Darstellung der Geschichte aufnahmen. Das Bild entstammt allerdings offenbar recht rezenten Darstellungen des Themas, die dann in die Traditionen inkorporiert wurden. Vedder (1934: 225) gebraucht die Metapher des an einen Wagen gefesselten Maharero in seiner pseudohistorischen Erzählung, um die Dominanz der Nama über die Herero auszudrücken. („Wenn ihm - d.h. Jonker Afrikaner, Anm. d.V. - die Zornesader schwoll, befahl er den Nama: 'Bindet das Kalb meines Freundes an das Wagenrad', und Maharero mußte dann, mit Füßen und Armen an das Rad eines Ochsenwagens aufrecht mit Riemen festgebunden tagelang und nächtelang stehen.") Ein von der *Rössing Foundation* Anfang der 70er Jahre herausgegebenes populärwissen-schaftliches Geschichtsbuch setzt diese Geschichte gar in ein ge-zeichnetes Bild um (für den Hinweis auf diesen Zusammenhang danke ich Jan Bart Gewald). Es liegt nahe, daß man auf der Suche nach Gründen für diese offensichtlich historisch nachweisbare, aber dennoch ungewöhnliche Migration gen Süden dieses ursprünglich aus den Schriften Vedders stammende „Maharero Versatzstück" für die eigene Tradition aquirierte.

Für die Kooptierung kultureller Innovationen aus Zentralnamibia in die „Tradition" der Bewohner des Kaokolandes gibt es weitere Bei-spiele. Die Truppenspielerbewegung (Werner 1990, Krüger & Henrichsen 1997), die seit den frühen 20er Jahren Herero-Identität in Zentralnamibia maßgeblich definierte, gewann auch im Kaokoland im Laufe der 20er Jahre an Einfluß. Die Bewegung fand ihren Ausdruck u.a. im gemeinsamen Exerzieren, in der hierarchischen Gliederung der „Truppe" nach deutschen Militärtiteln und dem Tragen von Phantasieuniformen (auch die waren allerdings offenbar an deutsche Uniformen angelehnt). Vita Tom, der von der südafrikanischen Ver-waltung anerkannte Führer der Herero im Kaokoland, wurde laut Au-genzeugenberichten spätestens 1924 mit dem deutschen Titel „Major" angesprochen, die Befehle an seine Truppe (*oturupa*) gab er auf deutsch (cf. Bollig 1997c). Auf frühen kolonialen Photographien, etwa im Nachlaß C. Hahns (NA A450), posiert Vita Tom gerne in Uniform und Reiterhose. Seit Ende der 20er Jahre fühlte sich die koloniale Administration direkt durch die Truppenspielerbewegung bedroht. Es wurden Informationen über die Bewegung gesammelt und ihre Versammlungen wurden kontrolliert. Dennoch bestand offenbar ein reger Kontakt zwischen zentralnamibischen Herero und hererosprachigen Gruppen des Kaokolandes. Die Truppenspielerbewegung gab diesen Kontakten Struktur - eine grenz-überschreitende Struktur, die als Gegenstück zur kolonialen Verwaltung aufgebaut war. Ein Polizeioffizier bemerkte, daß die Organisation 1933 an mehreren Orten des Kaokoveldes aktiv war (NAO 31/ 24/14 Office of the SWAP Tjimuhaka Cogill to Native Commissioner Hahn, Ondangwa 18/06/1933). Als die Kolonialverwaltung 1923 Paßgesetze einführte, führte offenbar auch die Truppen-spielerbewegung Ende der 20er Jahre in den Herero-Gebieten Namibias eine Art (Gegen)Pässe ein, die reisende Mitglieder der Bewegung nutzen sollten. Auch im Kaokoland wurde diese Innovation eingesetzt, um der repressiven Kolonialmacht eigene Initiativen entgegenzustellen. Ein Verwaltungsbeamter erwähnt in demselben Report, daß er eines dieser (indigenen) Paßpapiere mit folgendem Wortlaut konfiszierte: „Notification or Report of the Officer Colonel General (Freiherr) von Trotha journeying to the Kaokoveld. An officer respected of the 6th company. Receive him well with peace every-where where there is a troop from Grootfontein and Outjo to Otjiwarongo. Signed by Stab Hauptmann Hirsberg, Otavi, General von Hindberg" (durch den Beamten selber ins Englische übersetzt). Die *route form* war von verschiedenen Statusträgern der Bewegung im Kaokoland abgezeichnet: etwa die eines „Ladinand Figenboorg" und eines „Komandier Handireh Namdjiwa" aus Otjiyandjasemo im nördlichen Kaokoland. Hier beziehen sich die Bewohner des Kaoko-landes direkt auf ein System von Phantasie-Kompanien und -Hierar-chien, die mit fiktiven Titeln des deutschen kaiserlichen Heeres belegt sind. Entgegen der in den 30er und 40er Jahren besonders intensiv angegangenen Ausgrenzung des Kaokolandes gelang es den Truppenspielern, eine grenzüberschreitende Gegenströmung zu etablieren, die die Bewohner des Kaokolandes direkt an kulturelle Strömungen des Zentrums anschloß.

Die oralen Traditionen beinhalten (hinsichtlich) unserer Fragestellung zwei zentrale Themen: Die Unterschiede zwischen den ethnischen Gruppen des Kaokolandes werden negiert. Über ein Verwandt-schaftssystem doppelter Deszendenz können alle Personen effektiv in ein erweitertes Verwandtschaftsnetz einbezogen werden. Enge verwandtschaftliche Beziehungen bilden wiederum die normative Basis für Kooperation (i.e. die friedliche Beilegung von Konflikten) und Koordination (z.B. Vererbung, Viehleihen). Die heute offensichtlichen Grenzen werden als die Folge historischer Entwicklungen gegen Ende des letzten Jahrhunderts dargestellt. Durchgehend wird der Versuch unternommen, in die eigene Tradition Elemente der „großen Herero Tradition" aufzunehmen, um so die durch die repressive Kolonialregierung vorgegebenen Grenzen zu überbrücken.

Zusammenfassung

Konfligierende Konstruktionen kultureller Identität in oralen Traditionen und kolonialen Dokumenten sind im südafrikanischen Kontext ein Schwerpunkt ethnologischer und historischer Forschung geworden (Hofmeyr 1993). Beide Erzählstränge sind weniger authentische Produkte indigener oder kolonialer Machtgruppen, sondern miteinander verwobene Texte. Die Dechiffrierung wechselseitiger Beeinflussung beider Textsorten sowie die Kontextualisierung der Erzählstränge stellte den methodischen Kern der ethnohistorischen Analyse indigener Ethnographien und kolonialer Texte aus dem nordwestlichen Namibia.

Die älteren Arbeiten südafrikanischer Ethnologen, vor allem aber in den ethnographischen Aufzeichnungen von Kolonialbeamten, präsentieren das Kaokoland als eine isolierte Region, in der drei sprachlich-kulturell engverwandte, aber dennoch deutlich unterscheidbare Gesellschaften um Ressourcen und politische Dominanz streiten. Der Staat sichert die (durch ihn erst geschaffenen) Gruppengrenzen und garantiert damit gemäß kolonialer Ideologie den derartig bevormundeten Gesellschaften materiellen Wohlstand und kulturelle Identität.

Die Traditionen der pastoralnomadischen Bewohner des Kaokolandes negieren dagegen deutliche ethnische Grenzen zwischen den in der Region lebenden hererosprachigen Pastoralnomaden. Die Bevölkerung des Kaokolandes wird als e i n e Gesellschaft dargestellt. In ihren Traditonen weisen sie auf verbindende Elemente - gemeinsame Geschichte, Austausch von Vieh, Vererbung, doppelte Deszendenz, Ahnenverehrung - hin und beschreiben Unterschiede als Folgen rezenter historischer Entwicklungen und daraus folgender unterschiedlicher ökonomischer Strategien. Ein wesentlicher Punkt in indigenen Ethnographien ist der Rekurs auf die engen Beziehungen zur „wider Herero society". Damit wird die Bindung der politischen Elite des Kaokolandes an das Machtzentrum der Herero Zentralnamibias betont. In die lokalen historischen Traditionen werden immer wieder Elemente aus dem auf nationaler Ebene stattfindenden Diskurs zwischen Hererobevölkerung und weißer Kolonialregierung eingewoben. Diesbezüglich stellen sich indigene Ethnographien und Ethnohistorien als Gegendiskurs zur Politik der Ausgrenzung und

„Homelandisierung" des Kaokolandes durch die südafrikanische Verwaltung dar.

Es ist jedoch keineswegs so, daß die ethnographischen Entwürfe beider Seiten papierne oder gesprochene Einsichten geblieben wären. Sie waren auf beiden Seiten die Grundlage für Politik, Machtausübung und Widerstand - und da die koloniale Verwaltung hier nicht nur auf ihren ethnographischen Entwurf zurückgreifen konnte, sondern sich bei Bedarf eines militärischen Apparates bediente, stellte ihr Entwurf die Grundlage für politische Entwicklungen. Ihr Entwurf schuf Realitäten, die bis zum heutigen Tag lokale Konfliktkonstellationen prägen und Gegendiskurse produzieren.

Literatur

Bollig, Michael (1997a): *„When War Came the Cattle Slept ...".* Himba Oral Traditions, Köln.

Bollig, Michael (1997b): Power and Trade in Precolonial and Early Colonial Times in Northern Kaokoland, 1860's - 1940's. In: Patricia Hayes, Marion Wallace and Jeremy Sylvester (Hrsg.), *Trees Never Meet: But People Do*, London. (forthcoming)

Bollig, Michael (1997c): *Söldnerführer, Chiefs und Indigenous Rights Aktivisten - Intermediäre der Macht im Nordwesten Namibias Peripherie.* (in Vorbereitung)

DiMegglio, Joseph (1965): *Enteignung der „Kaoko Land- und Minen-Gesellschaft" im Kaokogebiet und Entschädigung von seiten der Südafrikanischen Union*, München.

Estermann, Carlos (1969): Beiträge zur Geschichte der Erforschung von Land und Leuten des unteren Kunene. In: C. Estermann, (Hrsg.), *Ethnological and Linguistic Studies in Honour of N.J. Warmelo*, Pretoria. S. 63-80.

Gewald, Jan Bart (1996): Untapped Sources. Slave Exports from Southern and Central Namibia up to c. 1850. In: Hamilton, C. (Hrsg.), *The Mfecane Aftermath. Reconstructive Debates in Southern African History.* S. 417-435.

Hartmann, G. (1897): Das Kaokogebiet in Deutsch-Südwestafrika auf Grund eigener Reisen und Beobachtungen. In: *Verhandlungen der Gesellschaft für Erdkunde zu Berlin* 24: 113 - 141, mit Karte.

Hartmann, G. (1903): Meine Expedition 1900 ins nördliche Kaokoveld und 1901 durch das Amboland, mit besonderer Berücksichtigung der Zukunftsaufgaben in Deutsch-Südwestafrika. In: *Beiträge zur Kolonialpolitik und Kolonialwirtschaft* 4,13: 399 - 430.

Hayes, P. (1992): *A History of the Ovambo of Namibia, c. 1880 - 1935.* Dissertation, University of Cambridge.

Heywood, A. et al. (1992): *Warriors, Leaders, Sages and Outcasts in the Namibian Past*, Windhoek. MSORP.

Hofmeyr, I. (1993): *'We Spend Our Years as a Tale That Is Told.' Oral Historical Narrative in a South African Chiefdom*, Johannesburg.

Koenen, Eberhard von, (1958): Zessfontein. *SWA Annual* 1958: 71-75.

Krüger, Gesine, und Dag Henrichsen (1996): 'We have been captives long enough, we want to be free': Land, Uniforms and Politics in the History of Herero During the Interwar Period. In: Patricia Hayes, Marion Wallace, and Jeremy Sylvester (Hrsg.), *Trees Never Meet: But People Do.* (forthcoming)

Kuntz, J. (1912): 'Die Ovatschimba im nördlichen Kaokofeld (Deutsch-Südwestafrika)'. In: *Petermanns Geographische Mitteilungen* 25: 206.

Lau, B. (1987): 'Namibia in Jonker Afrikaner's Time'. In: *Archeia* 8, Windhoek.

LeRoux, R.P. (1938): 'De quelques coutumes pastorales des Kuvale', In: *Bulletin de la Société Neuchateloise de Géographie*, Neuchatel.

Lenssen, H.E. (1988): *Chronik von Deutsch-Südwestafrika*, Windhoek.

MacCalman, H.R. & B.J. Grobelaar (1965): 'Preliminary report of two stone-working Ova Tjimba groups in the northern Kaokoland of South West Africa'. In: *Cimbebasia* 13.

Malan, Johannes (1974): 'The Herero-speaking peoples of Kaokoland'. In: *Cimbebasia* B,2: 131-129.

Miller, J. (1988): *Way of Death: Merchant Capitalism and the Angolan Slave Trade,* 1730-1830, London.

Nogueira, A.F. (1880): *A raca negra*, Lissabon.

Stals E.L.P. & A. Otto-Reiner (1990): *Oorlog en Vrede aan die Kunene. Die verhaal van Kaptein Vita Tom 1863-1937*, Windhoek. National Archive. Manuscript: 117.

Vedder, Heinrich (1914): *Bericht des Missionars Vedder über seine Reise ins Kaokofeld.* Archiv Windhoek JXIIIb5 (Geographische und Ethnographische Forschungen 1900 - 1914). (Seiten im Original nicht nummeriert).

Vedder, Heinrich (1928): Die Herero. In: C. Hahn; H. Vedder & H. Fourie (Hrsg.), *The Native Tribes of South West Africa*, Cape Town.

Vedder, Heinrich (1934): *Das alte Südwestafrika. Südwestafrikas Geschichte bis zum Tode Mahareros 1890*, Berlin.

Warmelo, N.J. van (1951): 'Notes on the Kaokoland (South West Africa) and its People'. In: *Ethnological Publications* 26, Pretoria.

Werner, Wolfgang (1990): 'Playing Soldiers'. The Truppenspieler Movement among the Herero of Namibia. In: *Journal of Southern African Studies* 16: 476-502.

Ethnographie und Literatur

Ethnography and Literature: *Troubled Waters* and *Eharo Lyahompa* by Joseph Diescho.[1]

Inge Brinkman

In the debates about the relationship between literature and society two opposing movements could soon be discerned. The first held that literature was to be studied on its own terms. Viewing literature as a closed and separate aesthetic realm, scholars in this movement paid much attention to literary style and form. The second movement, in contrast, connected literature and society in a direct manner. Viewing literature as ethnographic description, many studies in this movement used the contents of literary texts as the basis for an interpretation of culture and history. Recently, some scholars have refused to take a stance in these debates and argue for a combination of these two approaches. They maintain that form and content, society and art, ethics and aesthetics cannot be separated. Thus Karin Barber has called for an acknowledgement of both 'the historicity and the textuality of oral texts' (Barber and Moraes-Farias 1989: 1). She writes about *oriki*, a Yoruba oral poetic genre:

> But *oriki* not only *are* a form of social action, they also *represent* social action: not of course as in a mirror image, but in a mediated and refracted discourse. Whether implicitly or explicitly, they offer a commentary on it: a commentary which is made up of heterogeneous and sometimes competing views.[2]

This combined approach pays heed to both the artistic expression of literature and its interpretive force. Since literary works describe and interpret culture, they may be viewed as 'ethnography from within' (Coplan 1994: 20); yet at the same time they, unlike ethnographies, seek to avoid 'categorization and comprehension' (ibid. xv). Even if both literature and ethnography are imaginations (see: Comaroff and

---

[1]   This article owes much to discussions with Dr. Joseph Diescho (Telephone: Windhoek-Pretoria, 21 May 1996), Ingrid van Graan (Gamsberg Macmillan, Windhoek, 14 May 1996), L.M. Isala (Gamsberg Macmillan, Windhoek, 14 May 1996), Brian Harlech-Jones, and Axel Fleisch. Mr. A. Dikuua kindly translated *Eharo Lyahompa* into English. Heike Behrend gave comments and suggestions on an earlier draft. I cordially thank these people for their contribution; they, however, do not bear any responsibility for the contents of this paper.
[2]   Barber (1991: 3). See also: Vail and Landeg (1991: 27, 28); Coplan (1994: 24, 25); Hofmeyr (1993).

Comaroff 1992; Beidelman 1993) and both seek 'to make the familiar strange and the strange familiar' (Comaroff and Comaroff 1992: 6) or in other words 'to unexpress the expressible' (Culler 1983: 57, quoted in Beidelman 1993: 7, 8), ethnography and literature aim to 'understand' (Comaroff and Comaroff, 6) in very different ways. A reading of literature as ethnographic discourse without taking into account its specific 'literariness' would at once imbue literature with characteristics it does not have and reduce its spectrum of features. In this paper I will therefore not only attempt to interpret the notion of culture in two literary works, but relate this interpretation to the language politics of these two texts. A connection between the notion of culture and the linguistic procedures in the texts may enable us to interpret the ethnographic premises of these literary works without denouncing their literary character.[1] Although most scholars who have worked with a combined approach have used it to study oral literature, the example of Vail and White's *Power and the praise poem* has forcefully shown that the same methods can also be used to interpret written literary texts.

Contexts

The two books discussed here are part of Namibian written literary production. Both are written by Joseph Diescho. *Eharo Lyahompa* is a Kwangali play published in 1989. *Troubled Waters*, a novel written in English, appeared in 1992. Before introducing these two works, a brief excursion into Diescho's oeuvre and the Namibian literary context will help to frame the books interpreted in this paper. The fact that Diescho was the first author to publish a Namibian novel in English already indicates his importance in Namibian literary circles.[2] Yet as this first book was published in the United States, where the author stayed during his years of exile, it did not receive much attention locally. The narrative concerns a migrant worker who leaves his home in the Kavango area to work in the mines: a theme which

---

[1] On the relationship between language, literature and culture, see for example: Coplan (1994); Ashcroft, Griffiths and Tiffin (1989). James Clifford has studied 'the grappling with culture and language' in Malinowski's and Conrad's work. Clifford (1988: 92-113) (Quote: 95).

[2] Diescho (1988). In this paper I use the term 'Namibian literature' to include works which take Namibia rather than colonial South West Africa as their point of reference. Wolfram Hartmann also seems to distinguish between 'colonial', 'South West African' and 'genuine Namibian' literature, but it does not become entirely clear how he defines these different literary identities (Hartmann 1989).

seems to reappear in *Ngoyange*, a novel in Mbukushu currently in print.[1] In total then, Diescho has used three languages for his literary enterprise. Mbukushu is the language spoken in the area where the author was born, Kwangali predominated during his years of school-ing, and in exile, where Diescho completed his studies in political science and philosophy, English was his main medium of communi-cation. Apart from the four literary works just mentioned, Diescho has also written a political analysis of the Namibian constitution (Diescho: 1994b). At present the author is living and working in Pretoria, South Africa.

Although I agree with Dorian Haarhoff that Namibia as a literary space is not 'virgin but occupied' (Haarhoff 1991: 4), I would at the same time argue that Namibian literature in English is of relatively limited proportions. The heritage of South West African literature certainly inhabits the Namibian territory, but there are no more than ten books in English which operate in a Namibian rather than a South West African framework. To a certain degree these Namibian texts form a reaction to South West African literature since they oppose the 'frontier myths and metaphors' of the South West African texts and replace them by images of 'exile, home, resistance and liberation' (Haarhoff 1991: 224; also: Hartmann 1989). The two bodies of literary production are clearly connected in a relationship of power: Namibian literature has had to address themes of an extremely violent colonial legacy. This violence occured not only in the physical sense of the word, but included many spheres of life. Thus Joseph Diescho explained in his speech during the launch of *Troubled Waters*:

> There was a man who came from the "Departement van Inligting" to ad-dress our school ... In his speech he said: "Daar is 'n plafon waardeur 'n swartman nie kan gaan nie. Julle kan net soveel leer, die res is vir die blankes." ("There is a ceiling beyond which a black man cannot go. You can only learn so much, and the rest is reserved for the whites") And we clapped hands. That day I prayed to God and I appealed to my ancestors to help me. Help me get an education to prove that white man wrong (Diescho 1994a: 2).

To a large extent, colonial violence explains the limited proportions of Namibian literature. Decades of Bantu education worked against creativity and art, rigid censorship curbed the development of a free press, the war ensured that many of Namibia's educated people were

---

[1] Information on *Ngoyange* provided by Ingrid van Graan and L.M. Isala (Gamsberg Macmillan, Windhoek, 14 May 1996).

scattered all over the world and the remaining population lived in fear.[1] Of course such repression often only resulted in a re-channelling of cultural expression. Thus the linocuts of John Muafangejo offer a creative history which sharply differs from colonial interpretations of the African past (Danilowitz 1993). Furthermore, the developments in literary school texts written in the vernaculars have not been mapped, let alone studied for their cultural, political, and historical representations.[2] It is in this context that we have to locate the two books discussed here. Both were written in exile. They do not stand in an intertextual relationship with a large body of Namibian literature in English and it is unclear how they connect with literature in the vernaculars. Although the notion of culture in *Troubled Waters* to a certain degree converges with the current SWAPO politics of 'reconciliation', it is hard to tell how directly they have informed each other.[3] As far as I could establish, the books are not part of popular culture or debate nor have they entered oral literary circles.[4] As Namibian literature, they stand rather isolated: a remark which enhances, rather than reduces their importance since each new publication increases the possibilities of the development of a local literary network.

Two books

Eharo Lyahompa could be translated as 'the chief's will'.[5] The play consists of three clearly marked acts, while the various scenes are

[1]   In his thesis, Herbert Ndango Diaz mentions that oral storytelling in the Kavango area seriously declined during the wars in Angola and Namibia (Diaz, 76).

[2]   Gamsberg Macmillan has published over 100 of these titles. Oddly enough Haarhoff's study does not refer to this body of literature at all. Hartmann mentions literature in 'indigenous languages', but an analysis is beyond the scope of the paper (Hartmann 1989: 123).

[3]   This point was raised by Heike Behrend. The relationship is especially hard to study since Diescho wrote the novel in the United States, now lives in South Africa and has openly refused political office (Diescho 1994a: 6); Munamava (1994: 29). For an example of SWAPO politics of 'reconciliation', see the exposition in the national museum in Windhoek and Leys and Saul (1994: 147).

[4]   In this, Namibian literature differs from Kenyan literature: in Kenya, Gakaara's short stories are recited in market places and Ngugi's novels are read out in bars. *Troubled Waters* sold about 1.000 copies in Namibia. However, 143 000 copies went to Transkei, where it was used as a school book (information provided during a discussion with Ingrid van Graan and L.M. Isala, Gamsberg Macmillan, Windhoek, 14 May 1996).

[5]   *Hompa* can be translated as chief or king: a point of discussion now in the Traditional Authority's Act. Here I have followed the proposal of Mr. Dikuua.

loosely indicated by descriptive directions in brackets. The first character to appear on stage is Mpindo, a woman who is working in the royal palace. She complains about the amount of work and the recurrent absence of the chief. Then the daughter of the chief, Nankero, enters and she likewise expresses dissatisfaction with the absence of her father. Especially now that her mother is ill and she herself would like to have her father's permission to marry, she deems it inappropriate that her father is hardly ever at home. However, soon after her brothers Sivhute and Mukoya have arrived, the chief, his councillor Kamina and his bodyguard Mukuve make their appearance. Since the royal family members and their assistants have been introduced, the audience is informed about the family history. Thus Kamina tells Mukuve about the chief's problems: at the time when the chief married the wife of his late uncle and adopted her three children (Nankero, Sivhute and Mukoya), he was married to a woman whom he loved very much. While this woman, Kapande, was pregnant, however, she fled to another country. At this point the conversation is interrupted and the chief announces the wedding of Nankero. As the preparations for the wedding feast start, the chief is told about the artistic talents of a young man, who has newly arrived in the country together with his mother. Of course the chief is reminded of his past and he confides in Kamina to express his concerns. Kamina recalls how a conflict developed between the royal house and the family of the former wife. He reassures the chief and all go to sleep.

In the next part, the wedding feast is staged. The chief's nervousness increases as he sees the woman and her son enter, because, although the woman's face cannot be seen properly, he seems to recognise her. After a prayer, some speeches and dances, the chief requests the young visitor, who is introduced as Kandjimi, to play some music. Kandjimi's beautiful performance ends in disorder when his mother starts to cry and the chief, in utter confusion, tries to establish the identity of the boy. Just as things have calmed down and the party can continue, Mpindo rushes in with bad news about the chief's wife. Her death brings much sorrow to the chief and much anger to Sivhute and Mukoya, who suspect that Kandjimi and his mother have bewitched the chief and his wife.

Part three starts with Kapande and Kandjimi, who fear that the royal family may not leave them in peace. Kapande finally tells Kandjimi about his past. When they are singing together, Sivhute and Mukoya come to kill them. In the ensuing fight, Mukoya is mortally wounded and Sivhute has to flee for Kandjimi. When the chief finally arrives, Kandjimi and his mother have already been arrested by the crowd and preparations have been made for their execution. The chief is asked to express his will: after he has given his verdict, Kandjimi and Kapande are led away.

Troubled Waters begins with a Bible text (John 5: 5-8) and 'an old African story', which explain the healing as well as the destructive capacities of 'Troubled Waters'. The first chapter of the narrative introduces Andries Malan, a young South African who is brought up in the Afrikaner tradition and ideology. Although his ideas are challenged when he meets Sipho, a black schoolboy, the next chapter pictures Andries on his way to Namibia to fulfil his military service in the 'bush war'. He is stationed in Rundu and to his surprise has to teach Religious Studies in a secondary school. In a letter to his father he justifies this form of 'defence of culture and civilization', while in a letter to his mother he dares to question the reasons for the war. Slowly this conflict within Andries increases when a lieutenant tells him an experience which shows that SWAPO fighters are not monsters but people, when he listens to the stories of Mr. van Zyl, an old and trusted teacher, when the students start to question his interpretation of the Bible and especially when he gets to know the only black woman teacher at the school, Lucia Namvhura Wanangera. Lucia is one of the few educated women in the area and therefore no longer fully accepted by the people of her society. Her family thinks she has become different and cannot perform any household chores. No man proposes to marry her. In chapter five, Lucia's personal history is related to the political history of the Kavango region. We are told first about the process of colonialism, missionary influence, and the developments in formal education. This is followed by an account of the history of chiefly power and its relationship with the South African administration. The initial happiness about the creation of a homeland government turns into disillusion when no changes come about. This disillusion is further exemplified by the episode in which the school children discover that they have been given tins of dog food for lunch. Although strong complaints are raised, the matter is covered up and the people responsible are promoted.

The seventh chapter deals with death and warfare. Matumbo, the female chief who has ruled the area for a long time, passes away and at the end Andries and Lucia are told the news of the death of Mr. van Zyl. The middle part describes a confrontation between South African soldiers and SWAPO guerrillas in the midst of bewildered and shocked villagers. Five hungry and nervous guerrillas are killed and dragged behind the South African trucks. The young Moyo, who witnesses these events, later reappears as a SWAPO fighter. Meanwhile the contact between Andries and Lucia grows until their friendship turns into a love affair. Scared of the consequences, they nevertheless continue seeing each other for some time. Just as Andries hears that he will soon fly back to South Africa, Lucia's female relatives in the village find out that she is pregnant. Lucia does not tell Andries about it and Andries leaves.

Languages

In her methodology, Karin Barber frequently refers to the Russian literary scholar Michael Bakhtin. For the 'heterogenous and sometimes competing views' mentioned above, she especially uses his concept of heteroglossia. Heteroglossia points to the multi-voiced nature of texts: their tendency to disperse meaning and enter into dialogue with other discourses. This can be contrasted with attempts to close and unify textual meaning, which Bakhtin calls centripetal forces. These centripetal forces employ an external authoritative discourse, whereas heteroglossia is characterised by internal persuasion: 'heterogenous and sometimes competing views' (Bakhtin 1981: 270-273, 342-348, 425). The linguistic overtones of heteroglossia also render it an apt tool for this paper since we are dealing with literary texts written in different languages. Furthermore, both texts show one or more instances of language shift. In *Eharo Lyahompa*, there is one case where English appears: before being attacked, Kandjimi and Kapande sing: "Swing low, sweet chariot, coming for to carry me home." (27). Although Kapande mentions that Kandjimi taught her this song and that she will try to remember the words, the song is included without any further ado. This also holds for the instances where characters speak Kwangali in a dialect of the other chiefdoms. The pronunciation of the catechist and the drummer at the wedding feast differ from the standard Kwangali, but this is not commented upon in any way (15, 16, 20).[1]

Troubled Waters contains numerous moments when words or sentences appear in Afrikaans, Kwangali, Mbukushu, or Xhosa. Often these parts are commented upon: language is made into a subject of discussion in *Troubled Waters*. Thus it is stressed when black people speak impeccable English or Afrikaans (14, 17, 53), while whites cannot pronounce African names (52, 53). Teaching English, as opposed to Afrikaans, is a political matter (56). Afraid of the connections between knowledge, resistance and power, whites

---

[1]   Information provided by Axel Fleisch, Rundu, 23 June 1996.

limited educational opportunities for blacks (83-84). It then comes as no surprise that children are attracted by SWAPO's promises of education in English (106). Good education, it is implied, would have prevented political gullibility: the cooperation of the Kavango leadership with the South African government is excused as a linguistic misunderstanding (96, 98, 100, 104, 105). If only the chiefs had known the language in which they were addressed:

> What the chiefs understood was simple. They were getting their land back. What people who could read and write would understand was that they were getting a homeland type of government. It was all very confusing. In their language, the word for self-government is the same word used for independence (98).

On the other hand linguistic change and education are presented as a source of alienation. Thus extensive education is the main reason for Lucia's marginal position in relation to her family and the village where she comes from (86). Also, the 'missionaries' attempts to replace 'wrong' African names by Christian ones remove one's identity as the new names cannot be pronounced by the village elders (83). 'Even' teaching in 'their own language' is a political matter (56). These 'own' languages are directly related to ethnicity (90): language, culture and identity became intertwined. This is especially clear when we hear of a song being translated into the five 'tribal languages' (101): in the five chief polities of Kavango, about twenty languages are spoken; and if we are prepared to conflate ethnicity with chiefdom, only three or four languages can be distinguished.[1] Apart from the contradictory assessment of education, we are here faced with a second dilemma. Although Diescho wants to establish direct links between language and culture, at the same time he wishes to stress the unity and harmony of black people. This results in several instances where the author jumps from 'tribal' language to Kavango identity. A clear example of this occurs when the school youth starts singing before they lodge their complaints about the dog food. They sing a Rugciriku song, which 'refers to old war victories in Kavango history' (123). Since the possibility that the Gciriku may have fought against other Kavango groups is left undiscussed, the song is

---

[1]   Mbunza was replaced by Kwangali, while Gciriku and Shambyu are, at least for educational purposes, combined (Information provided by Axel Fleisch, Rundu, 23 June 1996).

moulded into a political chant about black resistance against white oppression.[1]

These two dilemmas cannot be discerned in *Eharo Lyahompa*. Although it is clear that Kandjimi has been to school, it is merely stated that he 'knows many things' (16, also: 3). Certainly this knowledge is connected with power, as Mukoya suspects Kandjimi has used this knowledge to bewitch his father (20). However, limited education is not connected with oppression nor extensive education with alienation. Furthermore, there are no attempts to establish a direct link between language, culture and identity: language shift is not commented upon as it is in *Troubled Waters*.

Dualism

Above I have made the bold assertion that in *Troubled Waters* unity and harmony among black people is stressed. Such a remark calls for an explanation. To a large extent, ethnographic account in the novel is shaped by opposition between white and black cultures. As Andries listens to the army chaplain, he starts thinking:

> Lucia talked about community, too, a different kind of community. She told him that in the black people's languages, they speak of *ubuntu*, which she said means personhood, no colour or race. The community, the *gemeenskap* of which Dominee Du Toit speaks, seems to be an ensemble of white people only (166).

It is telling that Andries does not perceive this as a lesson in hospitality, but rather concludes his thoughts in a manner true to his background: 'A sense of duty, with which he was sent here, strikes him afresh. I am here to serve my people, to make the world safe for the Afrikaner Volk' (166-167). Andries' interests thus remain parochial: at the end of his stay in Rundu, he still has not learned about sharing. This opposition between white egoism and black togetherness is frequently referred to in the novel: 'When the commissioner appeared, he was having his tea. This surprised the chiefs because in their culture, no one would eat alone while in the presence of other people. Everything was shared' (94, also: 73, 74). Andries often thinks of Mavis, the maid in his parents' home. She is portrayed as a wise,

---

[1] The cover of *Troubled Waters* informs us that the author has also written books in Rukavango. For a similar dilemma in Ngugi wa Thiong'o's work see Brinkman (1996: 169, 182).

energetic, protective woman, 'who understood him even when his own mother did not' (37, 43, 70, 108, quote: 10). Yet, she was not permitted to be a mother to her own children (10). She was loved, but treated no better than a family dog by Andries' family (181).

Another example can be found by juxtaposing the two journeys Lucia undertakes to visit her home village. At the end of the novel she gets a lift from 'very nice people'. After they have exchanged greetings, Lucia's father and the driver start talking. It turns out that the two families have a shared history, and after the driver has been given some presents, they conclude that 'there is no stranger on this earth' (174-176). Lucia's first journey is a very different experience. The driver of the government truck chases 'a cow suckling her little calf' off the road, assuming that 'stupid blacks must be drinking somewhere, neglecting their duties' (75). Lucia is upset by his rudeness and starts thinking about her past. The men's care for cattle was complemented by the women's preparation of *mahangu*. Since all the people cooperated, a proper balance between work and leisure could be reached. 'This sharing of work, food and song was the only life she had known' (75-77, quote 77).

Apart from these direct references, the novel also works on this opposition in less obvious ways. The two main characters in *Troubled Waters*, Andries and Lucia, are both 'away' from their society. In both cases, this distance gives rise to nostalgic contemplation. The contents of their nostalgia, however, differ sharply. Andries thinks about the past in the aeroplane which carries him to Rundu. He remembers Christmas, the immaculate and expensive clothes of his parents, the red lipstick of his sister, the big Cadillac, figures in the stained glass and the big organ pipes in the church (36, 37). In contrast, Lucia is led back to her childhood memories by 'the smell of freshly broken grass and the moist soil'. Her mind is filled with stories, games, and daily household chores carried out together. While Andries focuses on dress, she remembers how 'she and her friends would scurry through the woods bare-chested' (58). Andries' memories not only centre around clothes, buildings, machines and technique, he is also led to them while being in a machine. Lucia's 'sweet past long buried under the school and other buildings' (58) is related to nature and is also brought back to her by natural smells.

Smell is an important indicator of the way in which people live. Thus Moyo, a village herdsboy, assumes that the white stranger whom he met 'is afraid to be human' since he only smelled of clothes and not of human beings (139). Andries is struck by the natural beauty of the Kavango region and he contrasts it with the place where he comes from: 'The world he knew before was all towns and cities, smelling of cars and fuel. Here in this quiet untouched place, the smell was of earth and trees and flowers' (70, see also: 39, 75, 109). This account of a beautiful, unspoiled paradise can be contrasted with the malaria-, crocodile- and lion-infested, dry country which fills the pages of much missionary writing (examples: Bierfert 1938: especially 99,100; Gotthardt 1933). The people from the area live in harmony with nature and are hence as unspoiled; that is why they are so different from South African black people (39, 55, 83, 151). The technology brought by whites disturbs this equilibrum between nature and people. Thus the old teacher Frank van Zyl explains: 'When they go hunting, they carry a spear. Killing an animal is very intimate, very direct, you see it, you feel it. The white man's gun must have seemed very distant' (130).

In *Troubled Waters*, the author is concerned with the theme of reconciliation; he is careful not to create characters which merely serve to justify one side of the story. The love affair which develops between Andries and Lucia is an example of the possibility of change: they overcome their suspicion and relate to each other in a way both had not envisaged initially (Paton 1993: 3). Andries and Lucia talk about their love and their wish that they would not have to hide it (160-161). Yet, finally they are not able or willing to overcome the laws which prohibit their relationship. Their confidence is limited: Andries does not tell Lucia about his departure (162) and she hides her pregnancy from him (184, 186). Furthermore, Andries' fascination with Lucia reveals an exoticism which contradicts their dialogue: 'The young man pictures the attractive African woman as he holds her in the dark. He thinks of all the times he watched her walking, he found her walk exotic and erotic' (153). This relationship between the exotic and the erotic can be read as a consequence of the dualism in the novel. Andries sees Lucia's walk in the same manner as he looks at mating leguans in the river (110): he remains an outside observer gazing at natural beauty. Because white and black culture stand in such contrast, reconciliation becomes impossible. Andries cannot feel human with Lucia: he even writes to her in a note: 'When I am with you, I feel I am either a god or a beast' (171). With this in mind, it comes as no surprise that he leaves at the end of the narrative: he cannot but behave like many white men before him (compare: Gordon 1992: 212, 213). Lucia, in contrast, not only protects Andries by hiding the pregnancy, she also welcomes the child (160, 180, 184). The relationship between Andries and Lucia thus merely reinforces the opposition between white greed and black hospitality.

Destruction

Another example of the reconciliation theme can be found in the sympathetic representation of Frank van Zyl, a white teacher who has been at the school for a long time already. The main reason for this sympathy is van Zyl's acknowledgement of the differences between white and black cultures: "See, your people are the people I know who understand and practise forgiveness best. They are better at it that the whites, to be honest with you..." (72). What is more, he explains that the harmony of black people was destroyed when the whites came: 'The people here ... their thoughts are pure; their references are their own. These groups have lived for centuries, independent of white people and their markets' (129). He ends his explanation: 'Now they have the white man's magic - dependency' (130).

Similar statements are made when the external narrator compares Namibia of the 1970s with precolonial South Africa: 'Before whites, the few people lived in groups gathered around the rivers, isolated from each other. They only mingled when a chief would go to make a trade of goods' (46). The slave trade hardly fits into this peaceful picture. If Namibia's history follows the same course as South Africa's, the future does not look promising. In South Africa the whites introduced the concept of private property and, as population pressure increased, the harmonious, egalitarian Khoisan societies as well as the ecological forms of agriculture which blacks had practised hitherto were destroyed: 'Tribal conflicts could only increase as game grew scarce. Blacks began to steal from each other and turn to the whites who could provide guns and protection and wire to build fences' (46, 47, quote 47).

This process of destruction is well under way in Namibia. In chapter five, which interprets colonial history in the Kavango area, the external narrator explains how the war, brought about by white greed (74), has ended 'a good life':

> They led a good life. The people were dependent on land and cattle and goats. They used no money and had few clothes to worry about. In the evenings, the children would get together and sing and dance, often through the entire night. Lucia could go to the family of any of her friends and eat or sleep there. The children climbed trees and picked fruit for their parents. They swam naked in the rivers. Boys chased girls in the bush.There was no thinking about war. All those things don't exist any more (83, also: 187).

These images are reinforced when the South Africans kill five guerrillas who have just been offered some drinks at a village gathering. The confusion of the villagers is complete: the men as well as the women have no idea of what is going on. They can only conclude 'that the good and familiar world is coming to an end and the days of the unknown, the darkness and smoke are beginning' (145, 146, quote 146).

In general, the Kavango people appear ignorant of the wider world. As they know no hatred and hospitality forbids them to mistrust strangers, they have no doubts about the good intentions of the white people. Being uncomplicated and intrigued by the new things presented, they enjoy the parties organised for the homeland proclamation: 'People were happy to eat so well for a week, not knowing that they were giving their country away' (101). Even the chiefs, who are said to be 'good politicians' (95), are entirely unaware of the implications of colonial policy: they believe everything they are told (86-99). The chiefs are lured into cooperation by: 'New cars. New jobs. Money. How attractive money can be to cultures that have never used it before' (96) Before they realize what has happened they have abandoned 'their own culture' and entered 'a culture of dependency' (97). When disillusion sets in and people notice that they have been betrayed by empty promises, it is already too late. The divide-and-rule tactics of the whites have done their work and the chiefs now compete for the highest post open to them in the colonial hierarchy (107). The Kavango people are thus moulded into passive, innocent victims: they are attributed no agency or initiative. They could not have escaped: because they are peaceful, they are misused by people with wicked plans, and once the harmonious balance is disturbed, there is no way back.

Apart from the colonial administration, the missionaries and their schools are another factor in the process of destruction: 'German Catholic missionaries were a part of Lucia's life. In their own way, they crushed her culture' (83). Earlier we discussed the relationship between alienation and education. True wisdom does not come from formal education; it is learned in the villages from the elders (72-74). In the schools the children are 'subtly taught that Africa did not know how to govern itself; that there had been no history in Africa before the white people arrived' (103, also: 59). Yet, the dilemma in the evaluation of education is also present here. Notwithstanding the blatant lies told in school and the wisdom of the elders, we hear that the South African government opposes the development of education for blacks because school children 'understand the world better' (83-84, quote: 84). If people exist in such perfect harmony, if moral instruction is such joy (141-142), why do children desire to go to school at all? A story goes around that 'the power of the pen' shields one against witchcraft (84). Although not elaborated upon, this answer challenges the opposition of white and black cultures described above. The very mentioning of witchcraft suggests that sometimes the peace may have been broken by jealousy and internal tension. References to 'traditional tribal conflicts' (141, also: 46-47) form a similar contradiction to the harmonious image of black people. These loopholes in the text counter the dualism of internal harmony and destruction from outside (Suleiman 1983: 200-202). Especially when interpreting gender relations, the novel appears contradictory. On the surface we read that gender relations were harmonious in black communities: there was an equal division of labour and an equal division of power. The intervention of white government destroyed all this: female chiefs were ignored and lost their power. Migrant labour emasculated men and disturbed family life (76, 77, 95, 98, 130). This picture neatly fits the dualism in the novel. However, as we read about the customs surrounding chiefly power, the references are entirely to male status: 'It was considered an honour for a man to give his wife to the chief for the night' (86). Was it also an honour for 'his wife'? Whom did female chiefs sleep with? At this point the external narrator silences women in the very same manner he charges colonialists with. My definition of the external narrator as male is not based on this quote alone:

> Blacks owned cattle and goats and sheep, so they moved slower than the San people. When you own livestock, you need a large family to help you care for them; you need many wives to have many children; you need food to feed them all (47).

This disrupts the entire construction of black culture as inclusive of all human beings: culture is male.

Internal tension and cultural contact

The stark opposition which is forwarded in *Troubled Waters* is not operative in *Eharo Lyahompa*. First of all, nowhere in the play do we find a juxtaposition of black and white cultures as in *Troubled Waters*: not even the words black and white are used. As we already saw, *Eharo Lyahompa* does not establish the relations between language, culture and identity as proposed in *Troubled Waters*. Actually it is not even clear in which community the play is set. As 'chiefs in the east and those of the Mbukushu' are referred to as neighbours (5), it is most probably the Kwangali kingdom, but this is not mentioned directly. The issue of identity, so crucial in *Troubled Waters*, is thus not emphasised in *Eharo Lyahompa*. Furthermore, the values attached to the opposition in *Troubled Waters* do not occur in the play. There is no trace of perfect harmony in the community with which the play deals. Rather the opposite, the play centres around an internal conflict between the royal house and Kapande's family. As Kapande's family apparently wanted to 'take the land back', competition and power, in *Troubled Waters* described as external forces, become located within society (12-13, 26, 27). Notwithstanding the appeals for peace and happiness made by the chief and his councillor (14, 15), the conflict flares up anew with the unjust witchcraft accusations expressed by the royal brothers and by their murder plans. Finally, the longstanding fight leaves three people dead. While in *Troubled Waters* the wisdom of ages is not concerned with the issue of violence, in the last scene of *Eharo Lyahompa* it becomes apparent that conflict, violence and crime are nothing new: already 'in the olden days', laws developed dealing with such matters (32). The chief's councillor and the crowd are aware of these laws, but they wait to hear the chief's decision. On the surface the relationship between the chief and the people seems good: one man in the crowd holds that: 'The wish of the chief is the wish of his tribe' (33). Yet, far from being a reference to harmony between commoners and the royal family, this sentence rather presses the chief to give in to public opinion. Although the chief knows the background of what has happened, he cannot but accept the verdict of the crowd: his former wife and only son are led away. They are to be thrown into the river: 'They must be eaten by crocodiles, otherwise the country will be cursed!' (32). The river, in *Troubled Waters* a place of healing and natural beauty (*Troubled Waters* 108-109, 182), is here an abode of death and punishment. The confrontation between commoners and chief in the play can be contrasted with the smooth hierarchy in *Troubled Waters*, which was merely meant to 'resolve issues' (*Troubled Waters* 86). While in *Troubled Waters* the conversations between black people are characterised by friendly and wise exchange, the play starts with complaints and lamentations. The chief is made the scapegoat of the problems: because of his frequent absence, he is to be blamed for Mpindo's work load, Nankero's difficult character and the delay of the marriage between Nankero and Kafene. Even the illness of his wife results from his behaviour (7, 9). Mpindo's warning not to abuse her father infuriates Nankero and she starts quarrelling with Mpindo (5-6). This beginning of the play shows that argument between black people is possible thus already from *Troubled Waters*. Furthermore distinguishing this work, a commoner accuses the chief and a daughter scolds her father; on top of this, two women express their complaints about a man's behaviour. One woman is tired of all the work she has to do and the other is upset because her marriage is delayed: things do not seem to go nearly as nice and easy as in the novel.

As no internal harmony is proclaimed, there is also no need to develop an image of external destruction. Matters which do not have their origin in the country itself are integrated without any further comment. The communities in *Eharo Lyahompa* are definitely not 'isolated groups' as in *Troubled Waters*, but are rather created through contact. Thus a community enlarges when there is a good chief, and if there is war, people flee to another country (12). In *Troubled Waters* it is suggested that the Kavango people first meet with the homeland proclamation: although the chiefs visited each other every now and then, there was no further contact (*Troubled Waters* 87, 102). The first line in the play already indicates a very different discourse. The description of the actors starts with 'HOMPA MUNGUNDA mugara gokumwena', which was translated as 'Chief Mungunda, a Bushman' (3). None of the characters mentions this in the play and it is not presented as having any consequence for the sequence of events: apparently this form of cultural contact is no exception. As we saw, some people of the other Kavango communities appear at the wedding feast. They are aware of being foreigners and assume they are not expected to mingle in the domestic affairs of another country (20). Yet, their presence is likewise not treated as exceptional and no comments are made about their identity.

Cultural contact and influences from outside are not evaluated as sources of alienation and destruction as in *Troubled Waters*. The plays and dances of school children can also be joined by the elderly people: a combination of modern dances and the dances of the elderly is considered to be best (10). The chief wishes to enjoy 'those beautiful songs of the old missionaries' (10) at Nankero's wedding: there is no hint that this might 'crush his culture'. The wedding feast starts with a prayer and a song led by the cathechist. He sings in his mother tongue, while some people join in Kwangali (15). Again, this combination of languages is not used to make any statements about black and white cultures. While in *Troubled Waters* Frank van Zyl maintains that migrant labour 'emasculates' (*Troubled Waters* 130), Nankero is merely in a hurry to marry because her future husband wants to leave for work in 'Sivanda' (5, 9-10). We do not hear what Sivanda does to a person, while in *Troubled Waters* it is stressed that all migrant labourers had to be purified and 'brought back into the tribe' (*Troubled Waters* 82). These examples show that in *Eharo Lyahompa* an ethnographic discourse is forwarded which starts from a premise of cultural contact rather than cultural conflict.

Conclusion

Michael Bakhtin singled out the novel as the prime example of heteroglossia. This paper, however, interprets a novel in which authoritative discourse is at work and internal persuasion is suppressed. The frequent occurence of language shift and the discussion of language as a subject in the novel do not contradict this conclusion: although heteroglossia points to the importance of language, the number of languages used in a text is not indicative of an openness to other discourses. Although different characters are lent a voice and are allowed to speak in the novel, a sharp dualism between black and white cultures pervades *Troubled Waters*. As an opposition between internal harmony and destruction from outside is created, the novel attacks the civilisation myth of South West literature (Haarhoff 1991: 41-42, 77, 93-94, 110, 139, 164). *Troubled Waters* in this sense forms a reaction to colonial writing. This view of the novel as an answer brings us back to the literary context and the colonial history of extreme violence exerted in all spheres of life. Literature has become an endeavour 'to prove that white man wrong'. Yet, we can ask whether the issue of colonial violence is actually addressed. The novel does not challenge the paradigm set by colonial writing: it opposes colonial images by inverting them (For historical writing in Africa, compare Neale, 1985). This policy of inversion leads to several dilemmas and loopholes in the text. Thus the role of education and language is assessed in an ambivalent manner, while in several instances the overall dualism is contradicted. In *Eharo Lyahompa* we cannot trace the programme informing *Troubled Waters*. The play in this respect stands in a more autonomous relationship to colonial literature. There is no hint of colonial violence: *Eharo Lyahompa* rather focuses on internal conflict and cultural contact. Different languages appear in the text without being commented upon and cultural exchange takes place with no further explanation. This paper thus ends in support of Bakhtin's emphasis on the relationship between language and discourse. Not only do the language politics in the texts coincide with the representation of culture and history, the same coincidence holds for textual ambivalence.

Literature

Anonymous (1993): Joseph se antwoorde. *Die Republikein*, 1 March 1993.

Ashcroft, Bill, Gareth Griffith and Helen Tiffin (1981): *The Empire Writes Back*, London/New York.

Bakthin, M.M. (1981): *The Dialogic Imagination. Four Essays*, Austin.

Barber, Karin (1991): *I Could Speak Until Tomorrow. Oriki, Women and the Past in a Yoruba Town*, Edinburgh.

Barber, Karin and P.F de Moraes-Farias (Eds.) (1989): *Discourse and Its Disguises. The Interpretation of African Oral Texts*, Birmingham.

Beidelman, T.O. (1993): *Moral Imagination in Kaguru Modes of Thought*, Washington/London.

Bierfert, August (1938): *25 Jahre bei den Wadiriku am Okawango*, Hünfeld.

Brinkman, Inge (1996): *Kikuyu Gender Norms and Narratives*, Leiden.

Clifford, James (1988): *The Predicament of Culture. Twentieth-Century Ethnography, Literature, and Art*, Cambridge/London.

Comaroff, John and Jean (1992): *Ethnography and the Historical Imagination*, Boulder/San Francisco/Oxford.

Coplan, David B. (1994): *In the Time of Cannibals. The Word Music of South Africa's Basotho Migrants*, Johannesburg.

Culler, Jonathan Culler (1983): *Barthes*, London.

Danilowitz, Brenda (1993): John Muafangejo Picturing History. In: *African Arts* : 46-57.

Diaz, Herbert Ndango, (s.d.): *A Definitive Edition and Analysis of the Tjakova Myth of the Vakavango*, University of Cape Town, Ph.D., s.d., not earlier than 1990.

Diescho, Joseph (1988): *Born of the Sun*, New York.

Diescho, Joseph (1989): *Eharo Lyahompa*, Windhoek.

Diescho, Joseph (1992): *Troubled Waters*, Windhoek.

Diescho, Joseph (1994a): *The Hands of your Hearts*, Speech delivered by Dr Joseph Diescho during the launch of his book *Troubled Waters*, 24 February 1993, Windhoek, Windhoek.

Diescho, Joseph (1994b): *The Namibian Constitution in Perspective*, Windhoek.

Diescho, Joseph (forthcoming): *Ngoyange*, Windhoek.

Fischer, Jean (1993): Troubled Waters. In: *Flamingo*: 13,15.

Gordon, Robert J. (s.d.): Marginalia on 'Grensliteratuur': or how/why is terror culturally constructed in Northern Namibia?'. In: *Critical Art* 5,3 : 79-93.

Gordon, Robert (1992): *The Bushman myth. The making of a Namibian underclass*, San Francisco/Oxford.

Gotthardt, Josef (1933): *Auf zum Okawango!*, Hünfeld.

Haarhoff, Dorian (1991): *The wild South-West. Frontier myths and metaphors in literature set in Namibia, 1760-1988*, Johannesburg.

Hartmann, Wolfram (1989): Joseph Diescho: Born of the sun. In: *Logos* 9,1 : 123-129.

Hofmeyr, Isabel (1993): *We Spend Our Years as a Tale that is Told. Oral Historical Narrative in a South African Chiefdom*, Portsmouth/Johannesburg/London.

Kaarsholm, Preben (1991): From Decadence to Authenticity and Beyond: Fantasies and Mythologies of War in Rhodesia and Zimbabwe, 1965-1985. In: Preben Kaarsholm (Ed.), *Cultural Struggle and Development in Southern Africa*, Harare/London/Portsmouth, Pp. 33-60.

Komnik, Julia (28 February,1993): Social Scene. *Tempo*.

Leys, Colin and John S. Saul (1994): Liberation without Democracy? The SWAPO Crisis of 1976. In: *Journal of Southern African Studies* 20,1: 123-147.

Lombard, Jean (23 March,1990): Namibiaanse roman vol hoop. In: *Vrije Weekblad*, P. 13.

Mgijima, N.: A Book Review for the Educational Department in Transkei, unpublished review.

Munamava, Rajah (1994): 'Diescho Persists in his Moral Crusade. I am a messenger of values in the political domain'. In: *New Era*,

8-14: 29.

Mutorwa, John (24 February 1993): Statement by John Mutorwa at the Launch of "Troubled Waters", a Novel by Dr. Diescho, Windhoek, unpublished speech.

Neale, Caroline (1985): *Writing "Independent" History. African Historiography, 1960-1980*, Westport/London.

Obiechina, Emmanuel (1975): *Culture, Tradition and Society in the West African Novel*, Cambridge.

Paton, Lesley (19 March,1993): Movers and Shakers (Interview with Joseph Diescho), *The Namibian Weekender* 3.

Suleiman, Susan Rubin (1983): *Authoritarian Fiction. The Ideological Novel as a Literary Genre*, New York.

Vail, Leroy and Landeg White (1991): *Power and the Praise Poem. Southern African Voices in History*, Charlottesville/London.

Vale, H. (26 March,1993): Love and Politics (Book Review). In: *The Namibian*.

Weideman, George: 'Joseph Diescho: Troubled Waters', unpublished review.

Aniceti Kiterezas Romane als Beispiel für eine afrikanische indigene Ethnographie

Wilhelm J.G. Möhlig

In den vierziger Jahren verfaßte der Afrikaner Aniceti Kitereza von der Insel Kerewe einen Doppelroman in seiner Muttersprache, dem Kikerewe. Das maschinengeschriebene Manuskript hatte einen Umfang von etwa 600 Seiten. Die Anregung zu dem Werk ging mehr oder weniger auf eine Auftragsarbeit der Weißen Väter zurück, die seit Anfang des Jahrhunderts auf der Insel missionierten. Erst viele Jahre nach der Entstehung des Romans wurde erkannt, daß es sich dabei nicht nur um ein einzigartiges literarisches Erzeugnis, sondern zugleich auch um eine meisterhafte Ethnographie der vorkolonialen Kerewe-Kultur handelte. Der letztere Aspekt soll Gegenstand dieser Abhandlung sein. Ehe wir auf Form und Inhalt des Werkes näher eingehen, wollen wir seinen biographischen, gesellschaftlichen und historischen Kontext kurz erläutern, weil diese Angaben für die Interpretation des Werkes von Bedeutung sind.

Der Autor und sein Werk

Aniceti Kitereza entstammte dem damals herrschenden Klan der Silanga. Im Jahre 1896 wurde er als Enkel des mächtigen Königs und Regenmachers Machunda geboren. Der zur Zeit der Geburt Kiterezas herrschende König Lukonge war ein Bruder von Kiterezas Vater. Da er diesem als seinem vermeintlichen Konkurrenten in der Macht nach dem Leben trachtete, hatten sich Kiterezas Eltern nach Sukumaland ins Exil begeben. So geschah es, daß Kitereza dort geboren wurde. 1901 starb der Vater an den Pocken, und etwa zu gleicher Zeit wurde Lukonge von der deutschen Kolonialregierung abgesetzt. Die Mutter kehrte darum noch im selben Jahr mit ihrem Kind nach Kereweland zurück.
Vier Jahre lang erhielt der junge Kitereza am Königshof die traditionelle Erziehung eines potentiellen Thronfolgers, ehe man ihn 1905 zur weiteren Erziehung in die katholische Missionsschule Kagunguli in der Nähe der Residenz schickte. Schon 1909 war Kitereza wieder auf dem Festland, wo er bis 1919 in der Nähe von

Bukoba zum Katecheten und Lehrer ausgebildet wurde. Wohl wegen der schlechten Bezahlung gab er bereits 1920 die Missionskarriere auf und trat in die Dienste eines italienischen Handelshauses in Musoma. Bei Ausbruch des Zweiten Weltkriegs wurde das Handelshaus geschlossen, und Kitereza war arbeitslos. Er kehrte auf die Missionsstation Kagunguli zurück und wurde dort als Sekretär beschäftigt. Der Leiter der Missionsstation, Pater Almas Simard (1907-54), erkannte frühzeitig Kiterezas Interessen und Begabungen zur Erforschung der kulturellen und historischen Traditionen seines Volkes. Er ermöglichte es ihm daher durch finanzielle und sachliche Unterstützung, seinen Forschungen nachzugehen und die Ergebnisse niederzuschreiben.

Außer dem ethnographischen Roman, der ihn schließlich weltweit bekannt machte, verfaßte Kitereza noch zwei weitere Manuskripte: eins auf Swahili *Hadithi na Desturi za Ukerewe* (Geschichten und Traditionen von Kerewe-Land) und ein zweites auf Kikerewe mit dem Titel *Owanzuro gw'Abakama ba Bukerebe* (Geschichte der Könige von Kerewe-Land). Zunächst wurde keines der Werke gedruckt. Pater Simard, der vermutlich als einziger Nicht-Kerewe ihren Inhalt beurteilen konnte, bemühte sich anläßlich eines Heimaturlaubs in Kanada darum, einen Verleger für den Roman zu finden und übersetzte sogar große Teile daraus ins Französische. Unerwartet starb er jedoch, und das Material wanderte in das Archiv der Weißen Väter von Toronto.

In den Jahren 1968/69, also 23 Jahre nach der Entstehung des Romanmanuskripts, weilte das amerikanische Ethnologen-Ehepaar Charlotte und Gerald Walter Hartwig acht Monate lang zu Feldstudien auf der Insel Kerewe. Sie machten die Fachwelt in einem kurzen Aufsatz erstmals auf Kitereza und sein Werk aufmerksam (1972). Außerdem bemühten sie sich um eine Finanzierung der Drucklegung. Sie veranlaßten den inzwischen betagten und schwer rheumakranken Kitereza, das ganze Manuskript der besseren Publikationsmöglichkeiten wegen ins Swahili zu übersetzen, was dieser innerhalb eines Jahres auch durchführte. Der Druck, der in China erfolgte, nahm weitere 12 Jahre in Anspruch. Die ersten Vorabkopien erreichten Tansania schließlich im Mai 1981, vierzehn Tage nachdem Aniceti Kitereza auf Kerewe 85jährig verstorben war, ohne den gedruckten Roman, dem er einen Großteil seines Lebens gewidmet hatte, jemals in Händen gehalten zu haben.

Um das Werk thematisch richtig einordnen zu können, muß man einen wesentlichen Sachverhalt aus dem Leben Kiterezas kennen: Er war seit 1919 mit Anna Katura verheiratet. Die Ehe blieb jedoch kinderlos. Dies bedeutete für einen traditionsbewußten Afrikaner ein schwerer Schicksalsschlag. Kitereza hat die Kinderlosigkeit in seinem Roman ausführlich problematisiert und diskutiert, sich selbst jedoch keineswegs traditionell verhalten, indem er etwa versucht hätte, mit anderen Ehefrauen diesen gravierenden Mangel im Leben eines afrikanischen Menschen zu überwinden. Anna und Aniceti liebten einander. Sie haben bei aller sozialen Verachtung und trotz der Aussicht des endgültigen Todes der genealogischen Linie Kiterezas ihrer irdischen Liebe den Vorrang gegeben und sind somit persönlich einem anderen Verhaltenskodex gefolgt, als das von Kitereza propagierte Wertesystem der Kerewe nahegelegt hätte.

Der gesellschaftliche und historische Kontext

Kitereza hat in seinem Roman die gesellschaftlichen Verhältnisse der vorkolonialen Zeit beschrieben und reflektiert. Es handelt sich mehr oder weniger um die Epoche seines Großvaters König Machunda, der zwischen 1835 und 1869 regierte. Wesentliche Sachverhalte jener Zeit wie etwa die intensiven Handelskontakte der Insel mit der ostafrikanischen Küste sind allerdings völlig ausgespart. Aus anderen Quellen, nicht zuletzt durch die einschlägigen Werke von Gerald Walter Hartwig, sind uns diese trotzdem gut bekannt (Hartwig 1971, 1976).

Demnach lebten im 19. Jahrhundert verschiedene ethnische Gruppen auf der Insel Kerewe: Sese, Jita, Kara und Ruri. Die Minderheit der Sese unter ihrem führenden Klan der Silanga war erst im 17. Jahrhundert vom Nordwestufer des Viktoria-Sees eingewandert und hatte die Herrschaft über die anderen Ethnien auf der Insel angetreten. In welcher Weise die Errichtung dieser Vorherrschaft erfolgte, ob kriegerisch oder mit friedlichen Mitteln, wissen wir nicht genau. Aus parallelen Entwicklungen im vorkolonialen Afrika dürfen wir jedoch vermuten, daß die Macht in der Tat mit friedlichen Mitteln errichtet wurde. Die mit sakralen Zügen ausgestatteten Könige der Sese besaßen nämlich eine Fähigkeit, die für das Wohlergehen der übrigen Bevölkerung wichtig war: Sie beherrschten Regen und Winde, die sie nach Belieben manipulieren konnten. Im 19. Jahrhundert untermauerten sie ihre Macht durch die Errichtung wirtschaftlicher Monopole, unter denen der Elfenbeinhandel mit der Küste wohl das wichtigste gewesen sein dürfte. Kitereza geht auf diese Faktoren kaum ein. Man gewinnt ohne dieses Hintergrundwissen aus seinen Berichten daher den Eindruck, daß die Bevölkerung auf der Insel völlig homogen gewesen sei. Lediglich als

Bewohner benachbarter Inseln werden gelegentlich die Kara oder die Jita als hervorragende Eisenspezialisten erwähnt. Dieses Verhalten dürfte der im Romantext nicht weiter formulierten Politik der herrschenden Sese-Minderheit entsprechen, die ethnische Pluralität im Königreich durch Homogenisierung abzubauen. Für die ethnologische Interpretation der Schriften Kiterezas muß daraus jedoch der Schluß gezogen werden, daß seine Aussagen zunächst nur für die Sese oder vielleicht sogar nur für den Silanga-Klan Geltung haben bzw. aus dieser Perspektive zu bewerten sind.

Kitereza darf auch nur eingeschränkt als ein Augenzeuge der von ihm beschriebenen Sachverhalte gewertet werden. Er hat zwar die entscheidenden Jahre seiner Kindheit am Königshof zugebracht und ist dabei in den Traditionen der Königssippe unterwiesen worden. Die traditionelle Zeit ging aber eigentlich schon vor seiner Geburt zu Ende. Immerhin dürften beim Ausbruch des Zweiten Weltkriegs, der Zeit, als Kitereza das Material für seine Schriften systematisch zu sammeln begann, noch viele Zeugen aus der Epoche seines Großvaters Machunda gelebt haben. Seine Neffen, die zum Teil ihre Kindheit in seinem Hause verbracht haben, berichteten uns, daß er bereits in jenen Jahren, als er seine Texte niederschrieb, allgemein als Autorität für die Traditionen der Kerewe galt. Er habe oft zur Abendstunde die Kinder und jüngeren Leute der Nachbarschaft um sich versammelt und ihnen von der alten Zeit der Kerewe-Könige erzählt. Wenn er bis spät in die Nacht beim Licht einer Petroleumlampe an seinen Texten schrieb und ihn die Kinder dabei gelegentlich störten, mahnte er sie mit der Begründung zur Ruhe, daß er diese Tätigkeit nur für sie und ihre Unterrichtung über die alten Werte des Kerewe-Volkes ausübte. Zumindest zu jener Zeit muß er sich bereits selbst als eine Art Chronist seines Volkes empfunden haben. Die Einstellung der Weißen Väter ihm gegenüber mag ihn darin bestärkt haben.

Aufbau und Inhalt der Romantexte

Eigennamen

Das Kerewe-Manuskript, dessen Inhalt wir als ethnographischen Doppelroman bewerten, trägt den Originaltitel *Myombekere na Bugonoka : Ntulanalwo na Bulihwali*. Es handelt sich hier um vier Eigennamen, denen eine übertragene Bedeutung zugrunde liegt. Diese ist so angelegt, daß sie einem kulturellen Insider als Schlüssel zum Thema dienen kann. Die ersten drei Namen verweisen auf die Hauptcharaktere der romanhaften Handlung. Der letzte Namen stellt für die Interpretation in gewisser Weise ein Rätsel dar, auf das wir im weiteren Verlauf der Abhandlung noch zurückkommen werden.

Der männliche Name *Myombekere* ist eigentlich ein Nomen agentis, das auf das Verb *kuombeka* 'ein Gehöft im Sinne einer Familie gründen' zurückgeht. Der Name bedeutet also soviel wie 'Familiengründer'. Myombekere ist die männliche Hauptperson des ersten Teilromans, der unter dem deutschen Titel *Die Kinder der Regenmacher* 1991 von uns übersetzt wurde.

Der Name seiner Ehefrau *Bugonoka* bedeutet als abstraktes Nomen 'überraschendes Ereignis'. Diese Bedeutung entspricht keinesfalls dem Charakter und dem Schicksal der Namensträgerin, sondern dürfte eher als Kontrast zu dem planerischen und auf Stabilität ausgerichteten Prinzip des Gehöftgründers zu interpretieren sein: Der Mensch mag zwar planen und aufbauen, er muß jedoch gewärtigen, daß das Schicksal jederzeit seine Pläne durchkreuzen kann: Unverhofft kommt oft. Beide Lebensprinzipien sind wie in einer Ehe miteinander verbunden.

Die beiden anderen Namen sind dem zweiten Teilroman vorangestellt, der von uns unter dem deutschen Titel *Der Schlangentöter* 1993 übersetzt wurde. *Ntulanalwo* ist der Name des Sohnes, den Myombekere und Bugonoka nach vielen Schwierigkeiten gezeugt haben. Auch er leitet sich etymologisch von einem Verb ab: *kutula na* bedeutet 'mit etwas zusammen sein'. Dieses Etwas wird nur durch das Pronomen *lw-o* elliptisch angedeutet. Gemeint ist *lufu* der Tod. Ntulanalwo bedeutet also frei übersetzt 'ich bin stets vom Tod umfangen'. Der Träger dieses Namens hat zwar viele Gefahren zu bestehen und ist, zumal im Kindesalter, häufig sterbenskrank, sein Charakter und sein Schicksal sind jedoch nicht von ständiger Todesdrohung gekennzeichnet. Allerdings treten rechts und links von der Haupthandlung viele Ereignisse ein, die die allgemeine Lebenserfahrung der ständigen Gegenwart des Todes bestätigen. Wir interpretieren daher auch diesen Namen als den Ausdruck eines allgemeinen Lebensprinzips der Kerewe: Memento mori.

Der vierte Name *Bulihwali* bezeichnet die Tochter Myombekeres und Bugonokas, einer wenig ausgestalteten Nebenfigur, die im zweiten Teilroman nur an drei Stellen auftritt. Der Name stellt eigentlich eine Frage dar, die frei übersetzt lautet: 'Wann wird das Leid enden?' Auch dahinter verbirgt sich wohl ein Lebensprinzip: Der Mensch wird im allgemeinen nicht zu den Ahnen abberufen, wenn er den Höhepunkt seiner persönlichen Entfaltung erreicht hat, sondern erst dann, wenn Gott es so bestimmt. Am Ende des menschlichen

Lebens gewinnt somit die Last und der Überdruß am Leben die Vormacht. Diese Interpretation findet ihre Stütze in der Schlußszene des zweiten Teilromans. Die bis dahin völlig unscheinbare Figur der Bulihwali hat hier sozusagen ihren großen Auftritt. Nachdem zusammenfassend berichtet worden ist, daß sie ein erfolgreiches Leben mit zahlreichen Enkeln und Urenkeln als Nachkommenschaft führte und steinalt wurde, folgt eine detailliert beschriebene Szene, in der Kitereza beschreibt, wie sie debil und schwach dahinvegetierte. Die einschlägige Stelle lautet:

"Wer immer ins Gehöft kam und ihre Altersschwäche sah, bekam Angst, ebenso lange leben zu müssen. Untereinander sprachen die Leute: Es ist doch besser rechtzeitig zu sterben, als so alt und gebrechlich zu werden. Warum muß sie in diesem Zustand immer noch weiterleben, wo sie doch längst alle ihre Kinder geboren und großgezogen hat? Wäre sie ein Rind, eine Ziege oder ein Schaf, hätte man ihr dann dieses jämmerliche Leben nicht längst erspart und sie getötet? Andererseits kann man jemanden, der nicht beizeiten stirbt, ja auch nicht lebendig begraben!".

Alle vier Namen erinnern somit an vier Lebensprinzipien. Man darf vermuten, daß es die in Kiterezas Sicht wesentlichen ethischen Grundsätze der Kerewe-Gesellschaft sind, die er der im Titel nicht weiter erwähnten Thematik seiner Romane voransetzte, um auf diese Weise deren Verständnis bei seinen Kerewe-Lesern von vornherein zu konditionieren. Dieses Motto wurde als Titel nahezu unverändert auch für die schließlich publizierte Swahili-Fassung des Doppelromans von 1980 übernommen, ohne daß den Lesern, die ja nun alle kulturelle Außenseiter waren, irgendeine Interpretationshilfe an die Hand gegeben worden wäre. Diese und ähnliche Übertragungsfehler führten dazu, daß nach einer ersten Euphorie, die den Doppelroman sogar auf die Liste der verbindlichen Schulliteratur brachte, das swahilisprachige Publikum die Lektüre verweigerte. Kiterezas Roman wurde in aller Stille von der Liste der Schulliteratur gestrichen und blieb unverkauft in Massen auf den Regalen der tansanianischen Buchläden liegen.

Handlungsthematik

Die fiktive und darum romanhafte Handlung des ersten Teilromans entwickelt sich an der für Kitereza autobiographischen Problematik der Kinderlosigkeit. Mymobekere und seine von ihm über alles geliebte Frau Bugonoka bleiben zunächst kinderlos. Sie geraten dadurch unter starken sozialen Druck insbesondere von seiten seiner Sippe. Man drängt sie, die Ehe aufzulösen. Ihre Eltern erscheinen schließlich unangemeldet im Gehöft Myombekeres und nehmen sozusagen im Handstreich ihre Tochter Bugonoka nach Hause zurück. Myombekere findet sich damit jedoch nicht ab. Er kämpft, um sie von den Schwiegereltern zurückzugewinnen, was ihm schließlich auch gelingt. Danach bemüht er sich, mittels einer komplizierten Heilbehandlung Bugonokas Unfruchtbarkeit zu überwinden. Sie wird schließlich schwanger, und der Leser wird zum Beobachter der Monat für Monat fortschreitenden Schwangerschaft. Er nimmt teil an den Problemen und Ängsten, bis schließlich der Sohn Ntulanalwo geboren wird. Obwohl, wie im Kapitel 16 deutlich ausgeführt wird, alle Sachverhalte, die mit der Geburt zusammenhängen, für Männer absolut tabu sind, bekommt der Leser im Kapitel 19 eine sehr aus-führliche Beschreibung der Geburtsvorgänge geliefert. Da Kitereza ein männlicher Autor ist, fragt man sich unwillkürlich, wie er an diese geheimen Informationen wohl gekommen sein mag.

Als zweites großes Thema des ersten Teilromans ist das Verhältnis der Geschlechter zu nennen. Hauptsächlich in Dialogform wird darüber immer wieder reflektiert, ohne daß wie im Falle der Kinderlosigkeit eine thematische Entwicklung stattfindet. Das zweite Hauptthema veranlaßt Kitereza dazu, im 13. Kapitel eine alte Mythe nachzuerzählen. Sie berichtet davon, wie es dazu kam, daß Männer und Frauen zusammenzogen und Familien begründeten, nachdem sie zuvor in getrennten Königreichen lebten.

Im zweiten Teilroman *Der Schlangentöter* wird die erfolgreiche Entwicklung der von Myombekere begründeten Sippe geschildert. Myombekere ist auch hier eine der beiden Hauptfiguren. Die andere wird von seinem Sohn Ntulanalwo gestellt, während die weiblichen Figuren allesamt nur Nebenrollen einnehmen. Die Familie muß sich mit vielen existenziellen Problemen auseinandersetzen, kann sie aber alle auf der Grundlage des überkommenen Wertesystems der Kerewe meistern. Der äußere Erzählstrang wird von der Entwicklung der Familie bestimmt. Im ersten Teil steht die frühkindliche Phase des Sohns Ntulanalwo im Vordergrund. Dann folgt ein Abschnitt, in dem der Vater Myombekere für seinen Sohn auf Brautwerbung geht. Im letzten Drittel gewinnt der Roman immer mehr an Fahrt. Es findet kaum noch eine innere Entwicklung statt, während die Dichte der ethnographischen Informationen in rasch aufeinanderfolgenden Szenen zunimmt. Man hat den Eindruck, der Autor wollte zu einem Ende kommen und hat versucht, möglichst schnell seinen Zettel-kasten abzuarbeiten. Ein erzählerischer Höhepunkt findet sich nochmals im Kapitel 17, in welchem Sterben und Begräbnis

Myombekeres in allen Einzelheiten und Hintergründen dargestellt werden.

Der äußere Handlungsablauf und die Interaktionen der Figuren sind eindeutig fiktional. Das geht so weit, daß sich Kitereza gelegentlich von der Dramatik des erzählerischen Augenblicks auch für kulturelle Insider zu ausgesprochen märchenhaften Handlungsabläufen verleiten läßt. So sagt etwa ein Elefant beim Kampf mit Ntulanalwo und dessen Söhnen sinngemäß: "Wartet, ich komme euch!" (Kap. 19). Oder in der Schlußszene, nachdem Buhlihwali begraben ist und man ihre armselige Habe wegen des Schmutzes verbrannt hat, kehrt ihr Totengeist zurück und zerbricht den Nachkommen Knochen und Rückgrat, um sich für die Geringschätzung ihres Nachlasses zu rächen. Insofern handelt es sich um romanhafte Textpassagen. Daneben gibt es jedoch ausführliche Schilderungen traditioneller Vorgänge von der Bierbereitung bis hin zu Rechtsfällen und Heiratsbräuchen. Diese sind überaus realistisch gestaltet und erheben in ihrer Diktion deutlich den Anspruch, der zeitgenössischen oder historischen Wirklichkeit zu entsprechen. Sie wären häufig nach der Logik der romanhaften Handlung sogar überflüssig. Man darf vermuten, daß Kitereza den romanhaften Teil der Texte nur als Gerüst verwendete, um seine ethnographischen Informationen unterzubringen. Da es sich um mehrere miteinander verwobene Lebensabläufe handelt, kann er so, auch ohne einer westlichen Fachsystematik zu folgen, beinahe assoziativ, aber doch gezielt alle großen Themen der Ethnologie von Geburt, Familie, Lebenssicherung, Krieg, soziale Ordnung über Glaubensvorstellungen, Ethik und Recht bis hin zu Krankheit und Tod ansprechen.

Sprache und Stil

Die Texte sind von vornherein schriftlich konzipiert. Da Kitereza kaum Vorlagen oder irgendwelche Anleitungen zum Romanschreiben gehabt haben dürfte, ist es für uns interessant, wie er sich der für ihn und seine Kultur völlig neuen Aufgabe stellte. Wie nicht anders zu erwarten, ist seine Ausdrucksweise stark vom oralen Vortragsstil eines traditionellen Erzählers geprägt, so daß Emma Crebolder van der Velde (1986) diese Art zu schreiben mit einiger Berechtigung als 'Übergangsliteratur' bezeichnete, womit sie ein drittes Genre zwischen schriftlich verfaßter Literatur und oraler Literatur postulierte.

Die Romantexte sind hauptsächlich im Aktionsmodus des Diskurses zwischen mehreren Personen gestaltet. Daneben kommen zu etwa einem Drittel der Fälle Textpassagen im Erzählmodus vor und zwar sowohl auf der Geschehensebene als auch auf der Meta-ebene, wo sich der Autor unmittelbar als Erzähler an den Leser wendet und die soeben geschilderten Handlungen und Vorgänge entweder erklärt oder kommentiert.

Ein weiteres Stilmerkmal ist die Überfrachtung der Texte mit Sprichwörtern und Metaphern. Es handelt sich um Sprachformen, die aufgrund ihrer existenziellen Abhängigkeit von situativen und kulturellen Kontexten eigentlich nur für kulturelle Insider verständlich sind. In der Übertragung auf andere Sprachkulturen – und das gilt auch für das Verstehen durch einen kulturellen Fremden – verlangen sie eine besondere Methodik der Sinn-Interpretation (Möhlig 1994). Kitereza selbst hat dieses Verfahren bei der Übersetzung der Romantexte ins Swahili gelegentlich angewendet, allerdings nicht durchgehend, so daß den swahilisprachigen Adressaten der Sinn vieler Kerewe-Sprichwörter verborgen bleiben dürfte.

Auf der Wortebene finden sich zahlreiche lautmalerische Bildun-gen und viele Fachausdrücke für traditionelle Gegenstände und Sachverhalte, die Kitereza in der von ihm angefertigten Swahili-version nicht übersetzt hat. Den Grund dafür erfährt man in der Mitte des 12. Kapitels formuliert:

"Wir können hier nicht alles ausführen, weil wir Schwierigkeiten mit der Wiedergabe im Swahili haben. Der vollständige Wortlaut findet sich in der *Kerewe*-Version von Myombekere na Bugonoka."

Damit ist es sozusagen verbindlich geklärt: Die autoritative Fassung des ethnographischen Doppelromans ist die in Kerewe verfaßte. Sie liegt leider nur in Manuskriptform vor. Für die ethnographischen Aus-sagen Kiterezas sind wir daher zur Zeit noch weitestgehend auf die Übersetzungen in Swahili oder Deutsch angewiesen. Wir müssen uns dabei klar machen, daß jede Übersetzung eine höchst subjektive Interpretation des Urtextes darstellt, weil in der Kommunikation zwischen Autor und Leserschaft hier stets das persönliche Ver-ständnis des Übersetzers noch zwischengeschaltet ist.

Ethnogaphische Grundaussagen

Um die immense Materialfülle an ethnographischen Grundaussagen etwas zu ordnen und ausgewählte Gegenstände im unmittelbaren kulturellen Kontext beschreiben und diskutieren zu können, unterteilen wir die von Kitereza behandelten Sachverhalte in solche, die auf den ersten Blick mehr materiell erscheinen und solche, die in derselben Perspektive vor allem ideenhaft-konzeptuell gewichtet sind. Dabei ist uns bewußt, daß die Grenzen wie etwa bei der Bekämpfung einer Vogelplage (Bd.1, Kap.17) mitunter fließend sind.

Neben vielen Beschreibungen traditioneller Geräte wie Kochgeschirr, Löffel, Waffen und alltäglichen Verrichtungen wie Ackerbau, Kochen, Auftischen und Zubereitung der Speisen, Rinderhaltung usw. geht Kitereza auf folgende Themen ausführlicher ein:

Lebenszyklus

Geburt (I: 19)[1]; erste Lebensphase (II: 1, 2); Entwöhnen (II: 5); Erziehung (II: 5-8, 11); Brautwerbung (II: 9, 10); Verlobung (II: 13), Heirat (II: 14, 15, 18); Alterssenilität (II: S. 332ff); Tod und Begräbnis (II: 17-19); Totenklage (II: S. 281ff).

Krankheiten

Unfruchtbarkeit (I: 12); Kinderkrankheiten (II: 4); Beinbruch (II: 8); Schlangenbiß (II: 7, 18); Schwarze Pocken (II: 16); Todeskampf und Agonie (II: S. 279ff).

Lebenserwerb

Feldarbeit (I: 11); Bekämpfung einer Vogelplage (I: 17); Rinderhaltung (I: 3, 5); Herstellung von Bananenbier (I: 7); Jagd und Fischfang (I: 5, II: 20)

Handwerkliche Fertigkeiten

Herstellung von Ackergerät (I: 11); Bootsbau (II: 19); Herstellung einer Schilfmatte (II: 11).

---

[1] Die Angaben in Klammern verweisen auf entsprechende Fundstellen in der deutschsprachigen Ausgabe. Die römischen Zahlen beziehen sich auf den ersten bzw. zweiten Teilband, die arabischen Zahlen auf die darin enthaltene Abfolge der Kapitel. Angaben von Seitenzahlen sind durch S. markiert.

Häusliche Verrichtungen
(durchziehen beide Romane in vielen Textpassagen); Schlachten
eines Ziegenbocks (I: S. 46f, 108); Verteilung des Fleisches (I: S.
47f, 109, 150ff); Schlachten eines Stiers (I: S. 148ff).

Tauschhandel
Flußpferdjäger und Fernhändler (I: 5); Ziege gegen Bananen (I: 7)
oder Tabak (II: S. 163ff).

Unterhaltung – Feste
Inthronisation eines neuen Königs (II: 3); Biergelage (I: 9, II: 10);
Fest nach einer Gemeinschaftsarbeit (I: 15); Verlobungsfeier (II:
14); Hochzeitsfeier (II: 15); Jägerfeste (II: S.216ff, 319ff).

Andere soziale Aktivitäten
Gerichtsverfahren (I: 4); Gemeinschaftsarbeit (I: 15); Streitge-
spräch (I: 16).

Vergleicht man die einzelnen Aussagen miteinander, kann man
durchaus erkennen, was Kitereza aufgrund eigener Anschauung
schildert und was nur vom Hörensagen. Aus der Fülle des Materials
sei dies hier an zwei gegensätzlichen Fällen veranschaulicht, dem
Bierbrauen und der Elefantenjagd.

Bierbrauen

Die Ausführungen Kiterezas zum Bierbrauen finden sich im Kapitel 7
des ersten Teilromans. Konkreter Anlaß zum Brauen ist eine
Bedingung, die Myombekere von seinem Schwiegervater auferlegt
wird, nach deren Erfüllung er seine Frau Bugonoka zurückhalten
kann. Myombekere verfügt nicht über die Menge an Bananen, die
erforderlich wäre, um die geforderten sechs Krüge Bier herzustellen.
Darum tauscht er bei einem Nachbarn entsprechend viele Fruchtstände gegen einen Ziegenbock ein. Anschließend organisiert er in
der Familie eines Blutsbruders, der über vier Frauen und drei Söhne
als Arbeitskräfte verfügt, eine Gemeinschaftsarbeit. Der erste
Arbeitsschritt des Bierbrauens besteht darin, die Bananen in einer
Grube nachreifen zu lassen (I: S. 84):

"Myombekere stieg in die Grube hinab und bat um eine kleine Hacke und
einen Waschzuber, um die Grube zu säubern. Er sagte ihnen: Über

Nacht soll die Grube austrocknen. Morgen früh will ich darin ein Feuer anzünden, damit sie ganz trocken wird, so daß ich am Nachmittag die Bananen zum Nachreifen eingraben kann."

Dann wird ausführlich geschildert, wie die getrocknete Grube mit Bananenblättern ausgekleidet und schließlich mit den Fruchtständen beladen wird.

"Nachdem sie alle Fruchtstände in der Grube aufgeschichtet hatten, deckten sie diese mit Bananenstauden und grünen Bananenblättern zu. Darüber häuften sie trockenes Bananenlaub, das der junge Helfer in Brand setzte. Mit einem großen Bananenblatt fachte er unermüdlich das Feuer an, bis er schweißgebadet war. Erst als er sich davon überzeugt hatte, daß genügend Rauch in die Höhlung unter der Abdeckschicht gedrungen war, hörte er damit auf. Er ergriff eine Hacke und schüttete die Grube mit Erde zu, damit der Rauch nicht entweichen konnte."

An diese Schilderung schließt sich unmittelbar der kommentierende Satz Kiterezas an: "Dies ist notwendig, um die Nachreifung in Gang zu setzen. " Dann fährt die Schilderung fort:

"Am Ende reichte Myombekere dem Helfer einen Bananenschößling. Der knickte ihn mehrfach, führte ihn zwischen den Beinen durch und setzte ihn auf die Grube. Dann sammelten sie ihr Werkzeug ein und kehrten zum Gehöft zurück."

Abgesehen von der detaillierten Beschreibung der Vorgänge, die nur einem direkten Beobachter möglich ist, erkennen wir die Kennerschaft Kiterezas auch an der Fortführung der Textstelle, die folgenden Kommentar an die Adresse der kulturfremden Leser enthält:

"Wer wissen möchte, weshalb der Gehilfe einen Bananenschößling auf die Grube pflanzte, kann ruhig danach fragen. Die Antwort ist sehr einfach: Es handelt sich um ein Opfer an die Ahnen, damit die Bananen besser reifen."

Wir beurteilen diese Art von Textpassagen in Kiterezas Romanen als Augenzeugenberichte. Nach demselben Rezept wird bis heute auf der Insel Kerewe noch Bananenbier gebraut. Eine andere Beschreibung, die offensichtlich nicht auf direkter Beobachtung beruht, bezieht sich auf die Elefantenjagd.

Schilderung einer Elefantenjagd

Die Quelle dazu findet sich im 19. Kapitel des zweiten Teilromans (II: S. 315). Ntulanalwo, der Sohn Myombekeres, befindet sich zum Holzfällen mit seinen drei Söhnen im Wald. Dabei werden die Männer von einem Elefanten angegriffen. Ntulanalwo feuert seine Söhne mit starken Worten zum Kampf an.

"Der Elefant sagte darauf: Wartet nur, ich komme euch! Er trompetete laut zum Angriff, nahm die Witterung auf und würzte seinen Rüssel mit dem Geruch der Männer. Dann ließ er nochmals sein furchterregendes Trompeten erschallen. ... Er versuchte an sie heranzukommen und Ntulanalwo mit seinem Rüssel niederzuschmettern. Dieser stieß ihm mit aller Kraft, die ihm Gott gegeben hatte, seinen Speer in den Leib. Als der Stich saß, sprang Ntulanalwo in die Höhe und schrie laut: Frage nicht, wer dir den scharfen Stahl in die Rippen gestoßen hat. Ich, der Sohn Bugonokas habe es getan. Als der Elefant ihn abermals anzugreifen versuchte, wich er ihm geschickt aus, indem er unter ihm hindurchschlüpfte."

Die drei Söhne verhalten sich ähnlich wie der Vater. Jedem von ihnen gelingt es, dem Tier seinen Speer in den Leib zu stoßen, wobei sie jeweils sogleich unter Nennung des Namens der Mutter eine Selbstpreisung ausrufen.

Das Fiktionale an dieser Textpassage erkennt man sogleich daran, daß auch geübte Jäger den Elefanten nicht zwischen den Beinen herumlaufen, wie es Kitereza hier schildert, sondern andere Techniken entwickelt haben, um selbst geschützt möglichst nahe an die Tiere heranzukommen. Auch dürfte ein von unten geschleuderter Speer kaum mehr als einen oberflächlichen Kratzer in der Haut eines Elefanten verursachen. Aus einschlägigen Jagdschilderungen wissen wir, daß die schweren Elefantenspeere von oben in die Tiere gestoßen wurden. Mit Ausnahme der Selbstpreisung der Jäger, die sicherlich auf eine authentische Sitte Bezug nimmt, hat Kiterezas Beschreibung daher kaum einen ethnographisch-dokumentarischen Wert.

Textstellen wie diese sind vergleichsweise einfach daran zu erkennen, daß sie die Vorgänge summarisch, klischeehaft und unlogisch darstellen. Das märchenhafte Element des Wunderbaren, das auch in der zitierten Episode durch das Sprechen des Elefanten gegeben ist, kennzeichnet solche Textstellen zusätzlich. Man kann allgemein feststellen, daß Kitereza in diesen Fällen besonders grelle Farben verwendet, so daß auch der kulturelle Fremde sehr schnell das Irreale erkennt. Statistisch gesehen, nehmen die erfundenen oder fiktionalen Sachverhalte gegenüber den authentischen nur einen sehr geringen Raum ein.

Sozialstruktur

Eines der Ziele Kiterezas bestand darin, nachfolgenden Generationen die moralischen Werte der traditionellen Kerewe-Gesellschaft zu vermitteln. Seine zuvor behandelten Aussagen zur materiellen Kultur sind demgegenüber nur schmückendes Beiwerk oder auch der äußere Rahmen, in die er seine eigentlichen Botschaften stellt. Entsprechend der romanhaften Struktur handelt Kitereza seine inneren Themen nicht systematisch ab, sondern fügt sie dort in den Gesamttext ein, wo es der am normalen Tages- und Jahresablauf orientierte Handlungsstrang nahelegt. Auf diese Weise sind Ausführungen zu einem Thema über viele Textpassagen verteilt. Um die vielen disjunkten Informationen wieder zusammenzubringen, ist es erforderlich, ein abstraktes Schema von Themen aufzustellen:

Verhältnis der Geschlechter
Mythe vom Beginn des Zusammenlebens (I: S. 201-216); Wertschätzung der Ehe (I: S. 58, 182); sozialer Druck auf Mann sich zu verheiraten (I: S. 20); Aufgaben und Stellung der Frauen (I: S. 19, 217); Vorrangstellung der Männer: Knieen der Frauen vor den Männern (I: S. 14ff, 60, 75, 117, 154); Männer speisen vor den Frauen (I: S. 180); Verfassung auf den Gehöften (I: S. 196); Liebe und Gegenliebe aus der Perspektive der Frau (I: S. 26f, II: S. 238f, 253); Wert der Frau aus der Sicht des Mannes (I: S. 80, 129); Liebe der Männer zu ihren Frauen (I: S. 113); Gattenliebe (I: S. 128, 147f, 195f II: S. 22f); Abschiedsgeleit für die eigene Ehefrau bei Antritt einer Reise (I: S. 236); Verpflichtung des Ehemannes, seine Frau zu einem Heiler zu führen (I: S. 58f, 113); Ersatzweise Verpflichtung des Vaters, seine verheiratete Tochter zu einem Heiler zu führen (I: S. 59); Vorrecht der Frauen, Maische zu verteilen (I: S. 91); Verfügung des Hausvaters über Nahrungsmittel (I: S.106f, 114); Speisetabus der Frauen (I: S.123f, 187); ausschließliche Sphäre der Frauen (I: S. 188f, 256f, 267f, 301, 306f, II: S. 22f); Verbot des Mannes, Feldfrüchte zu ernten (I: S. 231); Rinder fallen in männliche Zuständigkeit (I: S.147); Fehlverhalten der Frauen den Männern gegenüber (I: S. 196ff, 224f,

235, 253); Fehlverhalten der Männer gegenüber den Frauen (I: S. 155, 217, 253ff); Mehrehe (II: S. 266ff, 303ff); Preisnamen der Frauen (II: S. 325ff).

Verwandtschaftliche und schwägerschaftliche Beziehungen
Hilfe und Beistandspflichten der Verwandten (I: S. 19, 245ff, II: 17); Mitwirkung aller Verwandten bei der Eingehung einer Ehe (II: 10, 12); Heiratsverbot (I: S. 31, II: S.121); Druck der Verwandten des Mannes bei Kinderlosigkeit (I: S. 9f, 27, 59); Schwiegermutter-meidung (I: S. 11ff, 21, 61, 293, 303, II: S. 79f); Ehrerbietung gegenüber dem Schwiegervater (I: S. 14f, 22f, 60, 66, 94); Scherzbeziehungen zu Schwägerinnen und Cousinen (I: S. 73f, 77, 83ff, 93, 118f, 120, 232f); zu Frauen des Blutsbruders (I: S. 91); Loyalität des Blutsbruders: (I: S. 82ff). Intervention bei Mißständen (II: S. 299f); Vormundschaft des Bruders über die Schwester (II: 18).

Nachbarschaftliche Loyalitäten
Ausborgen von Gegenständen und Nahrungsmitteln (I: S. 105, 106); Gegenseitige Hilfeleistungen (I: S. 101, 145, 178ff, II: S. 272 ff); Gemeinsame Feste (I: S. 110).

Austausch von Geschenken
Abschiedsgeschenke (I: S. 75, 115, 234); Gastgeschenke (I: S. 107, 230); als Entgelt für geleistete Dienste (I: S. 90, 97, 124, 142, 150, 151, 162, 239, 248f, 275, 282, 285, 305, II: S. 118f); als Entgelt für eine erteilte Einwilligung (I: 158); Nachbarschafts-geschenke (I: S. 106, 239); Brautgut (II: 14).

Staatsgewalt
König (I: S. 189ff, II: S. 24ff, Kap. 3, S. 263ff); Distriktsvorsteher (Jumbe) (I: 36ff, 270ff); Niederknieen vor dem Jumben (I: S. 40); Brau-Abgabe (I: S.38, 97f, II: S.153ff, 213ff); Jagdabgabe (II: S. 216ff, 319ff); Tribute (I: S. 276ff, 285); Hand- und Spanndienste (I: S. 189ff); Gerichtsbarkeit (I: S. 36, 41f).

Glaubensvorstellungen

Gott
als Quelle des Kindersegens (I: S. 306); als Bewahrer des Lebens und der Gesundheit (I: S. 27, 121, 147, 183); als Stifter des Ehefriedens (I: S. 116); Kinderlosigkeit als Fluch Gottes (I: S. 25).

Gute Geister
Mugasa, Herr des Nyanza-Sees (I: S. 95, II: S. 199); Lyangombe als Geber einer Kuh (I: S. 186); Manani, Sohn Bakamas, als Verursacher des Regens (I: S. 273, 281); Gebet des Vogeldoktors an Manani (I: S. 283).

Ahnen
Gefäß der Frauen für Ahnenopfer (I: S. 16); Altar als Ablage für Eßfische (I: S. 63); Ahnenopfer (I: S. 86); Verärgerung der Ahnen durch unterlassene Opfer (I: S. 175, 259); Ahnenfest für Neugeborenen (II: S. 37ff); Ahnenfest für Neuvermählte (II: S. 252 ff).

Menschliche Lebenskraft (Seele)
Seele und Selbstmord (I: S. 172); Körper und Seele (II: S. 299).

Böse Geister und Meidungen
Ursprung durch Hexerei (I: S. 199f); Nachtarbeit als Zusammenarbeit mit bösen Geistern (I: 156); Unhold, der Rinder tötet (I: S. 53); Schlangentabu (I: S. 103f, 199f); Sprechtabu bei Gewitter (I: S. 52); Tabu für Schwangere anläßlich des Todes eines engen Verwandten (I: S. 240, 242); Tabu, Vogelmedizin in ein Gehöft zu tragen (I: S. 274); Kadaver-Furcht (II: S. 318).

Magie und Hexerei
Verwandte beschuldigen Totgebärerin der Hexerei (I: S. 24, 30); Behexen der Frauen des Königs (I: S. 198f); Furcht vor Hexerei oder Vergiftung beim Essen auf fremden Gehöften (I: S. 185); Bierprobe durch die Frauen (I: S. 39, 112, 125); Zudecken einer Medizin, um sie vor Schadenszauber zu schützen (I: S. 177f); Abwehrmedizin gegen Schadenszauber (I: S. 190); Geheimhaltung magischer Handlungen (I: S. 283); unerwarteter Tod als Folge von Hexerei (I: S. 193); fälschlicher Vorwurf der Hexerei verletzt die Würde (I: S. 198); nächtlicher Spuk (II: S. 89 ff).

Wahrsager, Heiler und Regenmacher
Wahrsagen als diagnostisches Mittel (I: S. 174ff, II: S. 273); Lohn
für Wahrsager (II: S. 41f); Eingeweide-Orakel (II: S. 38f); Heiler
und Heilbehandlungen (I: S. 161, 172f, 174ff, 219ff, 237f, 277,
280, 291f; II: S. 55ff); Geburtshilfe (I: 19); Regenmacher (I: 52ff,
54f, 242, 260).

Ethische Prinzipien

Menschenwürde
Kindersegen als Bestandteil der Würde (I: S. 116); fälschlicher
Vorwurf der Hexerei verletzt Würde (I: S. 198); Vergleich von
Mensch und Tier gilt als abwegig (I: S. 307).

Ehrerbietung vor Älteren
Hütejunge nimmt Waffen entgegen (I: S. 33); Reihenfolge beim
Antrinken des Bieres (I: S. 39); Reihenfolge beim Herumreichen
der Milchkalebasse (I: S. 254); Rat eines Alten vor Gericht (I: S.
44); jüngerer Schwager nimmt Waffen entgegen (I: S. 53, 72);
Knieen der Tochter vor der Hütte der Eltern (I: S. 72).

Achtung vor dem Gast
Geleiten ins Gehöft (I: S. 79); Schwiegersohn zu Gast (I: S. 21);
Platz anbieten (I: S. 55, 68, 67); Hilfe beim Händewaschen und
Aufstehen (I: S. 67); Geschenke für den Gast (I: S. 107);
Ersttrinkrecht des Gastes (I: S. 112); Abschiedsgeleit (I: S. 76,
116, 145, 151, 162, 266).

Gerechtigkeit
Rechtsfall wegen eines Einbruchs der Rinder in ein fremdes Feld
(I: 3, 4); Verwandte überwachen Schadensersatz (I: S. 61f);
Bußzahlung wegen Vergehen der Verwandten des Mannes
gegenüber der Frau (I: S. 62); Strafen eines Raufboldes (II: S. 29).

Leistungsprinzipien
Standhaftigkeit (I: S. 51); Wertschätzung des Fleißes der
Bananenanbauer (I: S. 165f); negative Eigenschaften (I: S. 200);
Antrieb für den Fleiß die eigene Todesfeier (I: S. 234f); Tapferkeit
(II: S. 112ff).

Schamhaftigkeit
Mann muß nachts aufs Klo, Frau übernimmt gegenüber den anderen seine Rolle (I: S. 68f), Scham beim Essen (I: S. 121f); Nacktheit vor dem anderen Geschlecht (I: S. 121, 195); Scham der Männer, über das Geheimnis der Frauen zu reden (I: S. 256, 267); Verhalten der Knaben unter der Geburt (I: S. 300); Sexualität (II: S. 78, 138ff, 248f).

Ordnungskategorien
Kalender (I: S. 261-265); Begrüßung des neuen Monats mit Hörnerklang (I: S. 228, 288).

Es ist hier nicht der Platz, auf alle Themen im Detail einzugehen. Wer sich informieren möchte, findet die Quellenhinweise hinter den aufgelisteten Themen vermerkt. Hier wollen wir uns beispielhaft auf die beiden Themen Verfassung der Gehöfte und Hexerei beschränken.

Verfassung der Gehöfte (Familienverfassung)

Die Quelle dazu findet sich im ersten Teilroman auf S. 213. Nach einer Bemerkung, daß Myombekere und seine Frau Bugonoka niemals Streit miteinander hatten, kommt Kitereza zu einer allgemeinen Betrachtung über das Verhältnis von Mann und Frau in der Kerewe-Gesellschaft und führt dazu aus:

„Die Gehöfte weisen große Unterschiede auf, und jedes hat seine eigene Grundordnung, die vom Gehöftherrn ausgeht. So ist es zum Beispiel denkbar, daß ein geiziger Gehöftherr nicht gerne mit anderen teilt oder nicht will, daß auch seine Frau Leckerbissen ißt. Wenn dieses Verhalten der anerkannten Grundordnung auf dem Gehöft entspricht, können Mann und Frau trotzdem friedlich miteinander leben. Oder ein anderes Beispiel: Jemand führt seinen Haushalt, indem er sich täglich laut schreiend mit Frauen und Kindern herumstreitet. Wenn das in seinem Gehöft als Grundordnung gilt, können seine Frauen und Kinder trotzdem gesund und ohne Furcht leben. Noch ein anderer mehrt den Reichtum auf seinem Gehöft, indem er woanders stiehlt. Wenn er den Hof verläßt, weiß man nicht, wohin er geht. Kehrt er mit Fisch, Fleisch und anderen guten Sachen zurück, wird seine Frau diese mit beiden Händen von ihm entgegennehmen und ihre ganze von der Mutter erlernte Kochkunst aufwenden, um diese Sachen zuzubereiten. Und wenn sich die beiden satt daran gegessen haben, sind sie fröhlich. Das entspricht eben der Grundordnung, die vom Gehöftherrn ausgeht."

Im Klartext heißt dies, daß letztlich der Charakter des Mannes auch den sozialen Charakter der Ehen und Kleinfamilien bestimmt. Wenn die Frauen sich dem unterwerfen, haben die Ehen Bestand. Falls sich eine Frau nicht unterwirft, wird sie davonlaufen, und die beteiligten Sippen werden durch Rückgabe des Brautgutes oder eines Teils davon die Ehe auflösen (s. 2. Teilroman S. 299f). Dazu paßt eine andere Textstelle, die die männliche Dominanz hinsichtlich der Grundordnung noch unterstreicht. Sie findet sich auf S. 217 des ersten Teilromans im Anschluß an die Mythe 'Wie es zum Zusammenleben von Männern und Frauen kam':

„Bis heute nennt jede verheiratete Frau das Gehöft, in das sie einheiratet 'bei den anderen'. Sie verbringt ihr Leben in großer Bescheidenheit, ohne je etwas zu besitzen. Es wird nie dazu kommen, daß eine Frau im Lande herrscht, wie es damals zu den paradiesischen Zeiten gang und gäbe war. Sollte es eine Frau je schaffen, irgendetwas zu erringen, wird es nach kurzer Zeit doch das Eigentum eines Mannes."

Kitereza schildert hier eine streng patriarchalische Gesellschaft. Dennoch können die Ehefrauen ihre Interessen und angestammten Rechte durchsetzen. So verlangt Bugonoka eines Morgens von Myombekere Ackergerät (I: S. 153), um ein Kartoffelfeld anzulegen. Bei einer anderen Gelegenheit bekommt Bugonoka bruchstückhaft mit, daß sich einige Gäste mit Myombekere über Schwangerschaft und Geburt unterhalten. Sie stellt hinterher ihren Mann zur Rede und verlangt einen genauen Bericht, wie das Gespräch im einzelnen verlaufen ist:

„Als Bugonoka alles vernommen hatte, gab sie einen Laut der Verwunderung von sich – yuh! und schlug sich auf die Schenkel: 'Ei, diese Unholde sind verrückt. Warum hätten sie sonst über die geheimsten Angelegenheiten der Frauen geredet? Es gehört sich einfach nicht, daß so etwas offen unter Männern besprochen wird. Eigentlich beleidigt es alle Frauen. Hätte ich sie so reden hören, hätte ich sie zurechtgewiesen. Sie benehmen sich wie unverheiratete Männer. Warum treiben sie diese schmutzigen Spiele? Nun, mich haben sie damit jeden-falls tief gekränkt."

Hexerei

Ein weiteres Thema, auf das wir anhand von Kiterezas Textpassagen hier kurz eingehen wollen, ist das der Hexerei.

Es gibt nur eine Textstelle, in der Kitereza dieses Thema grundsätzlich abhandelt. Er wollte es sicherlich nicht zur Botschaft seiner Romane machen und hat Hexereien nur am Rande erwähnt, um seine Situationsschilderungen realistischer zu gestalten. Immerhin bringt er interessanterweise den Ursprung von Hexerei mit der Beziehung der Geschlechter in Verbindung (I: 216):

> „Hexerei und Magie waren vor dem Zusammenziehen von Frauen und Männern unbekannt. Die Leute erlernten erst später, Gutes und Schlechtes voneinander zu unterscheiden. Seither sucht man Schutz vor dem Bösen und bringt dafür den Geistern Opfer. ...Immer häufiger müssen die Wahrsager erkennen, daß das Ziel der Frauen nur darin besteht, ihre Männer umzubringen. Deshalb werfen die Männer den Frauen insgesamt vor, daß sie Hexen sind. In der Tat suchen die Frauen überall nach Zaubermitteln und reden bei jeder Gelegenheit, wenn sie unter sich sind, etwa beim Wasserschöpfen oder beim Baden, von nichts anderem als von Zauberei."

Man schützte sich dagegen nicht nur durch Amulette (I: 190), sondern auch durch Meidungen, zum Beispiel: "Zu jener Zeit hatten viele Leute Angst davor bei anderen zu essen, um nicht verhext oder vergiftet zu werden." (Kitereza I: 185) Strukturell delikate Sozialbeziehungen wie die zwischen Verschwägerten sind besonders anfällig gegen Hexerei. Man geht bereits dem Anschein der Hexerei aus dem Weg, indem man im Umgang mit Verschwägerten, insbesondere mit Schwiegereltern, Vorsichtsmaßnahmen ergreift. So dürfen Schwiegervater und Schwiegersohn nicht gemeinsam essen (I: 14f). Schwiegermutter und Schwiegersohn dürfen einander nicht einmal ansehen (I: 11f, 21, 61). Fast genauso ängstlich wie die Auswirkungen der Hexerei verhält man sich gegenüber dem Vorwurf ein Hexer zu sein, denn ein solcher Vorwurf verletzt die Würde und das Ansehen (I: 198). Ein überführter Hexer wird wie in anderen afrikanischen Gesellschaften auch mit dem Tode bestraft (I: 198f).

Kiterezas ethnographische Methoden

Kitereza gewann seine ethnographisch relevanten Informationen auf dreierlei Weise. Erstens verfügte er als kultureller Insider, der noch unmittelbar von der letzten vorkolonialen Generation abstammte, aus eigener Anschauung über kulturelles Wissen, das zum Zeitpunkt der Niederschrift seiner Romane schon untergegangen oder zumindest stark in Verfall war. Die Erinnerung daran der Nachwelt zu erhalten, war ihm eine wesentliche Motivation zum Abfassen der Romane.

Als zweites standen ihm aus der Generation seiner Eltern um 1945 noch eine Reihe von lebenden Zeitzeugen zur Verfügung, die er befragen und mit deren Informationen er seinen eigenen Wissensfundus bereichern konnte. Daß er systematisch auf diese Weise Material sammelte, ist verbürgt.

Drittens waren um 1945 noch viele traditionelle Vorstellungen und Praktiken im Volk lebendig. Er hat sie offenbar seit 1939 akribisch beobachtet und aufgezeichnet. Hierzu gehören etwa das Vertreiben von Vögeln aus den Hirsefeldern, das Brauen von Bier oder die Rechtsprechung auf der Ebene des Dorfvorstehers.

Welche Art von Quellen er in den Romantexten jeweils benutzte, hat er nicht ausdrücklich kenntlich gemacht. Dennoch sind wir in der Lage, in jedem Einzelfall mit großer Sicherheit am Stil der Darstellungen zu erkennen, auf welche Quellengrundlage er sich jeweils stützte. Einige Kostproben sind weiter oben gegeben worden.

Zum Schluß soll nochmals ausdrücklich darauf hingewiesen werden, daß die Romantexte Aniceti Kiterezas nicht nur für uns eine zufällige ethnographische Fundgrube darstellen, sondern auch aus der Sicht des Verfassers gerade diese Zielsetzung hatten. Er wollte seine zeitgenössischen Leser sicherlich auch unterhalten und erbauen, vorrangig jedoch über die Wertvorstellungen und Bräuche der Kerewe in vorkolonialer Zeit belehren. Zunächst stellte er sich als Zielgruppe nur die Nachkommen seiner eigenen Volksgruppe vor. Das erklärt, warum der Urtext in Kerewe verfaßt wurde. Vermutlich unter dem Einfluß des Ethnologen-Ehepaars Charlotte und Gerald Walter Hartwig, mit denen er 1968/69 einen engen Kontakt pflegte, weitete Kitereza den Kreis seiner Leserschaft auf ganz Ostafrika aus. Konsequenterweise übersetzte er daher den Doppelroman ins Swahili, das damals schon zur Nationalsprache Tansanias erklärt war und sich unter der noch jungen Ujamaa-Bewegung einer intensiven Förderung erfreute. Überdies fügte er dem ursprünglichen Text eine Reihe von Erläuterungen für kulturelle Außenseiter in Ostafrika hinzu. An ein weltweites Publikum, das seinen Romanen durch die deutsche und inzwischen auf dieser Grundlage angefertigten französischen und niederländischen Übersetzungen eröffnet wurde, hat Kitereza selbst wohl niemals gedacht.

Auch in der von Kitereza selbst angefertigten Swahili-Übersetzung sind viele Fachausdrücke und Redewendungen in der Kerewe-Sprache beibehalten worden. Im übrigen verwendet Kitereza unter der äußeren Schale des Romans, der per se fiktional ist, verschiedene Genres, die vom realen Dokumentartext über das Märchen, die Fabel bis hin zur Poesie reichen. Hinzu kommt der geradezu überfließende Reichtum an Metaphern und Sprichwörtern (Möhlig 1994), was die starke Vermutung nahelegt, daß diese nicht nur schmückendes stilistisches Beiwerk sind, sondern in den Romanen neben den ethnographischen Sachverhalten eigens für die Nachwelt dokumentiert werden sollten. Gegenüber den herkömmlichen Sammlungen von afrikanischen Sprichwörtern, die meterweise die Regale der europäischen Bibliotheken füllen, hat Kiterezas Verwendung von Sprichwörtern den entscheidenden Vorteil, in entsprechende situative Kontexte eingebettet zu sein. Es liegt im Wesen eines Sprichworts, daß ihm erst der situative Kontext einen konkreten Sinn verleiht.

Wie schon bemerkt, stand Kitereza als ethnologischem Laien kein erprobtes Modell der ethnographischen Darstellung zu Gebote. Dennoch wählte er mit der Beschreibungsform einer Familiensaga ein quasi natürliches ethnographisches Gerüst, das es ihm erlaubte, alle menschlich relevanten Sachverhalte seiner eigenen Kultur anzusprechen, viele davon sogar wiederholt. Seine Sichtweise ist darum eine zutiefst anthropologische. Wenn man beide Romane zusammennimmt und die Kapitel entsprechend anordnet, wird ein vollständiger Lebenszyklus von Zeugung, Geburt und Tod sichtbar.

Kitereza wollte die Erinnerung an die Sachverhalte der überlieferten Kultur der Kerewe bewahren. In dieser Funktion sah er sich selbst als Chronist. Das heißt aber nicht, daß er nebenher restaurative Ziele verfolgte. Um an seiner Ausrichtung auf die Zukunft des Kerewe-Volkes keinerlei Zweifel aufkommen zu lassen, hat er sein Werk am Ende mit folgendem Aufruf an die Nachgeborenen versehen:

"Mitbrüder und Mitschwestern, was für Menschen trifft man seit eh und je in dieser großen Welt an? Sagt es mir! – Rückständige und ewig Rückwärtsgerichtete! Springt auf und flieht nach vorn, damit ihr nicht in der alten Unwissenheit verharrt!".

Damit ist es klar: Es geht Kitereza nicht um die Beschreibung von Kuriositäten oder um die Bewahrung überkommener Traditionen und

Wertvorstellungen, sondern darum, auf der festen Grundlage des Wissens um diese Gegenstände und Sachverhalte die Herausforderungen des täglichen Lebens progressiv zu meistern. Ohne es je explizit gemacht zu haben, wehrte er sich damit gegen das Vorgehen der Missionare, die zumindest in seiner Region einen totalen Bruch mit der "heidnischen" Tradition und einen völligen Neuanfang unter christlichen Vorzeichen anstrebten. Seine Ethnographie in romanhaftem Gewande ist darum der Entwurf eines alternativen Konzepts zur Bewältigung der Gegenwart und Zukunft.

Literatur

Crebolder-van der Velde, Emma (1986): *Aniceti Kiterezas Roman "Bwana Myombekere na Bibi Bugonoka Ntulanalwo na Bulihwali" als Beispiel des Übergangs zwischen oraler und schriftlich verfaßter Literatur in Ostafrika.* Magisterarbeit, Universität Köln.

Hartwig, Charlotte M. & Gerald W. (1972): Aniceti Kitereza: A Kerebe Novelist. In: *Research in African Literatures* 3: 162-170.

Hartwig, G.W. (1971): *A Cultural History of the Kerebe of Tanzania to 1895.* Univ. Microfilms Ann Arbor, Michigan.

Hartwig, G.W. (1976): *The Art of Survival in East Africa. The Kerebe and Long-Distance Trade, 1800-1895*, New York/London.

Kitereza, Aniceti (1980): *Bwana Myombekere na Bibi Bugonoka. Ntulanalwo na Bulihwali*, Daressalaam: Tanzania.

Kitereza, Aniceti (1991): *Die Kinder der Regenmacher*, Wuppertal.

Kitereza, Aniceti (1993): *Der Schlangentöter*, Wuppertal.

Möhlig, W.J.G. (1994): Semantische und pragmatische Analyse von Sprichwörtern im situativen Kontext. Beispiele aus dem Kerewe. In: *Perspektiven afrikanistischer Forschung* (10.Afrikanistentag, Zürich 1993), (Hrsg.), Thomas Bearth, W.J.G. Möhlig, Beat Sottas und Edgar Suter. Köln/Zürich/Bern, S. *247-258*.

'Verkehrte' Ethnographien

Ham Mukasa wundert sich. Bemerkungen zur Englandreise eines Afrikaners (1902)

Heike Behrend

Stephen Greenblatt zeigte, daß die Verwunderung die zentrale Figur in den ersten europäischen Begegnungen mit der Neuen Welt war, das entscheidende emotionale und geistige Erlebnis angesichts radikaler Verschiedenheit (Greenblatt 1994: 27). Die Verwunderung, so Greenblatt, scheint eine Kategorie zu sein, die sich gegen jede Eindämmung und ideologische Vereinnahmung sperrt und doch einen unabweisbaren Zwang ausübt (33). Sie findet statt in einem Augenblick des Fehlens von Bedeutungen und geht einher mit dem Auseinanderbrechen eines kontextorientierten Verstehens (ebd.).

Die Verwunderung war bereits vor den Entdeckungsreisen wesentlicher Bestandteil von Diskursen in Philosophie und Kunst (Matuschek 1991), so hebt doch die Philosophie z.B. bei Sokrates mit dem Staunen an und so bezweckt die Dichtkunst die Hervorbringung von Wunderbarem (Greenblatt 1994: 33). Die Häufigkeit und Intensität, mit der sich europäische Entdecker des ausgehenden 15. und frühen 16. Jahrhunderts auf die Erfahrung des Wunderbaren beriefen, provozierte, so Greenblatt, seine begriffliche Verarbeitung (34). Die Kolonisierung des Wunderbaren setzte ein; die Verwunderung wurde auch zum Mittel der Aneignung und Unterwerfung (42).

Im 19. Jahrhundert der europäischen Entdeckungsreisen in Afrika hat die Verwunderung jedoch bereits ausgedient. Die englischen, französischen oder deutschen Reisenden wundern sich nicht mehr. Ihr Blick hat eine Souveränität erlangt, die erlaubt, das Fremde objektivierend zu erfassen und in Besitz zu nehmen. Es sind die Anderen, die Objekte ihres Blicks, denen nun das Verwundern, zu dem sie selbst nicht mehr fähig sind, unterstellt wird[1].

Um die Anderen in Staunen zu versetzen, versuchten die europäischen Reisenden in Afrika denn auch, oft mit Hilfe technischer Tricks und Schaustellerei, die Wunder, die sie selbst nicht mehr vorfanden,

---

[1] So behauptete z.B. John Hanning Speke 1862, als er bei seinem ersten Besuch am Hofe Mutesas I von Buganda seine Geschenke vor dem König ausbreitete, daß „such wonders (seine Geschenke) had never been seen in Uganda" (Speke 1863: 291), eine Behauptung, die schwerlich zu begründen ist, denn bereits Kabaka Suna, der Vater Mutesas, hatte seit längerer Zeit Handelsbeziehungen zur ostafrikanischen Küste, speziell zu Sansibar, aufgenommen. Regelmäßig trafen Karawanen ein, die Gewehre, Stoffe etc. gegen Elfenbein tauschten.

nun ihrerseits für die "Wilden" zu produzieren. Dabei nutzten sie Feuerwerk, Spiegel, Laterna Magica, Fotoapparat, Fernglas, etc. und vor allem die Macht des Gewehres. Es ist bekannt, daß die Zurschaustellung und der Gebrauch von westlicher Technologie, von Waffen, Werkzeugen und Maschinen wesentlich zur Etablierung kolonialer Herrschaft beitrug (Headrick 1981). Die Kolonisierten zu verwundern, wurde zu einer Strategie der Macht; sie wurde eingesetzt, um Afrikaner zu überwältigen und um sich mit einer Aura übermenschlicher Macht auszustatten (White 1993: 39).

Im Jahre 1902, zwei Jahre nachdem zwischen England und dem König von Buganda das *Uganda Agreement* (vgl. Low 1960) abgeschlossen worden war, reiste Ham Mukasa zusammen mit dem Katikiro (Premierminister von Buganda) Sir Apolo Kagwa nach England, um an den Krönungsfeierlichkeiten Edwards VII teilzunehmen. Mukasa arbeitete während der Reise als Privatsekretär des Katikiro und schrieb nach seiner Rückkehr den Reisebericht "Uganda's Katikiro in England. Being the official account of his visit to the coronation of his Majesty King Edvard VII", der bereits 1904 veröffentlicht wurde (vgl. Harbsmeier 1994, Kramer 1986). Dabei stützte er sich auf zahlreiche Notizen, die sowohl er als auch Apolo Kagwa auf der Reise erstellt hatten. Obwohl Ham Mukasa als Autor des Buches erscheint, ist der Text also in gewisser Weise eine Gemeinschaftsproduktion der beiden Männer.

In Ham Mukasas Reisebericht ist, wie ich noch zeigen werde, oft von Wundern und Verwunderung die Rede. Ich möchte im Folgenden die Objekte und den Kontext dieser vielen "Verwunderungen" näher untersuchen. Vorher aber werde ich zum besseren Verständnis kurz auf die Produktionsbedingungen, die Biographie Mukasas und den sozialen Kontext eingehen. Mit einigen wenigen Bemerkungen zur Konstruktion des Reiseberichts und Mukasas kultureller Konversion möchte ich schließen.

Im Vorwort zur englischen Ausgabe von 1971 schreibt der Missionar und Übersetzer Reverend E. Millar, der den Katikiro und Mukasa auf der Reise begleitete, daß die englische Fassung, auf die ich mich im Folgenden stütze, aufgrund des Interesses einiger Engländer entstand, die den Katikiro und Ham Mukasa in England getroffen hatten und nun auch deren Eindrücke von der Reise kennenlernen wollten.

"It was written for the natives of Uganda, as a description of the journey and what was seen on it, and everything is described from an entirely native point of view, and not with the idea of any translation into English".

Millars Behauptungen, daß es sich bei dieser Reisebeschreibung um eine Sichtweise *from an entirely native point of view* handelt und daß sie geschrieben worden sei, ohne daß an eine englische Übersetzung gedacht worden wäre, sind falsch. So schreibt Mukasa, daß kurz nach ihrer Ankunft in London Sir Clement Hill vorschlug, das Buch über die Reise nach England ins Englische zu übersetzen und es zu drucken:

"because a great many people would like to read it and would buy it; and I (Mukasa) said that it would be difficult to get the money to print it. He said that it would cost us nothing, and Mr. Millar undertook to translate it into English" (57).

Mukasa schrieb den Text also vor dem Hintergrund einer möglichen englischen Publikation.

Auch entstand Mukasas Bericht, wie er im Text immer wieder deutlich macht, in einem Dialog mit den die Reise organisierenden und begleitenden Engländern, vor allem Regierungsbeamten und Missionaren der *Church Missionary Society* (CMS). Ham Mukasas Text gibt also nicht, wie Millar behauptet, *a purely native point of view* wieder, sondern eine Vielzahl von Stimmen, die sich in einem Spiel von Oppositionen herausbildeten. Diese Vielstimmigkeit (Bakhtin 1994) ist auch im Text noch in Form von wörtlicher Rede und Kommentar dieses oder jenes Engländers oder Mugandas erhalten.

Der Reisebericht Ham Mukasas ist also eine dialogisch entstandene, hybride Konstruktion, die sich in einem Feld von Machtbeziehungen herausbildete. Die Bilder vom Eigenen oder Fremden sind immer schon in Opposition zum je Anderen konstruiert. Sie erlauben nicht eigentlich, das Eigene vom Fremden zu scheiden, weil das eine immer schon Produkt des anderen ist; stattdessen ermöglichen sie, die Interdependenz der Konstruktionen, Bilder und Diskurse aufzuzeigen.

Ham Mukasa (1871-1956) war Mitglied des Mamba-Clans und Sohn des Häuptlings Sensalire von Buganda. Seine Kindheit verbrachte er, wie Apolo Kagwa, als Page am Hof Mutesas I. Englische protestantische oder vielmehr anglikanische Missionare der *Church Missionary Society*, die nach Stanleys berühmten Brief nach Buganda kamen, nahmen auf ihn Einfluß, so daß er bald zum Protestantismus konvertierte und ein leidenschaftlicher *reader* wurde. Nach den Religionskriegen, die in Buganda in Folge der Missionierung zwischen verschiedenen islamischen, katholischen und protestantischen Fraktionen stattfanden, erhielt Mukasa das Häuptlingtum Kiyoza. Seit 1893 arbeitete er aber vor allem als Lehrer und Katechet der *Uganda Anglican Church* (Johnston 1971: XVI).

Mit der christlichen Missionierung in Buganda verband sich eine rasche Ausbreitung der Schriftkultur,[1] denn Lesen und Schreiben bildeten nicht nur Voraussetzung für den Weg zum Heil, sondern vor allem auch zu politischer Macht und Prestige.

Bereits 1879 erhielt die CMS in Buganda eine Druckerpresse, auf der zuerst Blätter mit dem Alphabet und später Teile des Evangeliums gedruckt wurden. In den 80er Jahren benutzten Pagen am Hof des Königs Briefe, um politische Geheimnisse weiterzugeben (Rowe 1969: 20), und in den 90er Jahren setzten sich Korrespondenzen als Kommunikationsmittel im Alltagsleben mit Europäern durch (ebd.). Auch begannen zu dieser Zeit eine Anzahl Baganda, unter ihnen Apolo Kagwa, ein Tagebuch zu führen (Rowe 1969: 20-21). Und 1901, noch bevor Ham Mukasa und der Katikiro nach England reisten, erschien in Luganda als erste indigene Ethnographie Apolo Kagwas *Basekabaka be Buganda*[2].

Ham Mukasa hatte an diesem intellektuellen Milieu teil und schrieb sowohl einen Kommentar zum Matthäusevangelium als auch verschiedene Artikel und Bücher zur Geschichte Bugandas (vgl. Rowe 1969). Außerdem verfaßte er fast täglich Briefe, die er von seinen Kindern und Enkeln tippen ließ. Wenn er nicht gerade einen Brief diktierte, dann las er Bücher zur Geschichte, Geographie und anderen Wissenschaften (Sebuliba 1959). Auch führte er ein Tagebuch (Rowe 1969: 17).

Nach der ersten Reise nach England 1902 wiederholte Ham Mukasa die Reise zusammen mit dem Kabaka Daudi Chwa 1913 noch einmal. Seine Eindrücke von dieser Reise wurden nicht publiziert; er hielt sie aber in verschiedenen Notizbüchern fest. Auch über

---

[1] Bereits unter Mutesas Vater Sunna war mit dem Koran die arabische Schrift am Hofe eingeführt worden.

[2] Diese Ethnographie entstand in enger Zusammenarbeit mit dem Missionar John Roscoe, der 1911 eine Monographie über die Baganda veröffentlichte. Kagwa versorgte Roscoe mit Informanten, die beide zusammen dann in Kagwas Haus befragten. Roscoe stand außerdem in enger freundschaftlicher Beziehung zu Sir James Frazer, dem er mit Hilfe Kagwas ethnographisches Material zur Konstruktion des sakralen Königtums besorgte (Ray 1991: 22ff). In England besuchten Kagwa und Mukasa, zusammen mit Roscoe, Frazer in Cambridge, wo sie gemeinsam Kaffee tranken (Mukasa 1971: 121).

seine Reise nach Bukedi 1917 und eine weitere 1927 nach Nairobi liegen Berichte in Notizbüchern vor (Rowe 1969: 17).

Ham Mukasa und Apolo Kagwa reisten in ein Land, deren Bewohner zu dieser Zeit "Afrika" und insbesondere "die Baganda" (wie die "Zulu" oder "Aschanti") bereits "erfunden" hatten. Der erbitterte Streit um die Quellen des Nils - damals bereits ein Medienereignis - und in diesem Zusammenhang die Reiseberichte von Speke (1863), Grant (1864), Burton (1860), Stanley (1893), die Darstellungen von Missionaren (z.B. Ashe 1889, 1894; Mackay 1890) sowie populäre Ausstellungen wie die *Stanley and African Exhibition* 1890 in London (Coombes 1994: 63ff) trugen dazu bei, daß sich bereits in dieser Zeit die vorher noch unsicheren Konstruktionen vom Anderen zu Stereotypen verdichteten. Mit ihrem komplexen, aus der Perspektive der evolutionistischen Viktorianer relativ hochentwickelten Königtum hatten die Baganda in England eine besondere Berühmtheit erlangt, die z.B. dazu führte, daß der Verleger von Ruth Fishers Buch über die Geschichte der Königtümer Bunyoro und Toro darauf bestand, daß im Titel stattdessen die Baganda zu erscheinen hätten, um auf diese Weise die Verkaufschancen zu steigern (Posnansky in Fisher 1911; 1970: Xii).

Ham Mukasa und Apolo Kagwa waren denn auch nicht die ersten Baganda, die 1902 nach England reisten. Bereits 1879 waren drei Baganda mit Missionaren der CMS nach England gefahren[1]. Sie besuchten den Londoner Zoo, die *Horse Guards*, die St. Pauls Kathedrale, wurden von der Queen empfangen und nahmen an einer Sitzung der *Royal Geographical Society* teil. Nach ihrer nicht eigentlich erwarteten Rückkehr erhielten die Reisenden einen triumphalen Empfang und erzählten Kabaka (König) Mutesa von ihrem Aufenthalt in England. Der Bericht einer der drei Baganda mit Namen Saabadu ist aus dritter Hand erhalten[2]. In ihm ist von Verwunderung die Rede.

---

[1] Wie Kiwanuka (1971) berichtet, spielte Kabaka Mutesa mit dem Gedanken, selbst nach England zu reisen, um sich von einer Krankheit heilen zu lassen. Doch widersetzten seine Häuptlinge sich heftig. Sie überzeugten den König, daß eine Reise zu gefährlich und außerdem unter seiner Würde sei, da er der größte aller Herrscher sei; und auch ihnen stehe eine Reise schlecht an, da sie nicht vor anderen Königen, sondern allein vor dem Löwen von Buganda niederknien könnten. Sie schlugen ihm vor, stattdessen gemeine Sterbliche zu schicken. Darauf wurden drei Männer auf eine von der CMS organisierte touristische Tour nach England geschickt.

[2] Der Bericht findet sich im Tagebuch von Alexander Mackay, eines Missionars der CMS. Mackay war jedoch nicht Ohrenzeuge der Erzählung, sondern erhielt den Bericht von Muftaa, einem Swahili aus Sansibar, der für ihn als Übersetzer arbeitete und der am Hofe anwesend war, als Saabadu Mutesa seine Reise

So erzählte Saabadu von der Masse großer Schiffe (wohl in der Themsemündung), deren Masten glauben ließen, daß ein Wald mit Bäumen auf dem Wasser wüchse, ein Bild, das auch Mukasa beeindruckte und das er in ähnlicher Weise beschrieb. Saabadu berichtete auch von so vielen Pferden in London, daß kein Mensch sie zählen könne. Die Häuser seien aus Stein gebaut. "Oh, Herr, es ist wunderbar, wunderbar", soll Saabadu gerufen haben. Auch besuchte er ausführlich den Zoo (der Königin):

> "Zuerst sahen wir uns drei Tage lang die Löwen an, dann sahen wir zwei Tage lang nur Leoparden an, drei Tage sahen wir Büffel, viele Tage sahen wir Elefanten und sechs Tage lang sahen wir nur Vögel an... Dann sahen wir die Krokodile. Wunderbar, wunderbar !!"
> (J.W.H. 1902: 182-3).

Außerdem berichtete er, daß die Wazungu (Europäer) viele Schweine hielten und daß jedes Schwein sechs Kinder habe. Die Königin äße die Schweine (ebd. 183). Auch habe in England jeder Mann nur eine Frau und jede Frau habe dreißig Kinder (ebd. 184).

1892 brachte dann Robert Walker, ebenfalls ein Missionar der CMS, Mika Sematimba, einen Muganda, der zum anglikanischen Glauben konvertiert war, mit nach England. Zurückgekehrt erzählte dieser (so erzählte Semu Kakoma J.A. Rowe) von der Pracht der Regierungsgebäude und von Westminster Abbey. Einmal sah er kurz die *Queen*; auch lobte er die Gastfreundschaft der Engländer sehr (.Rowe 1964: 194). Im Dezember 1893 kehrten beide nach Buganda zurück. Nach dieser Reise trug Mika Sematimba ausschließlich westliche Kleidung, auch Hosenträger. Außerdem benutzte er bei königlichen Audienzen - wie andere Europäer - seinen eigenen Stuhl[1], und Kabaka Mwanga nannte ihn mein *Mzungu*, mein Europäer (Rowe 1964: 194). Nach seiner Rückkehr begann auch er, ein Tagebuch zu führen, das aber leider verbrannte (Rowe 1964: 197).

---

erzählte. Ich stütze mich hier auf die Biographie, die Mackays Schwester über den Missionar schrieb, auf die mich Bettina Feldmann aufmerksam machte, und einen Bericht im *Gleaner* von 1881, den mir Dag Henrichsen aus London besorgte. Ich möchte beiden an dieser Stelle herzlich danken (vgl. J.W.H.: 1902; Gleaner 1881: 123 f); ebenso Fritz Kramer, der mir freundlicherweise sein unveröffentlichtes Manuskript (1986) zur Verfügung stellte

[1] Als John Hanning Speke als erster Europäer an den Hof Mutesas kam, entspann sich zwischen ihm und dem König ein stummer, da nie ausgesprochener, erbitterter Kampf um „symbolisches Kapital" (Bourdieu 1979: 335 ff), Prestige und Macht. Im Zentrum ihrer ersten Auseinandersetzung stand ein Stuhl, auf dem Speke - wie ein König - zu sitzen beanspruchte (vgl. Speke 1863: 288 ff).

Weder Mika Sematimban noch Saabadu schrieben einen Bericht über ihre Reise. Es war Ham Mukasa, der dieses Genre in Buganda begründete.

Die Reise Ham Mukasas nach England war eine offizielle Reise, die auf Einladung der britischen Regierung stattfand. Sie war wohl organisiert und folgte dem Muster, das sich bereits seit langer Zeit für Gäste aus den verschiedenen Kolonien des Empires herausgebildet hatte. Auf der Tour durch England wurde den Fremden ein Bild präsentiert, das, getragen von Fortschrittsoptimismus und Technikbegeisterung, sie tief beeindrucken, ja überwältigen sollte (vgl. Harbsmeier 1994: 335). So besuchten sie vor allem die Häuser der englischen Mittel- und Oberklasse, die sich in Uganda "verdient" gemacht hatten (wie Sir Harry Johnston, Sir H. M. Stanley, John Roscoe, Sir James Frazer, Lord Salesbury und Lord Rosebery) und wurden von den sie begleitenden Viktorianern immer wieder in Museen, Kirchen und Fabriken zu Maschinen, Druckerpressen, Fahrstühlen und anderen technischen Wunderwerken geführt, damit sie sie bestaunten. Und tatsächlich durchziehen Erstaunen und Verwunderung über *the things of the Europeans* den gesamten Reisebericht Mukasas[1]. So berichtet er z.B. von Marseille:

"We then saw the large harbour, in which were a great many ships, perhaps seven hundred; the masts of them were like a forest of dead trees, and we wondered with an unending wonder, because wherever we went we found something new to wonder at" (48/49).

"One wonders more each day and each hour that one sees the cleverness of the English, which is never ending. They are not white men for nothing; in all countries white things are considered very beautiful, and so also the English deserve to be held in honour, not only on account of their white colour, but because of their whiteness they add very wonderful wisdom, and just as a blacksmith or a carpenter is given praise on account of

---

[1] In der von Taban lo Liyang herausgegebenen Ausgabe wurde das übertriebene Lob der Engländer im Text entfernt (Harbsmeier 1994: 344). Auch in dem swahilisprachigen Reisebericht, den Amur bin Nasur, ein Swahililehrer am Seminar für orientalische Sprachen in Berlin, 1892 über Berlin verfaßte, ist viel von Verwunderung die Rede (vgl. Büttner 1894: 170 ff). Während Martin Kayamba, ein Swahili, der 1931 als Mitglied einer Delegation nach England reiste, sich in seinem Reisebericht über Europa nicht mehr wunderte (Perham 1963: 200 ff). Auch in den frühen europäischen Reiseberichten des 17. und 18. Jahrhunderts über „Hottentotten", ist von Verwunderung und Bewunderung nicht die Rede (vgl. Coetze 1988: 2).

the good work he does, so they should be praised on account of what they do" (43).

Doch ist das Verwundern bei Mukasa kein naives Staunen, sondern wird zum Anlaß für Reflektion. So sieht er sich des öfteren vor das Problem gestellt, daß "the truth is stranger than fiction". Als er über Gewehre berichtet, die eine Reichweite von zwanzig Meilen haben, schreibt er:

"..and though I may seem to you not telling the truth, yet there are things more wonderful than those about which I have told you, so that I am not ashamed of what I have written" (31).

Nach einem Besuch im Londoner Hippodrome schreibt Mukasa:

"..but it is difficult to tell you about the things we saw there, because if you tell a clever man about these things, in his stupidity he thinks you are not telling the truth at all; however, I will try to tell you as well as I can, what we saw" (87).

"If one sees the wonders of England oneself, and then tells others, one is disbelieved for lack of a second witness, like Mika Sematimba (der, wie bereits erwähnt, 1892 England besuchte) who was not believed since he was all by himself when in England" (98).

Dementsprechend versuchten denn auch Apolo Kagwa und Ham Mukasa, - manchmal gegen das Protokoll - möglichst viele der Sehenswürdigkeiten gemeinsam zu besuchen, damit sie sich darüber austauschen und damit der eine für den anderen die Wahrheit des Erlebten bezeugen konnte. Als beide nach Uganda zurückkehrten und über ihre Reise erzählten, schreibt Mukasa:

"I also told them how great was the population of England, and how they tamed elephants and all kinds of animals. Some of my hearers thought I was merely telling stories when I told them how an elephant fires a gun, and beat a drum, and lit a candle, and how a hippopotamus was called, and came just like a dog in other lands that they knew of.... Some did not understand that I was speaking the truth, while others, who knew that I would not tell them what was false, did not hesitate to believe it. I sat there from half past six in the evening until one o'clock in the morning" (275/276).

Es ist anzunehmen, daß Mukasa den Reisebericht nach seiner Rückkehr nicht nur schrieb, um seine Landsleute zu belehren, sondern auch, um durch die Verschriftlichung seine Wahrheit zu bestätigen, eine Wahrheit, die die Baganda nicht hätten erfinden können (vgl. Kramer 1977: 8).

Auch die Übersetzung sowie der Vergleich von Unvergleichlichem wurde Mukasa zum erkenntnistheoretischen Problem. Während es ihm manchmal gelang, einen Vergleich mit Bekanntem herzustellen, so wenn er das Dampfschiff, mit dem er nach England fuhr, in seinen Maßen mit der Veranda seines eigenen Hauses verglich (19), mußte er an anderen Stellen eingestehen:

"When I saw how fast the European trains went I understood that there was nothing to which I could compare them. For want of anything else I might compare them to the way a bullet travels, as I know how fast that goes; failing this, there is nothing else to which I could compare them" (51).

Doch rettete er sich aus dem erkenntnistheoretischen Dilemma, indem er sich mit dem Evangelisten Johannes identifizierte:

"I cannot tell you all about these things, as there is nothing in our country to which I can compare them. The things of the Europeans are always amazing; and I thought to myself that if we were wondering at these things which we saw while we were still on the way, when we reached England itself we should be like the Apostle of our Lord who was called St. John the Evangelist, when he saw the wonders of God which he had never seen before; and when he wrote them down in his book he had just to compare them to the earthly things they knew, though they were not really like them; because if he had not compared them to these earthly things, how could they have understood all these wonders? I, in the same way, in telling you these things, must just compare them to the things you know, though really they are not like them at all, as there is nothing in Uganda to which one can compare the English things; however, we are fortunate in one thing, and that is that some of these things will not fail to be brought to Uganda, and so will be seen by those who never saw them in England. Already we have seen the wonderful telegraph, which is the greatest thing that has yet come to us; the second is, perhaps, the steamer: these are the two wonderful things the Baganda have seen" (27).

Nicht nur in der Identifikation mit dem Apostel, sondern vor allem auch in der Partizipation und Aneignung der europäischen Technik sah er denn auch folgerichtig die Lösung des erkenntnistheoretischen Dilemmas. Dementsprechend begann er, in den verschiedenen zu besichtigenden Fabriken, die Waffen, Eisenbahnen, Schiffe, Porzellan, Papier, Zucker oder Kekse produzierten, um Produkte zu bitten, damit er sie seinen Landsleuten in Buganda als Beweise vorführen konnte. Es ist möglich, den ganzen Reisebericht Mukasas mit seinen langen detaillierten Passagen über die Herstellung dieses oder jenes Produkts als eine Art Gebrauchsanweisung für die Baganda zu lesen, damit sie in Zukunft in die Lage versetzt wären, ebensolche Wunder wie die Engländer zu schaffen. Um über den Zeitraum bis zur Erfüllung hinwegzutrösten, verwies Mukasa immer wieder auf das Sprichwort: "He who goes slowly goes far" (162), das er auch am Ende seines Buches noch einmal zitierte (278) und das außerdem seinem Haus in Kampala den Namen gab (Rowe 1969: 17).

Obwohl der Reisebericht, wie Fritz Kramer bemerkte, einer Rhetorik des Überbietens folgt (Kramer 1986: 6), England also als das Land dargestellt wird, das Buganda in allem an Größe, Glanz und Herrlichkeit überbietet, erscheinen im Text auch Momente von Widerstand und Kritik. Mukasas Kritik an England ist vor allem moralischer Natur. So kritisierte er den Paartanz, der ihm als äußert obszön erschien; so beschwerte er sich über die Trunkenheit von Ratsherren in Glasgow und nach einem Museumsbesuch in Marseille schrieb er:

"We also saw a great many pictures which were not worthy of being exhibited, as they were of people in a state of nature, and were most shameful !!!" (50).

Außerdem mokierte er sich über die Furcht der Engländer vor Feuer. Als er auf der Reise in Manchester ein brennendes Geschäft und die Versuche der Feuerwehr, das Feuer zu löschen, beobachtet, stellt er fest:

"The English, however, are very much afraid to go close to a fire - their cleverness makes them appear to be afraid of it, because they stand a long way off to put it out;...I see that there are many things the Baganda cannot do, but they are not afraid of fire"(166).

So wie die kolonialen europäischen Eroberer in Afrika Orte benannten und dadurch in Besitz nahmen, so benannte auch Mukasa zwei Orte in England. Nach der Besichtigung einer Keksfabrik schreibt er: "I called this factory 'the stomach of England', because it feeds the whole country" (155). Und Cambridge als intellektuelles Zentrum nannte er "the tutor of the world" (119). Es ist schwer zu sagen, ob er hier die europäischen Reisenden und Entdecker parodierte oder ob er seinerseits mit der Benennung versuchte, England symbolisch in Besitz zu nehmen.

Ham Mukasas Text ist, wie bereits erwähnt, eine hybride, dialogische Konstruktion, in der subjektive Erlebnisberichte und objektivierende Beschreibungen ("they do this or that") nebeneinander existieren. Damit entspricht er den Konventionen europäischer Reiseberichte, die seit dem frühen 16. Jahrhundert Erzählungen in der ersten Person mit unpersönlichen Beschreibungen von z. B. Fauna, Flora und den Sitten und Gebräuchen der "Wilden" kombinierten (Pratt 1986: 33). Anders als der bereits erwähnte Saabadu stellte Mukasa als kolonisiertes Subjekt die ihn Kolonisierenden also in deren, d.h. in europäischen Genres dar. Während jedoch europäische Reisende des 19. Jahrhunderts afrikanische Landschaften ästhetisierten und dadurch auch in Besitz nahmen (Pratt 1992), nutzte Mukasa diese Strategie der Aneignung des Fremden in seinem Bericht nicht. Landschaften interessierten ihn kaum, dafür Technik aber um so mehr. Wie Fritz Kramer feststellte, erschien ihm Technik als das Wesen der europäischen Zivilisation (Kramer 1986: 8). Doch auch hier teilte Mukasa, so denke ich, den dominanten (säkularisierten) viktorianischen Diskurs, der das Heil, Fortschritt und eine neue bessere Welt, in Technik und technischer Entwicklung zu finden meinte.

Auch der souveräne Blick der europäischen Reisenden, der eindeutig zwischen demjenigen, der sieht, und dem, der gesehen wird, trennt (Pratt 1992: 204), ist im Text Mukasas so nicht zu finden. An die Stelle von Dominanz tritt bei ihm, wie bereits erwähnt, die Verwunderung, die Überwältigung, die ihn eher zum Objekt als Subjekt von Eindrücken werden läßt. Dementsprechend könnte man Mukasas Text für eine Ethnographie nehmen, die keine ethnographische Autorität behauptet. In der Position dessen, der sich verwundern und unterrichten ließ, verwies er denn auch immer wieder auf Engländer als die eigentlichen Autoritäten, die ihm ihr Wissen zukommen ließen.

Gegen Ende der Reise trat eine Art Veralltäglichung des Verwunderns ein, und der Katikiro und Ham Mukasa reagierten auf das touristische Programm der Überwältigung zunehmend mit einer gewissen Müdigkeit. So sagten sie eine Einladung zum Tee ab und Mukasa schreibt:

"If you agreed to everything the English beg you to do, you would get ill and die a sudden death, because they are so kind they want you to see everything, and to talk to them all day long; and so their kindness tires you before you know it, and you are like a reed which is burning at both ends and so gets burned right up quickly" (159).

Manchmal kann man sich des Eindrucks nicht erwehren, daß Apolo Kagwa und Ham Mukasa vor allem aus Höflichkeit sich immer wieder verwunderten, um ihre Gastgeber nicht zu enttäuschen. Wenn Mukasa die Fragen, die Engländer an ihn richteten, im Text wiedergibt, dann wird deutlich, daß sie sein Verwundern oder Erstaunen erwarteten. So berichtet Mukasa über ein Gespräch mit Lord Rosebery:

"He also asked us what most astonished us in England,and we told him that it was the number of the people, and the large houses, and fine streets, and the speed of the railway trains" (184).

Und auf der Audienz fragt der König den Katikiro "Do you like this country very much?" und der Katikiro gibt die bereits standardisierte Antwort:

"It is a very fine country, and the work which is done in this country of yours is most wonderful. I am amazed at the houses and streets, and the people like locust in numbers, and the railway trains which go marvellously fast; a three months' journey on foot is done in eight hours by train...", (und der König antwortet:) „Yes, that is true, these things are wonderful" (194).

Engländer und Baganda teilten also offensichtlich den Diskurs der Verwunderung. Das Staunen des Ham Mukasa war bereits in einen Diskurs der Verwunderung eingebunden, mit dem sich die Viktorianer selbst feierten. Doch ist dieser Diskurs Teil kolonialer Machtstrategien, die die Engländer und die Baganda sehr unterschiedlich positionierten. Während die Viktorianer die "Wunder" erzeugten, hatten sich der Katikiro und Mukasa angesichts der Wunderdinge zu wundern. Die englische Übersetzung des Reiseberichts erlaubte den Viktorianern außerdem, sich lesend ihrerseits über das Verwundern des Ham Mukasa zu verwundern und damit sich ihrer Position nochmals zu vergewissern[1]. Mukasa akzeptierte diese Arbeitsteilung. Er nahm die Engländer für seine Lehrer, allerdings, wie bereits erwähnt, auf dem Hintergrund der Idee des Fortschritts, die zukünftig auch den

---

[1] Diesen Hinweis verdanke ich Peter Probst.

Baganda die Partizipation an den Reichtümern der Engländer erlauben würde.

Nach der begeisterten Aufwertung der Engländer und ihrer Produkte mußten Mukasa auf der Rückreise Afrika, z.B. Sansibar oder Mombasa, eher armselig erscheinen. Kaum ein Gebäude hielt dem Vergleich mit England stand. Mukasa schreibt: "We were pushed up to the house called the Grand Hotel, which is a very large house as African houses go, but would be a very inferior in England"(250) oder er schreibt über das Haus des Commissioners: "But although it is called the Commissioner's house, yet it is only an English country house" (251).

Auf diesem Hintergrund mußte Mukasa das Verhalten seines englischen Begleiters, des Missionars Mr. Millar, auf der Rückreise nach Buganda, reichlich fremd erscheinen, obwohl dieser als Zivilisationsflüchtling eigentlich sein Spiegelbild darstellte. Mukasa schreibt:

"I saw how very pleased Mr. Millar was: he was nearly out of his senses with delight being in the train that was to take us to Uganda. Though he had fever, yet the fever left him at once, and he sang some English songs we could not understand, and slapped his knees and my knees, and hit me on the scar of my wounded leg in his joy, and I was not vexed with him for doing so, because I was so pleased to see how happy he was. I, too, was very pleased, but my joy was very small compared to his...and I was therefore very much surprised at seeing Mr. Millar as glad to get back to our country as if he had been born there; perhaps, though, there may have been some other reason which I did not know of. I think, however, that this was the true reason, as Mr. Millar is very fond indeed of the Baganda..." (259).

Nach ihrer Rückkehr veränderten Mukasa und Apolo Kagwa denn auch, wie vor ihnen schon Mika Sematimba, ihre Lebensweise; sie wurden, wie manchmal auch Ethnologen, "kulturelle Überläufer" (Kohl 1987: 7ff); sie wurden *Wazungu*, die, sowohl für Baganda als auch für Europäer, eine gewisse Exzentrizität pflegten. So berichtete C. Sebuliba, daß Mukasa obsessiv Maße nahm. Mit einem Maßband markierte er in seinem Garten verschiedene Distanzen mit Pflöcken im Boden, die untereinander mit Bindfäden in verschiedenen Farben verbunden waren. Auswendig wußte er die Maße jedes Zimmers seines Hauses (Sebuliba 1959).

Auch markierte er mit Leidenschaft sein Eigentum. So trugen sein Tisch und seine Zahnbürste seinen Namen. Als er sein neues Auto mit seinem Namen versehen wollte, mußten ihm Freunde dies ausreden (ebd.).

Außerdem besaß er ungefähr zwanzig Pendeluhren. Er bestand darauf, sie jeden Tag selbst aufzuziehen, weigerte sich aber, sie zu synchronisieren. Wenn die Stunde schlug, schlug sie viele Male, und auf Mukasas Anweisung mußten alle warten, bis auch die letzte Uhr geschlagen hatte (ebd.).

Es bietet sich an, das Unvergleichliche und Unmessbare seiner Erfahrungen in England mit seiner Obsession, Raum und Zeit in Buganda, zu Hause, zu messen, in einen Zusammenhang zu bringen. Seine Obsession wäre dann der nachträgliche Versuch, das zu kontrollieren, was ihn in England überwältigte.

Doch ist diese Interpretation auch in den weiteren Kontext eines Spiels mit verschiedenen Identitäten zu stellen. So wie die Viktorianer sich mit Vorliebe verkleideten und die Identität von Arabern und indischen Maharadschas annahmen, so eigneten sich auch Ham Mukasa und andere Baganda Aspekte europäischer Identitäten an, transformierten und lebten sie. Im Spiel der Differenzen griffen sie auf fremde Identitäten zurück, um sich auf diese Weise von ihren eigenen Landsleuten abzugrenzen.

Es scheint, als ob Ham Mukasas Wertschätzung und Bewunderung der Engländer sich jedoch im weiteren Verlauf der bugandischen Geschichte veränderte. Obwohl er ihnen viel verdankte, veröffentlichte er, allerdings unter dem Deckmantel, Stimmen der Moslems wiederzugeben, in einem Artikel über Mutesa, der im *Uganda Journal* 1934 veröffentlicht wurde, eine radikale Kritik an der kolonialen Politik der Engländer, die Buganda "aßen"[1] (Mukasa 1934: 69f).

---

[1] Zum „Essen" vgl. Fabian 1990.

Literatur

Bakthin, M.M. (1994): *The Dialogic Imagination*, Austin.

Bourdieu, P. (1979): *Entwurf einer Theorie der Praxis*, Frankfurt.

Büttner, C.G. 1894 (1970): *Anthologie aus der Suaheli-Literatur*, Berlin.

Church Missionary Gleaner (1881): Vol.VIII.

Coetze, J.M. (1988): *White Writing. On the Culture of Letters in South Africa*, New Haven/London.

Fabian, J. (1990): *Power and Performance*, Madison.

Gray, J. (1971): Mutesa's Seal. In: *Uganda Journal* 35.

Greenblatt, S. (1994): *Wunderbare Besitztümer. Die Erfindung des Fremden: Reisende und Entdecker*, Berlin.

Harbsmeier, M. (1994): Schauspiel Europa. In: *Historische Anthropologie*, 3.

Headrick, D.R. (1981): *The Tools of Empire*, Oxford.

Johnston, H.H. (1971): Introduction. In: *Ham Mukasa, Uganda's Katikiro in England*, New York.

J.W.H. (1902): *Alexander Mackay*, Leipzig.

Kiwanuka, S. (1971): *History of Buganda*. o.O.

Kohl, K. (1987): *Abwehr und Verlangen*, Frankfurt.

Kramer, F. (1977): *Verkehrte Welten*, Frankfurt.

Kramer, F. (1986): *Fremderfahrung in der Inversion. Zu den Europa-berichten von James Dorugu und Ham Mukasa*, unveröffent-lichtes Manuskript.

Low, A. (1960): *Buganda and British Overrule 1900-1955*, Oxford.

Matuschek, S. (1991): *Über das Staunen. Eine ideengeschichtliche Analyse*, Tübingen.

Mukasa, H. (1934): Some Notes on the Reign of Mutesa. In: *Uganda Journal* 2.

Mukasa, H. (1971): *Uganda's Katikiro in England*, New York.

Pratt, M. L. (1986): Fieldwork in Common Places. In: *Writing Culture*, James Clifford und George E. Marcus (Hrsg.), Berkeley/Los Angeles/London.

Pratt, M. L. (1992): *Imperial Eyes. Travel Writing and Transculturation*, London/New York.

Ray, B. (1991): *Myth, Ritual, and Kingship in Buganda*, Oxford.

Rowe, J.A. (1964): Mika Sematimba. In: *Uganda Journal* 28,2.

Rowe, J.A. (1969): Myth, Memoir and Moral Admonition: Luganda Historical Writing 1893-1969. In: *Uganda Journal* 33,1.

Sebuliba, C. (1959): The Late Ham Mukasa. In: *Uganda Journal* 23,1.

Speke, J.H. (1863): *Journal of the Discovery of the Source of the Nile*, Edinburgh.

White, L. (1993): Cars out of Place: Vampires, Technology, and Labour in East and Central Africa. In: *Representations* 43.

Bildanhang

Beatrix Heintze

Non-verbale ethnographische Darstellungen aus Angola

Abb. 1: Cibinda Ilunga, Kulturheros der Cokwe (SMPK, Berlin, Museum für Völkerkunde, III C 1255, Foto: W. Schneider-Schütz).

Abb. 2: *Nkisi*, Bakongo am unteren Zaïre (Collection Afrika Museum, Berg en Dal, Niederlande, Nr. 259-11).

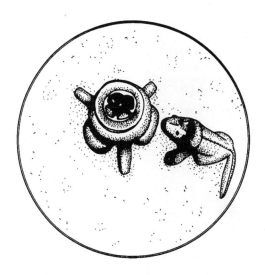

Abb. 3: Deckel mit Sprichwortdarstellung (*taampha*), Woyo (unterer Zaïre)
(Zeichnung von Gabriele Hampel nach einem Foto in Cornet 1980, Abb. 10,
Afrika-Museum Tervuren, Belgien, Nr. 33966).

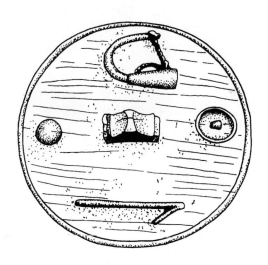

Abb. 4: Deckel mit Sprichwortdarstellung (*taampha*), Woyo (unterer Zaïre)
(Zeichnung von Gabriele Hampel nach einem Foto in Cornet 1980, Abb. 32,
Afrika- Museum Tervuren, Belgien, Nr. 51.50.12).

Abb. 5: Wandmalerei der Cokwe: Samuangi (Cokwe-Dorf des *soba* Cikoso, zwischen den Flüssen Longacimo und Sombo, etwa 20 km von ihrem Zusammenfluß, im Verwaltungsbezirk Sombo, Citato) (aus Redinha 1953, Tafel 1).

Abb. 6: Wandmalerei der Cokwe: Metalo (Cokwe-Dorf des *soba* Saumbo, nördlich des Dorfes des *soba* Muasangula und nahe dem Fluß Ciumbe) (aus Redinha 1953, Tafel 23).

Abb. 7: Wandmalerei der Cokwe: Mujangi (Cokwe-Dorf des *soba* Satota, nördlich vom Cimbango, nahe des Flußes Ciumbe) (aus Redinha 1953, Tafel 34).

Abb. 8: Geometrische Wandmalerei der Cokwe (Cokwe-Dorf des *soba* Kauha, östlich des Sombo, einem linken Nebenfluß des Luacimo) (aus Redinha 1953, Tafel 4; Detail).

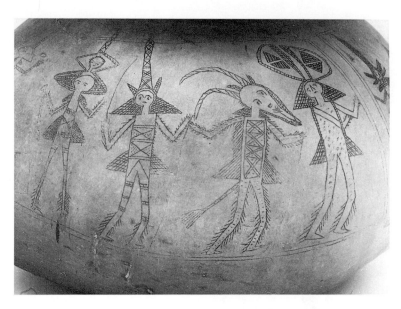

Abb. 9: Beschnitzte Kalebasse der OviMbundu von Ngalange: Maskentänzer (SMPK, Berlin, Museum für Völkerkunde, III C 31645, Foto: Iris Papadopoulos).

Abb. 10: Beschnitzte Kalebasse der OviMbundu von Ndala: Eine Person (Europäer) im Pferdewagen (SMPK, Berlin, Museum für Völkerkunde, Sammlung Schachtzabel 1913, Afrika III C 31638, Foto: Iris Papadopoulos).

Abb. 11: Beschnitzte Kalebasse der OviMbundu von Ndala: Lokomotive mit europäischen Reisen (aus Schachtzabel 1923: 173).

Abb. 12a: Cokwe-Skulptur *Kuku* („Denker") (aus Fontinha 1983, Nr. 79, S. 85).

Abb. 12b: Piktogramm der Cokwe: *Kuku* (oder *Kalamba*) (aus Fontinha 1983, Nr. 118, S. 129).

Abb. 13: Ideogramm der Ngangela: *Mpiampia – Mukuluntu ua Tusona* (aus Pearson 1977, S. 19).

Abb. 14: Ideogramm der Cokwe: *Kalunga* (Gott) (aus Fontinha 1983, Nr. 335, S. 255).

Abb. 15: Piktogramm der Cokwe: *Ngombo ya cisuka* (Wahrsagekorb) (aus Fontinha 1983, Nr. 312, S. 241).

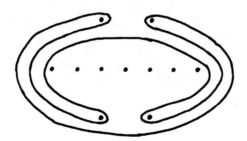

Abb. 16: Piktogramm der Cokwe: *Mukanda* (Buschlager der Beschnittenen) (aus Fontinha 1983, Nr. 345, S. 262).

Abb. 17: Piktogramm der Ngangela: *Mukua-ku-tsa na kakeke* (Der Sterbende und das Baby) (aus Pearson 1977, S. 32).

Abb. 18: Ideogramm der Ngangela: *Vusamba* (Freundschaft) (aus Pearson 1977, S. 157.

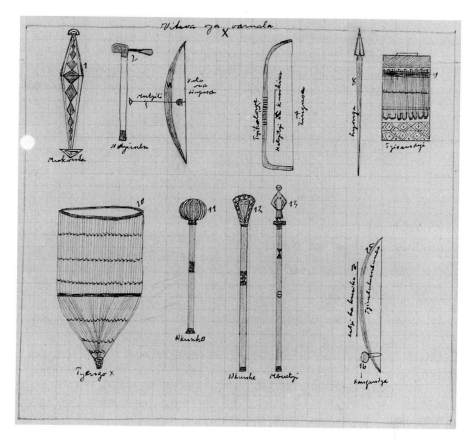

Abb. 19: Ethnographische Zeichnung der Lwimbi/Ngangela
(Privatbesitz; vgl. Heintze 1988, Nr. 46, 108–114 und 156–158).

Obere Reihe: Holzscheide mit eingestecktem Dolch (*mukonda*), Rodeaxt
(*njimbu*), Bogen (*vuta vwa zingusa*) und Pfeil mit Eisenspitze (*mucili*),
Musikbogen mit Schrapfläche (*cikolowe*): a) Sehne (*zingusa*), b)
Schrapstock (*kacici ka kusikisa*), Speer (*lyonga*), Lamellophon (*cisanji*).

Untere Reihe: Stülpkorb der Frauen zum Fischen (*cengo*), Keule (*nkunye*),
Keule (*nkunye*), Spazier- oder Zeremonialstab (*mbweci*), Musikbogen mit
Resonanzkalebasse (*cimbulumbuma*): a) Resonanzkalebasse (*kanganja:*
kleine Kalebasse), b) Klopfstab (*kaci ka kusika*).

Abb. 20: Ethnographische Zeichnung der Lwimbi/Ngangela: Die Aussaat von Mais
(Privatbesitz; vgl. Heintze 1988, Nr. 43).

Mann und Frau bereiten mit der Doppelstielhacke (*litemo*) in verschiedenen Arbeitsgängen wellenförmige Beete (*mihanga*) vor: Der Mann macht Furchen bzw. hügelförmige Beete; auch die Frau lockert die Erde bzw. hackt. Dann sät (der Mann) den Mais. Es ist deutlich erkennbar, wie er mit der rechten Ferse das Saatloch zudrückt. Das Saatgut (durch braune Punkte angedeutet) befindet sich hier wahrscheinlich in einer Kalebasse.

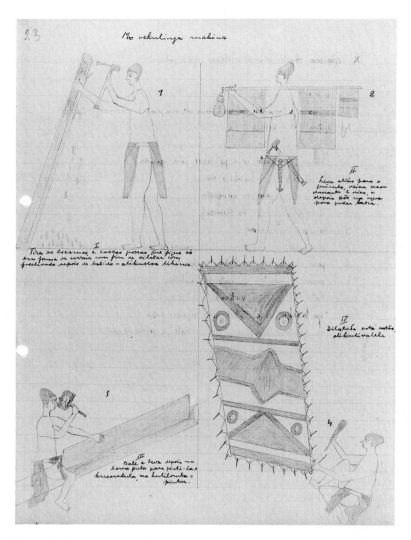

Abb. 21: Ethnographische Zeichnung der Lwimbi/Ngangela: Herstellen von
Baststoff
(Privatbesitz; vgl. Heintze 1988, Nr. 121–124).

Oben links: Zunächst schlägt er mit einer Axt die Schuppen und dicken
Rindenstücke ab, so daß nur noch der weiche, innere Baumbast übrigbleibt.
Oben rechts: Dann trägt er die Bastbahnen zum Dorf, wo sie zwei Tage lang
getrocknet und dann gewässert werden.
Unten links: Nun folgt das Walken des Bastes mit einem besonderen
Holzhammer, dessen Schlagseite gerillt ist. Anschließend legt er den Bast
zur Färbung in scharzen Morast.
Unten rechts: Zum Schluß spannt er den Baststoff zum Trocknen mit
Pflöcken auf der Erde aus.

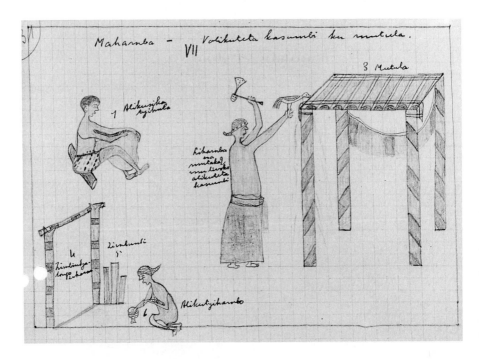

Abb. 22: Ethnographische Zeichnung der Lwimbi/Ngangela: Mahamba-Zeremonie: Sie töten ein Huhn am Opferschrein
(Privatbesitz; vgl. Heintze 1988, Nr. 149).

(a): Er schlägt die *cihula*-Kalebasse
(b): *zimbinkalongo zakama* (großer stegförmiger Schrein aus schwarz und gelb bemalten Holzpfählen)
(c:) *zimbundi* (schwarz und gelb bemalte Holzpfähle, die für die krankmachenden *mahamba*-Geister in den Boden geschlagen werden).
(d): Sie dankt ihren Ahnen und ehrt sie.
(e): Das *lihamba*-Medium tötet mit der Zeremonialaxt in der Hand ein Huhn. (Ihr Gesicht ist rot bemalt.)
(f): *mutula* (Schrein/Opfertisch).

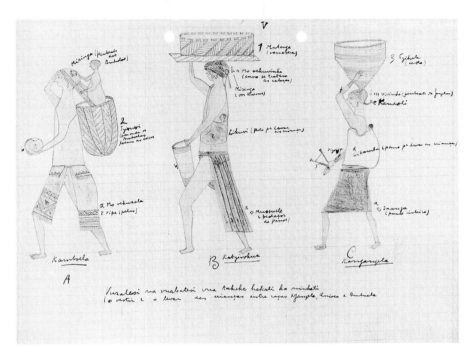

Abb. 23: Ethnographische Zeichnung der Lwimbi/Ngangela: Transport und Kleidung bei drei Völkern
(Privatbesitz; vgl. Heintze 1988, Nr. 91–93).

Linke Figur: Mbwela: Tragekorb mit Stirnband (*civuvu*), Frisur der Mbwela-Frauen (*misinga*), Kalebasse, Felle: So kleidet man sich.
Mittlere Figur: Cokwe: Tragekorb mit rechteckigem Boden (*mutonga*), Frisur: So wird das Haar geflochten (*misinga: mo vekuvinda*), Kindertrage aus Fell (*likuvi*), Mehlkorb, einzelne Stoffbahnen (*miswele*).
Rechte Figur: Ngangela: Tragekorb (*cihele*), Zöpfchenfrisur (*vivindo*), kleiner flacher langer Zopf der Frauen im Nacken (*kandoli*), Brusttuch als Kindertrage (*likambu*), Kupferspiralen (evtl. auch Messing: gelbe Farbgebung) als Unterarmschmuck (*viyonga*), Doppelstielhacke (*litemo*), Frauenrock aus einem ganzen Stück Stoff (*inanga*).

Bildanhang

Tobias Wendl

Allegorien des Selbst. Zur Geschichte und Praxis der indigenen Fotografie in Ghana

Abb. 1: Albert Darkwa, "Wait & Get"-Fotograf in Kumasi.

Abb. 2: Stark retuschiertes "Kleider-Erinnerungsbild" von Francis K. Honny, Elmina, ca. 1975.

Abb. 3: "She is my lover!" Studiofotografie mit gemalter Stadt-Kulisse und zwei Straßenlaternen, Mankessim, ca. 1980.

Abb. 4: "Nyonu le atukpame"-Fotomontage einer Frau in der Flasche. Photo Kafui, Lomé, ca. 1985.

Abb. 5: Fotomontage von Ben Adetundji, Ben's Magic Photo-Studio, Sekondi, ca. 1970.

Abb. 6: "Stadtkulisse" (nach einem Manhatten-Motiv gemalt von Daniel A. Jasper) im Studio von Philip Kwame Apagya, Shama 1996.

Abb. 7: "Paris International Airport"-Kulisse, Guarantee Photo Service, Old Ningo, ca. 1980.

Abb. 8: "Flughafen Düsseldorf"-Kulisse, Bosomtwi-Photo-Studio in Aboso, ca. 1975.

Abb. 9: "Kaaba"-Kulisse im Studio von Philip Kwame Apagya, Shama, 1996. Gemalt von Archibald D. Hippies.

Abb. 10: "Room-Divider"-Fotokulisse im Saeonyar Yaro-Photo-Studio, Accra-Zongo, 1996.

Abb. 11: "Küchen"-Kulisse im Jonah Photo-Studio in New Edubiase, ca. 1985.

Abb. 12: "Eigenheim"-Kulisse im Studio von Philip Kwame Apagya, Shama, 1996. Gemalt von Daniel A. Jasper.

Abb.13: "Eigenheim"-Kulisse, aus der Bildermappe des Kulissenmalers Daniel A. Jasper, Teshie, ca. 1990.

Abb. 14: "Pleasure-Beach"-Kulisse im Studio von Nelson A. Events, Teshie 1996.

Abb. 15: "Landschafts"-Kulisse im Studio von Kwaw Twumasi, Tarkwa, ca. 1990.

Zu den Autorinnen und Autoren

Prof. Dr. Heike Behrend ist Professorin am Institut für Afrikanistik der Universität zu Köln. Sie arbeitet zur Zeit über die Geschichte afrikanischer Fotografie sowie über Gewalt, Krieg und Religion. Sie publizierte zahlreiche Artikel und Bücher, darunter *Alice und die Geister. Krieg im Norden Ugandas* (München 1993, Paris 1997) und 'Love à la Hollywood and Bombay. Kenyan Postcolonial Studio Photography' (in *Paideuma*, 44, 1998).

Dr. Michael Bollig ist Mitglied des Instituts für Völkerkunde der Universität Köln, wo er mit dem Thema *Die Krieger der Gelben Gewehre. Intra- und Interethnische Konfliktaustragung bei den Pokot Nordwestkenias* (Münster 1992) promovierte. Zur Zeit arbeitet er als Habilitand zum Thema Risikomanagement in pastoralen Gesellschaften mit Schwerpunkt in Nordnamibia. Zu seinen Publikationen zählen u. a. *Überlebensstrategien in Afrika* (Köln 1994) und *'When War Came the Cattle Slept'. Himba Oral Traditions* (Köln 1997).

Dr. Inge Brinkman ist promovierte Historikerin der Universität Leiden. Zur Zeit ist sie Mitglied des Sonderforschungsbereichs 'Landschafts- und Kulturwandel im ariden Afrika' der Universität Köln und arbeitet über Landschaft, Gewalt und Exil bei angolanischen Flüchtlingen in Namibia. Ihre Dissertation trägt den Titel *Kikuyu Gender Norms and Narratives* (Leiden 1996).

Dr. Stefan Eisenhofer ist promovierter Ethnologe und Historiker und seit 1994 wissenschaftlicher Mitarbeiter der Afrika-Abteilung des Staatlichen Museums für Völkerkunde in München sowie Dozent am Institut für Völkerkunde und Afrikanistik der Universität München. Er veröffentlichte verschiedene Arbeiten zur Kunst und Geschichte Westafrikas, vor allem Südnigerias.

Dr. Thomas Geider ist Afrikanist unter besonderer Berücksichtigung von Literaturen in afrikanischen Sprachen. Seine Forschungsschwerpunkte liegen in Ostafrika und Nordnigeria sowie im Bereich der Wissenschaftsgeschichte und Methodologie der afrikanistischen Oraturforschung. Zur Zeit arbeitet er im Rahmen seiner Habilitationsschrift an einer Motivanalyse von Kanuri-Erzählungen. Zu seinen

Publikationen zählen die Dissertation *Die Figur des Oger in der traditionellen Literatur und Lebenswelt der Pokomo in Ost-Kenya* (Köln 1990) und Studien zur swahilisprachigen ethnographischen Literatur.

Dr. Jan-Bart Gewald ist promovierter Historiker der Universität Leiden. Im Rahmen des Kölner SFB 'Landschafts- und Kulturwandel im ariden Afrika' arbeitet er über Geschichte und Identität der Herero in Namibia. Seine Forschungsschwerpunkte liegen in Niger, Ghana und dem südlichen Afrika. Er veröffentlichte u. a. seine Dissertation *Herero Heroes: A Socio-Political History of the Herero of Namibia between 1890 and 1923* (London 1998) und eine Studie zur Fotografie von Herero-Gedächtnisfeiern (in *The Colonising Camera: Photographs and the Making of Namibian History, 1915-1945*, hrsg. von P. Hayes et al., London 1998).

Dr. Beatrix Heintze ist seit 1969 als Ethnologin und Historikerin Mitarbeiterin am Frobenius-Institut in Frankfurt am Main. Sie forscht zur Geschichte und Ethnographie Angolas, zur historischen Fotografie und Wissenschaftsgeschichte sowie zu methodischen Fragen. Sie publizierte zahlreiche Artikel und acht Bücher, darunter zuletzt *Alfred Schachtzabels Reise nach Angola 1913-1914* (Köln 1995) und *Studien zur Geschichte Angolas im 16. und 17. Jahrhundert* (Köln 1996).

Prof. Dr. Adam Jones ist Professor für Geschichte und Kulturgeschichte Afrikas am Institut für Afrikanistik der Universität Leipzig. Seine Arbeitsschwerpunkte sind die Ethnographie, Geschichte und Kulturgeschichte der Küste Westafrikas. Er publizierte mehrere Editionen von europäischen Quellen zu Westafrika vor 1900, außerdem den Artikel 'Kolonialherrschaft und Geschichtsbewußtsein: Zur Rekonstruktion der Vergangenheit in Schwarzafrika 1865-1965' (in *Historische Zeitschrift* 250, 1990).

Prof. Dr. Carola Lentz ist Professorin am Institut für Historische Ethnologie der Universität Frankfurt am Main. Ihre Forschungsschwerpunkte sind Arbeitsmigration, Ethnizität, Siedlungsgeschichte, orale Traditionen und politische Anthropologie in Ecuador, Nord-Ghana und Burkina Faso. Zu ihren jüngsten Publikationen gehören *Die Konstruktion von Ethnizität in Nordwest-Ghana* (1998), 'Home, Death and Leadership - Discourses of an Educated Elite from Northwestern Ghana' (*Social Anthropology* 2, 1994) und 'A Dagara Rebellion against Dagomba Rule? Contested Stories of Origin in Northwestern Ghana' (*Journal of African History* 35, 1994).

Prof. Dr. Wilhelm J. G. Möhlig ist Professor am Institut für Afrikanistik der Universität Köln und Sprecher des Sonderforschungsbereichs 389 'Kultur- und Landschaftswandel im ariden Afrika'. Seine Spezialgebiete sind die bantusprachigen Kulturen. Er ist Verfasser und Herausgeber zahlreicher linguistischer, oralistischer und ethnologischer Publikationen, darunter der Zeitschriften *Sprache und Geschichte in Afrika* und *Recht in Afrika* sowie der Reihe *History, Cultural Traditions and Innovations in Southern Africa*.

Dr. Peter Probst ist wissenschaftlicher Mitarbeiter am Institut für Ethnologie der Freien Universität Berlin. Er forscht zur Zeit über Ritual, Macht und Öffentlichkeit in Malawi. Zu seinen neusten Publikationen zählen 'Danser le Sida. Spectacles du Nyau et culture populaire dans le Centre du Malawi' (in *Les arts de la rue dans les sociétés du Sud*, hrsg. von A. Ricard und M. Agier, Bondy 1997) und 'Disputes over Healing. Public Culture and the Politics of Remembering in Post-Banda Malawi' (in *Africa*, im Druck).

Dr. Tobias Wendl ist Ethnologe und Filmemacher und zur Zeit Mitarbeiter der DFG-Forschungsgruppe 'Visuelle Anthropologie' an der Universität München. Er arbeitet über Religions- und Kunstethnologie, Visuelle und Kognitive Anthropologie, Stadt- und Symbolforschung. Zu seinen Publikationen zählen *Mami Wata. Oder ein Kult zwischen den Kulturen* (Münster 1996) und *Future Remembrance. Photography and Image Arts in Ghana* (55-minütiger Dokumentarfilm, zusammen mit Nancy du Plessis). In Vorbereitung ist *Blicke, Bilder und Kulturen. Entwurf zu einer Anthropologie des Sehens*.